Soziolinguistik

Jürgen Spitzmüller

Soziolinguistik
Eine Einführung

 J.B. METZLER

Jürgen Spitzmüller
Institut für Sprachwissenschaft
Universität Wien
Wien, Österreich

ISBN 978-3-476-05860-7   ISBN 978-3-476-05861-4   (eBook)
https://doi.org/10.1007/978-3-476-05861-4

Die Deutsche Nationalbibliothek verzeichnet diese Publikation in der Deutschen Nationalbibliografie; detaillierte bibliografische Daten sind im Internet über http://dnb.d-nb.de abrufbar.

© Springer-Verlag GmbH Deutschland, ein Teil von Springer Nature 2022
Das Werk einschließlich aller seiner Teile ist urheberrechtlich geschützt. Jede Verwertung, die nicht ausdrücklich vom Urheberrechtsgesetz zugelassen ist, bedarf der vorherigen Zustimmung des Verlags. Das gilt insbesondere für Vervielfältigungen, Bearbeitungen, Übersetzungen, Mikroverfilmungen und die Einspeicherung und Verarbeitung in elektronischen Systemen.
Die Wiedergabe von allgemein beschreibenden Bezeichnungen, Marken, Unternehmensnamen etc. in diesem Werk bedeutet nicht, dass diese frei durch jedermann benutzt werden dürfen. Die Berechtigung zur Benutzung unterliegt, auch ohne gesonderten Hinweis hierzu, den Regeln des Markenrechts. Die Rechte des jeweiligen Zeicheninhabers sind zu beachten.
Der Verlag, die Autoren und die Herausgeber gehen davon aus, dass die Angaben und Informationen in diesem Werk zum Zeitpunkt der Veröffentlichung vollständig und korrekt sind. Weder der Verlag noch die Autoren oder die Herausgeber übernehmen, ausdrücklich oder implizit, Gewähr für den Inhalt des Werkes, etwaige Fehler oder Äußerungen. Der Verlag bleibt im Hinblick auf geografische Zuordnungen und Gebietsbezeichnungen in veröffentlichten Karten und Institutionsadressen neutral.

Umschlagabbildung: © adisa/Getty Images/iStock

Planung/Lektorat: Ferdinand Poehlmann
J.B. Metzler ist ein Imprint der eingetragenen Gesellschaft Springer-Verlag GmbH, DE und ist ein Teil von Springer Nature.
Die Anschrift der Gesellschaft ist: Heidelberger Platz 3, 14197 Berlin, Germany

Vorwort und Danksagung

Aus Autor*innensicht markieren Vorworte ja immer eher einen Abschluss als einen Anfang. Sie werden in der Regel (und auch in diesem Fall) geschrieben, wenn alles andere geschrieben ist und stehen damit am Ende eines Prozesses, der meistens lange, bevor das erste Wort getippt wird, beginnt. Im Fall dieses Buchs war dieser Prozess besonders lang, fast zwei Jahrzehnte. Die Idee, eine Einführung in die Soziolinguistik zu schreiben – vor dem Hintergrund, dass es auf dem deutschsprachigen Buchmarkt durchaus noch Bedarf hierfür gibt – entstand bereits ziemlich am Anfang meiner akademischen Lehrtätigkeit, Mitte der 2000er Jahre. Aufgrund vieler anderer Dinge, die zu tun waren, ist es lange Zeit nicht mehr gewesen als eben eine Idee (,Müsste man mal machen!'). Als im Sommer 2016 dann aber der Metzler-Verlag mit der Frage an mich herangetreten ist, ob ich mir vorstellen könnte, eine Einführung in die Soziolinguistik zu schreiben, wurden aus der Idee ein Vorhaben und ein Versprechen (,OK, mache ich!'), auch weil ich wusste: Wenn nicht jetzt, dann nicht mehr. Von diesem Versprechen bis hin zum Schreiben dieses abschließenden Vorworts (,Gemacht!') sind noch einmal mehr als sechs Jahre vergangen. Wer den akademischen Betrieb kennt, kann sich gut vorstellen, warum, aber die Zeit bis hierhin war dennoch viel länger als geplant. Dass dieses Buch nun nach dieser langen Zeit trotz allem vorliegt, ist vor allem der Geduld des Verlags zu verdanken, und insbesondere zwei Personen: erstens Ute Hechtfischer, die mich 2016 ermuntert hat, das Buch zu schreiben, die Entstehung bis 2020 als Lektorin mit großer Geduld, Umsicht und Sachkenntnis begleitet und dabei nie die Hoffnung, die sie in mich gesetzt hat, aufgegeben hat („Ich glaube immer an meine Autor*innen!"); zweitens Ferdinand Pöhlmann, der das Lektorat 2020 übernommen hat und mit seiner genauen und kritischen Lektüre, seinen pointierten Rückfragen und Vorschlägen wesentlich zur Qualität dieses Buchs beigetragen hat (alle Unzulänglichkeiten, die das Buch ohne Zweifel hat, habe natürlich ich zu verantworten).

Viele Stationen auf dem langen Weg zu diesem Buch haben es geprägt. Inhalte von und Diskussionen in Lehrveranstaltungen an den Universitäten Zürich, Hamburg und Wien finden sich in diesem Buch – die Studierenden, die diese Lehrveranstaltungen besucht haben, werden es wiedererkennen, und sie werden auch sehen, dass ihre kritischen Rückfragen ebenfalls zur Verbesserung der Qualität meiner Darstellungen beigetragen haben. Ihnen allen herzlichen Dank dafür!

Dankbar bin ich auch dafür, dass ich an diesen Stationen, auf Tagungen und in anderen Zusammenhängen mit Kolleg*innen vielfach über soziolinguistische und soziologische Fragen diskutieren konnte und dabei viel gelernt habe, was ich in diesem Buch niederzulegen versucht habe. Meine ehemaligen Kolleg*innen in Zürich und Hamburg sowie meine aktuellen Kolleg*innen und Doktorand*innen in Wien kann ich nicht alle namentlich aufzählen, obwohl sie vieles (und vielleicht mehr als ihnen bewusst ist) zu diesem Buch beigetragen haben. Einige Namen möchte ich aber nennen. An erster Stelle die Kolleg*innen aus meinem Team (der Professur für Angewandte Sprachwissenschaft am Institut für Sprachwissenschaft und der Forschungsprojekte, an denen ich beteiligt sein darf), deren Diskussionen mit mir wesentlich dazu beigetragen habe, wie ich Soziolinguistik heute verstehe: Christian Bendl, Mi-Cha Flubacher, Florian Grosser, Jonas Hassemer, Sabine Lehner, Laryn McLernon und Julia Sonnleitner, sowie Brigitta Busch, die dieser Gruppe eng verbunden ist und mit der ich jederzeit lange und fruchtbare Diskussionen zur Frage, was Soziolinguistik ist und soll, führen kann. Für sehr hilfreiche soziologische Rückmeldungen zum Kap. 2 danke ich Michaela Pfadenhauer (Institut für Soziologie), für variationslinguistische Expertise, die in Kap. 5 eingeflossen ist, Lars Bülow (Institut für Germanistik).

Mein ganz besonderer Dank gilt meiner Frau, Anita Schielke, die auch dieses Projekt geduldig mitgetragen und unterstützt hat – auch wenn die Zeit, die auf dem Weg von der Idee über das Versprechen zum Buch investiert wurde, im Wesentlichen *unsere* Zeit war.

Wien
im November 2021

Jürgen Spitzmüller

Inhaltsverzeichnis

1	**‚Soziolinguistik': eine erste Annäherung**	1
1.1	Soziolinguistik als ‚Wissenschaft von Sprache und Gesellschaft'	4
1.2	Soziolinguistik als ‚Linguistik der (sprachlichen) Variation'	5
1.3	Soziolinguistik als ‚sozial(kritisch)e Linguistik'	6
1.4	Erstes Fazit: „a broad church"	7
1.5	Aufbau und Ziele dieses Buchs	8
	Literatur	10
2	**Gesellschaft, Gemeinschaft und soziale Akteure**	11
2.1	Gesellschaft als Struktur, Handlungsprodukt oder ideologisches Konstrukt	13
	2.1.1 Strukturtheorien	15
	2.1.2 Handlungstheorien	19
	2.1.3 Konstrukttheorien	24
2.2	Gesellschafts- und Gemeinschaftsdifferenzierungen	28
	2.2.1 Sozialstrukturen	29
	2.2.2 Vergemeinschaftungskonzepte	32
2.3	Sozial- und Gesellschaftstheorien in der Soziolinguistik	34
	2.3.1 Strukturtheoretische Soziolinguistik	34
	2.3.2 Handlungstheoretische Soziolinguistik	36
	2.3.3 Konstrukttheoretische (‚integrative') Soziolinguistik	37
	2.3.4 Sozial- und Gesellschaftstheorien in der Soziolinguistik: Fazit mit Warnung	39
2.4	Exkurs: Gesellschaft vs. Kultur	40
2.5	Empfohlene Literatur zur Vertiefung	42
	Literatur	43
3	**Sprachliche Variation und Variabilität**	47
3.1	Variation als linguistisches Thema	48
	3.1.1 Interlinguale Variabilität	48

		3.1.2	Intralinguale Variabilität............................	53
		3.1.3	Variation als „zentrales Problem der Linguistik"..........	57
	3.2	Soziolinguistik, sprachliche Variation und Gesellschaft..........		58
		3.2.1	Variation aus Sicht strukturtheoretischer Soziolinguistik...................................	59
		3.2.2	Variation aus Sicht handlungstheoretischer Soziolinguistik...................................	60
		3.2.3	Variation aus Sicht konstrukttheoretischer Soziolinguistik...................................	62
	3.3	Empfohlene Literatur zur Vertiefung.......................		63
	Literatur...			63
4	**Soziolinguistik als Disziplin: Geschichte(n), Varianten, Mythen**.....			67
	4.1	Soziolinguistik *avant la lettre*.............................		69
	4.2	Begründung und Entwicklung der Disziplin in den USA.........		74
		4.2.1	Ausgangspunkt: Die Rehabilitation des Sozialen in der Sprachtheorie...............................	74
		4.2.2	(Sozio-)Politischer Kontext.........................	75
		4.2.3	Soziolinguistik als interdisziplinäres Unternehmen........	77
		4.2.4	Vom interdisziplinären Aufbruch in die disziplinären Verfestigungen................................	84
		4.2.5	Neuorientierungen und -öffnungen...................	86
	4.3	Entwicklung der Soziolinguistik im deutschsprachigen Raum.....		88
		4.3.1	‚Defizit' und ‚Differenz'...........................	88
		4.3.2	Von der *Sozio-* über die *Varietäten-* zur *Variationslinguistik*................................	90
		4.3.3	Die interaktionale Traditionslinie.....................	92
		4.3.4	Neuere Entwicklungen............................	93
		4.3.5	Soziolinguistik jenseits der *Soziolinguistik*...............	94
	4.4	Das Bernstein-Missverständnis...........................		95
		4.4.1	Bernstein und die ‚Defizithypothese'..................	97
		4.4.2	Buhmann Bernstein..............................	98
		4.4.3	Bernsteins Code-Theorie...........................	99
		4.4.4	Bernsteins ‚Rehabilitation' und die kritische Soziolinguistik...................................	106
	4.5	Empfohlene Literatur zur Vertiefung.......................		107
	Literatur...			108
5	**Variationslinguistik: Sprachliche Variation als sozialer Index**.......			119
	5.1	Forschungsinteressen und Grundannahmen der Variationslinguistik......................................		122
		5.1.1	Sozial bedingter Sprachwandel und strukturierte Heterogenität.................................	122
		5.1.2	Dialektologie der Großstadt und der Mobilität...........	124

	5.1.3	Sozial stratifizierte intralinguale Variabilität und soziale Indexikalität der (Alltags-)Sprache	126
	5.1.4	Authentizität, Selbstkontrolle und die (Un-)Sichtbarkeit des Beobachters	128
5.2	Methoden der Datenerhebung und -auswertung		129
	5.2.1	Das Korrelationsprinzip und die Kausalität des Sozialen	129
	5.2.2	Quantitative und statistische Analysen	132
	5.2.3	Das soziolinguistische Interview	135
	5.2.4	Ethnographische Feldstudien/teilnehmende Beobachtung	137
	5.2.5	Rasche und anonyme Datenerhebung	137
	5.2.6	Korpora	137
5.3	Zentrale Konzepte		139
	5.3.1	(Soziolinguistische) Variable	139
	5.3.2	Variante	139
	5.3.3	Varietät	140
	5.3.4	Lekt	142
5.4	Beispielstudien		143
	5.4.1	‚The Social Stratification of (r) in New York City Department Stores'	144
	5.4.2	Foxy Boston	149
5.5	Zusammenfassung		155
5.6	Empfohlene Literatur zur Vertiefung		157
Literatur			157

6 Interaktionale Soziolinguistik: Sprachliche Variation als soziale Praxis ... 163

6.1	Von der sozialen Struktur zur sozialen Praxis		165
6.2	Wissenschaftsgeschichtliche Wurzeln der interaktionalen Soziolinguistik		168
	6.2.1	Ethnographie der Kommunikation	169
	6.2.2	Ethnomethodologie und Konversationsanalyse	171
	6.2.3	Interaktionale Soziologie	174
6.3	Forschungsinteressen und Grundannahmen der interaktionalen Soziolinguistik		176
	6.3.1	Mikroanalyse und Ethnographie kommunikativer Praxen	176
	6.3.2	Kommunikatives Wissen und ‚meaning making'	178
	6.3.3	Dynamik von Bedeutung und Kontextgebundenheit kommunikativer Mittel	179
	6.3.4	Rekapitulation der sprachtheoretischen Grundannahmen	181
6.4	Methoden der Datenerhebung und -auswertung		182

	6.4.1	Bottom-up-Perspektive und der Blick auf das Spezifische	182
	6.4.2	Emergenz der Kategorien	183
	6.4.3	Interaktionsanalysen	184
	6.4.4	Ethnographie	188
	6.4.5	Playback-Interviews	190
	6.4.6	Analyse medialer Interaktion	191
6.5	Zentrale Konzepte	192
	6.5.1	Indexikalität	192
	6.5.2	Kontextualisierung	194
	6.5.3	Soziale Identitäten	197
	6.5.4	Sozialer Stil, Stilbildung und Stilisierung	198
6.6	Beispielstudien	201
	6.6.1	‚Language Crossing'	201
	6.6.2	Die „türkischen Powergirls"	207
6.7	Zusammenfassung	212
6.8	Empfohlene Literatur zur Vertiefung	213
Literatur	214

7 Kritische und metapragmatische Soziolinguistik: Sprachliche Variation als soziales Kapital 221

7.1	Von der sprachlichen Differenz zur sozialen Differenzierung		223
7.2	Erkenntnistheoretische Basis und Vorläuferdisziplinen		225
	7.2.1	Bourdieus Ungleichheitssoziologie	226
	7.2.2	Postmarxistische Ideologietheorie	228
	7.2.3	Poststrukturalismus	231
	7.2.4	Post- und Dekoloniale Theorie	233
	7.2.5	Kritische Diskursforschung	235
7.3	Forschungsinteressen und Grundannahmen der kritischen und metapragmatischen Soziolinguistik		236
	7.3.1	Sprache macht den Unterschied	236
	7.3.2	Sprache als ideologisches Konstrukt	238
	7.3.3	Die Sprachwissenschaft als soziale Akteurin	239
	7.3.4	Die Welt in Bewegung	241
7.4	Methoden der Datenerhebung und -auswertung		244
	7.4.1	Reziprozität und die Skalierungen des Sozialen	244
	7.4.2	Reflexivität der Forschung und der Forschenden	246
	7.4.3	Reflexive Ethnographie	247
	7.4.4	Diskursanalyse	248
	7.4.5	Analytische Integration von Diskurs, Interaktion und Positionierung	249
7.5	Zentrale Konzepte		250
	7.5.1	Macht, Hegemonie und soziale Ungleichheit	251
	7.5.2	Kritik	255

	7.5.3	Mehrdimensionale Indexikalität, Register und soziale Registrierung	258
	7.5.4	Sprachliche Reflexivität, Sprachideologien und Sprachregime	265
	7.5.5	Soziale Positionierung und Stancetaking	271
	7.5.6	Zwischen Interaktion und Ideologie: Metapragmatische Positionierung	275
7.6	Beispielstudien		279
	7.6.1	*Ideologies in Action:* Sprachideologien auf Korsika	280
	7.6.2	*Language, Race, and White Public Space:* Spanisch als Stigma	285
7.7	Zusammenfassung		289
7.8	Empfohlene Literatur zur Vertiefung		291
	Literatur		292

8 Was ist nun ‚Soziolinguistik'? Fazit und Ausblick 303
  8.1 Soziolinguistik ist lebendig 304
  8.2 Soziolinguistik ist multiperspektivisch 305
  8.3 Soziolinguistik ist so breit und divers wie ihre Gegenstände 306
  8.4 Soziolinguistik ist das, was wir daraus machen 306
  Literatur 307

Anhang 309

Literatur 313

Personenverzeichnis 315

Stichwortverzeichnis 317

‚Soziolinguistik': eine erste Annäherung

Inhaltsverzeichnis

1.1 Soziolinguistik als ‚Wissenschaft von Sprache und Gesellschaft' 4
1.2 Soziolinguistik als ‚Linguistik der (sprachlichen) Variation' 5
1.3 Soziolinguistik als ‚sozial(kritisch)e Linguistik' 6
1.4 Erstes Fazit: „a broad church" 7
1.5 Aufbau und Ziele dieses Buchs.. 8
Literatur 10

„Sociolinguistics is, as they say, a broad church". (Coupland 2007: 4)

Die Disziplin, in die dieses Buch einführt, blickt inzwischen auf eine lange und erfolgreiche Geschichte zurück. Die Soziolinguistik entstand Anfang der 1960er Jahre als eine der ersten sogenannten **‚Bindestrich-Linguistiken'**, wie man manchmal die sprachwissenschaftlichen Teildisziplinen nennt, die – wie das *Metzler-Lexikon Sprache* (Glück/Rödel 2016: 105) es ausdrückt – durch „Komposita mit ‚-linguistik' als zweitem Glied" bezeichnet werden (andere Beispiele sind Textlinguistik, Diskurslinguistik, Gesprächslinguistik). Dabei benennt, wie das Lexikon weiter ausführt, das erste (‚determinierende') Glied des Kompositums (hier also *Sozio-*) ein spezielles „Gegenstands- oder Anwendungsgebiet[] der Sprachforschung", mit der sich diese Teildisziplin besonders befasst (Glück/Rödel 2016: 105).

Folgt man dem, ist die Soziolinguistik also eine Form der Sprachwissenschaft, an der spezifisch ist, dass sie sich mit **sozialen (d. h. gesellschaftlichen) Phänomenen** beschäftigt, die für die Sprachwissenschaft relevant sind. Dies kann aber, wie wir im Weiteren sehen werden, Verschiedenes heißen, denn es gibt (auch in der Soziolinguistik selbst) sehr unterschiedliche Meinungen dazu, welche gesellschaftlichen Phänomene für die Sprachwissenschaft relevant sind, aber auch schon dazu, was überhaupt ‚gesellschaftliche Phänomene' sind. Dass diese grundsätzlichen Fragen nicht geklärt sind, ist übrigens keine Schwäche der

Soziolinguistik, denn wie wir sehen werden, gehört es gerade zu ihren grundsätzlichen Aufgaben, die Frage, was ‚Gesellschaft' ist und warum Gesellschaft für Sprache und Sprachwissenschaft relevant ist, immer wieder – und immer wieder neu – zu stellen, so wie auch die Textlinguistik immer wieder neu danach fragt, was ein Text ist, die Diskurslinguistik danach, was Diskurs ist und die Syntaxforschung danach, was ein Satz ist (vgl. dazu ausführlicher Spitzmüller/Warnke 2011: 5–10).

Charakteristisch für viele ‚Bindestrich-Linguistiken' ist darüber hinaus weiterhin, dass sie Verbindungen der Sprachwissenschaft zu anderen wissenschaftlichen Fächern herstellen, die **Linguistik also interdisziplinär erweitern.** Im Fall der Soziolinguistik sind dies Fächer, die sich ebenfalls mit sozialen Phänomenen beschäftigen. In erster Linie ist das, erwartungsgemäß, die Soziologie, mit der die Soziolinguistik von Anfang an nicht nur in einem engen Austausch stand, sondern die am Aufbau der Soziolinguistik sogar selbst direkt beteiligt war. Ähnliches gilt aber auch für andere Disziplinen, wie wir in dieser Einführung (v. a. in Abschn. 4.2) sehen werden, so etwa für die (Sozial- und Sprach-)Anthropologie und die Sozialpsychologie.

Wie die Ausführungen zur Geschichte der Soziolinguistik zeigen werden, haben sich im Lauf der Zeit die interdisziplinären Verbindungen immer wieder geändert. Geändert haben sich damit jeweils auch die Theorien, Methoden und Fragestellungen der Disziplin. Auch haben verschiedene Varianten der Soziolinguistik, die häufig als Etappen in einer Abfolge sogenannter **Paradigmen** dargestellt werden, tatsächlich aber alle von Anfang an in der Soziolinguistik vorhanden oder jedenfalls angelegt waren, gleichzeitig verschiedene Verbindungen gesucht, verschiedene Fragestellungen verfolgt, verschiedene Theorien entwickelt und Methoden herangezogen, so dass Soziolinguistik auch zu einer bestimmten Zeit stets Unterschiedliches heißen kann. Daher ist es wichtig, solche interdisziplinären Bezüge zu kennen, wenn man verstehen möchte, was ‚die' – oder besser: eine bestimmte Form der – Soziolinguistik will und tut. Und deswegen wird dieses Buch Sie auch mit diesen Bezügen (und ihren jeweiligen Implikationen für die soziolinguistische Forschung) vertraut machen.

▶ Als **Paradigma** bezeichnet man im Anschluss an den Wissenschaftstheoretiker Thomas Kuhn ([1962] 1999) Denk- und Arbeitsweisen (Bündel von Theorien und Methoden), die eine Wissenschaft in einer bestimmten Zeit dominieren („allgemein anerkannte wissenschaftliche Leistungen, die für eine gewisse Zeit einer Gemeinschaft von Fachleuten maßgebende Probleme und Lösungen liefern"; Kuhn [1962] 1999: 10).

Es sollte also bereits jetzt deutlich geworden sein: Auf die **Frage, was *Soziolinguistik* ist,** gibt es verschiedene mögliche Antworten, da diese Disziplin von Anfang an unterschiedliche Fragen und Interessen in sich vereint und sich in ihrer über sechzigjährigen Geschichte dann auch weiter in verschiedene Richtungen entwickelt (,diversifiziert') hat. Infolge dessen lassen sich sowohl fachgeschichtlich als auch gegenwärtig verschiedene Varianten der Soziolinguistik voneinander unterscheiden, unter anderem dadurch, dass sie das *Sozio-* in ihrem Namen unterschiedlich auslegen, sowohl hinsichtlich der Frage, wie man ‚Gesellschaft' und ‚Gesellschaftliches' bestimmen kann, als auch hinsichtlich der interdisziplinären Bezüge, Theorien und Methoden (s. Abschn. 1.1–1.3).

Wenn Nikolas Coupland, den wir eingangs zitiert haben, also davon spricht, dass Soziolinguistik „a broad church" sei, ist dies keineswegs übertrieben. Das englische Sprichwort, das Coupland hier verwendet, bedeutet dabei übrigens mehr als das Fontane'sche *weite Feld*: *A broad church,* so können wir im *Cambridge Dictionary* nachlesen, ist „a group, organization, or set of beliefs that includes a wide range of different opinions or ideas" (https://dictionary.cambridge.org/dictionary/english/broad-church/; Abruf: 20. Januar 2020) – und wie wir sehen werden, trifft dies auf die Soziolinguistik in hohem Maße zu.

Man kann die Metapher aber sogar noch etwas wörtlicher lesen, denn wie in vielen anderen Fachbereichen auch werden die unterschiedlichen Meinungen und Ideen, die in der Soziolinguistik konkurrieren, mitunter **mit klerikalem Eifer** vertreten und gegeneinander ausgespielt. Es heißt dann: ‚Soziolinguistik ist …' und ‚Soziolinguistik muss …'. Wenn Sie nach Antworten dieser Art suchen, haben Sie vermutlich das falsche Buch gewählt. Diese Einführung möchte Ihnen vielmehr zeigen, was Soziolinguistik alles sein *kann*.

Zu diesem Zweck wird es auch kritisch einige **verengende Definitionen** diskutieren, die Sie zuweilen in anderen Einführungen finden. Das betrifft insbesondere deutschsprachige Einführungen, denn die Soziolinguistik wurde im deutschsprachigen Raum, jedenfalls eine Zeit lang, vielfach auf nur bestimmte Formen der Soziolinguistik verengt (insbesondere auf die aus der Dialektologie und Stadtsprachenforschung hervorgegangene Variations- bzw. Varietätenlinguistik), was der deutschsprachigen Soziolinguistik, wie man sagen muss, nicht unbedingt gutgetan hat.

Da es für die genannte Variante, die **Soziolinguistik als Variationslinguistik,** eine ganze Reihe von sehr guten deutschsprachigen Einführungen gibt (zwei neuere sind Sinner 2014 und Felder 2016), wird in diesem Buch der Schwerpunkt etwas stärker auf solche Formen der Soziolinguistik gelegt, die in der deutschsprachigen Einführungsliteratur bislang eher unterrepräsentiert sind (insbesondere ethnographische, interaktionale, anthropologisch inspirierte sowie kritische Varianten). Das ist im Sinne einer Ergänzung und eines Korrektivs gedacht, zu lesen also als ‚Das kann Soziolinguistik *auch* sein'. Die Variationslinguistik soll dabei natürlich nicht gänzlich unterschlagen werden, aber sie wird etwas weniger detailliert und sicher weniger kanonisch dargestellt, als dies in den genannten Einführungen der Fall ist, denn dies ist keine Einführung in die Variationslinguistik, und erst recht keine in die Soziolinguistik als Variationslinguistik, sondern eben eine Einführung in die Soziolinguistik als „broad church". Das Ziel ist es also, dass Sie nach Lektüre dieser Einführung ein umfassendes Bild der Disziplin bekommen haben, im Sinne eines ‚All das kann Soziolinguistik also sein!'

Was Soziolinguistik alles sein kann, soll im Sinne einer Ouvertüre in den nächsten drei Abschnitten grob skizziert werden. Wir greifen dabei einige zentrale Themen auf, die die Selbstbestimmung der Disziplin geprägt haben, und die im Verlauf dieses Buchs dann vertieft werden.

1.1 Soziolinguistik als ‚Wissenschaft von Sprache und Gesellschaft'

Wenn man, wie wir das einleitend schon angedeutet haben, die Soziolinguistik über die Wortbildung der Disziplinenbezeichnung zu bestimmen versucht, dann ist die Soziolinguistik die sprachwissenschaftliche Teildisziplin, die sich mit *sozialen* Phänomenen befasst, oder genauer: mit sozialen Phänomenen, die für Sprache und Sprachgebrauch relevant sind. Oder noch einmal anders ausgedrückt: mit der **Relation von *Sprache* und *Gesellschaft*.** Tatsächlich kann man generell festhalten, dass alle Varianten der Soziolinguistik, so unterschiedlich sie in anderer Hinsicht sind, die Grundannahme teilen, dass Sprache, Sprachwandel und Sprachgebrauch als soziale Phänomene zu verstehen sind, dass sie also in ihrem gesellschaftlichen Kontext untersucht werden müssen.

Allerdings zieht diese Disziplinenbestimmung auch eine ganze **Reihe von Folgefragen** nach sich, die geklärt werden müssen, um Soziolinguistik präziser fassen zu können:

- **Exklusivität des Gegenstandsgebiets:** Zwar war die Soziolinguistik von Anfang an eine Disziplin, der es sehr stark darum ging, gesellschaftliche Fragen ins Zentrum der Sprachwissenschaft zu rücken. Allerdings war sie keineswegs die erste sprachwissenschaftliche Disziplin, die das getan hat (im Gegenteil, gesellschaftliche Aspekte waren in der Sprachwissenschaft des 19. Jahrhunderts und in den Vorläuferdisziplinen der Sprachwissenschaft immer schon sehr zentral; s. dazu Abschn. 4.1), und sie ist auch heute nicht die einzige, die das tut. Gesellschaftliche Aspekte sind in wohl allen sogenannten **angewandten Teildisziplinen** der Sprachwissenschaft (etwa der Diskurslinguistik, der Pragmatik, der Textlinguistik, der Gesprächslinguistik und der kulturanalytischen Linguistik) wichtig, ohne dass all diese Disziplinen sich notwendigermaßen als Soziolinguistik verstünden. Soziolinguistik kann also keinen Alleinvertretungsanspruch als ‚Wissenschaft von Sprache und Gesellschaft' behaupten. Was aber macht sie dann genau zur *Sozio*linguistik?
- **Bestimmung des Gegenstandsgebiets:** Zweitens wirft diese Bestimmung, wie bereits oben erwähnt, die Frage auf, was mit *Gesellschaft* gemeint ist – wie übrigens auch, was mit *Sprache* gemeint ist (s. dazu Kap. 2).
- **Relation der Gegenstände:** Und drittens muss die Frage geklärt werden, wie man sich das Verhältnis von Sprache und Gesellschaft genau vorstellt – ob man zum Beispiel davon ausgeht, dass Sprache von gesellschaftlichen Gegebenheiten geformt wird oder Gesellschaft umgekehrt von sprachlichen Gegebenheiten, oder beides, und was dies dann genau bedeutet (s. Abschn. 3.2).

Gerade zu den letzten beiden Punkten gibt es innerhalb der Soziolinguistik sehr unterschiedliche Annahmen, anhand derer sich auch die verschiedenen soziolinguistischen Varianten gut unterscheiden lassen. Wir kommen darauf im nächsten Kapitel zurück.

▶ Als **Angewandte Linguistik** wird nicht eine bestimmte Teildisziplin, sondern ein ganzes Bündel von sprachwissenschaftlichen Disziplinen bezeichnet, die dadurch verbunden werden, dass sie den Anspruch haben, ‚alltagsweltliche' Fragen (*real world problems*), die mit Sprache zu tun haben, in den Blick zu nehmen. Die Angewandte Linguistik wird dabei häufig von der *Allgemeinen* oder *Theoretischen Linguistik* abgegrenzt, die sich eher strukturell-sprachsystematischen Fragen zuwendet (zur Problematik dieser Abgrenzung vgl. Ehlich 1999). Eine Einführung bieten Meer/Pick 2019.

1.2 Soziolinguistik als ‚Linguistik der (sprachlichen) Variation'

Eine weitere Begriffsbestimmung, die zur Definition von Soziolinguistik häufig herangezogen wird, ist, dass Soziolinguistik diejenige Teildisziplin der Sprachwissenschaft sei, die sich mit **sprachlicher Variation** befasse. Damit ist gemeint, dass sich die Soziolinguistik damit auseinandersetzt, dass Kommunikationsakteur*innen (Sprecher*innen, Schreiber*innen und gebärdenden Menschen) immer grundsätzlich verschiedene Möglichkeiten zur Verfügung stehen, etwas auszudrücken. Manche dieser Möglichkeiten stehen ein- und demselben Kommunikationsakteur zur Verfügung (im Sinne stilistischer Varianten, von denen je nach Situation oder Kommunikationspartner*in bestimmte bevorzugt werden mögen), andere finden sich eher in der Summe einer Sprecher*innengemeinschaft (Dialekte, regionale Varianten, Varianten sozialer Milieus und Gruppen, geschlechts- oder alterstypische Varianten).

Die Soziolinguistik interessiert sich nun dafür, **warum es diese Variation überhaupt gibt** (man könnte ja sprachökonomisch argumentieren, sie sei redundant und erschwere das Verständnis), wie die verschiedenen sprachlichen Varianten genau in einer Gesellschaft verteilt sind (d. h., welche Individuen und Gruppen sie wann und wie verwenden) und welche Funktion Variation hat (warum Kommunikationsakteur*innen also bestimmte Varianten verwenden und welche Auswirkungen dies hat). Von Anfang an – das wird häufig vergessen – ist mit dieser Variation auch Variation in der Zeit, also Sprachwandel, gemeint. Wie wir sehen werden, war eine der zentralen Fragen, die zur Gründung der Soziolinguistik geführt hat, die, wie man Sprachwandel erklären kann (mit der Antwort, dass er gesellschaftliche Ursachen habe; s. Abschn. 5.1.1).

Dass Variation zweifellos ein **Kernkonzept** der Soziolinguistik ist, sieht man daran, dass sich bestimmte Formen der Soziolinguistik lieber als *Variationslinguistik* bezeichnen (im englischen Sprachraum wird der Gegenstand dieser Form der Soziolinguistik gerne als *language variation and change* bestimmt; vgl. z. B. Chambers/Schilling 2013), aber auch daran, dass zentrale Debatten in der Disziplin sich um die Frage drehen, wie man sprachliche Variation bestimmen kann und welche Rolle bzw. Funktion ihr genau zukommt (s. dazu Kap. 3). In jedem Fall kann man sagen, dass alle Formen der Soziolinguistik sich in der einen oder anderen Form mit der **Variabilität von Sprache** (und den gesellschaftlichen Ursachen und/oder Folgen dieser Variabilität) auseinandersetzen.

▶ Als **sprachliche Variabilität** bezeichnet man die Eigenschaft von Sprachen, auf all ihren Ebenen (Aussprache, Wortbildung, Wortschatz, Satzbau, Schreibung, Prosodie, Bedeutung und Pragmatik) Möglichkeitsräume zu bieten, d. h. Kommunikationsakteur*innen (theoretisch) Auswahl zu gewähren zwischen ‚verschiedenen Möglichkeiten, dasselbe zu sagen' („alternative ways of ‚saying the same thing'"; Labov 1972: 94). Damit ist genauer gemeint, dass es sog. Varianten gibt, die dieselbe referenzielle Bedeutung (Denotation bzw. Proposition bzw. pragmatische Funktion) haben (wie *Orange* und *Apfelsine, Ich komme morgen* und *Morgen komme ich, Tschüssikowski* und *Auf Wiedersehen*). Unterschieden wird dabei häufig noch zwischen Variation, die einer einzelnen Sprecherin zur Verfügung steht (sog. *intraspeaker variation*) und solcher, die einer Sprecher*innengemeinschaft prinzipiell zur Verfügung steht (sog. *interspeaker variation;* s. Abschn. 5.1.3). Die genaue Bestimmung von Variabilität ist Gegenstand zentraler soziolinguistischer Kontroversen (s. Kap. 3). Zur Vertiefung vgl. Coupland 2007; Tagliamonte 2006.

1.3 Soziolinguistik als ‚sozial(kritisch)e Linguistik'

Am kontroversesten ist wohl die dritte und letzte Bestimmung, die im Rahmen dieser Einleitung diskutiert werden soll. Aber auch sie war von Beginn der Disziplin an wichtig für das Selbstverständnis vieler Soziolinguistinnen und Soziolinguisten. Sie bestimmt die Soziolinguistik als eine Form der Sprachwissenschaft, die dadurch charakterisiert ist, dass sie selbst eine bestimmte **Position zur und in der Gesellschaft** einnimmt. Soziolinguistik ist demzufolge eine Linguistik, die sozial(kritisch) in dem Sinne ist, dass sie gesellschaftliche Aspekte von Sprache und Sprachgebrauch nicht nur beschreibt und erklärt, sondern auch auf sprachbedingte gesellschaftliche Missstände (etwa sprachliche Diskriminierung und sprachbedingte soziale Ungleichheit) hinweist mit dem Ziel, diesbezüglich zu einer gesellschaftlichen Verbesserung beizutragen.

Wie wir sehen werden, war die **Entstehung der Soziolinguistik** in den 1960er Jahren wesentlich durch solche Motivationen angetrieben (s. Abschn. 4.2). Vielfach ging und geht es Soziolinguist*innen darum, aufzuzeigen, wo Menschen aufgrund ihrer sprachlichen Möglichkeiten (etwa im Bildungsbereich und damit in den Möglichkeiten des sozialen Aufstiegs) benachteiligt werden, wo Personen mittels Sprache Macht gegenüber anderen Personen ausüben oder inwieweit sich aus dem Sprachgebrauch heraus soziale Ungleichheiten (etwa zwischen den Geschlechtern) und Vorurteile (etwa ethnische Stereotype) aufzeigen lassen.

In einigen Wissenschaftskulturen, und hierzu gehört wohl in besonderem Maß die deutschsprachige (insbesondere germanistische) Sprachwissenschaft, kollidierte ein solcher Anspruch aber lange Zeit mit der Auffassung, **Wissenschaft habe gesellschaftlich ‚neutral' zu sein,** dürfe also nicht sozial Partei ergreifen (vgl. dazu Ortner/Sitta 2003). Innerhalb der Soziolinguistik hat dies mitunter zu Spannungen und auch zu verzerrten Wahrnehmungen der eigenen Disziplin(engeschichte) geführt. Besonders folgenreich war in diesem Zusammenhang etwa die (Fehl-)Darstellung des Werks und der Rezeption des britischen Soziologen und Soziolinguisten Basil Bernstein insbesondere in der germanistischen Linguistik, die wir in dieser Einführung auch deswegen in einem eigenen Abschnitt thematisieren, weil es sehr gut möglich ist, dass Sie der Fehldarstellung im Lauf Ihres Studiums begegnen werden, und weil sie für die Entwicklung des Fachs einschneidend war (s. dazu Abschn. 4.4).

Heute gibt es Varianten der Soziolinguistik, die sich explizit als ‚kritisch' bezeichnen und damit den ursprünglichen Anspruch großer Teile des Fachs noch einmal unterstreichen und verteidigen. Sie bestimmen die aktuelle Fachdiskussion erheblich mit und werden daher in dieser Einführung auch besonders berücksichtigt (s. Kap. 7). In jedem Fall ist auch die Frage, wie sozial und sozialkritisch eine Soziolinguistik sein muss oder darf, eine, die wesentlich für das Verständnis des Fachs als „broad church" ist.

1.4 Erstes Fazit: „a broad church"

Diese Ouvertüre hat es angedeutet: Soziolinguistik ist eine **polyphone Disziplin** – eine Disziplin, in der (von Beginn an) verschiedene und nicht immer harmonierende Stimmen gleichzeitig zu hören waren. Zwar findet man immer wieder gemeinsame Themen, Anliegen und Grundannahmen, doch lässt sich diese Disziplin keineswegs auf ein gemeinsames Forschungsprogramm, gemeinsame Theorien, Methoden und Begriffe herunterbrechen. Täte man dies, würde man gerade die größten **Stärken** und wohl auch das **Erfolgsgeheimnis** der Soziolinguistik ausblenden:

- ihre **Vielschichtigkeit,** die es ihr ermöglicht, die Vielschichtigkeit des Sozialen, die multiplexe Art und Weise, in der Sprache und Gesellschaft miteinander verwoben sind, aus möglichst vielen verschiedenen Perspektiven auszuleuchten;
- ihre **Diskussions- und Kontroversenfreudigkeit,** aufgrund derer die Disziplin in ihrer Entwicklung nie stillgestanden ist, Ergebnisse immer wieder kritisch *neu* diskutiert hat und somit dem Popper'schen Wissenschaftsideal, dass gute Wissenschaft „seine Gedanken der Widerlegung" aussetzen müsse (Popper [1935] 2005: 224), recht nahegekommen ist;
- und ihre **theoretische, methodologische und interdisziplinäre Offenheit,** die zu immer wieder neuen Anschlüssen an andere Fächer, deren Theorien und Methoden geführt hat, zu dem Preis, dass es kein einheitliches theoretisches und methodisches Set der Soziolinguistik gibt, dafür aber theoretische und methodische Flexibilität abhängig von unterschiedlichen Fragestellungen, Interessen und Annahmen.

Diese Polyphonie in einer Einführung darzustellen, ist keine leichte Aufgabe, ist doch dem Wissenschaftstheoretiker Ludwik Fleck ([1935] 1999: 74–85) zufolge die Aufgabe der „Lehrbuchwissenschaft" die **Vereinfachung von Sachverhalten,** die Ausblendung von Kontroversen und die Schaffung von ‚Tatsachen' aus dem, was im Forschungsdiskurs wissenschaftliche ‚Meinungen' sind. Dazu werden in Einführungsbüchern, wie Kuhn ([1962] 1999) im direkten Anschluss an Fleck betont, häufig Brüche in der Wissenschaftsgeschichte zugunsten einer stringenten Fachtradition ausgelöscht:

> „Lehrbücher beginnen also damit, daß sie den Sinn des Wissenschaftlers für die Geschichte seiner Disziplin abstumpfen, und gehen dann daran, für das von ihnen Ausgeschaltete einen Ersatz zu liefern. Charakteristischerweise enthalten wissenschaftliche Lehrbücher nur wenig Geschichtliches, und zwar entweder in einem einführenden Kapitel oder häufiger in gelegentlichen Hinweisen auf die großen Helden eines früheren Zeitalters. Durch solche Hinweise erhalten Studierende und Fachleute das Gefühl, sie nähmen Teil an einer beständigen historischen Tradition. Und doch hat die vom Lehrbuch suggerierte Tradition, an der die Wissenschaftler teilzunehmen glauben, tatsächlich niemals existiert." (Kuhn [1962] 1999: 148)

Auch die Einführung, die Sie in Händen halten, wird vereinfachen und harmonisieren müssen. Und doch strebt sie an, Ihnen „den Sinn […] für die Geschichte [der] Disziplin" gerade nicht „ab[zu]stumpfen", sondern im Gegenteil zu schärfen. Die vielen wissenschaftsgeschichtlichen und wissenschaftstheoretischen Hinweise, die Sie in diesem Buch finden werden, dienen diesem Zweck. Wenn dies funktioniert, werden Sie (hoffentlich) in den folgenden Darstellungen Brüche, Widersprüchliches und Heterogenitäten erkennen – Eigenschaften, die die Soziolinguistik (wie jede gute Wissenschaft) gerade auszeichnen. Wenn Sie dies nicht wollen und das glattgebügelte Bild einer ‚normalisierten' Soziolinguistik bevorzugen, sollten Sie an dieser Stelle Ihre Lektüre beenden und eine andere Einführung zur Hand nehmen.

1.5 Aufbau und Ziele dieses Buchs

Die wesentlichen Ziele des Buchs wurden in den vorherigen Abschnitten bereits benannt und sollen daher hier nur noch einmal zusammengefasst werden:

- Dieses Buch gibt Ihnen einen **Überblick über die Vielfältigkeit der Soziolinguistik** in verschiedenen Varianten, unter Berücksichtigung solcher, die in der deutschsprachigen Einführungsliteratur bislang weniger prominent behandelt wurden.
- Dabei bekommen Sie auch einen **Einblick in die Fachgeschichte,** da deren Kenntnis zum Verständnis der Disziplin, wie in dieser Einleitung ausgeführt wurde, wesentlich ist.
- Sie lernen **zentrale Begriffe, Theorien und Methoden** kennen, inklusive der **Kontroversen,** die sich in der Soziolinguistik um sie entsponnen haben.

Das Buch ist dabei folgendermaßen aufgebaut:

- In den folgenden zwei Kapiteln lernen Sie soziolinguistische **Kerngegenstände und Grundannahmen** kennen:
  - Kap. 2 diskutiert die Frage, wie man **Gesellschaft** bestimmen kann, und die Konsequenzen unterschiedlicher Gesellschaftsbegriffe und Sozialtheorien für die soziolinguistische Forschung.
  - Kap. 3 stellt das Konzept der **sprachlichen Variation und Variabilität** vor und diskutiert unterschiedliche Möglichkeiten, diese zu bestimmen und zu analysieren. Am Ende dieses Kapitels werden Sie bereits die unterschiedlichen Ausgangspositionen verschiedener Varianten der Soziolinguistik kennen gelernt haben.
- Kap. 4 macht Sie mit diesen verschiedenen Varianten der Disziplin dann genauer vertraut. Dies geschieht im Rahmen einer **fachgeschichtlichen Darstellung**, in der Sie erfahren, wie und mit welchen Zielen die Soziolinguistik entstanden ist, welche verschiedenen Fragestellungen sie im Lauf ihrer Fachgeschichte verfolgt hat und wie die Soziolinguistik zu dem geworden ist, was sie heute ist. Dabei sollen auch einige Mythen kritisch diskutiert werden, die sich in Darstellungen zur Geschichte der Soziolinguistik hartnäckig halten und das Verständnis der Disziplin verzerren.
- Kap. 5 rückt mit der **Variationslinguistik** diejenige Variante der Soziolinguistik in den Mittelpunkt, die – wie bereits erwähnt – vielerorts mit Soziolinguistik gleichgesetzt wird. Das Kapitel stellt die zentralen Annahmen, Konzepte und Methoden dieser Variante vor und zeigt anhand einiger Beispielstudien, wie Variationslinguistik in der Praxis aussehen kann.
- Kap. 6 kontrastiert die Variationslinguistik dann mit einer Variante, die vielfach als soziolinguistisches ‚Gegenprogramm' wahrgenommen wird und sich tatsächlich in vielerlei Hinsicht fundamental von der Variationslinguistik unterscheidet: die **interaktionale Soziolinguistik**. Auch hier stellt das Kapitel zentrale Annahmen, Konzepte und Methoden vor, führt Beispielstudien an, zeigt aber auch insbesondere auf, wo die Spezifika gegenüber der Variationslinguistik liegen.
- Kap. 7 stellt Ihnen neuere Varianten der Soziolinguistik vor, macht Sie also genauer damit bekannt, was aktuell diskutiert wird. Spezifisch geraten die **kritische** und die **metapragmatische Soziolinguistik** in den Fokus, und mit ihr aktuelle Themenfelder der Soziolinguistik wie Mobilität und Globalisierung, Kommodifizierung und soziale Ungleichheit, Indexikalität, soziale Positionierung und Sprachideologien.
- Das letzte Kapitel des Buchs (Kap. 8) greift schließlich noch einmal die Frage dieser Einleitung auf, **Was ist nun ‚Soziolinguistik'?**, und formuliert auf der Grundlage dessen, was Sie in den folgenden Kapiteln lesen können, differenziertere Antworten auf diese Frage.

Literatur

Chambers, J. K./Schilling, Natalie (Hg.) (2013): *The Handbook of Language Variation and Change*. 2. Aufl. Oxford/Cambridge: Blackwell (Blackwell Handbooks in Linguistics).

Coupland, Nikolas (2007): *Style. Language Variation and Identity*. Cambridge: Cambridge University Press (Key Topics in Sociolinguistics).

Ehlich, Konrad (1999): Vom Nutzen der Funktionalen Pragmatik für die angewandte Linguistik. In: Michael Becker-Mrotzek/Christine Doppler (Hg.): *Medium Sprache im Beruf. Eine Aufgabe für die Linguistik*. Tübingen: Narr (Forum für Fachsprachen-Forschung 49), S. 23–36.

Felder, Ekkehard (2016): *Einführung in die Varietätenlinguistik*. Darmstadt: Wissenschaftliche Buchgesellschaft (Germanistik kompakt).

Fleck, Ludwik (1999): *Entstehung und Entwicklung einer wissenschaftlichen Tatsache. Einführung in die Lehre vom Denkstil und Denkkollektiv*. Mit einer Einl. v. Lothar Schäfer/ Thomas Schnelle. 4. Aufl. Frankfurt a. M.: Suhrkamp (stw 312) [zuerst: Basel: Benno Schwabe 1935].

Glück, Helmut/Rödel, Michael (Hg.) (2016): *Metzler Lexikon Sprache*. 5., überarb. u. aktual. Aufl. Stuttgart: J. B. Metzler.

Kuhn, Thomas S. (1999): *Die Struktur wissenschaftlicher Revolutionen*. Übers. v. Hermann Vetter und Kurt Simon. 15. Aufl. Frankfurt a. M.: Suhrkamp (stw 25) [zuerst: *The Structure of Scientific Revolutions*. Chicago: University of Chicago Press 1962].

Labov, William (1972): *Language in the Inner City. Studies in the Black English Vernacular*. Philadelphia: University of Pennsylvania Press (Conduct and Communication 3).

Meer, Dorothee/Pick, Ina (2019): *Einführung in die Angewandte Linguistik. Gespräche, Texte, Medienformate analysieren*. Stuttgart: J. B. Metzler.

Ortner, Hanspeter/Sitta, Horst (2003): Was ist der Gegenstand der Sprachwissenschaft? In: Angelika Linke/Hanspeter Ortner/Paul R. Portmann-Tselikas (Hg.): *Sprache und mehr. Ansichten einer Linguistik der sprachlichen Praxis*. Tübingen: Niemeyer (Reihe Germanistische Linguistik 245), S. 3–64.

Popper, Karl R. (2005): *Logik der Forschung. Zur Erkenntnistheorie in der modernen Naturwissenschaft*. 11. Aufl. Tübingen: Mohr [zuerst: Wien: Springer 1935].

Sinner, Carsten (2014): *Varietätenlinguistik. Eine Einführung*. Tübingen: Narr (Narr Studienbücher).

Spitzmüller, Jürgen/Warnke, Ingo H. (2011): *Diskurslinguistik. Eine Einführung in Theorien und Methoden der transtextuellen Sprachanalyse*. Berlin/Boston: De Gruyter (De Gruyter Studium).

Tagliamonte, Sali A. (2006): *Analysing Sociolinguistic Variation*. New York: Cambridge University Press (Key Topics in Sociolinguistics).

Gesellschaft, Gemeinschaft und soziale Akteure

2

Inhaltsverzeichnis

2.1	Gesellschaft als Struktur, Handlungsprodukt oder ideologisches Konstrukt	13
	2.1.1 Strukturtheorien	15
	2.1.2 Handlungstheorien	19
	2.1.3 Konstrukttheorien	24
2.2	Gesellschafts- und Gemeinschaftsdifferenzierungen	28
	2.2.1 Sozialstrukturen	29
	2.2.2 Vergemeinschaftungskonzepte	32
2.3	Sozial- und Gesellschaftstheorien in der Soziolinguistik	34
	2.3.1 Strukturtheoretische Soziolinguistik	34
	2.3.2 Handlungstheoretische Soziolinguistik	36
	2.3.3 Konstrukttheoretische (‚integrative') Soziolinguistik	37
	2.3.4 Sozial- und Gesellschaftstheorien in der Soziolinguistik: Fazit mit Warnung	39
2.4	Exkurs: Gesellschaft vs. Kultur	40
2.5	Empfohlene Literatur zur Vertiefung	42
Literatur		43

Wenn sich die Soziolinguistik als ‚Wissenschaft von Sprache und Gesellschaft' (s. Abschn. 1.1) versteht, ist Gesellschaft (neben Sprache) eines ihrer zentralen Konzepte. Das bedeutet, dass die Soziolinguistik ein differenziertes und reflektiertes Verständnis von Gesellschaft sowie von gesellschaftlich bzw. in Gesellschaft handelnden Personen (sozialen Akteuren) braucht – sie braucht einen reflektierten **Gesellschaftsbegriff** und eine **Sozialtheorie** (vgl. Williams 1992; Coupland et al. 2001). Da sie sich mit konkreten (zumeist zeitgenössischen) sozialen Formationen befasst, braucht sie weiterhin auch eine angemessene **Gesellschaftstheorie.** Diese Theorien und Begriffe kann sie einerseits selbst entwickeln, sie kann sie aber auch aus anderen Disziplinen, die dies bereits geleistet haben, übernehmen.

▶ Als **Sozialtheorie** bezeichnet man in den Sozialwissenschaften eine Menge von „Annahmen darüber, was überhaupt unter sozialen Phänomenen verstanden werden soll und welche Konzepte zentral gestellt werden" (Lindemann 20009: 19).

▶ Davon unterscheidet man auf einer konkreteren Ebene **Gesellschaftstheorien**, die sich „auf historische Großformationen beziehen, wie etwa die moderne Gesellschaft, die kapitalistische Gesellschaft oder die funktional differenzierte Gesellschaft" (Lindemann 2009: 20), also darauf, wie bestimmte und historisch bestimmbare Gesellschaften konstituiert sind.

▶ Ein **Gesellschaftsbegriff** ist eine konkrete, sozialtheoretisch begründete Vorstellung davon, was ‚Gesellschaft' ist (vgl. hierzu auch Rosa u. a. 2020: 15–16).

Beides wurde in der Soziolinguistik gemacht. Man hat solche Theorien und Begriffe aus sozialwissenschaftlichen Disziplinen – insbesondere der **Soziologie** – entlehnt, aber auch aufgrund eigener Beobachtungen eigene Theorien und Begriffe entworfen bzw. die sozialwissenschaftlichen Theorien und Begriffe adaptiert und modifiziert.

Letzteres wird deshalb als nötig erachtet, weil sich die Soziolinguistik ja nicht primär für Gesellschaft und soziale Akteure als solche, sondern für (je nach Variante spezifische) Zusammenhänge und **Wechselwirkungen von Sprache und Gesellschaft bzw. sozialen Akteuren** interessiert. Dies gilt zwar auch für die mit der Soziolinguistik eng verbundene soziologische Teildisziplin Sprachsoziologie, jedoch nicht unbedingt in derselben Perspektivierung (s. Abschn. 4.2.3.1).

Das Resultat dieser Theoriebildung und -übernahme ist jedoch keine „grand theory" (Coupland 2001: 4), d. h. es gibt nicht ‚die eine' in der Soziolinguistik weithin akzeptierte Sozialtheorie und entsprechend auch keinen einheitlichen Gesellschaftsbegriff. Vielmehr findet man in verschiedenen soziolinguistischen Ansätzen eine breite **Vielfalt unterschiedlicher Sozialtheorien und Gesellschaftsbegriffe**. Spezifische Varianten der Disziplin präferieren dabei, wie wir sehen werden, jeweils spezifische Theorien und Begriffe – mit gravierenden theoretischen, konzeptionellen und methodischen Konsequenzen (s. Abschn. 2.3).

In diesem Kapitel bekommen Sie einen **Überblick** über einige ausgewählte (repräsentative) Theorien und deren Rezeption und Adaption in der Soziolinguistik.

- Zunächst werden dabei einige wichtige **Sozialtheorien** (notwendigerweise sehr verknappt) vorgestellt, die in den bzw. im Umfeld der **Sozialwissenschaften** entstanden sind (s. Abschn. 2.1).
- Anschließend werden einige für die Soziolinguistik relevante Vorschläge skizziert, wie man Gesellschaft bzw. gesellschaftliche Teilnahme genauer **differenzieren** kann (s. Abschn. 2.2)

- Im dritten Abschnitt zeigt das Kapitel, ob und wie diese Theorien und Begriffe in verschiedenen Varianten der Soziolinguistik aufgenommen wurden und wie sich dies in der **soziolinguistischen Theoriebildung** niederschlägt (s. Abschn. 2.3).
- Das Kapitel schließt mit einem Exkurs zur Frage, wie Gesellschaft von **Kultur**, einem zurzeit in der Linguistik prominenten Konzept, differenziert werden kann (s. Abschn. 2.4).

Das Ziel der vorliegenden Ausführungen ist es dabei freilich nicht, einen differenzierten Einblick in Sozial-, Gesellschafts- und Akteurstheorien zu geben, sondern einen **sozialtheoretischen Rahmen für die Soziolinguistik** zu skizzieren. Für eine detaillierte und differenzierte Diskussion verweisen wir auf entsprechende einführende sozialwissenschaftliche Literatur, auf die wir uns im Folgenden auch beziehen (bspw. Ritsert 2000; Joas/Knöbl 2004; Abels 2009; Kneer/Schroer 2009; Schimank 2013; Saalmann 2016; Schwietring 2018; Rosa u. a. 2020).

2.1 Gesellschaft als Struktur, Handlungsprodukt oder ideologisches Konstrukt

Gesellschaft ist, so könnte man vortheoretisch argumentieren, da, wo Menschen zusammenleben: Menschen leben ‚in Gesellschaft', sobald es Mit-Menschen gibt, mit denen sie sich arrangieren müssen und mit denen sie mithin in einem ‚Austausch' – in **sozialer Interaktion** – stehen. Allerdings ist soziologisch fraglich, ob man von *Gesellschaft* tatsächlich immer dann schon sprechen kann, wenn Menschen aufeinandertreffen.

Viele Soziolog*innen argumentieren nämlich, dass Gesellschaft mehr ist als ‚in Gesellschaft sein', zum Beispiel mit dem Argument, dass Gesellschaften die soziale Interaktion der ‚Gesellschaftsmitglieder' in einer bestimmten Weise organisieren, oder mit dem Argument, dass Menschen sich zu bestimmten Gesellschaftsformen oder -vorstellungen hin orientieren, oder mit dem Argument, dass Gesellschaft im eigentlichen Sinn erst entsteht, wo Mit-Menschen über einen längeren Zeitraum in einer bestimmten Art und Weise koordiniert handeln. Wie immer man dieses ‚Mehr' bestimmt, das Gesellschaft gegenüber dem ‚In-Gesellschaft-Sein' ist: Genau zu beschreiben, was es ist – was also ‚Gesellschaft' ist und wozu es sie gibt –, ist Ziel eben der **Sozialtheorien**.

Die Frage, was Gesellschaft ist und wozu es sie gibt, beschäftigt die Menschen schon lange – und lange bevor die **Soziologie** Ende des 19. Jahrhunderts entstand. Entsprechend groß ist die Zahl der Sozialtheorien, und entsprechend kontrovers ist der Begriff ‚Gesellschaft', der zwar, wie Krossa (2018: 1) festhält, „der klassische Zentralbegriff der Soziologie" ist, „allerdings auch immer schon umstritten" – was bis hin zur Auffassung einiger (sehr namhafter) Soziolog*innen reicht, dass ‚Gesellschaft' überhaupt kein tragfähiger soziologischer Begriff sei (vgl. Moebius 2003; Krossa 2018: 80–84). In diesem Zusammenhang geradezu legendär ist der lapidare Eintrag von Niklas Luhmann zum Lemma *Gesellschaft* in einem soziologischen Fachlexikon aus dem Jahr 1973:

> „Gesellschaft [...][ist] das jeweils umfassendste System menschlichen Zusammenlebens. Über weitere einschränkende Merkmale besteht kein Einverständnis." (Luhmann [1973] 1994: 235)

Und auch diese sehr allgemeine Bestimmung ließe sich noch anfechten, etwa mit der Frage, was hier mit „System" gemeint sei, und dem Einwand, dass das Systemkonzept nicht den Kern dessen erfasse, was ‚Gesellschaft' ausmache (es handelt sich dabei um ein zentrales Konzept der von Luhmann vertretenen Systemtheorie, über dessen sozialtheoretischen Wert keineswegs ‚Einverständnis' herrscht; s. dazu unten Abschn. 2.1.1).

Trotz dieser anhaltenden sozialtheoretischen Uneinigkeit ist es aber möglich, dadurch Ordnung in den Wust von Gesellschaftsbegriffen zu bringen, dass man die zugrundeliegenden Sozialtheorien **kategorisiert**. Das heißt, man ordnet einzelne Theorien mit anderen, die in einer bestimmten Hinsicht ähnlich sind, Gruppen (sog. ‚Kategorien') zu.

▶ **Kategorien** sind Abstraktionsklassen mit Phänomenen, die unter einer bestimmten Perspektive gemeinsame Eigenschaften aufweisen. Bei der Kategorienbildung werden für die Fragestellung irrelevante Eigenschaften abstrahiert (d. h. ausgeklammert). Beispielsweise kann man alle Menschen mit blonden Haaren einer Kategorie zuordnen, unabhängig von Geschlecht, Alter, Körpergröße, Herkunft etc., oder alle blonden Männer, oder alle männlichen blonden Österreicher. Ziel der Kategorienbildung ist es, Gemeinsamkeiten und Unterschiede in einer bestimmten Hinsicht deutlich zu machen. Nur in der gewählten Hinsicht haben Kategorien den Anspruch, adäquat zu sein. Sie dienen also niemals einer universalen Erklärung (männliche blonde Österreicher haben vermutlich sehr viel nicht gemeinsam). Zur Vertiefung vgl. Eisenberg 2020: 15–17.

Dafür gibt es unterschiedliche Vorschläge (vgl. Ritsert 2000: 10–22; Schimank 2013: 33–36; Saalmann 2016; Krossa 2018: 39–52). Wir folgen hier dem Vorschlag von Saalmann (2016), der (ähnlich wie auch Krossa 2018) davon überzeugt ist, dass man „*alle* soziologischen Theorien *drei Grundrichtungen* zuordnen kann, die den drei logischen Möglichkeiten entsprechen, über das soziale Zusammenleben von Menschen nachzudenken" (Saalmann 2016: IX; Herv. im Orig.):

> „Manchen Soziologen scheint *Gesellschaft etwas Eigenständiges* zu sein, andere sagen, sie werde *durch soziales Handeln hergestellt*. Wieder andere meinen, sie sei *nie da*, sondern werde nur permanent *in sozialen Beziehungen gelebt*. Alles soziologische Denken lässt sich diesen drei Sichtweisen zuordnen [...]." (Saalmann 2016: 3; Herv. im Orig.)

Diesen drei „Sichtweisen", die Saalmann (etwas unglücklich) *Objektivismus*, *Subjektivismus* und *Relationismus* nennt – wir sprechen im Folgenden lieber von Gesellschaft als **Struktur**, Gesellschaft als **Handlungsprodukt** und Gesellschaft als **ideologischem Konstrukt** – lassen sich in der Tat die einschlägigen Sozialtheorien gut zuordnen, auch wenn man bei Kategorisierungen immer vorsichtig sein muss, da durch sie – gewissermaßen als Preis für die Übersicht, die sie gewähren – Unterschiede zwischen Theorien einer Kategorie leicht verwischt werden und Gemeinsamkeiten zwischen Theorien verschiedener Kategorien leicht aus dem Blick geraten können.

▶ **Ideologie** meint im Rahmen dieses Buchs nicht, wie in der Alltagssprache, ein ‚verzerrtes' oder ‚falsches' Weltbild, sondern referiert – wie in der kritischen und metapragmatischen Soziolinguistik üblich – auf alle Ideen, Werte und Einstellungen, die soziale Akteure gegenüber Gegenständen, Sachverhalten, Personen, Verhalten oder auch anderen Ideen zum Ausdruck bringen. Ein **ideologisches Konstrukt** ist also eine auf Ideen, Werten und Einstellungen basierende Vorstellung davon, was ‚der Fall' ist. Zur Vertiefung s. Kap. 7.

Wenn wir hier Saalmanns Vorschlag folgen, dann vor allem auch deswegen, weil sich diese drei Kategorien auch in der soziolinguistischen Theoriediskussion deutlich niederschlagen und sich verschiedenen soziolinguistischen Varianten gut zuordnen lassen (s. dazu Abschn. 2.3). Auch hier pendeln die Vorstellungen dessen, wie Gesellschaft und soziales Handeln miteinander verbunden sind, zwischen den von Saalmann (2016: 11) genannten Möglichkeiten. Dabei kann man mit Blick auf die Soziolinguistik jeweils soziales Handeln als *sprachliches Handeln* spezifizieren:

1. **Strukturtheorie:** Die Gesellschaft bestimmt und lenkt das soziale (mithin: sprachliche) Handeln der Gesellschaftsmitglieder.
2. **Handlungstheorie:** Die Gesellschaftsmitglieder bestimmen mit ihrem sozialen (mithin: sprachlichen) Handeln, was Gesellschaft ist.
3. **Konstrukttheorie:** Die Gesellschaftsmitglieder orientieren sich in ihrem sozialen (mithin: sprachlichen) Handeln an bestimmten Vorstellungen von Gesellschaft, die durch das Handeln an Bedeutung gewinnen.

In den folgenden drei Unterabschnitten werden beispielhaft einige zentrale Sozialtheorien besprochen, die prototypisch für je eine der drei Möglichkeiten stehen.

2.1.1 Strukturtheorien

Strukturorientierte Sozialtheorien legen den Schwerpunkt darauf, dass Gesellschaft eine – sich wie auch immer entwickelt habende – Ordnungsform (eine Struktur, ein System oder ein Organismus) ist, die das Zusammenleben von Menschen organisiert und ordnet. Diese werden ‚in' die Gesellschaft gewissermaßen ‚hineingeboren', haben dort einen bestimmten Platz und sind in ihren Handlungen entsprechend gesellschaftlich eingeschränkt (sog. **soziale**

Disposition). Der soziale Hintergrund von Individuen bestimmt somit, wie sie sich verhalten (können).

Diese Einschränkung wird übrigens nicht ausschließlich negativ bewertet. Nach Auffassung strukturorientierter Sozialtheorien ist sie vielmehr nötig, um Menschen überhaupt (koordiniertes) soziales Handeln zu ermöglichen, denn die Reduktion von (theoretisch unendlich vielen) Handlungsmöglichkeiten – von **Kontingenz**, „etwas, was [...] sein kann, aber auch anders möglich ist" (Luhmann 1984: 152) –, gibt den Gesellschaftsmitgliedern Orientierung, verleiht ihrem Handeln Sinn und macht es somit auch für andere interpretierbar.

Strukturtheorien sind häufig verbunden mit Vorstellungen von **sozialer Differenzierung**. Dies beinhaltet erstens die Annahme, dass Gesellschaften vertikal geschichtet und arbeitsteilig organisiert sind (s. Abschn. 2.2.1), sowie zweitens die (insbesondere in der Systemtheorie zentrale) Vorstellung, dass sie aus in sich abgeschlossenen, wenn auch miteinander ‚kommunizierenden' Teilsystemen (Wirtschaft, Politik, Wissenschaft, Kunst usw.) bestehen, die jeweils nach spezifischen Prinzipien funktionieren (vgl. dazu Schimank 2013: 37–75).

Eine frühe Strukturtheorie wurde von dem britischen Philosophen und Soziologen Herbert Spencer (1820–1903) in den 1870er Jahren vorgeschlagen (vgl. Abels 2009: 94–98). Spencer war, wie viele Wissenschaftler seiner Zeit – darunter auch Sprachwissenschaftler wie August Schleicher (1873) –, stark von Charles Darwins Evolutionstheorie beeinflusst.

Der Darwinismus als wissenschaftliches Paradigma des 19. Jahrhunderts
Die (häufig allerdings eher abwertend) als ‚Darwinismus' bezeichnete Evolutionstheorie des britischen Naturforschers Charles Darwin (1809–1882), die 1859 durch Darwins Buch *On the Origin of Species* bekannt wurde, hat sich im 19. Jahrhundert zu einem sog. Paradigma in der Wissenschaft entwickelt, also einer Leittheorie, an die sich verschiedene andere Wissenschaften (wie die Linguistik mit August Schleicher und die Soziologie mit Herbert Spencer) anschlossen, indem sie die Ideen auf ihre Gegenstände (Sprache bzw. Gesellschaft) übertrugen (zum Begriff ‚Paradigma' s. Kap. 1).

Darwin hatte in seiner Theorie die Beobachtung niedergelegt, dass sich biologische Arten (Pflanzen wie Tiere) durch bestimmte Prinzipien wie Vererbung, Veränderung und natürliche Auswahl weiterentwickeln, dass es also eine naturgesetzliche Evolution der Arten gebe. Darwins Evolutionstheorie war nicht die erste, aber die über das eigene Fach hinaus am Stärksten rezipierte. Insbesondere das Versprechen, Entwicklungsprozesse durch klare und ‚objektive' Prinzipien beschreiben zu können, übte auf viele Wissenschaftler*innen des 19. Jahrhunderts einen großen Reiz aus.

> In der außerfachlichen Rezeption wurde vor allem das Selektionsprinzip stark betont (in der von Spencer stammenden Formulierung „survival of the fittest"; Spencer 1864: 444). Dies führte im späteren 19. Jahrhundert zu einer Adaption darwinistischer Ideen im Rassismus, die im verheerenden Tötungsprogramm der sog. Eugenik (‚Rassenhygiene') mündete. Zur Vertiefung vgl. Engels 2007.

Ähnlich wie es Schleicher für Sprache tut (vgl. Gardt 1999: 278–284), stellt Spencer sich die Gesellschaft als einen stetig wachsenden, funktional differenzierten **Organismus** vor:

> „Die Gesellschaft ist einem fortwährenden Wachstum unterworfen. Während sie wächst, werden ihre Teile ungleich: sie zeigt also auch eine Zunahme der Verschiedenheiten des inneren Baues. Die ungleichen Teile übernehmen zugleich Tätigkeiten verschiedener Art. Diese Tätigkeiten weichen nicht einfach von einander ab, sondern ihre Verschiedenheiten stehen in der Beziehung zu einander, daß die eine erst die andere möglich macht. Die wechselseitige Unterstützung, welche sie sich auf diese Weise gewähren, verursacht dann wieder eine wechselseitige Abhängigkeit der Teile, und indem die wechselseitig abhängigen Teile so durch und für einander leben, bilden sie ein Aggregat, das nach demselben allgemeinen Grundsatz aufgebaut ist wie ein einzelner Organismus." (Spencer [1874] 1877: 21)

Die „dauernden Beziehungen zwischen den Teilen einer Gesellschaft" nennt Spencer ‚**Struktur**', die wechselseitige Unterstützung der Teile untereinander ‚**Funktion**'. Die Entwicklung einer Gesellschaft verläuft nach Spencer als fortlaufende Differenzierung der Funktionen und als Integration der einzelnen Teile in den (Gesamt-)Organismus.

Eine Gesellschaft entwickle sich somit von einer zunächst simplen homogenen Gruppe, in der alle alles tun, zu einem komplexen, heterogenen, aber immer differenzierteren Gebilde, in dem Arbeitsteilung und Spezialisierung herrschten. Dabei bildeten sich feste Regeln aus, ein Prozess, den Spencer als ‚**Institutionalisierung**' bezeichnet. Dies entlaste die Individuen, da ihnen (im Sinne einer Kontingenzreduktion) Handlungsentscheidungen abgenommen werden.

Soziale Akteure betrachtet Spencer dabei als rational handelnde, ziel- und zweckorientierte Personen, die aus Einsicht in die Vernünftigkeit sozialer Regelungen gesellschaftskonform handeln. Zu untersuchen sind daher vor allem eben diese Regeln, das funktionale Zusammenspiel der einzelnen Teile im Gesamtsystem sowie die Struktur, in der dieses organisiert ist.

Der Franzose Émile Durkheim (1858–1917), der (u. a. neben Georg Simmel und Max Weber) als einer der ‚Gründerväter' der Soziologie gilt (vgl. Joas/Knöbl 2004: 39–40), knüpft eng an Spencers Überlegungen an (vgl. Durkheim [1893] 1992). Seine Antwort auf die Frage, warum es Gesellschaft gibt, ist: Weil Menschen andere Menschen suchen und brauchen, die etwas können oder haben, was ihnen selbst abgeht.

Dabei geht auch Durkheim, wie Spencer, davon aus, dass Gesellschaften sich im Lauf der Zeit immer mehr ausdifferenzieren, wodurch die Gesellschaftsmitglieder auch immer stärker aufeinander angewiesen seien (Durkheim nennt dies ‚**organische Solidarität**' im Gegensatz zur ‚**mechanischen Solidarität**' traditioneller, nicht arbeitsteiliger Gesellschaften, welche sich vor allem aus sozialen Zugehörigkeitsgefühlen speise).

Die funktionale Differenzierung von Gesellschaften bestimmt hier also das soziale Verhalten der Gesellschaftsmitglieder. Bestimmt wird dieses außerdem wesentlich von Normen und Werten, die Gesellschaften ihren Mitgliedern vorgeben und die diese als gegeben hinnehmen (Durkheim nennt diese Normen und Werte zunächst ‚**soziale Tatsachen**', später dann ‚**Institutionen**'; als solche wird im Anschluss an Durkheim Ferdinand de Saussure übrigens Sprache charakterisieren; de Saussure [1916] 1967: 8/20).

Sozialtheorie hat daher nach Durkheim vor allem in den Blick zu nehmen, wie die Gesellschaft das Verhalten der Gesellschaftsmitglieder **normativ** bestimmt und leitet:

> „Tatsächlich kann man, ohne den Sinn des Wortes zu entstellen, alle Glaubensvorstellungen und durch die Gesellschaft festgesetzten Verhaltensweisen Institutionen nennen; die Soziologie kann also definiert werden als die Wissenschaft von den Institutionen, deren Entstehung und Wirkungsart." (Durkheim [1895] 1976: 100)

Die Idee der normativen Rahmung, die Gesellschaft darstellt, wird später wieder von dem amerikanischen Soziologen Talcott Parsons (1902–1979) aufgegriffen, der für die soziologische Theoriebildung eine eminent wichtige Figur ist.

Parsons (1951) setzt sich intensiv mit der Frage auseinander, wie **soziale Ordnung** zustande kommt und aufrechterhalten wird. Die klassischen Erklärungen, dass dies entweder durch Zwang (so Thomas Hobbes [1588–1679]; vgl. Abels 2009: 82–85) oder aus individuellen Nutzenserwägungen (so Jean-Jacques Rousseau [1712–1778]; vgl. Abels 2009: 85–87) passiere, überzeugen Parsons nicht. Beides würde Ordnung eher gefährden als stabilisieren.

Ordnung komme vielmehr, wie Parsons im Anschluss unter anderem an Durkheim postuliert, durch die **integrative Kraft von Normen** zustande: Gesellschaft sei deshalb stabil, weil die Gesellschaftsmitglieder „die Vernünftigkeit einer normativen Ordnung einsehen und schließlich sich so verhalten *wollen,* wie sie sich verhalten sollen" (Abels 2009: 126; Herv. im Orig.). Der Grund hierfür sei, dass es in der sozialen Ordnung angelegte Normen gebe, die die Gesellschaftsmitglieder teilten. Das heißt (ähnlich wie bei Durkheim): Die soziale Ordnung gibt den Akteuren einen Handlungsrahmen vor, der umgekehrt sicherstellt, dass die soziale Ordnung selbst aufrecht erhalten bleibt.

Da die Normen, die zu dieser Aufrechterhaltung beitragen, von der Ordnung selbst kommen, geht Parsons im Weiteren davon aus, dass die soziale Ordnung in der Lage ist und sein muss, sich **selbst zu erhalten.** Daher wendet sich Parsons vor allem in seinen späteren Arbeiten immer mehr der Frage zu, wie diese Selbsterhaltung funktioniert. Von Spencer übernimmt er dabei die Konzepte Struktur und

Funktion, also die Idee, dass eine Gesellschaft aus Teilen besteht, die miteinander zusammenhängen und die je spezifische Funktionen entwickeln.

Zur genaueren Fassung dieses geordneten, sich selbst erhaltenden Ganzen führt Parsons den für die von ihm begründete **Systemtheorie** namengebenden Begriff des **Systems** ein. ‚System' meint dabei, vereinfacht gesagt, ein in sich abgeschlossenes funktionales Gebilde, dessen Bestandteile voneinander abhängen und gemeinsamen Prinzipien unterworfen sind.

Gesellschaft versteht Parsons hierbei als ein aus Subsystemen zusammengesetztes System, das zu seiner Erhaltung Wertorientierungen (normative Erwartungen) entwickelt, die für die Mitglieder verbindlich werden und ihnen Rollen vorgibt. Die Mitglieder erlernen diese vorgegebenen Rollen – und damit zu **wollen, was sie sollen** – durch Sozialisation:

> „Das Kernstück einer Gesellschaft, als System, ist die geformte normative Ordnung [patterned normative order; J.S.], welche das Leben einer Population kollektiv organisiert." (Parsons [1966] 1986: 21)

Parsons' Theorie skizziert Gesellschaft also als Ordnungsmuster, das selbst **Funktionen** und **Rollen** bereitstellt, die die Akteure willentlich einnehmen, womit sie zur Systemerhaltung beitragen. Die Akteure werden somit durch das System geprägt.

Später wird dies der Parsons-Schüler Niklas Luhmann (1927–1998) in seiner (gegenüber Parsons erheblich umgebauten) Version der Systemtheorie radikalisieren, dessen komplexe und hoch abstrakte Sozialtheorie hier nur angedeutet werden kann (vgl. dazu ausführlicher Ritsert 2000: 81–94; Abels 2009: 218–238; Schimank 2013: 37–50).

Luhmann begreift Gesellschaft als Bündel autonomer, abgeschlossener, selbsterhaltender (und von einem spezifischen normativen Leitwert jeweils determinierter) Systeme, deren primäre Funktion es ist, **Komplexität** (d. h. Kontingenz) so weit zu reduzieren, dass für die Akteure die Handlungen anderer (aber auch eigenes Handeln) im Rahmen des eigenen Systems **erwartbar** und damit **deutbar** werden, sie dabei aber auch so komplex (bzw. ambig) zu belassen, wie es der jeweilige soziale Handlungsspielraum erfordert (eine zu starke Kontingenzreduktion würde Luhmann zufolge Flexibilität unnötig einschränken). Systeme stellen dabei alle Voraussetzungen bereit, um soziales Handeln als sinnvolles Handeln überhaupt zu ermöglichen.

2.1.2 Handlungstheorien

Handlungsorientierte Sozialtheorien richten die Aufmerksamkeit auf die sozialen Akteure und ihre Handlungen sowie gegebenenfalls darauf, wie aus diesen Handlungen soziale Strukturen entstehen. Im Mittelpunkt stehen also hier die **handelnden Personen**. Diesen wird dabei in der Regel sehr viel mehr Handlungsmacht zugeschrieben, als dies in den Strukturtheorien der Fall ist.

Aus handlungstheoretischer Sicht wird dabei an den Strukturtheorien häufig kritisiert, dass diese Gesellschaft essentialisieren oder hypostasieren, das heißt, dass sie diese homogener, abgeschlossener und statischer charakterisieren, als sie es ist (**Essentialismusvorwurf**), oder ‚die Gesellschaft' gar als selbstständig handelndes Wesen darstellen (**Hypostasierungsvorwurf**). Außerdem wird die passive Rolle kritisiert, die den Akteuren in Strukturtheorien häufig zukommt. So kritisiert Harold Garfinkel (1967: 68; zitiert nach Reiner Keller 2009: 93), ein Vertreter der strikt handlungstheoretischen Ethnomethodologie (s. u.), Parsons' Strukturfunktionalismus dafür, dass dieser soziale Akteure als „kulturelle Deppen" („cultural dopes") bzw. „Deppen ohne eigenes Urteilsvermögen" („judgmental dopes") darstelle, die von Normen und Werten wie Marionetten gesteuert würden (**Determinismusvorwurf**).

Handlungstheoretiker argumentieren, dass Gesellschaft erstens sehr viel dynamischer und heterogener sei, als es Strukturtheorien darstellten – eher ein sich ständig wandelnder **Prozess** als eine feste Struktur –, und dass zweitens allein die Akteure handlungsfähig sind, dass es also sie sind, die Gesellschaft ‚schaffen' und ‚verändern', nicht ‚die Geclasellschaft' selbst. Vereinfacht gesagt lautet das Argument also: Nicht die Gesellschaft prägt die Akteure, sondern die Akteure prägen die Gesellschaft.

Handlungstheorien sind häufig verbunden mit Vorstellungen von Gesellschaft als **Arena sozialer Aushandlung** und Gemeinschaftsbildung als **Prozess sozialer Zuordnung**. Dies beinhaltet die Annahme, dass soziale Bedeutung und soziale Strukturen zwischen sozialen Akteuren deutend verhandelt werden, sowie die Vorstellung, dass Individuen sich (jedenfalls in einem gewissen Rahmen) selbst sozialen Gemeinschaften zurechnen können, nicht also einfach durch Geburt und Sozialisation einen bestimmten sozialen Platz zugewiesen bekommen.

Die Vorstellung, dass Gesellschaft das Produkt sozialen Handelns von Akteuren ist, findet sich schon in den **klassischen (vor-soziologischen) Gesellschaftstheorien**, welche Gesellschaft als das Ergebnis eines Vertrags zwischen den Gesellschaftsmitgliedern ansehen, mit dem Ziel, Konflikte zu vermeiden – so bei Thomas Hobbes ([1651] 1980: 155), der Gesellschaft als Vertragsschluss aus Zwang ansieht, bei Jean-Jacques Rousseau ([1762] 2011: 18), bei dem in der Gesellschaftsbildung ein Vertragsschluss eines jeden mit jedem aus rationaler Einsicht erfolgt, oder bei den schottischen Moralphilosophen (z. B. David Hume [1711–1776], Adam Smith [1723–1790], Adam Ferguson [1723–1816]), die Gesellschaft als nicht-intentionales Ergebnis intentionalen lösungsorientierten Handelns betrachten (vgl. Abels 2009: 82–94).

Eine der ersten stark handlungstheoretisch orientierten Sozialtheorien der Soziologie entwickelt Georg Simmel (1858–1918). Simmel zufolge entsteht Gesellschaft dadurch, dass Individuen miteinander in Austausch treten, also infolge **sozialer Interaktion**. Gesellschaft ist dabei, wie Simmel betont, ein dynamisches und stetig sich wandelndes Phänomen – daher spricht Simmel auch lieber von ‚**Vergesellschaftung**' als von ‚Gesellschaft' –, und sie ist durch die „Wechselbeziehungen" zwischen den gesellschaftlichen Akteuren charakterisiert:

2.1 Gesellschaft als Struktur, Handlungsprodukt oder ideol. Konstrukt

> „Gesellschaft ist [...] nur der Name für einen Umkreis von Individuen, die durch [...] Wechselbeziehungen aneinander gebunden sind und die man deshalb als eine Einheit bezeichnet. [...] Gesellschaft ist dann allerdings sozusagen keine Substanz, nichts für sich Konkretes, sondern ein Geschehen [...], die Dynamik des Wirkens und Leidens, mit der diese Individuen sich gegenseitig modifizieren." (Simmel [1917] 1984: 13–14)

Von ‚Gesellschaft' könne man dann sprechen, wenn sich Wechselbeziehungen **institutionalisiert** haben, wenn sich also feste Formen sozialer Interaktion herausgebildet haben (vgl. Simmel [1890] 1989: 133–134). Dies geschehe deshalb, weil die Individuen einen Vorteil von sozialem Austausch haben. Freilich unterliegen aber auch institutionalisierte Wechselbeziehungen weiterhin stetiger Veränderung im Vergesellschaftungsprozess.

Ähnlich wie Simmel sieht auch Max Weber (1864–1920) Gesellschaft als Resultat aufeinander bezogenen Handelns. Unter **Handeln** versteht Weber grundsätzlich „menschliches Verhalten [...], wenn und insofern als der oder die Handelnden mit ihm einen subjektiven Sinn verbinden". **Soziales Handeln** differenziert er davon als „ein solches Handeln [...], welches seinem von dem oder den Handelnden gemeinten Sinn nach auf das Verhalten *anderer* bezogen wird und daran in seinem Ablauf orientiert ist" (Weber [1921] 1980: 1; Herv. im Orig.).

Handeln erfolgt Weber zufolge mit unterschiedlichen Zielen und aus unterschiedlichen Motiven (daraus resultieren *zweckrationales, wertrationales, affektuelles* und *traditionales* Handeln), wodurch unterschiedliche Sozialformen entstehen. Weber unterscheidet insbesondere zwei Formen, die er wie Simmel prozessual benennt, **Vergemeinschaftung** und **Vergesellschaftung**:

> „‚Vergemeinschaftung' soll eine soziale Beziehung heißen, wenn und soweit die Einstellung des sozialen Handelns [...] auf subjektiv *gefühlter* (affektueller oder traditionaler) *Zusammengehörigkeit* der Beteiligten beruht.
> ‚Vergesellschaftung' soll eine soziale Beziehung heißen, wenn und soweit die Einstellung des sozialen Handelns auf rational (wert- oder zweckrational) motiviertem Interessen*ausgleich* oder auf ebenso motivierter Interessen*verbindung* beruht." (Weber [1921] 1980: 21; Herv. im Orig.)

Für Weber ist Gesellschaft also das (stetig sich verändernde) Ergebnis sozialen Handelns, welches mit bestimmten Erwartungen verbunden und deutbar ist. Entsprechend definiert er Soziologie als

> „eine Wissenschaft, welche soziales Handeln deutend verstehen und dadurch in seinem Ablauf und seinen Wirkungen ursächlich erklären will." (Weber [1921] 1980: 1)

Die Frage, wie Akteure soziales Handeln deuten, ist auch zentral in den sogenannten **interpretativen Sozialtheorien** (vgl. Reiner Keller 2009). Hierzu gehört der in den 1920-Jahren in den USA als Gegenentwurf zum Strukturfunktionalismus Parsons' entworfene Ansatz der **Chicago School of Sociology** um William Isaac Thomas (1863–1947) und Robert Ezra Park (1864–1944). Diese rückte die Frage ins Zentrum, wie soziale Akteure alltagsweltliche Probleme lösen. Es wird argumentiert, dass hierbei soziale Interaktion (Kommunikation) ebenso eine wichtige Rolle spielt wie der Rückgriff auf Alltagswissen und soziale Routinen.

Ausgearbeitet wird diese Idee von George Herbert Mead (1863–1931) im von diesem sogenannten ‚**Sozialbehaviorismus**' und seinem Schüler Herbert Blumer (1900–1987), welcher dafür die Bezeichnung ‚**Symbolischer Interaktionismus**' geprägt hat. Meads Grundannahme ist, dass der Mensch sich gegenüber anderen Tieren dadurch auszeichnet, dass er auf Reize nicht nur reagieren, sondern diese als Symbole interpretieren könne, das heißt, er könne verstehen, was der andere meine. Hierzu müsse der Mensch in der Lage sein, sich in sein Gegenüber zu versetzen und dessen Verhalten zu antizipieren.

Voraussetzung dafür sei, dass die Menschen auf **geteilte Bedeutungen** (ein „universe of discourse") zurückgreifen können, dass also sozialer Sinn kollektiv zur Verfügung stehe. Sprache kommt hierbei als zentralem Symbolsystem des Menschen besondere Bedeutung zu. In ihr ist Mead zufolge kollektiver Sinn und gesellschaftliche Erfahrung ‚gespeichert', welche die Gesellschaftsmitglieder mit der Sprache erwerben (Mead [1963] 1973: 331). Damit wird Kommunikation zum „Grundprinzip der gesellschaftlichen Organisation des Menschen" (Mead [1963] 1973: 299).

Gesellschaft ist für Mead also eine geteilte Menge von Handlungserwartungen und Werten. Da diese in Symbolen niedergelegt sind, ist symbolische Interaktion der Motor von Vergesellschaftung, und um gesellschaftlich partizipieren zu können, muss man Zugang zum Diskursuniversum haben, also die sozial relevanten Symbolsysteme kennen.

Blumer arbeitet dies in seinem Symbolischen Interaktionismus dahingehend aus, dass er die **konstruktive Kraft von Kommunikation** noch stärker betont: Interaktion ruft demzufolge nicht nur sozial gespeicherten Sinn auf, sondern sie ist an der Schaffung dieses Sinns direkt beteiligt. Somit wird Gesellschaft und sozialer Sinn wesentlich durch soziale Interaktion überhaupt erst geschaffen.

Diese fundamentale These wird von einigen anderen interpretativen Theorien, die wir an dieser Stelle nur kurz erwähnen können, aufgegriffen und ausgearbeitet. Dazu gehört die **Ethnomethodologie** von Harold Garfinkel (1917–2011) und Aaron Cicourel (*1928), die ebenfalls die alltagsweltlichen Problemlösungsroutinen und ihre kommunikative Verarbeitung in den Fokus ihrer Forschung stellen (vgl. bspw. Garfinkel/Sacks 1970), und die **Interaktionale Soziologie** von Erving Goffman (1922–1982), der sich unter anderem mit der sozialen Funktion von Präsentationsweisen sozialer Akteure (ihrer *Performanz*) befasste (vgl. bspw. Goffman [1959] 2011). Beide Theorien wurden von der interaktionalen Soziolinguistik intensiv rezipiert, weshalb sie im Zusammenhang mit dieser auch noch einmal aufgegriffen und dann genauer erläutert werden (s. Abschn. 6.2.2 und 6.2.3). Stark inspiriert von den interpretativen Ansätzen ist auch die **Wissenssoziologie**, die wir wegen ihrer konstruktiven Ausrichtung aber im nächsten Abschnitt behandeln.

2.1 Gesellschaft als Struktur, Handlungsprodukt oder ideol. Konstrukt

Bevor wir hierzu kommen, soll aber zum Schluss noch eine letzte handlungstheoretische Sozialtheorie vorgestellt werden, die Rational-Choice-Theorie. Sie gehört zu den einflussreichsten neueren handlungstheoretischen Sozialtheorien, geht dabei aber in eine ganz andere Richtung als die interpretativen Ansätze (vgl. Diefenbach 2009; eine sprachwissenschaftliche Adaption nimmt Rudi Keller [1990] 2014 vor).

Die Rational-Choice-Theorie stammt aus der **Ökonomie**, knüpft aber an einige der genannten Sozialtheorien an, insbesondere an Weber sowie an die schottischen Moralphilosophen. Wie Letztere versteht die Rational-Choice-Theorie Gesellschaft als das nicht-intendierte Ergebnis von zweckorientierten rationalen Entscheidungen von Individuen. Diese entwickelten ihr Handeln jeweils aus **Kosten-Nutzen-Kalkülen** heraus.

Der Ansatz ist insofern konsequent handlungsbezogen, als er davon ausgeht,

> „dass gesellschaftliche Phänomene durch individuelle Handlungen erklärt werden können und müssen. Gesellschaftliche Phänomene werden nicht einfach als Resultat der Wünsche oder Pläne einzelner Personen oder einer Gruppe von Personen aufgefasst. Vielmehr betrachten es Vertreter der ‚Rational Choice'-Theorie […] gerade als eine, wenn nicht *die* Stärke dieser Theorie, dass sie erklären kann, wie gesellschaftliche Phänomene als unbeabsichtigte Resultate absichtsvollen Handelns entstehen können, während andere soziologische Theorien davon ausgehen (müssen), dass gesellschaftliche Phänomene nach Gesetzmäßigkeiten entstehen und funktionieren, die nicht auf der Ebene individueller Personen angesiedelt sind und daher nicht durch individuelle Handlungen erklärt werden können." (Diefenbach 2009: 239; Herv. im Orig.)

Zugrunde liegt dieser Theorie ein **universalistisches, egozentrisches** und **utilitaristisches** (nutzenorientiertes) **Menschenbild**, das davon ausgeht, dass alle Menschen zu allen Zeiten von den gleichen Handlungsmotiven angetrieben werden, nämlich möglichst umstandslos ihre jeweils individuellen Wünsche und Ziele zu erreichen (vgl. Diefenbach 2009: 239–249).

Soziale Akteure werden dabei als kalkulierende, selbstbezogene Individuen verstanden, die intentional handeln, auch wenn das Ergebnis ihrer Handlung vielfach nicht ihren Intentionen entspricht (sog. **Invisible-Hand-Prozesse**).

▶ **Invisible-Hand-Prozesse** nennt man nach Adam Smith (1723–1790) Prozesse, bei denen in Folge intentionalen Handelns nicht beabsichtigte Resultate entstehen. Ein Beispiel ist das Ansteigen des Marktpreises eines Hauses durch die Absicht eines Individuums, dieses Haus zu erwerben, ein Prozess, der positiv mit solchen individuellen Absichten korreliert: Je mehr Individuen das Haus kaufen wollen, desto höher wird der Marktpreis (gegen die Intention der einzelnen Individuen, die das Haus jeweils möglichst günstig erwerben wollen). Nach Smith sind soziale Prozesse häufig Invisible-Hand-Prozesse, weshalb man gesellschaftliche Strukturen auch dann als von Akteuren generiert betrachten kann, wenn die Akteure die Strukturen nicht intentional herbeiführen. Zur Vertiefung vgl. Rudi Keller [1990] 2014: 95–109.

2.1.3 Konstrukttheorien

Während man aus handlungstheoretischer Sicht den Strukturtheorien Essentialismus vorwerfen kann, lässt sich umgekehrt handlungstheoretischen Sozialtheorien entgegenhalten, dass Menschen in bestimmten Gemeinschaften sehr wohl nach bestimmten Mustern handeln und dass sie bestimmten sozialen Zwängen unterworfen sind, dass sie also keinesfalls frei bestimmen können, wie sie sich in Gesellschaft verhalten.

Nun gibt es wohl wenige Sozialtheoretiker*innen der einen wie der anderen Seite, die so radikale Positionen vertreten, dass sie Struktur oder Handlung komplett negieren – würfe man dies den Opponenten pauschal vor, wäre dies also eher ein Strohmann-Argument. Richtig ist aber sicher, dass Struktur- und Handlungstheorien den Schwerpunkt jeweils stark auf eine der beiden Seiten, Struktur oder Akteur, legen. Die in diesem Abschnitt vorgestellten Ansätze versuchen demgegenüber, beide Seiten gleichwertig zu berücksichtigen bzw. einen dritten Weg zu beschreiben, der Handlungen zentral setzt, sie aber als strukturgeleitet begreift. Dabei bedingen sich **Strukturen und Handlungen** gegenseitig.

Auf den Punkt gebracht wird dieses gegenseitige Sich-Bedingen von Peter L. Berger (1929–2017) und Thomas Luckmann (1927–2016), zwei der bekanntesten Vertreter der **Wissenssoziologie**, in ihrem viel beachteten Buch *Die gesellschaftliche Konstruktion der Wirklichkeit*:

> „Gesellschaft ist ein menschliches Produkt. Gesellschaft ist eine objektive Wirklichkeit. Der Mensch ist ein gesellschaftliches Produkt." (Berger/Luckmann [1966] 2003: 67)

Dass **Gesellschaft ein menschliches Produkt** sei, ist eine Annahme, die Berger und Luckmann in direktem Anschluss an die handlungstheoretische Tradition (s. Abschn. 2.1.2) entwickeln, in welcher der von Bergers und Luckmanns Lehrer Alfred Schütz (1899–1959) initiierte wissenssoziologische Ansatz verortet ist:

> „Auf welche Weise entsteht gesellschaftliche Ordnung überhaupt? Die allgemeinste Antwort wäre, dass Gesellschaftsordnung ein Produkt des Menschen ist, oder genauer: eine ständige menschliche Produktion. [...] Sowohl nach ihrer Genese (Gesellschaftsordnung ist das Resultat vergangenen menschlichen Tuns) als auch in ihrer Präsenz in jedem Augenblick (sie besteht nur und solange menschliche Aktivität nicht davon ablässt, sie zu produzieren) ist Gesellschaftsordnung als solche ein Produkt des Menschen." (Berger/Luckmann [1966] 2003: 55)

Dieses menschliche Handeln sei nun aber nicht beliebig, sondern durch Wiederholung eingewöhnt (**habitualisiert**):

> „Alles menschliche Tun ist dem Gesetz der Gewöhnung unterworfen. Jede Handlung, die man häufig wiederholt, verfestigt sich zu einem Modell, welches unter Einsparung von Kraft reproduziert werden kann und dabei vom Handelnden als Modell aufgefasst wird. Habitualisierung in diesem Sinne bedeutet, dass die betreffende Handlung auch in Zukunft ebenso und mit eben der Einsparung von Kraft ausgeführt werden kann." (Berger/Luckmann [1966] 2003: 56)

Habitualisierung wiederum ist aber sozial verankert: Wir müssen nicht all unsere Gewöhnungsmuster selbst jeweils neu finden (das wäre äußerst ineffektiv), sondern wir übernehmen großteils gesellschaftlich geteilte („institutionalisierte"; Berger/Luckmann [1966] 2003: 74–75) Routinen, Handlungsmuster und Einstellungen durch Sozialisation. Dadurch werden sie Teil unseres **Alltags- oder Allerweltswissens**, eines Wissens, das Berger und Luckmann als Menge nicht hinterfragter Annahmen verstehen, die als ‚objektive Wirklichkeit' verstanden werden:

> „‚Wissen' definieren wir als die Gewißheit, daß Phänomene wirklich sind und bestimmbare Eigenschaften haben." (Berger/Luckmann [1966] 2003: 1)

Im Anschluss an das sogenannte ‚**Thomas-Theorem**', dem zufolge als wirklich wahrgenommene Phänomene reale Konsequenzen haben, gehen Berger und Luckmann dabei davon aus, dass diese „Gewißheit, daß Phänomene wirklich sind" das soziale Handeln der Akteure unmittelbar bestimmt.

▶ Als **Thomas-Theorem** bezeichnet man in der Soziologie das Postulat der Soziolog*innen William und Dorothy Thomas (aus der Chicago School of Sociology), dass als wahr empfundene Phänomene reale Konsequenzen haben („If men define situations as real, they are real in their consequences"; Thomas/Thomas 1928: 571–572). Demzufolge kann Wirklichkeit auch ‚konstruiert' werden und hat als Konstrukt unabhängig von ‚objektiven' Sachverhalten soziale Relevanz.

Gerade weil wir unser Alltagswissen normalerweise nicht hinterfragen, kann es unsere **Lebenswelt** – wie die Wissenssoziologie „jene[n] Wirklichkeitsbereich" benennt, den „wir als fraglos erleben" (Schütz/Luckmann [1974] 2017: 29) – so sicher strukturieren: Es gibt feste Ordnungen vor und suggeriert uns diese als ‚objektiv gegeben'. Daher ist das Alltagswissen nach Berger und Luckmann die wesentliche Konstituente von Gesellschaft:

> „Allerweltswissen […] bildet die Bedeutungs- und Sinnstruktur, ohne die es keine menschliche Gesellschaft gäbe." (Berger/Luckmann [1966] 2003: 16)

Insofern ist Gesellschaft nach Berger und Luckmann eben einerseits das Produkt menschlicher Handlung, und sie verändert sich permanent durch menschliche Handlung. Sie erscheint den sozialen Akteuren aufgrund ihres Alltagswissens aber andererseits als ‚objektiv wirklich' und bestimmt durch die institutionalisierten Routinen und die „Bedeutungs- und Sinnstruktur", die sie den Akteuren über die Sozialisation zur Verfügung stellt, was der Mensch ‚ist'. Mithin sind soziale Akteure zugleich Produzent und Produkt von Gesellschaft. Zusammengefasst (zur Vertiefung s. Pfadenhauer/Knoblauch 2018):

- **Gesellschaftliche Ordnung** erwächst aus der Routinisierung (Institutionalisierung) von Verhaltensweisen;
- sie erhält sich über die **Vermittlung gesellschaftlich geteilten Wissens** im Prozess der Sozialisation und durch die Bestätigung dieses gemeinsamen Wissens in den Interaktionen des Alltags.

- In unserem Denken und Handeln wird **Wirklichkeit** (das ‚Gewusste') somit immer wieder von uns hergestellt und ratifiziert.
- Dadurch, dass wir dies mit den Mitteln tun, die uns die Gesellschaft zur Verfügung stellt – Sprache, Symbolsysteme, routinisierte Praktiken –, erhalten wir die soziale Ordnung durch **gesellschaftlich institutionalisiertes Handeln**.

Teilweise ähnlich ausgerichtet wie die Wissenssoziologie Bergers und Luckmanns ist die *Strukturierungstheorie* des britischen Soziologen Anthony Giddens (*1938), die mit dem explizit formulierten Anspruch antritt, Struktur- und Handlungsebene zu verbinden (vgl. Giddens [1984] 1995; vgl. einführend Treibel 2006: 255–267). Demzufolge gibt es kein Handeln ohne Struktur und keine Struktur ohne Handlung.

Giddens begründet dies so, dass sich Strukturen einerseits nur in Handlungen zeigen und durch Handlungen erzeugt werden. Handlungen sind also strukturierend, und das gilt auch situativ: Eine interaktive Handlung schafft **Strukturen für Anschlusshandlungen**, die immer einen Bezug zu vorgängigen Handlungen herstellen müssen (ein freundlicher Gruß strukturiert eine Begegnung anders vor als ein mürrisches Nicken).

Auf einer globaleren Ebene werden soziale Strukturen durch fortwährend strukturierte Handlungen – und nur durch sie – am Leben gehalten:

> „Menschliche Handlungen sind […] rekursiv. Das bedeutet, dass sie nicht nur durch die sozialen Akteure hervorgebracht werden, sondern von ihnen mit Hilfe eben jener Mittel fortwährend reproduziert werden, durch die sie sich als Akteure ausdrücken. In und durch ihre Handlungen reproduzieren die Handelnden die Bedingungen, die ihr Handeln ermöglichen." (Giddens [1984] 1995: 52)

Andererseits aber ist sinnvolles soziales **Handeln selbst** nur **strukturiert** – mit Bezug auf intersubjektiv geteilte Regeln und Ressourcen – möglich. Hier folgt Giddens im Wesentlichen den Annahmen der Wissenssoziologie zur Bedeutung von Routinisierung und Institutionalisierung sozialen Handelns.

Soziale Akteure sind für Giddens demzufolge reflektiert handelnde Personen, die aufgrund ihres ‚praktischen Bewusstseins' Handlungen zumeist routiniert durchführen, deren Sinnhaftigkeit aber auch begreifen und – allerdings nur in Teilen – explizieren und diskutieren können:

> „Alle kompetenten Gesellschaftsmitglieder sind in der praktischen Durchführung sozialer Aktivitäten beträchtlich qualifiziert und ‚soziologische' Experten. Ihr Wissen bleibt der fortwährenden Strukturierung des sozialen Lebens nicht äußerlich, sondern fließt integral darin ein." (Giddens [1984] 1995: 78)

Die Untersuchung des (impliziten „praktischen" und explizierten „diskursiven"; Giddens [1984] 1995: 55) **Handlungswissens** sozialer Akteure wird dadurch wesentlich für das Verständnis der Frage, was Gesellschaft ist und wie sie funktioniert. Hier folgt Giddens wiederum der Wissenssoziologie sowie auch der Ethnomethodologie.

Ein weiterer Soziologe, der die Wechselwirkung von Struktur und Handlung in den Mittelpunkt seiner Sozialtheorie stellt, ist Pierre Bourdieu (1930–2002). Er modelliert die strukturelle Ebene des Sozialen in seiner *Theorie der Praxis* (bspw. Bourdieu [1972] 2009) als parzelliertes Kraftfeld, in dem soziale Akteure stehen und miteinander verbunden sind (vgl. zum Folgenden ausführlicher Hillebrandt 2009; Treibel 2006: 219–243).

Gesellschaft versteht Bourdieu dabei als **sozialen Raum,** der in verschiedene **Felder** unterteilt ist (das Feld der Wirtschaft, der Wissenschaft, der Kultur usw.). In jedem Feld wirken (im Sinn einer Struktur) spezifische Kräfte (Werte, Normen, Machtstrukturen usw.), die das Handeln der Akteure in diesem Feld einschränken.

Akteure erwerben ein mehr oder weniger feldadäquates Handeln und Auftreten durch Sozialisation (Bourdieu nennt dies ‚**Habitus**'), und sie drücken ihn durch bestimmte, kollektiv in bestimmter Art bewertete Formen sozialen Handelns aus (Bourdieu nennt dies ‚**Lebensstil**'). Soziale Akteure werden von den Feldkräften und ihrem jeweiligen Habitus aber nicht wie Marionetten gesteuert, sondern sie können sich die feldspezifischen Werte (Aspekte des Lebensstils) in ihrem Handeln auch zunutze machen, um sozial erfolgreich zu handeln (ein Beispiel wäre das kennerhafte Reden über Weinsorten bei einem Geschäftsgespräch).

Metaphorisch beschreibt Bourdieu soziale Interaktion als **Markt** und die jeweiligen Werte (im Anschluss an Karl Marx' Kapitaltheorie) als **Kapital** mit spezifischem Marktwert (vgl. Bourdieu 1983). Das bei Marx zentrale *ökonomische Kapital* (Geld, Eigentum) ergänzt Bourdieu dabei um zwei weitere Kapitalsorten: das *kulturelle Kapital* (Bücher, Kunstwerke, aber auch Bildung, Diplome) und das *soziale Kapital* (soziale Beziehungen und Netzwerke, institutionalisierbar etwa in Adelstiteln).

Diese drei Kapitalsorten zusammen wirken als *symbolisches Kapital* (soziale Bewertung jeweiliger Kapitalien) in einem bestimmten Feld statusbildend. Die Kapitalien seien auf verschiedenen sozialen Märkten dabei jeweils unterschiedlich viel wert und teilweise ineinander transferierbar. So könne man etwa in bestimmten sozialen Kontexten kulturelles Kapital in ökonomisches umwandeln oder umgekehrt.

Die **Marktmetaphorik** verdeutlicht die gegenseitige Abhängigkeit (Ko-Konstruktivität) von Struktur und Handlung, auf die Bourdieu mit seiner Theorie abzielt: Soziale Relationen werden einerseits durch Akteure ‚ausgehandelt', und diese Aushandlungen prägen und verändern mitunter das soziale Feld. Andererseits sind die Kapitalien, mit denen dabei ‚gehandelt' wird, aber im sozialen Raum unterschiedlich verteilt, das heißt, es gibt **soziale Ungleichheit,** in deren Konsequenz auch die Handlungsmacht in einem bestimmten Feld unausgewogen ist.

In der (insbesondere kritischen) Soziolinguistik wurde Bourdieu sehr ausgiebig rezipiert, was auch daran liegt, dass er Sprache (genauer: verschiedenen sozialen Stilen) eine wichtige Rolle als kulturelles bzw. symbolisches Kapital zugewiesen hat und in diesem Zusammenhang auch spezifisch von einem „sprachliche[n] Markt" (Bourdieu [1980] 1993) gesprochen hat (zu dieser Rezeption s. Abschn. 7.2.1).

Eine letzte sehr stark konstruktiv(istisch)e Theorie, die hier kurz vorgestellt werden soll, stammt aus einem poststrukturalistischen Ansatz, der Diskurstheorie von Ernesto Laclau (1935–2014). In einem sehr kurzen, aber hoch komplexen Text mit dem programmatischen Titel *The impossibility of society* (Laclau 1990: 89–92) diskutiert Laclau die Frage, wie Gesellschaft (als abgeschlossenes, fest umreißbares Objekt) möglich sein kann, wenn doch soziale Prozesse und Sinnbezüge niemals zum Abschluss kommen können (vgl. dazu ausführlicher Stäheli 1995).

Wie könne es also sein, dass man von ‚Gesellschaft' wie von einem existierenden Gebilde sprechen könne, wenn doch die soziale Welt ständiger Veränderung unterworfen sei und außerdem auch unterschiedlich bewertet werde? Laclaus Antwort darauf ist, kurz gesagt: Weil wir ein solch festes Gebilde als **Referenzpunkt unserer Deutungen** brauchen:

- Aus der Sicht der **entfernten Beobachter*innen** (Soziolog*innen und Soziolinguist*innen) können wir Gesellschaft zwar als unabgeschlossen und vieldeutig beschreiben (und müssen dies, um der Empirie gerecht zu werden, vielfach auch),
- doch als **Gesellschaftsmitglied** sind wir darauf angewiesen, Gesellschaft als sinnhaftes Ganzes zu begreifen, um uns selbst in ihr positionieren zu können.

Deshalb unterscheidet Laclau ‚das Soziale' *(the social)* als **gesellschaftlichen Prozess** von ‚Gesellschaft' *(society)* als einem **ideologischen Produkt** des Bestrebens, sozialen Sinn zu stiften. Ohne Letzteres wäre Ersteres nicht möglich:

> „The ideological would consist of those discursive forms through which a society tries to institute itself as such on the basis of closure, of the fixation of meaning […]. And insofar as the social is impossible without some fixation of meaning, without the discourse of closure, the ideological must be seen as constitutive of the social." (Laclau 1990: 92)

Dieses ideologische Produkt mag aus empirischer Sicht der Komplexität gesellschaftlicher Prozesse nicht gerecht werden. Im Sinne des Thomas-Theorems (s. o.) hat es aber reale soziale Konsequenzen, wenn soziale Akteure eine wie auch immer definierte geordnete Form von ‚Gesellschaft' als real wahrnehmen.

Für Laclau existieren also Struktur (Ideologie) und Handlung (Diskurs) ebenfalls beide, und sie bedingen sich gegenseitig; allerdings existieren sie auf zwei unterschiedlichen Erkenntnisebenen.

2.2 Gesellschafts- und Gemeinschaftsdifferenzierungen

Mit den bis hierhin diskutierten Möglichkeiten, wie man ‚Gesellschaft' definiert, hängt auch zusammen, welche Formen der Vergesellschaftung oder Vergemeinschaftung (zu dieser Unterscheidung s. Abschn. 2.1.2) man voneinander unterscheidet bzw. für relevant hält.

Alltagssprachlich und vor allem in den traditionellen Sozial- und Gesellschaftstheorien wird Gesellschaft häufig eng an das Konzept des **Nationalstaats** gekoppelt oder gar mit ihm gleichgesetzt (vgl. dazu Schwietring 2018: 57–72). Man spricht dann beispielsweise von der ‚deutschen' oder der ‚österreichischen Gesellschaft'. Auch in der Soziolinguistik wird diese Bezugsgröße vielfach relevant, etwa im Konzept der (bspw. deutschen) ‚Sprachgemeinschaft' (vgl. kritisch Rampton 2000; Muehlmann 2014) oder der ‚nationalen Varietäten' (vgl. Dürscheid/Schneider 2019: 22–26). Gerade wenn es um (auch sprachen-) politische Fragen geht, also Sachverhalte, die staatlich geregelt sind, ist eine solche Kopplung durchaus auch sinnvoll, da das gesellschaftliche Zusammenleben zu Teilen eben im nationalen Rahmen organisiert und reglementiert wird.

In vielen anderen Fällen ist die Kopplung aber problematisch, da soziale Beziehungen und Praktiken vielfach einerseits über nationale Grenzen hinausgehen (**transnational** sind) und andererseits innerhalb eines nationalen Raums sehr große **soziale Diversität** vorzufinden ist. Hier können nationalstaatliche Gesellschaftskonzepte zu einer Essentialisierung des Gesellschaftsbegriffs beitragen (für die Soziolinguistik detaillierter s. Abschn. 2.3).

Nicht zuletzt jedoch, wenn Vergesellschaftung aus einer Handlungsperspektive und damit auch soziale Praktiken einzelner Akteure betrachtet werden, erweisen sich allzu groß konzipierte Gesellschaftsformen bald als wenig hilfreich. Aus einer solchen Perspektive zeigt sich nämlich, dass es innerhalb eines staatlich eingegrenzten Raumes nicht nur unzählige sehr unterschiedliche soziale Formationen gibt (in denen jeweils unterschiedliche Erwartungen, Normen, Werte gelten), sondern dass sich auch einzelne Akteure in sehr **unterschiedlichen sozialen Beziehungen gleichzeitig** befinden und sich im Lauf ihres Lebens unterschiedlichen sozialen Gruppierungen zurechnen.

Im Folgenden werden einige Konzepte vorgestellt, die die Diversität von Gesellschaften (Abschn. 2.2.1) und die unterschiedlichen und wechselhaften Zuordnungsmöglichkeiten sozialer Akteure (Abschn. 2.2.2) zu fassen versuchen.

2.2.1 Sozialstrukturen

Dass verschiedene Mitglieder einer Gesellschaft unterschiedlich viele und gute Möglichkeiten haben, am sozialen Leben zu partizipieren, nennt die Soziologie ‚soziale Ungleichheit' (vgl. Burzan 2011; s. Abschn. 7.5.1). Im Zuge der Erforschung solcher sozialer Ungleichheit wurden seit Mitte des 19. Jahrhunderts Versuche unternommen, Gesellschaften in Gruppen von unterschiedlich ‚gleichen' sozialen Akteuren zu unterteilen. Damit wurden Gesellschaften zumeist vertikal – von Besser- zu Schlechtergestellten – differenziert, beispielsweise in Klassen oder Schichten.

Dieses Vorgehen nennt man auch **Sozialstrukturanalyse**, da eine derartige Unterteilung von Gesellschaft mit Annahmen zur Struktur einer Gesellschaft (im Sinne eines aus miteinander in Beziehung stehenden Teilen zusammengesetzten Ganzen; s. Abschn. 2.1.1) verbunden ist. Entsprechend sind diese Unterteilungen vor allem in strukturorientierten Gesellschaftstheorien von Bedeutung, und sie werden dort aufgrund der unterschiedlichen sozialtheoretischen Implikationen intensiv und kontrovers diskutiert.

Auch in bestimmten Varianten der Soziolinguistik sind Sozialstrukturmodelle wichtig. Klassischen Arbeiten zur sprachbedingten sozialen Ungleichheit (bspw. von Basil Bernstein; s. Abschn. 4.4) wie auch vielen variationslinguistischen Studien (bspw. von William Labov; s. Kap. 5) liegt in der Regel ein Klassen- oder Schichtenmodell von Gesellschaft zugrunde, eine Theorie **vertikaler gesellschaftlicher Schichtung** (*social stratification*), die (bspw. im Konzept des *Soziolekts*) mit sprachlicher Variation in einen direkten Zusammenhang gesetzt ('korreliert') wird. Eine kritische Auseinandersetzung mit verschiedenen Sozialstrukturmodellen ist daher für die Soziolinguistik unumgänglich.

Im Folgenden skizzieren wir die gängigsten Sozialstrukturmodelle kurz; im Lauf des Buchs werden wir verschiedentlich kritisch darauf verweisen.

Klassenmodelle unterteilen Gesellschaften nach **ökonomischen Gesichtspunkten,** in der Regel danach, inwiefern die Mitglieder Zugriff auf Produktionsmittel haben. Das klassische Klassenkonzept geht zurück auf Karl Marx (1818–1883), der zwei einander gegenüberstehende Klassen, *Bourgeoisie* und *Proletariat,* unterscheidet (vgl. zur Vertiefung Burzan 2011: 15–25).

Später wird das Klassenmodell (etwa bei Max Weber) weiter ausdifferenziert, bleibt aber auch dort strikt an ökonomische Kriterien gebunden (Weber unterscheidet davon **Stände** als eine an Ehre und Selbstbewusstsein gekoppelte soziale Kategorie).

Hinsichtlich der Verwendung in der **soziolinguistischen Literatur** ist zu beachten, dass in der englischsprachigen Literatur der 1960er und 1970er Jahre zwar häufig von (bspw. *working, middle, upper middle* und *upper*) *classes* die Rede ist; im Deutschen entspricht dies aber eher einem Schichten- als einem Klassenkonzept.

Schichtenmodelle unterteilen Gesellschaften wie Klassen strikt vertikal, versuchen dies aber gegenüber dem Klassenkonzept differenzierter, indem neben ökonomischen auch andere Aspekte berücksichtigt werden (vgl. zur Vertiefung Burzan 2011: 26–40).

Das Schichtkonzept geht auf den Soziologen Theodor Geiger (1891–1952) zurück, der dieses in expliziter Kritik des Klassenmodells entwickelt. Zentrales Kriterium von Schichten ist der **Status** der Angehörigen in einer Gesellschaft im Vergleich zum Status anderer Schichten. Zum Status zählt Geiger (1962: 186) „Lebensstandard, Chancen und Risiken, Glücksmöglichkeiten, aber auch Privilegien und Diskriminationen, Rang und öffentliches Ansehen". Neben der ökonomischen Situation berücksichtigt das Konzept somit auch das **soziale Prestige** bestimmter Gruppen sowie deren **Lebensweise**.

Das Konzept geht davon aus, dass all diese Aspekte zusammenhängen, dass also Gruppen mit ähnlichen ökonomischen Voraussetzungen ähnliche Lebensweisen haben und ähnliches Ansehen genießen. Dabei macht Geiger in bestimmten

2.2 Gesellschafts- und Gemeinschaftsdifferenzierungen

Epochen jeweils bestimmte **Leitprinzipien** aus, die die Schichten und deren Status vor allem bestimmen.

Das Schichtkonzept wurde auch von der **strukturfunktionalistischen Soziologie** (bspw. von Parsons) aufgegriffen, die Schichten mit sozialer Funktionsdifferenzierung verbindet und die Schichtung einer Gesellschaft damit zur Notwendigkeit einer funktionierenden sozialen Ordnung erklärt. Damit wird auch soziale Ungleichheit von einem Problem zu einer Notwendigkeit von Gesellschaften umgedeutet.

Lebensstilmodelle teilen Gesellschaft nicht wie Klassen- und Schichtenmodelle vertikal vor allem nach dem Einkommen und dem Status ein, sondern berücksichtigen in erster Linie die **freizeitlichen, kulturellen und sozialen Vorlieben** sozialer Akteure (Musikgeschmack, Wohnungseinrichtung, Kleidung, Freizeitvorlieben usw.). Damit werden Gesellschaften zunehmend auch horizontal (zwischen verschiedenen Altersgruppen, Geschlechtern usw.) differenziert.

Das Lebensstilkonzept, das beispielsweise durch die Arbeiten von Pierre Bourdieu (s. Abschn. 2.1.3 und 7.2.1) bekannt wurde, aber auch sehr stark in der Marktforschung verwurzelt ist, reagiert auch auf eine **zunehmende Differenzierung von Gesellschaft** ab der zweiten Hälfte des 20. Jahrhunderts, der zufolge die recht grobkörnigen Klassen- und Schichtenkonzepte als zunehmend unscharf und unpassend eingeschätzt wurden (vgl. für Details Burzan 2011: 89–103).

Milieumodelle kategorisieren ähnlich wie Lebensstilmodelle „Gruppen Gleichgesinnter, die **gemeinsame Werthaltungen und Mentalitäten** aufweisen und auch die Art gemeinsam haben, ihre Beziehungen zu Menschen einzurichten und ihre Umwelt in ähnlicher Weise zu sehen und zu gestalten" (Hradil 2001: 45). Auch sie sind stark durch die Marktforschung geprägt, in deren Kontext sie entwickelt wurden und vielfach Anwendung finden.

Im Unterschied zu Lebensstilen beruhen Milieus aber weniger auf einer bewussten Wahl der sozialen Akteure, sondern sie werden stärker als **handlungsleitendes Umfeld** verstanden, in dem sich soziale Akteure in bestimmter Art und Weise verhalten.

Wie Lebensstilmodelle und im Gegensatz zu Klassen- und Schichtenkonzepten sind Milieus deutlich kleiner angelegt. Eine Gesellschaft besteht somit aus zahlreichen, sich partiell auch überlagernden Milieus (vgl. ausführlicher Burzan 2011: 103–124).

Modelle sozialer Lagen gehören zu den neuesten Ansätzen der Sozialstrukturanalyse. Mit dem Konzept ‚soziale Lage' versucht man, Sozialstrukturen unabhängig von bestimmten singulären Leitkategorien (wie dem Einkommen) zu bestimmen. Stattdessen zieht man eine **Kombination möglichst aller Faktoren** heran, aufgrund derer soziale Akteure bessere oder schlechtere Chancen haben, allgemein anerkannte Bedürfnisse befriedigen zu können.

Das Konzept betont, dass für eine solche Bedürfnisbefriedigung immer eine Kombination verschiedener Faktoren relevant ist: Eine Person mit geringem Einkommen in einer Großstadt mit gutem öffentlichen Nahverkehr hat vielleicht mehr Chancen, bestimmte kulturelle Bedürfnisse zu befriedigen, als eine Person mit mittlerem Einkommen, die auf dem Land fernab von Großstädten lebt.

Das Konzept wird von seinen Proponent*innen gegenüber den anderen Sozialstrukturmodellen dadurch ausgezeichnet, dass es „durch die Berücksichtigung vielfältiger Ungleichheitsmerkmale eine differenzierte Beschreibung von (,objektiven') Lebensbedingungen anstreb[t]" (Burzan 2011: 147), wohingegen andere Modelle stets nur selektive Merkmale ins Zentrum stellten.

2.2.2 Vergemeinschaftungskonzepte

Mit einer Unterteilung von Gesellschaften in Klassen, Schichten, Lebensstile, Milieus oder soziale Lagen lässt sich zwar die Diversität von Gesellschaften und die mit ihr verbundene soziale Ungleichheit beschreiben, nicht aber, dass soziale Akteure – insbesondere in modernen sogenannten ‚individualisierten' Gesellschaften (vgl. Schwietring 2018: 139–140) – sich schlecht jeweils nur einer sozialen Gruppe zuordnen lassen.

Denn Menschen stehen meistens **gleichzeitig in verschiedenartigen sozialen Verbindungen**, die ihre Lebenswelten jeweils unterschiedlich mitprägen.

- Eine Person kann beispielsweise problemlos zugleich Skaterin, Mitglied einer Dorfgemeinschaft, Aktivistin einer transnationalen NGO, in einem globalen sozialen Netzwerk aktiver Manga-Fan und Linguistik-Studentin sein – sie wird sich aber vermutlich in der Skater-Community anders verhalten als im Linguistik-Proseminar.
- Die Tatsache, dass der Autor dieses Buchs die deutsche Staatsbürgerschaft innehat, in einem alemannischen Dialekt sozialisiert ist und in Österreich lebt, kann für ihn mehr oder weniger relevant sein – bzw. sie kann in bestimmten Kontexten mehr oder weniger relevant werden.

Wie nun lassen sich solche **multiplen und transitorischen sozialen Einbindungen** vernünftig fassen? Über ein an Nationalstaaten (oder auch andere größere Einheiten) gebundenes Gesellschaftskonzept geht dies genauso wenig wie über Sozialstrukturmodelle. Daher wurden in der Soziologie und in anderen Sozialwissenschaften unterschiedliche andere Konzepte der Vergemeinschaftung entwickelt, die nicht unbedingt einem umfassenden Konzept von Gesellschaft und gesellschaftlicher Differenzierung entgegenstehen oder dieses ablösen sollen, sondern in Ergänzung und zur Beschreibung konkreter Zuordnungspraktiken gedacht sind. Da es in diesen vor allem um soziale Praktiken der Zuordnung geht, sind sie insbesondere in handlungstheoretischen Sozial- und Gesellschaftstheorien relevant.

Im Folgenden werden drei dieser Vorschläge, die auch in der Soziolinguistik Beachtung gefunden haben, kurz skizziert (vgl. aus soziolinguistischer Sicht ausführlicher Neuland/Schlobinski 2018).

Soziale Netzwerke beschreiben Gemeinschaften vor allem über die dort involvierten **Akteure** und die **Beziehungen**, in denen sie zueinander stehen (vgl. Krossa 2018: 155–164).

In der **Akteur-Netzwerk-Theorie** (vgl. Latour 2005), die eine spezifische, sehr beachtete Theorie sozialer Netzwerke ist, werden dabei auch technische Artefakte mit in das Beziehungsnetz aufgenommen, da Menschen auch über und mit Technik in Beziehung treten.

Netzwerkkonzepte legen den Schwerpunkt auf **Art und Intensität des sozialen Austauschs** (Netzwerkdichte und Netzwerkkomplexität). Mit dem Modell lassen sich Positionen einzelner im sozialen Gefüge ebenso gut erfassen wie die ‚Dichte' der Beziehung innerhalb einer Gemeinschaft.

Soziolinguistisch adaptiert wurde das Konzept vor allem von Milroy (1980).

Community of Practice (CoP) ist ein aus der Lerntheorie (Lave/Wenger 1991) stammendes Konzept, das die Frage in den Mittelpunkt stellt, wie sich Gemeinschaften durch **gemeinschaftliches, zielgerichtetes Handeln** konstituieren bzw. kommunikativ aufrechterhalten. CoP sind daher definiert als Gemeinschaften, in denen Akteure sich aktiv und bewusst zusammenfinden, um gemeinschaftliche Ziele und Interessen zu verfolgen bzw. diese auszuhandeln.

Der Ansatz basiert auf der Annahme, dass ein „mutual engagement in an endeavor" (Eckert/McConnell-Ginet 1992: 464) auch zur Ausbildung eines gemeinsamen kommunikativen Repertoires führt. Im Mittelpunkt des Konzepts steht somit die gemeinschaftsbildende (aber keineswegs nur auf geteilte Einsichten und Ziele basierende, sondern durchaus auch eine konfliktäre) soziale (und mithin auch kommunikative) Praxis, die die Mitglieder der CoP verbindet.

Zur soziolinguistischen Adaption vgl. Meyerhoff (2003) und Eckert (2006).

Posttraditionale Vergemeinschaftung ist ein in der Wissenssoziologie entwickeltes Vergemeinschaftungskonzept, das den *Communities of Practice* verwandt ist (vgl. Hitzler 1998). Es stellt die Beobachtung in den Mittelpunkt, dass sich Individuen in unserer „posttraditionalen Gesellschaft" (Giddens 1996) in einem geringeren Grad als in früheren Zeiten in ‚traditionellen' Gemeinschaftsformen sozial verorten, welche durch Herkunft, Regionalität bzw. „ähnliche soziale Lagen" (Hitzler et al. 2008b: 9) bestimmt sind (Familie, Nachbarschaft, Vereine, Parteien usw.), sondern sich vielfach relativ ungezwungen „dafür entscheiden, sich freiwillig und zeitweilig mehr oder weniger intensiv als mit anderen zusammengehörig zu betrachten, mit denen sie eine gemeinsame Interessenfokussierung haben bzw. vermuten" (Hitzler et al. 2008b: 10).

Posttraditionale Gemeinschaften werden durch **Translokalität** (Nicht-Gebundenheit an bestimmte Orte), **Temporalität** (begrenzte Dauerhaftigkeit) und ein hohes

Maß an Angewiesenheit auf **Kommunikation** (die die Gemeinschaft zusammenhält und nach außen sichtbar macht) charakterisiert.

Eine auch in der Soziolinguistik schon intensiv erforschte Form posttraditionaler Gemeinschaft sind **Szenen** (bspw. Jugend- oder Musikszenen). Vgl. dazu Hitzler (2008), zur soziolinguistischen Szeneforschung Spitzmüller (2013: 360–400).

2.3 Sozial- und Gesellschaftstheorien in der Soziolinguistik

Wie werden nun die verschiedenen Sozial-, Gesellschafts- und Gemeinschaftstheorien in der Soziolinguistik aufgenommen? Wie Coupland (2001) im Rahmen einer Einleitung zu einem Band zu *Sociolinguistics and Social Theory* (Coupland et al. 2001) betont, geschieht dies häufig eher unreflektiert (und tatsächlich gibt es neben dem genannten Band bislang wenige Arbeiten, die die soziolinguistische Adaption von Sozial- und Gesellschaftstheorien ausführlich thematisieren; ein weiterer ist Sealey/Carter 2004).

Dennoch orientieren sich, wie wir im Folgenden (im Anschluss an Couplands Ausführungen) zeigen werden, verschiedene soziolinguistische Schulen erkennbar an verschiedenen Sozialtheorien. Coupland stützt sich dabei übrigens auf eine ähnliche Kategorisierung wie wir oben in Abschn. 2.1 (vgl. auch Dittmar 1973: 290–295; Dittmar 1997: 107–172; Sealey/Carter 2004: 5–16; Linke et al. 2004: 366–371):

- Theorien, die Gesellschaft als handlungsleitende **Struktur** betrachten (**Makroperspektive**),
- Theorien, die lokale **Handlungen** und soziale Praktiken in den Mittelpunkt rücken (**Mikroperspektive**) und
- (die von Coupland selbst präferierten) ‚**integrativen**' Theorien, die versuchen, Struktur- und Handlungsebene zu verbinden (Versuch der **Aufhebung der Makro-/Mikrotrennung**)

Jeder dieser drei sozialtheoretischen Varianten kann man einzelne Varianten der Soziolinguistik zuordnen, woraus sich grundlegende theoretische und methodische Differenzen ableiten lassen.

2.3.1 Strukturtheoretische Soziolinguistik

Als strukturtheoretisch – und insbesondere an Parsons' Strukturfunktionalismus – orientiert charakterisiert Coupland (2001: 7–8; vgl. auch Dittmar 1997: 64–65) die **Variationslinguistik** Labov'scher Prägung (s. Kap. 5). Denn sie ist vor allem an der Frage interessiert, aus welchen strukturellen Teilen (sozialen Gruppen, die bestimmte Sprachgebrauchsweisen teilen) sich eine ‚Sprachgemeinschaft' zusammensetzt.

2.3 Sozial- und Gesellschaftstheorien in der Soziolinguistik

Unter einer „**Sprachgemeinschaft**" versteht man dabei nicht, wie es die klassische Definition des Linguisten Leonard Bloomfield (1887–1949) vorschlägt, „a group of people who use the same set of speech signals" (Bloomfield 1933: 29), eine Gruppe von Personen also, die dieselben Zeichen verwenden, sondern – auch hier im Anschluss an Parsons' Gesellschaftsbegriff –, eine Gruppe, die denselben (sprachlichen) Normen folgt. Diese Normen können, wie Labov betont, durch Befragung und Beobachtung festgestellt werden:

> „The speech community is not defined by any marked agreement in the use of language elements, so much as by participation in a set of shared norms: these norms may be observed in overt types of evaluative behavior, and by the uniformity of abstract patterns of variation which are invariant in respect to particular levels of usage." (Labov 1972: 120–121)

Dabei geht man davon aus, dass es Sprachnormen gibt, die über soziale Differenzierungen (Schichten, Geschlecht, Region usw.) hinaus geteilt werden, wohingegen andere spezifischer (bspw. für eine bestimmte Schicht) sind.

Sowohl Gesellschaft (bzw. Sprachgemeinschaft) als auch Sprache werden also als **funktionale Gesamtsysteme** betrachtet, die aus miteinander verbundenen Teilsystemen bestehen (auf gesellschaftlicher Seite sind das beispielsweise soziale Schichten, auf sprachlicher Seite der typische Sprachgebrauch von Angehörigen sozialer Schichten). Jedes dieser Teilsysteme hat eine bestimmte Funktion im jeweiligen Gesamtsystem (daraus folgt auch die sprachtheoretisch folgenreiche Annahme, dass alle Sprachgebrauchsformen gleichermaßen *funktional* sind).

Die spezifisch soziolinguistische Überlegung dabei ist, dass sprachliche und gesellschaftliche Teilsysteme direkt miteinander verbunden sind, wobei das **gesellschaftliche System das sprachliche bestimmt**. Vereinfacht gesagt heißt das: Sprecher*innen sprechen gleich, wenn und weil sie im sozialen System eine gleiche Position einnehmen. Wie es Eckert (kritisch) ausdrückt:

> „Class, determined according to standard sociological measures, placed individuals passively within a structure that determined their access to standard language and their exposure to linguistic change." (Eckert 2012: 88–89)

Der Variationslinguistik geht es folglich in erster Linie um eine Beschreibung dieses (soziolinguistischen) **Systems** (und seiner **Teilsysteme**) und darum zu zeigen, wie sich soziale Strukturen in sprachlichen Strukturen niederschlagen.

Die **sozialen Strukturen** stellt sich die Variationslinguistik hierbei häufig nach den in Abschn. 2.2.1 beschriebenen Klassen- und Schichtenmodellen sowie nach anderen klassischen sozialen Parametern wie Alter, Geschlecht, Ethnie und Herkunft differenziert vor: als einen relativ unveränderlichen Rahmen, in dem einzelne Sprecher*innen klar bestimmbare Positionen haben. Die einzelnen Sprecher*innen selbst interessieren dabei im Grunde wenig. Sie sind nur als Repräsentant*innen eines (Teil-)Systems interessant, über das man Erkenntnisse gewinnen möchte (bspw. als ‚typische' jugendliche Mittelschichtsprecherinnen eines bestimmten Stadtteils).

Methodisch hat das die Konsequenz, dass die Variationslinguistik (wie in der Regel auch die strukturtheoretisch orientierten Sozialwissenschaften) stark **quantitativ** ausgerichtet ist. Das heißt, sie versucht möglichst viele Daten möglichst vieler (repräsentativer) Sprecher*innen zu akquirieren, um aus dieser Menge mit Hilfe statistischer Verfahren Erkenntnisse über Häufigkeiten und Musterhaftigkeiten – also weniger über individuelles als über typisches Sprechen – zu gewinnen. Daraus erhofft man sich Erkenntnisse über das System und seine Struktur. In der Wissenschaftstheorie nennt man eine solche Ausrichtung eine **Makroperspektive**.

2.3.2 Handlungstheoretische Soziolinguistik

Handlungstheoretisch orientiert sind hingegen Coupland (2001: 10–12) zufolge vor allem **interaktionale** und **pragmatische** Formen der Soziolinguistik.

Zu Letzteren rechnet Coupland die **Höflichkeitstheorie**, die untersucht, wie Sprecher*innen in verschiedenen Kulturen gesichtswahrend oder gesichtsverletzend kommunizieren, und die **Akkomodationstheorie**, die untersucht, wie Sprecher*innen sich im Gespräch sprachlich an ihr Gegenüber anpassen. Diese beiden Varianten sieht Coupland eher mit einem Rational-Choice-Ansatz verbunden, da ihnen Annahmen rational und intentional handelnder Sprecher*innen zugrunde liegen.

Zu den interaktionalen Formen rechnet Coupland die ethnomethodologisch geprägte (und eigentlich aus der Soziologie kommende) **Konversationsanalyse**, die untersucht, wie Sprecher*innen im Gespräch lokal Sinn aushandeln, wobei die Konversationsanalyse davon ausgeht, dass nur das sinnvoll zu interpretieren ist, was von den Sprecher*innen selbst im Gespräch relevant gemacht wird (strukturelle Einflüsse werden also negiert, alles folgt aus den Handlungen). Dabei geht sie im Gegensatz zu den genannten pragmatischen Varianten aber weniger von rational und intentional handelnden Individuen aus, sondern sie nimmt an (und sucht nach) sozialen Praktiken und Problemlösungsroutinen, denen die Akteure eher intuitiv als bewusst folgen (und die sie nur dann bewusst reflektieren, wenn etwas schiefgeht).

Zu den handlungstheoretisch orientierten Formen kann man weiterhin aber auch die **interaktionale Soziolinguistik** (s. Kap. 6) rechnen. Auch sie geht davon aus, dass Sprecher*innen im Gespräch Bedeutung ‚aushandeln', den Gesprächskontext aktiv gestalten und sich durch sprachliche Stile sozial positionieren können. Sie folgt damit im Wesentlichen der handlungstheoretischen Annahme, dass Gesellschaft wesentlich als Prozess (Vergesellschaftung) zu verstehen ist und dass soziale Akteure durch ihre Handlungen Gesellschaft bilden (und nicht umgekehrt). Wieder mit Eckert:

> „The emphasis on stylistic practice […] places speakers not as passive and stable carriers of dialect, but as stylistic agents, tailoring linguistic styles in ongoing and lifelong projects of self-construction and differentiation. It has become clear that patterns of variation do not simply unfold from the speaker's structural position in a system of production, but are part of the active – stylistic – production of social differentiation." (Eckert 2012: 97–98)

Entsprechend kritisch stehen viele Vertreter*innen der handlungstheoretischen Formen der Soziolinguistik größeren sozialen Kategorien wie der **Sprachgemeinschaft** (im oben ausgeführten strukturtheoretischen Sinn) gegenüber.

Aus Sicht der interaktionalen Soziolinguistik wurde an diesem Konzept unter anderem kritisiert, dass es die Kategorisierung der Sprachgemeinschaft dem eigentlichen Sprechen vorlagere. Das Konzept beziehe sich auf eine außerhalb konkreter kommunikativer Handlungen situierte abstrakte Ressource (wie ‚Deutsch', ‚Wienerisch'), ohne zu berücksichtigen, was die Kommunikationsakteure mit dieser Ressource tatsächlich tun.

In diesem Sinne kritisiert etwa John J. Gumperz in einem der einschlägigsten Bücher der interaktionalen Soziolinguistik das von der Variationslinguistik propagierte, an ‚geteilten Normen' orientierte Konzept:

> „The assumption that speech communities, defined as functionally integrated social systems with shared norms of evaluation, can actually be isolated […] becomes subject to serious question. For example, an ethnographic study of language behavior in what at the surface seemed like a relatively homogeneous, isolated and therefore presumably stable Norwegian community revealed fundamental differences in social values among individual residents, all of whom were born and bred in the locality. It is this difference in values which might not have been discovered if sharing of norms had been taken for granted […]." (Gumperz 1982: 26–27)

Konsequenterweise greifen handlungstheoretisch fundierte soziolinguistische Arbeiten lieber auf **Vergemeinschaftungskonzepte** im Sinne von Abschn. 2.2.2 (etwa das *Communities-of-Practice*-Konzept) als auf Sozialstrukturmodelle im Sinne von Abschn. 2.2.1 (wie Schichten und Klassen, aber eben auch Sprachgemeinschaften) zurück, da die Vergemeinschaftungskonzepte die aktive soziale Verortung von Akteuren (auch mittels Sprache) in den Mittelpunkt rücken (vgl. Muehlmann 2014: 582–585).

Methodisch sind die handlungstheoretischen Formen der Soziolinguistik im Gegensatz zu den strukturorientierten sehr stark **qualitativ** (ethnographisch) ausgerichtet. Es geht ihnen also nicht darum, möglichst viele vergleichbare Daten, sondern möglichst viele (verschiedene) Daten einzelner Akteure zu bekommen, um somit deren spezifische sprachliche Praktiken und Routinen möglichst detailliert in den Blick nehmen zu können. Dies nennt man in der Wissenschaftstheorie eine **Mikroperspektive**.

2.3.3 Konstrukttheoretische (‚integrative') Soziolinguistik

Zu den ‚integrativen' Theorien rechnet Coupland solche, die versuchen, sowohl lokale Praktiken als auch den größeren sozialen Rahmen, in die diese Praktiken eingebettet sind, zu berücksichtigen. Ähnlich wie in den entsprechenden Sozialtheorien (s. Abschn. 2.1.3) geht man hier davon aus, dass Struktur und Handlung sich gegenseitig bedingen. Viele dieser Theorien haben auch explizit das Ziel, die heuristische Trennung zwischen Makro- und Mikroebene aufzuheben, da man diese Trennung für nicht hilfreich hält.

Als Beispiele für soziolinguistische Zugänge, die einen solchen Ausgleich versuchen, nennt Coupland (2001: 15–20) – wenig überraschend – die, die er auch selbst präferiert: **Stilisierungstheorie** und **Diskursanalyse**. Beiden sei eigen, dass sie sprachlichen Praktiken zwar große Bedeutung zumessen und auch davon ausgehen, dass durch sprachliche Praktiken Gesellschaft gestaltet werde. Sie gingen aber (anders als etwa die Konversationsanalyse) auch davon aus, dass die Praktiken nicht im sozialen Vakuum stattfänden, dass sie also selbst von sozialen Strukturen – bspw. von Diskursen (Diskursanalyse) oder sozialen Stilen (Stilisierungstheorie) – gerahmt seien.

Ähnlich wie Coupland es hier für seine eigenen Arbeiten beansprucht, versuchen viele neuere soziolinguistische Arbeiten, die Mikro- und Makroperspektive zu verbinden oder gar die Trennung von Mikro- und Makroebene ganz aufzuheben (vgl. beispielsweise Heller 2001; Blommaert 2005: 98–124; Carr/Lempert 2016; s. dazu Abschn. 7.4.1).

Wesentlich ist all diesen Ansätzen die Überzeugung, dass Strukturen nicht einseitig Handlungen bestimmen oder Handlungen umgekehrt einseitig Strukturen erzeugen, sondern dass **Strukturen und Handlungen sich gegenseitig prägen** (ko-konstruieren):

> „People do indeed creatively select forms of discourse, but there is a limit to choice and freedom. It is the interplay between creativity and determination that accounts for the social, the cultural, the political, the historical in communicative events – the connection between agency and structure, or micro-events and macro-relations and patterns in society." (Blommaert 2005: 99)

Diese **Ko-Konstruktion** ist nun aber ein komplexer Prozess, dessen Bestimmung und Modellierung eine der schwierigsten Aufgaben solcher Formen der Soziolinguistik ist (vgl. dazu auch Dittmar [1983] 1996: 143–149). Wir werden im Verlauf dieses Buchs einige Versuche, sie zu lösen, genauer beleuchten.

Ein Konzept, das dabei vor allem in sprachanthropologischen Formen der Soziolinguistik – der sogenannten ‚metapragmatischen Soziolinguistik' – in den letzten Jahren an Erklärungskraft gewonnen hat, ist *Ideologie*. Darunter versteht man, wie bereits oben ausgeführt, sozial geteilte Annahmen und Bewertungen, die das Handeln von sozialen Akteur*innen bestimmen und anleiten, die aber ihrerseits das Ergebnis von Diskursen und sozialen Praktiken sind und sich daher auch ständig verändern (s. dazu ausführlicher Abschn. 7.5.4).

Mit Blick auf **Vergemeinschaftung** argumentieren Vertreter*innen dieser (mit Abschn. 2.1.3 als *konstruktiv* bezeichenbare) Formen der Soziolinguistik im Gegensatz zu den handlungstheoretischen Ansätzen, dass soziale Akteur*innen sich zwar selbst Gemeinschaften zurechnen können, dass dies aber nicht völlig frei geschehe (s. das Zitat von Blommaert oben), nicht nur weil der Zugang zu Gemeinschaften nicht allen sozialen Akteur*innen gleichermaßen offenstehe (Faktum der **sozialen Ungleichheit;** vgl. dazu aus soziolinguistischer Sicht Blommaert 2005: 68–97), sondern auch, weil bestimmte Gemeinschaftsformen mit bestimmten Werten (Ideologien) belegt seien, weswegen sich Akteure zu verschiedenen Gemeinschaften auch unterschiedlich hingezogen fühlten (vgl. Blommaert 2005: 158–202).

Auch **Sprachgemeinschaft** versteht man aus dieser Perspektive zunehmend als ideologisches Konzept (vgl. Rampton 2000: 14–15), das im Sinne des Thomas-Theorems für die sozialen Akteure, die eine ‚homogene' Sprachgemeinschaft als real definieren, reale Konsequenzen habe.

Michael Silverstein (1998), der das (Sprach-)Ideologie-Konzept der metapragmatischen Soziolinguistik wesentlich geprägt hat, unterscheidet in dem Zusammenhang – ähnlich wie Laclau (s. Abschn. 2.1.3) es für Gesellschaft vorschlägt – zwischen Sprachgemeinschaft als ideologischem, sehr oft homogenisiertem und essentialisiertem Konstrukt, das aber dennoch faktisch soziale Wirkung hat, da sich soziale Akteure an ihm orientieren (*language community*), und Sprachgemeinschaften als tatsächlichen, aus kommunikativen Praktiken hervorgegangenen und empirisch beobachtbaren (sehr viel weniger festen und homogenen) Gruppen von Akteuren (*speech communities*). Beide ‚existieren': die *speech communities* in Form tatsächlich (empirisch) beobachtbarer Vergemeinschaftungen, die *language communities* in der diskursiven Imagination der Akteure. Und beide bedingen sich nach Vorstellung Silversteins gegenseitig.

Methodisch müssen integrative Theorien sowohl lokale Praktiken (etwa in Form ethnographischer Analysen) als auch Musterhaftigkeiten (Strukturen; etwa in Form von Mediendiskursanalysen) in den Blick nehmen (in der Mikro-/Makro-Logik nennt man dies **Mixed Methods** oder **Methodentriangulation**), denn nur so lässt sich die Wechselwirkung zwischen den beiden Dimensionen beschreiben.

▶ Als **Mikro-Makro-Kontroverse** bezeichnet man der Wissenschaftstheorie die Debatte, ob Wissenschaft eher (qualitativ) Einzelprozesse im Detail analysieren soll (Mikroperspektive) oder ob sie eher (quantitativ) Musterhaftigkeiten eines Systems erfassen soll (Makroperspektive). Eine zentrale Frage hierbei ist auch, ob und wie sich die Mikro- und Makroebene gegenseitig beeinflussen. Einige neuere Arbeiten lehnen die Mikro-Makro-Trennung komplett ab und plädieren eher für graduelle Modelle, die Handlung und Struktur in einem stufenlosen Kontinuum (‚Skalierung des Sozialen'; s. Abschn. 7.4.1) platzieren. Vgl. zur Vertiefung Carr/Lempert 2016.

2.3.4 Sozial- und Gesellschaftstheorien in der Soziolinguistik: Fazit mit Warnung

Diese ersten kurzen Charakterisierungen verschiedener soziolinguistischer Zugänge und ihrer Annahmen haben gezeigt, wie wichtig es für das Verständnis von Soziolinguistik ist, die verschiedenen sozialtheoretischen Hintergründe und Annahmen zu reflektieren, die bestimmten Zugängen jeweils zugrundeliegen. Wir werden dies daher im Verlauf dieses Buchs noch häufiger und vertiefter tun.

Zu beachten ist dabei allerdings, dass kategoriale Zuordnungen wie die, die wir im Anschluss an Coupland hier präsentiert haben, die Forschungslandschaft erstens immer simplifizieren, und dass sie zweitens häufig auch wissenschaftspolitische Implikationen haben. Es ist kein Zufall, dass Coupland sich selbst in der dritten ‚integrativen' Theorieform verortet, die die Defizite der anderen beiden Zugänge aufzuheben verspricht. In diesen Zusammenhängen wird gerne der Ansatz anderer vereinfacht, um die eigene Position zu stärken.

Problematisch wird dies vor allem dann, wenn eine **zielgerichtet ablaufende Fachgeschichte** konstruiert wird, in der Zugänge sich – auf dem Weg zu immer ‚besserer' Erkenntnis – scheinbar ablösen. Seien Sie skeptisch, wenn Sie solche Geschichten lesen! In der Soziolinguistik kursieren einige davon:

- Eine bereits ältere behauptet, die Soziolinguistik hätte sich **von der ‚Defizithypothese'** früherer sprachsoziologischer Zugänge **zur ‚Differenzkonzeption'** der Variationslinguistik ‚entwickelt' (s. dazu ausführlich Abschn. 4.4).
- Eine neuere (von Eckert 2012 propagierte) konstruiert die Geschichte der Soziolinguistik als **Geschichte ‚dreier Wellen'** (eine beliebte historiographische Metapher), die sich auf dem Weg immer besserer Erkenntnis gegenseitig abgelöst haben: die erste Welle strukturorientierter Ansätze (Variationslinguistik) sei von der zweiten Welle ethnographischer (handlungsorientierter) Forschung, und diese schließlich von der gloriosen dritten Welle interaktional-soziolinguistischer Forschung gewissermaßen ‚hinweggespült' worden (vgl. auch Wardhaugh/Fuller 2015: 169–195). Sie dürfen raten, welcher Welle sich die Autorin, die diese Geschichte erzählt, selbst zurechnet (und achten Sie außerdem einmal darauf, wie häufig die Zahl Drei in solchen Konstruktionen vorkommt).

Tatsächlich läuft Fachgeschichte (wie wir in Kap. 4 sehen werden) nicht so mechanisch und zielgerichtet ab. Die drei hier präsentierten Varianten der Sozialtheorie existierten und existieren vielmehr gleichzeitig, auch in der Soziolinguistik – selbst wenn zweifelsohne bestimmte Zugänge zu bestimmten Zeiten dominanter sind als andere.

2.4 Exkurs: Gesellschaft vs. Kultur

Zum Abschluss dieses Kapitels soll noch ein Konzept kurz diskutiert werden, das in den letzten Jahren in der Angewandten Sprachwissenschaft sehr populär geworden ist: Kultur. Neuere Formen der Sprachwissenschaft bezeichnen sich etwa als ‚**kulturanalytische**' oder ‚**kulturwissenschaftliche Linguistik**' oder gleich als ‚**Kulturlinguistik**' (vgl. Schröter et al. 2019).

Die Interessen dieser Formen von Sprachwissenschaft decken sich zum Teil sehr mit denen der Soziolinguistik, und zuweilen kann man den Eindruck bekommen, dass Kultur dabei Gesellschaft als Bezugskonzept einfach ablöst: Hat man früher Gesellschaften verglichen und beschrieben, vergleicht und beschreibt man nun Kulturen. Wie lässt sich also Kultur von Gesellschaft unterscheiden, und inwiefern ist Kultur (auch) ein soziolinguistisch relevantes Konzept?

2.4 Exkurs: Gesellschaft vs. Kultur

Hingewiesen werden muss zunächst darauf, dass der **Kulturbegriff** nicht weniger umstritten und ambig ist wie der Begriff ‚Gesellschaft'. Hier ist nicht der Ort, dies ausführlich zu diskutieren (vgl. dazu Spitzmüller 2017). Skizziert werden soll hier nur, wie in verschiedenen Arbeiten, in denen beide Konzepte für wichtig erachtet werden, Gesellschaft und Kultur voneinander abgegrenzt und aufeinander bezogen werden.

Dies geschieht zumeist so, dass Kultur als **Menge aller Werthaltungen, Normen und Regeln** einer Gesellschaft verstanden wird, welche dann im Wesentlichen nur mehr die Struktur bezeichnet, in der Menschen miteinander verbunden sind. Der Soziologe Jürgen Ritsert beschreibt dies (kritisch) so:

„Der soziologische Grundbegriff der ‚Sozialstruktur' [...] bedeutet [...] sämtliche in Frage kommende Prinzipien, wonach *eine ganze Gesellschaft* gegliedert (differenziert) ist (z.B. nach Prinzipien gesellschaftlicher Arbeitsteilung). In anderen, konkreten Fällen wird er verwendet, um Merkmale gesellschaftlicher Ungleichheit zusammenzufassen, die für ein gesellschaftliches Ganzes charakteristisch sind (z.B. die Klassenstruktur einer Gesellschaft). Der Sozialstruktur werden alsdann die Normen, Regeln und Sinngehalte der Kultur gegenüber gestellt. Wie bei dieser Gelegenheit der Unterschied zwischen faktischer Struktur und Kultur gehandhabt wird, läßt sich am Beispiel der Unterscheidung zwischen *Regeln* und *Regelmäßigkeiten* erläutern: Regeln enthalten Gebote, Verbote, Erlaubnisse für Typen individuellen sozialen Handelns. Sie erheben Geltungsansprüche und gehören zur Kultur. Faktische Regelmäßigkeiten [die die Sozialstruktur charakterisieren; Anm. J.S.] bedeuten hingegen wirkliche und wirksame Zusammenhänge von Phänomenen, die zumindest in einem Zeitabschnitt wiederkehren [...]." (Ritsert 2000: 17–18; Herv. im Orig.)

In dieser Gegenüberstellung wird ‚Kultur' als Menge von Sinngehalten, ‚Gesellschaft' als Gesamtheit empirisch beschreibbarer Relationsverhältnisse von Personen (ein stark strukturtheoretischer Gesellschaftsbegriff) gegenübergestellt.

Ähnlich lautet auch der Vorschlag des Sprachanthropologen James Wilce:

„From my perspective, society is the word for a very high level of social organization – a population with which people identify and through which they accomplish tasks to an extend that would be impossible for individuals or small groups. [...] *Culture denotes the set of principles guiding human thought and action together with the products of thought and action in a society and in the now-continuous intersocietal encounters.*" (Wilce 2017: 2–4; Herv. im Orig.)

Auch hier bezeichnet Gesellschaft also die **(strukturierte) Form**, in der Menschen miteinander in Verbindung stehen, wohingegen Kultur die **Werte, Einstellungen und Normen** bezeichnet, die die Menschen in dieser Verbindung halten, „a ‚glue' that holds a particular society together [...][,] a set of practices, signs, values, and ideologies" (Wilce 2017: 5).

Nach diesen Definitionen wären Kultur und Gesellschaft aufeinander angewiesen: Kultur gibt es nur in einer bestimmten Gesellschaft und gesellschaftliche Ordnung bräche ohne Kultur auseinander (eine, wie wir gesehen haben, genuin strukturtheoretische Idee, auch wenn dort eher von *Normen* und *Institutionen* als von *Kultur* die Rede war).

Folgt man diesen Vorschlägen, dann ist Kultur ganz zweifellos auch ein zentraler Gegenstand der Soziolinguistik (und Sprache wäre zu verstehen als zentraler Teil der Kultur einer Gesellschaft). Dann müssen aber auch einige Aspekte kritisch reflektiert werden, die man sich mit dieser Unterscheidung einkauft:

- Erstens, dass Gesellschaft dann, wie gezeigt, primär **strukturtheoretisch** zu verstehen ist, dass die Unterscheidung also ein strukturtheoretisches Erbe weiterträgt (was man ja durchaus weitertragen wollen kann).
- Zweitens kann durchaus kritisch diskutiert werden, dass diese Unterscheidung auf einer (in der Linguistik sehr verbreiteten) Trennung von **Form** (Gesellschaft) und **Inhalt** bzw. **Funktion** (Kultur) beruht – vereinfacht gesagt wäre zu fragen, ob man die beiden Bereiche so klar trennen kann (und will), wie es die Gegenüberstellung ‚Kultur vs. Gesellschaft' suggeriert.
- Drittens ist im Fall des Konzepts ‚Kultur' die Gefahr einer **Essentialisierung** und **Homogenisierung** größerer sozialer Gemeinschaften wohl noch größer als dies bei ‚Gesellschaft' der Fall ist (vgl. dazu Spitzmüller 2017), auch wenn es analog zu kleineren Vergemeinschaftungsformen inzwischen auch Ansätze kleinräumiger und temporärer Kulturen gibt, etwa das (interaktionale) Konzept der *small cultures* von Holliday (1999).
- Viertens ist Kultur ein auch im Alltag sehr positiv besetztes, hoch ideologisches Konzept (ein **Hochwertwort**), und die Frage ist daher, inwieweit es sich zur Beschreibung eignet (oder nicht vielmehr selbst Gegenstand der Analyse werden sollte; vgl. auch dazu Spitzmüller 2017).
- Und fünftens ist Kultur ein sehr spezifisch **europäisches Konzept** mit einer sehr spezifischen (mit dem Kolonialismus und der Nationalstaatenbildung eng – noch enger als ‚Gesellschaft' – verbundenen) Begriffsgeschichte, angesichts derer fraglich ist, wie generell anwendbar das Konzept ist (vgl. Hauck 2006).

All dies (und noch einiges mehr) ist also zu bedenken, wenn ‚Kultur' neben ‚Gesellschaft' als Konzept der Soziolinguistik verwendet werden soll. Ganz sicher aber ist das, was die Kulturlinguistik als ihren Gegenstand begreift, nämlich Prozesse der Sinnstiftung in sozialen Gemeinschaften, auch – wie wir sehen werden – ein zentraler Gegenstand vieler Formen der Soziolinguistik (auch wenn sie mit Blick auf diese vielfach nicht von ‚Kultur' sprechen). Hier ergeben sich also vielfach Verbindungen zwischen den beiden Disziplinen.

2.5 Empfohlene Literatur zur Vertiefung

Als Einführung in die Frage ‚Was ist Gesellschaft?' aus soziologischer Sicht eignet sich Schwietring (2018). Zur Vertiefung der soziolinguistischen Diskussion sei Coupland et al. (2001) empfohlen. Einen guten Überblick zum Thema soziale Ungleichheit bietet Burzan (2011). Eine kritische Einführung zu Kultur finden Sie bei Hauck (2006).

Literatur

Abels, Heinz (2009): *Einführung in die Soziologie*. Bd. 1: Der Blick auf die Gesellschaft. 4. Aufl. Wiesbaden: VS Verlag für Sozialwissenschaften (Hagener Studientexte zur Soziologie).

Berger, Peter L./Luckmann, Thomas (2003): *Die gesellschaftliche Konstruktion der Wirklichkeit. Eine Theorie der Wissenssoziologie*. Übers. v. Monika Plessner. 19. Aufl. Frankfurt a. M.: Fischer (Fischer-Taschenbücher 6623) [zuerst engl.: *The Social Construction of Reality. A Treatise in the Sociology of Knowledge*. Garden City, NY: Doubleday 1966].

Blommaert, Jan (2005): *Discourse. A Critical Introduction*. Cambridge: Cambridge University Press (Key Topics in Sociolinguistics).

Bloomfield, Leonard (1933): *Language*. New York: Holt, Rinehart & Winston.

Bourdieu, Pierre (1983): Ökonomisches Kapital, kulturelles Kapital, soziales Kapital. In: Reinhard Kreckel (Hrsg.): *Soziale Ungleichheiten*. Göttingen: Schwartz (Soziale Welt Sonderband 2), S. 183–198.

Bourdieu, Pierre (1993): Der sprachliche Markt. In: *Soziologische Fragen*. Frankfurt a. M.: Suhrkamp (edition suhrkamp 1872), S. 115–130 [zuerst: Le marché linguistique. In: *Questions de sociologie*. Paris: Les Éditions de Minuit 1980, S. 121–137].

Bourdieu, Pierre (2009): *Entwurf einer Theorie der Praxis auf der ethnologischen Grundlage der kabylischen Gesellschaft*. Übers. v. Cordula Pialoux und Bernd Schwibs. Frankfurt a. M.: Suhrkamp (stw 291) [zuerst frz.: *Esquisse d'une théorie de la pratique, précédé de trois études d'ethnologie kabyle*. Genf: Droz S. A. 1972].

Brock, Ditmar u. a. (2009): *Soziologische Paradigmen nach Talcott Parsons. Eine Einführung*. Wiesbaden: Springer VS.

Burzan, Nicole (2011): *Soziale Ungleichheit. Eine Einführung in die zentralen Theorien*. 4. Aufl. Wiesbaden: VS Verlag für Sozialwissenschaften (Studientexte zur Soziologie).

Carr, E. Summerson/Lempert, Michael (Hg.) (2016): *Scale. Discourse and Dimensions of Social Life*. Oakland: University of California Press.

Coupland, Nikolas (2001): Introduction. Sociolinguistic theory and social theory. In: Coupland/Sarangi/Candlin (2001), S. 1–26.

Coupland, Nikolas/Sarangi, Srikant/Candlin, Christopher N. (Hrsg.) (2001): *Sociolinguistics and Social Theory*. London/New York: Routledge (Language in Social Life Series).

Diefenbach, Heike (2009): Die Theorie der Rationalen Wahl oder „Rational Choice"-Theorie (RCT). In: Brock u. a. (2009), S. 239–290.

Dittmar, Norbert (1973): *Soziolinguistik. Exemplarische und kritische Darstellung ihrer Theorie, Empirie und Anwendung*. Mit kommentierter Bibliographie. Frankfurt a. M.: Athenäum Fischer.

Dittmar, Norbert (1996): Descriptive and explanatory power of rules in sociolinguistics. In: Rajendra Singh (Hrsg.): *Towards a Critical Sociolinguistics*. Amsterdam/Philadelphia: Benjamins, S. 115–149 [zuerst in: *The Sociogenesis of Language and Human Conduct*. New York: Plenum Press 1983, S. 225–255].

Dittmar, Norbert (1997): *Grundlagen der Soziolinguistik. Ein Arbeitsbuch mit Aufgaben*. Tübingen: Niemeyer (Konzepte der Sprach- und Literaturwissenschaft 57).

Durkheim, Emile (1976): *Die Regeln der soziologischen Methode*. 4., überarb. Aufl. Neuwied: Luchterhand [zuerst frz.: *Les régles de la méthode sociologique*. Paris: Félix Alcan 1895].

Durkheim, Emile (1992): *Über soziale Arbeitsteilung*. Frankfurt a. M.: Suhrkamp [zuerst frz.: *De la division du travail social. Étude sur l'organisation des sociétés supérieures*. Paris: Félix Alcan 1893].

Dürscheid, Christa/Schneider, Jan Georg (2019): *Standardsprache und Variation*. Tübingen: Narr (Narr Starter 7).

Eckert, Penelope (2006): Communities of practice. In: Keith Brown (Hg.): *Encyclopedia of Language & Linguistics*. Bd. 2. 2. Aufl. Oxford: Elsevier, S. 683–685.

Eckert, Penelope (2012): Three waves of variation study. The emergence of meaning in the study of variation. In: *Annual Review of Anthropology* 41, S. 87–100.

Eckert, Penelope/McConnell-Ginet, Sally (1992): Think practically and look locally. Language and gender as community-based practice. In: *Annual Review of Anthropology* 21, S. 461–490.
Eisenberg, Peter (2020): *Grundriss der deutschen Grammatik*. Unter Mitarb. v. Rolf Schöneich. 5., aktual. u. überarb. Aufl. Stuttgart: J. B. Metzler.
Engels, Eva-Marie (2007): *Charles Darwin*. München: Beck (Beck'sche Reihe).
Gardt, Andreas (1999): *Geschichte der Sprachwissenschaft in Deutschland. Vom Mittelalter bis ins 20. Jahrhundert*. Berlin/New York: de Gruyter.
Garfinkel, Harold (1967): *Studies in Ethnomethodology*. Englewood Cliffs, NJ: Prentice Hall.
Garfinkel, Harold/Sacks, Harvey (1970): On formal structures of practical action. In: John C. McKinney/Edward A. Tiryakian (Hrsg.): *Theoretical Sociology*. New York: Appleton-Century-Crofts, S. 337–366.
Geiger, Theodor (1962): Theorie der sozialen Schichtung. In: Paul Trappe (Hrsg.): *Arbeiten zur Soziologie*. Neuwied/Berlin: Luchterhand, S. 186–205.
Giddens, Anthony (1995): *Die Konstitution der Gesellschaft. Grundzüge einer Theorie der Strukturierung*. Übers. v. Wolf-Hagen Krauth und Wilfried Spohn. 3. Aufl. Frankfurt a. M.: Campus (Theorie und Gesellschaft 1) [zuerst: *The Constitution of Society. Outline of the Theory of Structuration*. Cambridge: Polity Press 1984].
Giddens, Anthony (1996): Leben in einer posttraditionalen Gesellschaft. In: Ulrich Beck/Anthony Giddens/Scott Lash (Hrsg.): *Reflexive Modernisierung. Eine Kontroverse*. Frankfurt a. M.: Suhrkamp (edition suhrkamp 1705), S. 113–194.
Goffman, Erving (2011): *Wir alle spielen Theater. Die Selbstdarstellung im Alltag*. Übers. v. Peter Weber-Schäfer. 10. Aufl. München: Piper [zuerst: *The Presentation of Self in Everyday Life*. New York: Doubleday 1959].
Gumperz, John J. (1982): *Discourse Strategies*. Cambridge: Cambridge University Press (Studies in Interactional Sociolinguistics 1).
Hauck, Gerhard (2006): *Kultur. Zur Karriere eines sozialwissenschaftlichen Begriffs*. Münster: Westfälisches Dampfboot (Einstiege 16/17).
Heller, Monica (2001): Undoing the micro/macro dichotomy. Ideology and categorisation in a linguistic minority school. In: Coupland/Sarangi/Candlin (2001), S. 212–234.
Hillebrandt, Frank (2009): Praxistheorie. In: Kneer/Schroer (2009), S. 369–394.
Hitzler, Ronald (1998): Posttraditionale Vergemeinschaftung. Über neue Formen der Sozialbindung. In: *Berliner Debatte INITIAL* 9/1, S. 81–89.
Hitzler, Ronald (2008): Brutstätten posttraditionaler Vergemeinschaftung. Über Jugendszenen. In: Hitzler/Honer/Pfadenhauer (2008a), S. 52–72.
Hitzler, Ronald/Honer, Anne/Pfadenhauer, Michaela (Hrsg.) (2008a): *Posttraditionale Gemeinschaften. Theoretische und ethnografische Erkundungen*. Wiesbaden: Springer VS (Erlebniswelten 14).
Hitzler, Ronald/Honer, Anne/Pfadenhauer, Michaela (2008b): Zur Einleitung. „Ärgerliche" Gesellungsgebilde? In: Hitzler/Honer/Pfadenhauer (2008a), S. 9–31.
Hobbes, Thomas (1980): *Leviathan*. Stuttgart: Reclam [zuerst engl.: *Leviathan or the Matter, Forme and Power of a Commonwealth Ecclesiastical and Civil*. London: Andrew Crooke 1651].
Holliday, Adrian (1999): Small cultures. In: *Applied Linguistics* 20/2, S. 237–264.
Hradil, Stefan (2001): *Soziale Ungleichheit in Deutschland*. 8. Aufl. Wiesbaden: VS Verlag für Sozialwissenschaften.
Joas, Hans/Knöbl, Wolfgang (2004): *Sozialtheorie. Zwanzig einführende Vorlesungen*. Frankfurt a. M.: Suhrkamp (stw 1669).
Keller, Reiner (2009): Das interpretative Paradigma. In: Brock u. a. (2009), S. 17–126.
Keller, Rudi (2014): *Sprachwandel. Von der unsichtbaren Hand in der Sprache*. 4. Aufl. Tübingen/Basel: Francke (UTB 1567) [zuerst: 1990].
Kneer, Georg/Schroer, Markus (Hrsg.) (2009): *Handbuch soziologische Theorien*. Wiesbaden: VS Verlag für Sozialwissenschaften.
Krossa, Anne Sophie (2018): *Gesellschaft. Betrachtungen eines Kernbegriffs der Soziologie*. Wiesbaden: Springer VS.

Labov, William (1972): *Sociolinguistic Patterns*. Philadelphia: University of Pennsylvania Press (Conduct and Communication 4).
Laclau, Ernesto (1990): *New Reflections on the Revolution of Our Time*. London: Verso.
Latour, Bruno (2005): *Reassembling the Social. An Introduction to Actor-Network-Theory*. Oxford: Oxford University Press (Clarendon Lectures in Management Studies).
Lave, Jean/Wenger, Etienne (1991): *Situated Learning. Legitimate Peripheral Participation*. Cambridge: Cambridge University Press (Learning in Doing. Social, Cognitive and Computational Perspectives).
Lindemann, Gesa (2009): *Das Soziale von seinen Grenzen her denken*. Weilerswist: Velbrück Wissenschaft.
Linke, Angelika/Nussbaumer, Markus/Portmann, Paul R. (2004): *Studienbuch Linguistik*. Ergänzt um ein Kapitel „Phonetik/Phonologie" von Urs Willi. 5., erw. Aufl. Tübingen: Niemeyer (Reihe Germanistische Linguistik 121).
Luhmann, Niklas (1984): *Soziale Systeme. Grundriss einer allgemeinen Theorie*. Frankfurt a. M.: Suhrkamp (stw 666).
Luhmann, Niklas (1994): Gesellschaft. In: Werner Fuchs-Heinritz u. a. (Hrsg.): *Lexikon zur Soziologie*. 3., vollst. neu bearb. u. erw. Aufl. Opladen: Westdeutscher Verlag, S. 235–237 [zuerst: 1973].
Mead, George Herbert (1973): *Geist, Identität und Gesellschaft. Aus der Sicht des Sozialbehaviorismus*. Hg. u. mit einer Einl. vers. v. Charles W. Morris. Übers. v. Ulf Pacher. 18. Aufl. Frankfurt a. M.: Suhrkamp (stw 28) [zuerst engl.: *Mind, Self and Society. From the Standpoint of a Social Behavourist*. Chicago: University of Chicago Press 1963].
Meyerhoff, Miriam (2003): Communities of practice. In: J. K. Chambers/Peter Trudgill/Natalie Schilling-Estes (Hrsg.): *The Handbook of Language Variation and Change*. Oxford/Cambridge: Blackwell (Blackwell Handbooks in Linguistics), S. 526–548.
Milroy, Lesley (1980): *Language and Social Networks*. Oxford: Blackwell (Language in Society 2).
Moebius, Stephan (2003): Wie ist Gesellschaft un-möglich? Gesellschaft und Indviduum aus der Perspektive Georg Simmels und einer poststrukturalistischen Sozialwissenschaft. In: *Simmel Studies* 2, S. 391–408.
Muehlmann, Shaylih (2014): The speech community and beyond. Language and the nature of the social aggregate. In: N. J. Enfield/Paul Kockelman/Jack Sidnell (Hrsg.): *The Cambridge Handbook of Linguistic Anthropology*. Cambridge: Cambridge University Press, S. 577–598.
Neuland, Eva/Schlobinski, Peter (Hrsg.) (2018): *Handbuch Sprache in sozialen Gruppen*. Berlin/Boston: De Gruyter (Handbücher Sprachwissen 9).
Parsons, Talcott (1951): *The Social System*. New York: Free Press.
Parsons, Talcott (1986): *Gesellschaften. Evolutionäre und komparative Perspektiven*. Übers. v. Nils Thomas Lindquist. Frankfurt a. M.: Suhrkamp (stw 106) [zuerst engl.: *Societies. Evolutionary and Comparative Perspectives*. Englewood Cliffs: Prentice-Hall 1966].
Pfadenhauer, Michaela/Knoblauch, Hubert (Hrsg.) (2018): *Social Constructivism as Paradigm? The Legacy of The Social Construction of Reality*. London: Routledge.
Rampton, Ben (2000): Speech community. In: Jef Verschueren u. a. (Hrsg.): *Handbook of Pragmatics*. Bd. 4. Amsterdam: Benjamins, S. 1–34.
Ritsert, Jürgen (2000): *Gesellschaft. Ein unergründlicher Grundbegriff der Soziologie*. Frankfurt a. M.: Campus.
Rosa, Hartmut u. a. (2020): *Gesellschaftstheorie*. München: UVK (UTB 5244).
Rousseau, Jean-Jacques (2011): *Vom Gesellschaftsvertrag*. Stuttgart: Reclam [zuerst frz.: *Du Contract Social ou Principes du Droit Politique*. Amsterdam: Marc Michel Rey 1762].
Saalmann, Gernot (2016): *Soziologische Theorie. Grundformen im Überblick*. 2. Aufl. Wiesbaden: Springer VS (Essentials).
de Saussure, Ferdinand (1967): *Grundfragen der Allgemeinen Sprachwissenschaft*. Hg. v. Charles Bally und Albert Sechehaye. Unter Mitarb. v. Albert Riedlinger. Übers. v. Herman Lommel. 2. Aufl. mit neuem Register und einem Nachwort von Peter von Polenz. Berlin:

de Gruyter [zuerst frz.: *Cours de linguistique générale*. Lausanne/Paris: Payot 1916; photomechanischer Nachdruck der Ausgabe Berlin: de Gruyter 1931].

Schimank, Uwe (2013): *Gesellschaft*. Bielefeld: transcript (Einsichten: Themen der Soziologie).

Schleicher, August (1873): *Die Darwinsche Theorie und die Sprachwissenschaft. Offenes Sendschreiben an Herrn Dr. Ernst Häckel, o. Professor der Zoologie und Director des zoologischen Museums an der Universität Jena*. Weimar: H. Böhlau.

Schröter, Juliane/Tienken, Susanne/Ilg, Yvonne (2019): Linguistische Kulturanalyse. Eine Einführung. In: Juliane Schröter u. a. (Hrsg.): *Linguistische Kulturanalyse*. Berlin/Boston: De Gruyter (Reihe Germanistische Linguistik 314), S. 1–27.

Schütz, Alfred/Luckmann, Thomas (2017): *Strukturen der Lebenswelt*. 2. Aufl. Konstanz: UVK (UTB 2412) [zuerst: London: Heinemann 1974].

Schwietring, Thomas (2018): *Was ist Gesellschaft? Einführung in soziologische Grundbegriffe*. 2., überarb. Aufl. Konstanz: UVK (UTB 8430).

Sealey, Alison/Carter, Bob (2004): *Applied Linguistics as Social Science*. London: Continuum (Advances in Applied Linguistics).

Silverstein, Michael (1998): Contemporary transformations of local linguistic communities. In: *Annual Review of Anthropology* 27, S. 401–426.

Simmel, Georg (1984): *Das Gebiet der Soziologie*. 4. Aufl. Berlin: de Gruyter [zuerst: 1917].

Simmel, Georg (1989): Über sociale Differenzierung. In: Georg Simmel: *Aufsätze 1887–1890*. Frankfurt a. M.: Suhrkamp (Georg Simmel Gesamtausgabe 2), S. 109–295 [zuerst: Leipzig: Duncker & Humblot 1890].

Spencer, Herbert (1864): *The Principles of Biology*. Bd. I. New York: Appleton.

Spencer, Herbert (1877): *Die Principien der Sociologie*. Bd. I. Schweizerbart: Meiner [zuerst engl.: *The Principles of Sociology*. Bd. I. London: Williams and Norgate 1874].

Spitzmüller, Jürgen (2013): *Graphische Variation als soziale Praxis. Eine soziolinguistische Theorie skripturaler ‚Sichtbarkeit'*. Berlin/Boston: De Gruyter (Linguistik – Impulse & Tendenzen 56).

Spitzmüller, Jürgen (2017): ‚Kultur' und ‚das Kulturelle'. Zur Reflexivität eines begehrten Begriffs. In: *Zeitschrift für Angewandte Linguistik* 67/1, S. 3–23.

Stäheli, Urs (1995): Gesellschaftstheorie und die Unmöglichkeit ihres Gegenstandes. Diskurstheoretische Perspektiven. In: *Schweizer Zeitschrift für Soziologie* 21, S. 361–390.

Thomas, William I./Thomas, Dorothy S. (1928): *The Child in America. Behavior Problems and Programs*. New York: Knopf.

Treibel, Annette (2006): *Einführung in soziologische Theorien der Gegenwart*. 7. Aufl. Wiesbaden: Springer VS (Einführungskurs Soziologie 3).

Wardhaugh, Ronald/Fuller, Janet M. (2015): *An Introduction to Sociolinguistics*. 7. Aufl. Malden, MA/Oxford/Chichester: Wiley-Blackwell (Blackwell Textbooks in Linguistics 4).

Weber, Max (1980): Soziologische Grundbegriffe. In: Max Weber: *Wirtschaft und Gesellschaft. Grundriß der verstehenden Soziologie*. Tübingen: Mohr, S. 1–30 [zuerst: 1921].

Wilce, James M. (2017): *Culture and Communication. An Introduction*. Cambridge: Cambridge University Press.

Williams, Glyn (1992): *Sociolinguistics. A sociological critique*. London: Routledge.

Sprachliche Variation und Variabilität

3

Inhaltsverzeichnis

3.1 Variation als linguistisches Thema 48
    3.1.1 Interlinguale Variabilität 48
    3.1.2 Intralinguale Variabilität 53
    3.1.3 Variation als „zentrales Problem der Linguistik" 57
3.2 Soziolinguistik, sprachliche Variation und Gesellschaft......................... 58
    3.2.1 Variation aus Sicht strukturtheoretischer Soziolinguistik................. 59
    3.2.2 Variation aus Sicht handlungstheoretischer Soziolinguistik............... 60
    3.2.3 Variation aus Sicht konstrukttheoretischer Soziolinguistik 62
3.3 Empfohlene Literatur zur Vertiefung 63
Literatur.. 63

Wie wir in Abschn. 1.2 bereits ausgeführt haben, ist ‚Variation' ein zentrales Konzept der Soziolinguistik, was sich auch darin zeigt, dass einige Formen der Soziolinguistik sich alternativ als **Variationslinguistik** bezeichnen. Aus soziolinguistischer Sicht – und das gilt wohl für alle Formen der Soziolinguistik gleichermaßen – ist „Variation […] eine notwendige Bedingung für das Funktionieren von Kommunikation" (Dittmar 1997: 29; i. Orig. herv.). Warum das so ist und wie Variation zur Funktionalität von Kommunikation beiträgt, dazu gibt es aber verschiedene Meinungen. Denn wie man Variation genau bestimmen kann, welche Rolle sie im sozialen Alltag spielt, und wie sie mit dem im letzten Kapitel diskutierten Kernkonzept, ‚Gesellschaft', in Verbindung steht, ist Gegenstand von Kontroversen und für das Selbstverständnis einzelner Formen der Soziolinguistik fundamental.

In diesem Kapitel werden Sprachliche Variation und Variabilität daher genauer unter die Lupe genommen. Zunächst diskutieren wir, inwiefern Variation grundsätzlich für Sprache(n) charakteristisch und somit ein linguistisches Thema ist (Abschn. 3.1); anschließend wird gezeigt, welche Formen sprachlicher Variation spezifisch für die Soziolinguistik von Interesse sind (Abschn. 3.2). In diesem Zusammenhang kommen wir auch wieder auf das Thema des letzten Kapitels zurück und diskutieren, inwiefern aus Sicht verschiedener Soziolinguistiken sprachliche Variation mit gesellschaftlicher Diversifizierung in Verbindung gebracht werden kann.

3.1 Variation als linguistisches Thema

Wenn wir Sprache und Sprachen ansehen, stoßen wir überall auf Variabilität, das heißt, auf einen Spielraum von (formalen) Möglichkeiten, mit der eine bestimmte Funktion (Referenz, Proposition, Illokution usw.) vollzogen werden kann.

Zunächst einmal gibt es natürlich Variabilität zwischen Sprachen (**interlinguale Variabilität**), und zwar auf ganz verschiedenen Ebenen (vgl. auch Walker 2009: 5–9). Für die Soziolinguistik ist dies aus den folgenden Gründen relevant:

- Interlinguale Variabilität zeigt, welche Möglichkeiten zur Variation Sprachen grundsätzlich zur Verfügung stehen, erlaubt es der Soziolinguistik also, **theoretische Variationsräume** zu bestimmen und sie mit den faktisch genutzten abzugleichen.
- Konkret soziolinguistisch relevant wird sie in Fällen von **Sprachkontakt** und **Mehrsprachigkeit**, denn dort werden Variationsräume verschiedener Sprachen für einzelne Kommunikationsakteure und soziale Gruppen nutzbar.

Weiterhin gibt es aber auch innerhalb von Sprachen auf allen Ebenen Variabilität (**intralinguale Variabilität**), und diese ist es, die die Soziolinguistik am Meisten interessiert. Wie deutlich werden wird, ist es nach Meinung der Soziolinguistik nämlich vor allem diese intralinguale Variabilität, in der sich die sozialen Funktionen von Sprache niederschlagen, an der sie sich folglich ablesen lassen.

Wir diskutieren im Folgenden kurz, wo und wie interlinguale (Abschn. 3.1.1) und intralinguale Variabilität (Abschn. 3.1.2) zu finden ist. Im Anschluss daran wird gezeigt, warum Variabilität und Variation für die Soziolinguistik so zentrale Konzepte sind (Abschn. 3.1.3).

3.1.1 Interlinguale Variabilität

Zwischen Sprachen können wir auf allen linguistischen Beschreibungsebenen Variabilität feststellen.

Im Bereich der Lexik variieren Sprachen wohl am augenscheinlichsten: Wo die Sprecher einer Sprache *bœuf* sagen, sagen die einer anderen *Ochs,* stellt etwa der Franko-Schweizer Ferdinand de Saussure (1857–1913) fest (de Saussure [1916]

3.1 Variation als linguistisches Thema

1967: 79; womit er das für ihn zentrale Prinzip der Arbitrarität sprachlicher Zeichen begründet). Dabei gibt es aufgrund von Sprachkontakt und Sprachverwandtschaften unterschiedliche Grade lexikalischer Differenz (vgl. dt. *Papier,* engl. *paper,* ital. *carta;* dt. *Scanner,* engl. *scanner,* ital. *scanner*).

Variation im Bereich der Lautung (Phonetik und Phonologie) ist die für Kommunikationsakteur*innen neben der Lexik wohl am deutlichsten erkennbare Ausprägung intersprachlicher Variabilität, und auch in vielen Formen der Soziolinguistik spielt Lautvariation eine herausragende Rolle. Dies betrifft sowohl das konkrete Lautinventar (Phonetik) als auch das Lautsystem (Phonologie) der jeweiligen Sprachen.

So werden in verschiedenen Sprachen teilweise unterschiedliche Laute (sog. **Phone**) verwendet – man denke an das englische /θ/ (bspw. im direkten Artikel *the*), das im Standarddeutschen nicht verwendet wird.

Außerdem haben in verschiedenen Sprachen unterschiedliche Mengen von Lauten eine sogenannte ‚bedeutungsunterscheidende Funktion', können also zu **Phonemen** dieser Sprache klassifiziert werden.

▶ Ein **Phonem** ist definiert als die Menge aller Laute in einer Sprache, die alternativ verwendet werden können, ohne dass sich die (referenzielle) Bedeutung eines Wortes ändert. Vgl. zur Vertiefung Fuhrhop und Peters 2013.

Die Phone [ʀ] und [l] beispielsweise markieren im Deutschen unterschiedliche Bedeutungen (wie in *Rand* und *Land*) und werden daher zwei verschiedenen Phonemen (/r/ und /l/) zugerechnet. Im Gegensatz dazu werden etwa die Laute [r] (‚Zungenspitzen-R') und [ʀ] (‚Gaumenzäpfchen-R'), als sogenannte (freie) **Allophone** einem Phonem (/r/) zugerechnet, weil sich die Bedeutung nicht ändert, wenn man sie füreinander austauscht ([rant] und [ʀant] sind im Deutschen alternative Artikulierungen neben [ʁant] mit ‚Rachen-R'; zur phonetischen Notation s. Anhang).

Andere Sprachen haben eine andere phonologische Verteilung. Im **Japanischen** gibt es zum Beispiel nur einen bedeutungsunterscheidenden liquiden Konsonanten, der normalerweise nicht als Vibrant wie das /r/ oder als Approximant wie das /l/ im Deutschen artikuliert wird, sondern als Tap ([ɾ] oder allophon als Flap [ɺ]), der artikulationsphonetisch zwischen jenen beiden liegt, was in der Phonologie als Grund dafür angesehen wird, dass es Japaner*innen schwerfällt, /r/ und /l/ im Englischen oder Deutschen artikulatorisch zu trennen (vgl. Aoyama et al. 2004).

Für die Soziolinguistik sind Fälle wie dieser auch deshalb interessant, weil sie häufig – und der genannte Fall ist dafür ein gutes Beispiel – als sprachideologische und diskriminierende **Schibboleths** instrumentalisiert werden. Denken Sie an die Verwendung dieses phonetischen Phänomens in Filmkomödien, bei Comedians usw. in hochgradig stilisierter Art und Weise, in der die So-Sprechenden meist als lächerliche Figuren dargestellt sind (zum sogenannten ‚Mock Asian' s. Abschn. 7.6.2).

▶ Ein **Schibboleth** (hebräisch ‚Getreideähre', ‚Wasserschwall') ist eine sprachliche Variante bzw. ein Minimalpaar, mit deren Hilfe Sprecher*innen (bspw. regional oder sozial) zugeordnet werden. Der Ausdruck geht auf eine biblische Erzählung zurück (Buch der Richter 12: 4–6), in der Soldaten eines Stammes (der Gileaditer) an einer Flussüberquerung durch Aussprache des Worts *Schibboleth* prüften, ob die Passanten den verfeindeten Ephraimitern zugehörten: „Sprach er aber: Sibbolet, weil er's nicht richtig aussprechen konnte, dann ergriffen sie ihn und erschlugen ihn an den Furten des Jordans, so dass zu der Zeit von Ephraim fielen zweiundvierzigtausend".

Im Bereich der Syntax differieren zwischen Sprachen etwa

- die präferierte oder obligatorische **Wortstellung** (bspw. Stellung des Verbs):
    (1) English: [*the woman*]*Subjekt* [*saw*]*Verb* [*the child*]*Objekt*
    (2) Japanisch: [*onna-ga*]*Subjekt* [*kodomo-o*]*Objekt* [*mita*]*Verb*
    (3) Gälisch: [*chunnaic*]*Verb* [*a'bhean*]*Subjekt* [*a'chlann*]*Objekt*
    (4a) Deutsch: [*die Frau*]*Subjekt* [*sah*]*Verb* [*das Kind*]*Objekt*
    oder (mit anderem Satzfokus)
    (4b) [*das Kind*]*Objekt* [*sah*]*Verb* [*die Frau*]*Subjekt*
    (Beispiele aus Walker 2009: 6)

- die Art und Weise der **Kasusmarkierung** (Flexion; vgl. dt. *der Autor des Buchs* vs. frz. *l'auteur du livre*)
- die Realisierung der **Pronomina** (vgl. ital. *scrivo* vs. dt. *ich schreibe*)
- sowie die **Valenz** der Verben und Präpositionen, das heißt, welche Kasus, Objekte und Positionen diese verlangen oder zulassen (vgl. dt. *Er nimmt ihr das Buch weg* vs. engl. *He takes away the book from her*).

Sprachen werden demzufolge auch häufig nach ihren spezifischen syntaktischen Eigenheiten kategorisiert (das ist das Ziel der **syntaktischen Typologie;** vgl. dazu Strömsdörfer und Vennemann 1995).

Im Bereich der Morphologie finden wir zwischen Sprachen ebenfalls hochgradig Variabilität. Denken Sie beispielsweise an die unterschiedlichen Möglichkeiten von Sprachen, komplexe Komposita zu bilden. Die von Mark Twain ([1880] 2018) halb ehrfürchtig, halb irritiert parodierten **Kompositionsmöglichkeiten** des Deutschen, die selbst terminologische Monstren wie *Rindfleischetikettierungsüberwachungsaufgabenübertragungsgesetz* ermöglichen, gelten in diesem Zusammenhang als einzigartig (vgl. Donalies 2005: 60).

Sprachen haben weiterhin beispielsweise auch hochgradig unterschiedliche Möglichkeiten, etwas durch **grammatische Morpheme** auszudrücken. So kann man etwa im Japanischen mithilfe grammatischer Morpheme soziale Hierarchien anzeigen:

3.1 Variation als linguistisches Thema

Japanisch ‚Jemand ist zuhause':
(1) *Uchi ni i-ru* (formlos)
(2) *Uchi ni i-mas-u* (förmlicher)
(3) *Uchi ni ori-mas-u* (Subjektreferent [‚jemand'] wird tiefer gestellt als der Sprecher)
(4) *Otaku ni irasshai-mas-u* (Subjektreferent wird höher gestellt als der Sprecher)
Uchi, Otaku: ‚Zuhause' (*Uchi*: neutral; *Otaku*: das Haus gehört einer höher stehenden Person)
ni: ‚in'
i-ru, i-mas-u, ori-mas-u, irasshai-mas-u: ‚sein[-Form]-Präsens' (*iru*: neutral; *imasu*: förmlicher; *orimasu*: der Seiende steht sozial tiefer; *irasshai-mas-u*: der Seiende steht sozial höher)
(aus Löbner 2003: 41)

In den meisten anderen Sprachen ist dies so nicht möglich; partiell vergleichbar ist das auf Java gesprochene *Javanisch* (*basa Jawa*; vgl. Markham 1994).

Im Bereich der Semantik findet sich intersprachliche Variation etwa in der Struktur der **Wortfelder** (Skopus der semantischen Extensionen).

Abb. 3.1 zeigt ein viel zitiertes Beispiel des dänischen Sprachwissenschaftlers Louis Hjelmslev (1899–1965), das zu verdeutlichen versucht, dass der sogenannte ‚semantische Wert' der Wörter aus dem Wortfeld *Baum-Holz-Wald* sich im Dänischen, Deutschen und Französischen signifikant unterscheidet: Das Dänische deckt mit zwei Wörtern den semantischen Bereich ab, der im Französischen und Deutschen mit drei Wörtern abgedeckt wird, das französische Wort *forêt* ist außerdem semantisch enger als das deutsche Wort *Wald,* das einen Teil der Bedeutung von frz. *bois* mit abdeckt (ein anderes häufig zitiertes Beispiel betrifft engl. *sheep* und *mutton* vs. dt. *Schaaf* [*fleisch*]).

Im Bereich der Pragmatik (d. h. der musterhaften Formen sprachlichen Handelns) findet man zwischen Sprachen (oder genauer: Sprecher*innengemeinschaften) ebenfalls vielfach Variation. Ein Beispiel sind die bereits oben angeführten Möglichkeiten – und Notwendigkeiten –, im Japanischen gesellschaftliche Hierarchien sprachlich anzuzeigen. Das Beispiel gehört zum Bereich der sogenannten **sprachlichen Höflichkeit**, der in diesem Zusammenhang am besten erforscht ist (vgl. Watts 2003: 1–46).

So variieren zwischen Sprachen etwa die Möglichkeiten, mittels **Anredepronomina** soziale Hierarchien oder Distanzverhältnisse anzuzeigen. Im Deutschen

	Baum	arbre
træ		
	Holz	bois
skov		
	Wald	forêt

Abb. 3.1 Interlinguale semantische Variation im Wortfeld Baum-Holz-Wald. (nach Hjelmslev [1943] 1974: 57)

und anderen sogenannten T/V-Sprachen (von lat. *tu/vos* ‚du/Sie') kann (und muss) man bei der Verwendung von Anredepronomina das soziale Beziehungsverhältnis zum Angesprochenen mitkommunizieren, was beispielsweise im Englischen nicht (mehr) der Fall ist, da das Englische die informelle Variante *thou* und mit ihr die T/V-Differenzierung im 17. Jahrhundert weitgehend (mit Ausnahme einiger Dialekte und Gruppensprachen) aufgegeben hat (auch für das Deutsche haben sich die Anredeformen im Lauf der Geschichte gewandelt, und das Deutsche hatte zeitweilig, im 18. und frühen 19. Jahrhundert, eine vierstufige Differenzierung von Anredepronomina, nämlich *du, er/sie, ihr, Sie;* vgl. Nübling et al. 2017: 207–213).

Auf soziolinguistisches Interesse gestoßen sind auch solche Formen interlingualer pragmatischer Variabilität, die zu **Kommunikationskonflikten** führen. Solchen Konflikten hat sich John Gumperz in einer ganzen Reihe von Analysen gewidmet. Ein Beispiel ist dieses:

> „The incident took place in London, England, on a bus driven by a West Indian driver/conductor. The bus was standing at a stop, and passengers were filing in. The driver announced, ‚Exact change, please,' as London bus drivers often do. When passengers who had been standing close by either did not have money ready or tried to give him a large bill, the driver repeated, ‚exact change, please.' The second time around, he said ‚please' with extra loudness, high pitch, and falling intonation, and he seemed to pause before ‚please.' One passenger so addressed, as well as others following him, walked down the bus aisle exchanging angry looks and obviously annoyed, muttering, ‚why do these people have to be so rude and threatening about it?'" (Gumperz 1982: 168)

Gumperz erklärt diesen Konflikt folgendermaßen: Die Art und Weise, in der der Busfahrer seine (wiederholte) Bitte artikuliert hat (mit akzentuierten *please* und sinkender Intonation), signalisiert im Rahmen der britischen Höflichkeitskonventionen Unfreundlichkeit bzw. Ungeduld, im Rahmen der Konventionen des in Westindien gesprochenen Englisch entsprechen sie aber genau den in der Situation angemessenen Höflichkeitserwartungen. In diesem Beispiel führen also, so Gumperz, die unterschiedlichen (prosodischen) Höflichkeitskonventionen zu einem interkulturellen Missverständnis.

Im Bereich der Verschriftung variieren Sprachen untereinander ebenfalls erheblich. Unterschiedliche Sprachen werden unter Rückgriff auf unterschiedliche **Schriftsysteme** verschriftet (Alphabetschriften wie das lateinische, kyrillische oder griechische Alphabet, logographische Schriftsysteme wie die moderne chinesische Schrift, syllabische Schriftsysteme wie die japanischen Kana-Zeichen; vgl. Dürscheid [2002] 2016: 70–97), oder sie verwenden unterschiedliche **Grapheme** (wie man die bedeutungsunterscheidenden Schriftzeichen analog zu den Phonemen nennt; vgl. Dürscheid [2002] 2016: 127–134). So gibt es etwa das Alphabet-Graphem <ß> nur in der Verschriftung des Deutschen, <ø> nur in der Verschriftung einiger nordischer Sprachen (Dänisch, Norwegisch, Färöisch, Südsamisch).

Weiterhin variiert in der Verschriftung verschiedener Sprachen auch die **Orthographie** (etwa im Bereich der Alphabetschriften die Verwendung von Groß- und Kleinschreibung, die Interpunktion usw.).

Im Bereich der Prosodie schließlich lässt sich ebenfalls interlinguale Variabilität feststellen. Das heißt, in verschiedenen Sprachen finden sich verschiedene prosodische Muster.

Man merkt das zuweilen bei der **Synchronisation von Fernsehserien,** wenn diese Muster einfach mitübertragen werden und beispielsweise amerikanische Serienfiguren im Deutschen als ‚exaltierter' wahrgenommen werden als im Ursprungskontext (vgl. Herbst 1994: 71–88). Dass prosodische Differenzen zwischen Sprachen in der Interaktion hochgradig relevant sein können, verdeutlicht auch das oben zitierte Beispiel von Gumperz, in dem Prosodie kulturell unterschiedlich Höflichkeit markiert.

Prosodische Muster sind häufig an bestimmte **Genres** gebunden (denken Sie an die spezifische Prosodie von Nachrichtensprecher*innen oder Theaterschauspieler*innen), aber auch hier findet man interlinguale Varianz. Mit Blick auf Nachrichtensendungen (die Schweizer *Tagesschau* und die US-amerikanischen *CBS Evening News*) findet etwa Luginbühl (2012) in einem (auch historischen) Vergleich prosodischer Muster deutliche Unterschiede: zahlreiche Akzentsetzungen und Mikropausen im Fall der *Tagesschau*, dynamische „rapid-fire narration" (Luginbühl 2012: 368) mit regelmäßigen, wenig mit dem Inhalt korrelierenden Akzenten bei den *Evening News*.

Luginbühl zeigt, dass die Nachrichtensprecher*innen in beiden Ländern eine sehr markierte und jeweils typische Prosodie aufweisen, die sie als Nachrichten kennzeichnen (**kontextualisieren**), aber auch, dass diese prosodischen Formen sich historisch stark wandeln (was Sie sofort merken, wenn Sie Nachrichtensendungen aus den 1950er, 1960er und 1970er Jahren ansehen).

3.1.2 Intralinguale Variabilität

Die gezeigten Beispiele haben deutlich gemacht: Sprachen sind auf allen Ebenen variabel. Dies gilt nun aber nicht nur interlingual, sondern auch intralingual: Genauso wie Sprachen untereinander variieren, variieren sie auch intern, und zwar sowohl in sprachgeschichtlicher (**diachroner**) Hinsicht – Sprachwandel ist nichts Anderes als Variation (in der Zeit) – als auch zu einem bestimmten sprachgeschichtlichen Zeitpunkt (**synchron**).

Dabei werden vor allem in der Variationslinguistik häufig sogenannte **Variationsparameter** unterschieden, etwa die Herkunft der Sprecher*innen, die soziale Schicht, das Geschlecht, das Alter, der Beruf sowie die Gesprächssituation (für Kritik an dieser Vorgehensweise s. Kap. 6).

In der deutschsprachigen und der romanistischen Soziolinguistik hat sich in dem Zusammenhang eine (von Flydal 1952 inspirierte) Dreiteilung des Romanisten Eugenio Coseriu ([1988] 2007: 24–25) etabliert, der räumliche (**diatopische**), sozialstrukturelle (**diastratische**) und situationsbezogene (**diaphasische**) Variationsparameter unterscheidet (vgl. dazu Sinner 2014: 61–69).

> **Drei oder mehr Variationsdimensionen?**
> Coserius dreidimensionale Parametrisierung ist die bekannteste, aber keineswegs die einzige gebräuchliche Möglichkeit, Variation zu klassifizieren.
> Zum einen wurden im Anschluss an Coseriu weitere Dimensionen ergänzt, etwa diese:
>
> - Eine (bei Coseriu dezidiert in der Diaphasik mit eingeschlossene) **diamesische** Dimension, die die mediale Repräsentation als Parameter heranzieht, wobei hierbei in der Regel nur der Unterschied zwischen ‚gesprochen' und ‚geschrieben' gemeint ist, nicht der Gebrauch bestimmter Medien (vgl. dazu Sinner 2014: 224–226; Felder 2016: 102–107).
> - Die bei Flydal (1952) inkludierte, von Coseriu nicht übernommene **diachrone** (sprachhistorische) Dimension wurde in nachfolgenden Arbeiten wieder als eigener Variationsparameter hinzugefügt. Auch hier ist umstritten, inwiefern das sinnvoll ist, da die strukturorientierte Varietätenlinguistik in der Regel synchron arbeitet, also spezifische historische Sprachstufen betrachtet (vgl. zur Diskussion Sinner 2014: 231–237).
>
> Zum andern wurden neben Coserius Dimensionen auch andere vorgeschlagen. Sehr weit rezipiert wurden etwa im englischen Sprachraum die Dimensionen **field** (Handlungsfeld), **tenor** (Beziehungen der Interaktanden) und **mode** (Medialität und Stil) von Halliday (1978).
> Vgl. für einen aktuellen Vorschlag Felder (2016), der in seinem „Vier-Dimensionen-Modell" (Felder 2016: 59–80) **Ausdruckssystem** ($\approx$ Diatopik und Diastratik), **Inhaltssystem** ($\approx$ Diaphasik), **Medialität** (Diamesik) und **historische Zeitstufe** (Diachronie) als Parameter vorschlägt.

Das intralinguale Variationspotenzial sei hier nur ganz kurz anhand von Beispielen aus dem Deutschen angedeutet. Es fällt Ihnen sicher nicht schwer, weitere Beispiele zu finden.

Lexik Lexikalische Variation findet sich innerhalb von Sprachen vielfach. Nicht nur regional gibt es unterschiedliche Bezeichnungen für denselben Referenten (*Semmel, Brötchen, Wecken*), auch situational (*Fußball spielen, bolzen, kicken*) sowie zwischen verschiedenen sozialen Gruppen (*erörtern, besprechen, bequatschen*) können Bezeichnungen variieren. Inwieweit die einzelnen Varianten tatsächlich füreinander austauschbar (synonym) sind, hängt freilich vom Kontext ab.

Lautung Auch die Lautung variiert innerhalb von Sprachen regional (vgl. etwa [çɛˈmiː], [kɛˈmiː], [ʃɛˈmiː] für *Chemie*), sozial ([ˈnjɔki], [ˈgnɔki] für *Gnocchi*; das Berlinerische Pronomen [dɪt]/[dis]; vgl. Schlobinski 1987: 145) sowie auch situational (die Variationslinguistik etwa unterscheidet kategorial und vor allem mit Blick auf die Phonetik zwischen reflektiert-artikulierter und unreflektiert-alltäglicher Aussprache [*careful* und *casual speech*]; s. dazu ausführlicher Kap. 5).

Syntax Im Bereich der Syntax finden wir lokale Variation etwa im Bereich der **Verbstellung** im Nebensatz, wenn wir Schweizer Standarddeutsch mit deutschländischem oder österreichischem vergleichen (vgl. Dürscheid et al. 2015):

(1) *Schön, dass du gekommen bist.*
(Österreichisches und deutschländisches Standarddeutsch)
(2) *Schön, bist du gekommen.*
(Deutschschweizer Standarddeutsch)

Auch in den anderen oben genannten Bereichen lässt sich intrasprachliche Variation finden, die zum Teil regional bzw. areal zugeordnet wird (vgl. etwa das im norddeutschen Sprachraum gebräuchliche sog. **Preposition Stranding** in Fällen wie *Da kann ich nichts für* oder **Valenzspezifika** wie in *Das Wetter ändert*, das in der Deutschschweiz im Gegensatz zu Deutschland oder Österreich gebräuchlich ist; vgl. Dürscheid und Schneider 2019: 81), zum Teil situational (bspw. **Verbstellung** im Nebensatz nach bestimmten Konjunktionen: *..., weil ich habe Hunger* vs. *..., weil ich Hunger habe;* vgl. Dürscheid und Schneider 2019: 27–28), zum Teil sozialstrukturell (vgl. für Letzteres die allerdings umstrittene Zuordnung von **Kopftilgungen** in Präpositionalphrasen wie in *Gemma Kino* zu sog. ‚ethnolektalen' Stilen; vgl. dazu Kerschhofer-Puhalo 2019).

Morphologie Beispiele für intralinguale morphologische Variation sind die Verwendung des sogenannten **Fugenmorphems** einerseits in verschiedenen Standardvarietäten (*Adventskalender* [deutschländisches Standarddeutsch] vs. *Adventkalender* [österreichisches Standarddeutsch]) oder Domänen (*Schadenersatz* [deutschländische ‚Alltagssprache'] vs. *Schadensersatz* [deutschländische Rechtssprache]), variierende Präferenz grammatischer **Allomorphe** wie in (deutschländisch) *parken/grillen* vs. (schweizerisch) *parkieren/grillieren* (vgl. Dürscheid und Schneider 2019: 80) oder gruppenspezifische **Wortbildungsformen** (bspw. Kurzwortbildungen wie *Ersti* für *Erstsemester* oder *Transpi* für *Transparent*, Adjektivbildungen wie *hippig, chillig*; vgl. Elsen 2011).

Semantik Im Bereich der **Wortfeldvariation** kann man hier als Beispiele Wortfeldunterschiede in den Standardvarietäten anführen (etwa *Stuhl/Sessel* in Österreich vs. Deutschland).

Weitere Beispiele sind **gruppenspezifische Bedeutungen** etwa in der Fachsprache gegenüber der Alltagssprache (bspw. *Stress* in der Psychologie vs. *Stress* in der alltagsweltlichen Bedeutung) oder auch in bestimmten sozialen Gemeinschaften (bspw. *brutal* als Verstärkungsadjektiv wie in *brutal hübsch*).

Pragmatik Intralinguale pragmatische Variation ist empirisch vergleichsweise wenig erforscht (vgl. Dürscheid und Schneider 2019: 83–86; ausführlicher Dürscheid und Simon 2019), aber Beispiele lassen sich auch hier schnell finden.

Was die oben angesprochene **T/V-Anrede** (*Du* vs. *Sie*) angeht, so gibt es hier in bestimmten Regionen offensichtlich unterschiedliche Grenzziehungen (das heißt, man ist in bestimmten Regionen schneller per Du, das *Sie* wird damit aber entsprechend distanzierter, die Grenze zwischen *Du* und *Sie* verläuft also anders). Ähnliches gilt für bestimmte soziale Gruppen. In bestimmten Regionen (und bisweilen generationsspezifisch) ist darüber hinaus auch noch die *Ihr*-Anrede (,Ihrzen') üblich (vgl. Besch 2003).

Ein weiteres Beispiel für intralinguale pragmatische Variabilität sind sogenannte **rituelle Beschimpfungen** (Labov 1972: 297–353), die Androutsopoulos (1998: 482) in Jugendszenen ausmacht und deren „pragmatische Funktion [...] der Ausdruck von Solidarität [ist], insbesondere in der Eröffnung und Beendigung der Interaktion" (ebd.; ein dort gegebenes Beispiel ist *Hey Harry, Du alte Sau!*). Diese Form der Solidaritätsbekundung ist sowohl sozial als auch situational spezifisch (das heißt, auch die Szenemitglieder verwenden sie nur in bestimmten Kontexten).

Verschriftung Auch im Bereich der Verschriftung gibt es intralinguale Variabilität, einerseits im Rahmen **orthographischer Spielräume,** die aber mitunter sozialsymbolisch markiert sind (*Fotografie* vs. *Photographie*), weiterhin im Rahmen **arealer Varianten** (*Fußball* in Deutschland und Österreich vs. *Fussball* in der Schweiz und in Liechtenstein) und schließlich auch in Form von **heterographischen** (= nicht-orthographischen) **Verschriftungen** (*Jungs, jungs, junx*) in bestimmten sozialen, situationalen und medialen Kontexten (vgl. Androutsopoulos 2000).

Dabei kann zuweilen auch der Rahmen des eigenen Schriftsystems bewusst überschritten werden, etwa um Verfremdungseffekte zu erzielen oder bestimmte kulturelle Kontexte zu evozieren (vgl. Spitzmüller 2007).

Prosodie Es wurde oben bereits angemerkt, dass in bestimmten **Genres** (wie Nachrichtensendungen) charakteristische prosodische Formen zu finden sind. Allein dadurch ergibt sich eine intralinguale prosodische Varianz.

Wie die interaktionale Soziolinguistik gezeigt hat, wird diese vielfach genutzt, um bestimmte Interpretationen der Situation nahezulegen (sog. **Kontextualisierung**, s. Abschn. 6.5.2), was auch stilisierend geschehen kann, etwa in Parodien oder in Scherzsituationen, wenn beispielsweise Jugendliche die Prosodie einer Fahrkartenkontrolle (↑h*I*er ↓*noch* ↓*jemand* ↓*zugestieg*↑*En*) imitieren, um damit die anderen Fahrgäste zu irritieren (vgl. Auer 2013: 170–178).

Intralinguale prosodische Variation zeigt sich außerdem (unter anderem) auch im Vergleich von **Dialekten** und regionalen bzw. arealen Varietäten (vgl. für die Standardvarietäten Ulbrich 2005).

▶ Als **Standardvarietät** bezeichnet man in der Variationslinguistik eine standardisierte (das heißt, in Nachschlagewerken kodifizierte) Form einer Sprache (alltagssprachlich ‚Hochsprache'). Für bestimmte sog. plurizentrische oder pluriareale Sprachen (zu denen das Deutsche zählt) unterscheidet man verschiedene Standardvarietäten, etwa die in Deutschland, die in der Schweiz und die in Österreich gebräuchliche, da dort jeweils lexikalische, grammatische, orthographische und pragmatische Spezifika zu finden sind. Vgl. zur Vertiefung Dürscheid und Schneider (2019).

3.1.3 Variation als „zentrales Problem der Linguistik"

Wir haben gesehen: Sprachen sind hochgradig variabel, und diese Variabilität wird im kommunikativen Alltag auch vielfach relevant. Die Soziolinguistik ist zwar eine Disziplin, die das besonders stark in den Vordergrund stellt, sie ist dabei aber der Meinung, dass sprachliche Variation nicht einfach nur der spezifische Gegenstand der Sozio- oder Variationslinguistik ist, sondern „dass Variation *das* Wesensmerkmal von Sprache ist" (Dürscheid und Schneider 2019: 65; Herv. im Orig.).

Aus variationslinguistischer Sicht ist Variation somit, wie es William Labov ausgedrückt hat, das ‚zentrale Problem der Linguistik'. Genauer sei es die Hauptaufgabe der Disziplin zu erklären, **warum, wann und zu welchem Zweck** sprachliche Variation überhaupt vorkomme:

> „From one point of view, linguistics is as diverse as the languages it studies; from another, linguistics centers upon a common problem: variation. If every yes-no question were related to the corresponding declarative in a uniform way, no linguist would be needed to describe the system or tell new learners how to use it. But when a question is asked sometimes in one way and sometimes in another, sometimes with inversion and sometimes without, or sometimes with a final rise in pitch and sometimes a fall, a linguist is called for. Thus the central task of linguistics is to eliminate variation by discovering the exact conditions that produce one variant or the other on the surface." (Labov 2004: 6)

Man kann über diese Funktionsbestimmung der Sprachwissenschaft sicherlich streiten. Richtig ist aber zweifellos, dass Variation ein zentrales linguistisches Prinzip ist. Daher spielt sie auch in der sprachwissenschaftlichen **Kategorienbildung** eine wichtige Rolle.

Ein Beispiel ist das strukturalistische Klassifikationsverfahren der **Minimalpaarbildung**, bei dem funktionale Kategorien (bspw. Phoneme oder Grapheme) durch Vergleich zweier sich in formaler Hinsicht minimal (d. h. nur in einem formalen Aspekt) unterscheidender Wörter bestimmt werden (vgl. Fuhrhop und Peters 2013: 39). Ein phonologisches Minimalpaar ist etwa das bereits erwähnte Wortpaar *Rand/Land* (genauer: das Lautfolgenpaar [rant] und [lant]), das sich nur im Anlaut ([r] vs. [l]) unterscheidet. Da diese beiden Lautfolgen im Deutschen unterschiedliche Bedeutung haben (sich also in der hier relevanten funktionalen Hinsicht unterscheiden), klassifiziert man zwei verschiedene Phoneme /l/ und /r/ (da Phoneme, wie oben erwähnt, als Klasse der bedeutungsunterscheidenden

Laute einer Sprache definiert sind). Entscheidend ist hier also, dass [rant] und [lant] keine zwei phonetischen Varianten (wie [rant] und [ʀant]) sind. Minimalpaaranalyse somit ist nichts anderes als eine Variantenanalyse mit umgekehrtem Vorzeichen.

Ähnlich ließe sich auch für syntaktische, semantische und pragmatische Analysen argumentieren (und erst recht für sprachtypologische): Sie alle beziehen sich in der einen oder anderen Form auf Variation.

Dennoch hat die Sprachwissenschaft (insbesondere des 20. Jahrhunderts) gerade intralinguale Variation lange Zeit sehr wenig beachtet, und mehr noch: sie hat sie sogar zu **negieren** versucht, indem sie Sprachen als homogene Gebilde und Variation als akzidentell, als ‚Parole-' oder ‚Performanzphänomen' dargestellt hat.

Dies war deshalb möglich, weil die Sprachbeschreibung sich im Wesentlichen auf die **Standardformen** beschränkte, auf schriftliche Formen zumal (Linell [1982] 2005 spricht in dem Zusammenhang vom „written language bias in linguistics"). Intralinguale Variation, wie sie sich außerhalb dieser Standardformen zeigt, wurde als wenig relevant erachtet.

James und Lesley Milroy bringen dies auf den Punkt:

> „Variability in language is within everyone's experience of using and listening to language, and most people show some degree of interest in it. Despite this, however, linguistic theory has until quite recently paid relatively little attention to variation, and in many branches of inquiry languages have been treated as if they were wholly or mainly invariant entities, or as if the variability that does exist within them were unimportant, accidental, or inessential. Variability within a language or dialect and variation across languages have not been central concerns in the dominant linguistic theories of this century – Saussurean theory, American and Prague School structuralism, and Chomskyan theory. One consequence of this […] is that linguistic theorizing has been largely based on *standardized* forms of languages, rather than on the more variable forms of naturalistic speech." (Milroy und Milroy 1997: 47; Herv. im Orig.)

3.2 Soziolinguistik, sprachliche Variation und Gesellschaft

Genau für diese aus Lesley und James Milroys Sicht vernachlässigte **intralinguale Variation** interessiert sich die Soziolinguistik, aus deren Perspektive dieses Autorenpaar hier auch schreibt, in besonderem Maß. Die Soziolinguistik interessiert sich für intralinguale Variation dabei theoretisch auf allen bereits angesprochenen sprachlichen Ebenen (praktisch wurden lange Zeit einige Ebenen – insbesondere die Phonologie – bevorzugt und andere – insbesondere die Verschriftung – vernachlässigt; s. dazu Kap. 7).

Im Gegensatz zu anderen sprachwissenschaftlichen Disziplinen interessiert sich die Soziolinguistik dabei vor allem für solche sprachlichen Phänomene, bei denen sich zwischen verschiedenen Varianten gerade kein Bedeutungsunterschied (im oben angesprochenen Sinn) zeigt, sondern ein **Unterschied in sozialer Hinsicht**.

3.2 Soziolinguistik, sprachliche Variation und Gesellschaft

Wie dieser Unterschied in sozialer Hinsicht zu bestimmen ist, ist nun aber wieder Gegenstand von Diskussionen zwischen verschiedenen Varianten der Soziolinguistik. Entscheidend ist dabei, wie im Folgenden verdeutlicht wird, die zugrunde liegende **Sozialtheorie** (s. Abschn. 2.3).

3.2.1 Variation aus Sicht strukturtheoretischer Soziolinguistik

Strukturtheoretisch fundierte Varianten der Soziolinguistik – speziell die von Labov initiierte Variationslinguistik – glauben und wollen zeigen, dass intralinguale Variation **systematisch** mit sozialen Faktoren (also etwa mit Herkunft, Alter, Geschlecht, sozialer Position oder Situation) **korreliert**. Sie setzen also sprachliche Variation mit sozialer Variation in eine Abhängigkeitsbeziehung (wie genau, erläutert Kap. 5). Daher könne man an der Art und Weise, wie jemand spricht, seine soziale Position ‚ablesen':

> „Language is used for transmitting information from one person to another, but at the same time a speaker is using language to make statements about who she is, what her group loyalties are, how she perceives her relationship to her hearers, and what sort of speech event she considers herself to be engaged in. The only way all these things can be carried out at the same time is precisely because language varies. The choice speakers make among alternative linguistic means to communicate the same information often conveys important extralinguistic information. While you can inevitably identify a person's sex from a fragment of their speech, it is often nearly as easy to localise her age and sometimes even her socioeconomic class. Further, depending on one's familiarity with the variety, it can be relatively straightforward to identify nationality, locality, community, etc." (Tagliamonte 2006: 7)

Interessant ist für die Variationslinguistik aber nur solche Variation, die innerhalb einer Sprachgemeinschaft regelhaft nachweisbar ist. Dominic Watt beschreibt dies im Rahmen einer Einführung in die Soziolinguistik so:

> „In all human languages, spoken and signed, we can find examples of cases in which speakers have multiple ways of saying the same thing. Some variation is accidental and transitory; it may arise from the mechanical limitations of the speech organs, for instance, and may not be fully under the speaker's control. Other, more systematic variations represent options speakers may consciously or unconsciously choose […]. A choice between two or more distinct but linguistically equivalent variants represents the existence of a linguistic variable." (Watt 2007: 3)

In diesem Zitat kommen einige für die Variationslinguistik wichtige Annahmen zur Sprache:

- Es gibt ‚**akzidentelle**' (unbeabsichtigte, freie bzw. zufällige) **Variation**, die beispielsweise mit den Gegebenheiten der individuellen Sprechorgane zu tun hat, und ‚**systematische**' **Variation**, die aufgrund klar benennbarer Bedingungen stattfindet und die den Sprecher*innen theoretisch Wahlmöglichkeiten bietet (wobei die Sprecher*innen nicht unbedingt bewusst aus diesen Möglichkeiten wählen und manchmal überhaupt nicht einmal wählen können).

- Die Variationslinguistik interessiert sich nur für **systematische, voraussagbare Variation**. Labov (2004: 6) schreibt in diesem Zusammenhang: „some differences do not make a difference". Die freie, akzidentelle Variation, die eben nicht systematisiert werden kann, klammert die Variationslinguistik aus.
- Watt spricht von Varianten, die in irgendeiner Weise zwar unterschiedlich, ‚sprachlich' jedoch gleich sind („**linguistically equivalent**"), und er spricht davon, dass Sprecherinnen und Sprecher ‚verschiedene Möglichkeiten haben, dasselbe zu sagen' („multiple ways of saying the same thing").
- Letzteres ist ein verstecktes, aber entscheidend abgewandeltes Labov-Zitat: Labov (1972: 94) definiert das zentrale variationslinguistische Konzept der **soziolinguistischen Variable** als „a set of alternative ways of ‚saying the same thing'" (vgl. auch schon Weinreich et al. 1968: 159).
- Mit „soziolinguistischer Variable" ist dabei aber nicht, wie Watts nahelegt, die Menge der Varianten gemeint, die einer Sprecherin oder einem Sprecher ‚zur Wahl' stehen, sondern die, die eine **Sprache bietet**. Dass einzelne Sprecher*innen in ungleichem Maß auf diese zugreifen (können), ist ja gerade eine Kernannahme der Variationslinguistik (s. Kap. 5).
- Zwar nimmt die Variationslinguistik auch sprecherbezogene Variation (sog. *intraspeaker variation*) in den Blick, doch geschieht dies nur in einem begrenzten Maß (vor allem bezogen auf Standardorientierung). Von entscheidendem Interesse ist die Variation, die das System bietet (*interspeaker variation*).

Zusammenfassend lässt sich sagen, dass strukturorientierte Formen der Soziolinguistik sprachliche Variation tendenziell in der gesellschaftlichen Struktur zu verorten versuchen. Sprachliche Variation entspringt dieser Perspektive zufolge den strukturellen Gegebenheiten der Gesellschaft, sie ist das Resultat sozialer Variation bzw. Diversität.

Sprachliche Variation ist aus dieser Sicht also ein **Index** (Hinweis) und **Marker** (Zeichen) sozialer Gegebenheiten.

3.2.2 Variation aus Sicht handlungstheoretischer Soziolinguistik

Aus Sicht handlungstheoretisch fundierter Formen der Soziolinguistik stellt sich der Zusammenhang von sprachlicher Variation und Gesellschaft anders dar. Wie in Abschn. 2.3 ausgeführt, gehen diese Formen nicht davon aus, dass Gesellschaft eine determinierende Struktur ist, die den Gesellschaftsmitgliedern bestimmte Positionen und Rollen zuweist, sondern dass umgekehrt **Gesellschaft als Prozess** aus den Handlungen der Akteure entspringt und durch diese permanent verändert wird.

3.2 Soziolinguistik, sprachliche Variation und Gesellschaft

Entsprechend wird auch sprachliche Variation nicht als etwas systemisch Gegebenes verstanden, sondern als **Charakteristikum einer (sprachlichen) Handlung**:

> „Variation does not simply reflect a ready-made social meaning; it is part of the means by which that meaning emerges. A study of social meaning in variation, then, cannot view speakers as incidental users of a linguistic system, but must view them as agents in the continual construction and reproduction of that system. Social meaning [...] is continually created through the joint linguistics and social engagement of speakers as they navigate their ways through life." (Eckert 2000: 43)

Ausgehend von diesem Zitat lassen sich einige für die interaktionale Soziolinguistik wichtige Annahmen benennen:

- **Soziale Bedeutung** ist nicht durch das soziale System vorgegeben, sie wird in und durch Kommunikation erst hergestellt, und zwar genau dadurch, dass Sprecher*innen sprachliche Varianten in einer bestimmten Art und Weise verwenden und interpretieren.
- Sie ist somit auch nicht außerhalb des **Kontexts** fest bestimmbar, sondern sie ist eng an die jeweiligen Akteure, ihr kommunikatives Wissen und ihre Handlungen gebunden.
- Da die Bedeutung von Variation erst im Kontext hergestellt wird, gibt es **keine sozial grundsätzlich ‚bedeutungslose' Variation**. Auch ‚akzidentelle' Variation kann von Kommunikationsakteuren relevant gemacht und mit Bedeutung belegt werden.
- Umgekehrt ist sprachliche Variation immer erst dann sozial bedeutsam, wenn sie für die Akteure im Kontext sozial bedeutsam ist. Es gibt also auch **keine sozial grundsätzlich ‚bedeutsame' Variation**.
- Entsprechend lässt sich auch nicht sagen, dass es grundsätzlich eine Menge alternativer Möglichkeiten gebe, ‚dasselbe' zu sagen, denn durch die soziale Interpretation entsteht eine neue Bedeutung: „Dialect or accent variables may be alternative ways of achieving the same reference, but it certainly does not follow that they are alternative ways of saying, or meaning, ‚the same thing'." (Coupland 2007: 88)
- Von größter Bedeutung ist also nicht systembezogene, sondern sprecherbezogene Variation und deren Interpretation im Kontext (in interaktionaler Terminologie: **sozialer Stil**).
- Mit ihrer Hilfe werden **soziale Positionen** nicht einfach abgebildet (indiziert), sondern sie werden mit Hilfe von Variation überhaupt erst geschaffen bzw. behauptet (ich werde also beispielsweise durch die Art meines Sprechens nicht einfach als süddeutscher Mann ausgewiesen, sondern ich kann mich durch diese Art als ‚süddeutsch' und/oder als ‚Mann' positionieren – oder auch nicht).

Zusammenfassend lässt sich sagen, dass handlungsorientierte Formen der Soziolinguistik sprachliche Variation tendenziell in sozial konstitutiven Handlungen (sozialen Praktiken) zu verorten versuchen. Sprachliche Variation ist somit nicht die Folge, sondern der Grund für soziale Variation bzw. Diversität.

Sprachliche Variation ist aus dieser Sicht also eine **soziale Praxis**, die zur Vergemeinschaftung beiträgt.

3.2.3 Variation aus Sicht konstrukttheoretischer Soziolinguistik

Konstrukttheoretische Formen der Soziolinguistik sehen wie die handlungstheoretischen soziale Bedeutung wesentlich als Ergebnis interaktiver Prozesse. Anders als die (jedenfalls strikt) handlungstheoretischen Formen gehen sie dabei aber davon aus, dass die Handlungsmöglichkeiten der Akteure durchaus **struktureller Rahmung** unterliegen, dass also ein wesentlicher Teil der sozialen Bedeutung nicht in konkreter Interaktion erst entsteht, sondern von außen in diese hineingetragen wird, was den Handlungs- und mithin auch Variationsspielraum der Akteure einschränkt:

> „People enter communication events with pretextually marked resources and capabilities: resources and capabilities that have a particular ‚load' […]. Such preconditions will condition what they can accomplish. Whenever the resources people possess do not match the functions they are supposed to accomplish, they risk being attributed *other* functions than the ones projected, intended, or necessary. Their resources fail to fulfil the required functions; speakers lose voice." (Blommaert 2005: 77; Herv. im Orig.)

Zentrale Annahmen konstrukttheoretischer Formen der Soziolinguistik sind dabei:

- **Variation** ist zwar eine soziale Praxis, diese Praxis aber unterliegt ihrerseits gesellschaftlicher Strukturierung und Ordnung.
- Diese sind aber ihrerseits nicht sozial fest, sondern sie sind selbst das Ergebnis von (weit über einzelne Interaktionsanlässe hinausgehenden, nämlich **diskursiven**) Aushandlungsprozessen, und sie sind durchaus umstritten und bisweilen kontextspezifisch.
- Ob und wie Variation bedeutsam ist, hängt also nicht alleine von den Akteuren und ihren Handlungen ab, sondern auch von den **sozialen Ordnungen und Werten**, an denen sie sich jeweils orientieren.
- Durch sprachliche Variation kann ich also zwar **versuchen**, eine bestimmte soziale Position zu behaupten, ob mir dies **gelingt**, hängt aber davon ab, wie dieser Versuch vom Gegenüber im Rahmen seiner sozialen Orientierung interpretiert und bewertet wird: „The fact is that, regardless of whether one wants to belong to particular groups or not, one is often *grouped* by others in processes of – often institutionalised – social categorisation called *othering*." (Blommaert 2005: 205; Herv. im Orig.)

- Das bedeutet auch, dass der Zugang zu Variation bzw. zu sozialer Bedeutung Beschränkungen unterliegt, die auch mit **Machtverteilungen** in einer Gesellschaft zu tun haben.
- **Handlungen** sind sozial geprägt und sozial prägend zugleich, da sie in Ordnungen eingebettet sind, diese Ordnungen aber auch schaffen, erhalten oder verändern.

Zusammenfassend: Konstrukttheoretische Formen der Soziolinguistik verorten sprachliche Variation an der Schaltstelle von Ordnung und Handlung. Variation ist einerseits durch bestehende soziale Ordnung limitiert und evaluiert, andererseits entsteht, erhält und verändert sich Ordnung auch nur durch permanente Variationspraktiken.

Sprachliche Variation ist aus dieser Sicht **soziales Kapital**, das bereits mit bestimmten Werten belegt ist (und nicht allen gleichermaßen zur Verfügung steht), im Vergemeinschaftungsprozess aber auch aktiv zur Positionierung eingesetzt werden kann.

3.3 Empfohlene Literatur zur Vertiefung

Zur Vertiefung der Frage, wie man sprachliche Variation bestimmen kann, empfehlen sich aus variationslinguistischer Perspektive Tagliamonte (2006) und Walker (2009), aus interaktionaler Perspektive Coupland (2007) sowie Eckert und Rickford (2005). Einen guten, knappen Überblick über Variation im Standarddeutschen bieten Dürscheid und Schneider (2019). Nicht mehr ganz aktuell, dafür aber sehr umfassend und immer noch instruktiv ist die Einführung zu *Variation im Deutschen* von Barbour und Stevenson ([1990] 1998).

Literatur

Androutsopoulos, Jannis (1998): *Deutsche Jugendsprache. Untersuchungen zu ihren Strukturen und Funktionen*. Frankfurt a. M. u. a.: Peter Lang (vario lingua 6).

Androutsopoulos, Jannis (2000): Non-standard spellings in media texts. The case of German fanzines. In: *Journal of Sociolinguistics* 4/4 (Themenheft „Non-Standard Orthography and Non-Standard Speech", hg. v. Alexandra Jaffe), S. 514–533.

Aoyama, Katsura u. a. (2004): Perceived phonetic dissimilarity and L2 speech learning. The case of Japanese /r/ and English /l/ and /r/. In: *Journal of Phonetics* 32/2, S. 233–250.

Auer, Peter (2013): *Sprachliche Interaktion. Eine Einführung anhand von 22 Klassikern*. 2., überarb. Aufl. Berlin/Boston: De Gruyter (De Gruyter Studium).

Barbour, Stephen/Stevenson, Patrick (1998): *Variation im Deutschen. Soziolinguistische Perspektiven*. Übers. v. Konstanze Gebel. Berlin/New York: de Gruyter (de Gruyter Studienbuch) [zuerst engl.: *Variation in German. A Critical Approach to German Sociolinguistics*. Cambridge: Cambridge University Press 1990].

Besch, Werner (2003): Anredeformen des Deutschen im geschichtlichen Wandel. In: Werner Besch u. a. (Hg.): *Sprachgeschichte. Ein Handbuch zur Geschichte der deutschen Sprache und ihrer Erforschung*. Bd. 3. 2., vollst. neu bearb. u. erw. Aufl. Berlin/New York: de Gruyter (Handbücher zur Sprach- und Kommunikationswissenschaft 2.3), S. 2599–2628.

Blommaert, Jan (2005): *Discourse. A Critical Introduction*. Cambridge: Cambridge University Press (Key Topics in Sociolinguistics).
Coseriu, Eugenio (2007): *Sprachkompetenz. Grundzüge der Theorie des Sprechens*. 2. Aufl. Tübingen: Narr (Tübinger Beiträge zur Linguistik 508) [zuerst: 1988].
Coupland, Nikolas (2007): *Style. Language Variation and Identity*. Cambridge: Cambridge University Press (Key Topics in Sociolinguistics).
Dittmar, Norbert (1997): *Grundlagen der Soziolinguistik. Ein Arbeitsbuch mit Aufgaben*. Tübingen: Niemeyer (Konzepte der Sprach- und Literaturwissenschaft 57).
Donalies, Elke (2005): *Die Wortbildung des Deutschen. Ein Überblick*. 2., überarb. Aufl. Tübingen: Narr (Studien zur deutschen Sprache 27).
Dürscheid, Christa (2016): *Einführung in die Schriftlinguistik. Mit einem Kapitel zur Typographie von Jürgen Spitzmüller*. 5., aktual. u. verb. Aufl. Göttingen: Vandenhoeck & Ruprecht (UTB 3740) [zuerst: Wiesbaden: Westdeutscher Verlag 2002 (Studienbücher zur Linguistik 8)].
Dürscheid, Christa/Elspaß, Stephan/Ziegler, Arne (2015): Variantengrammatik des Standarddeutschen. Konzeption, methodische Fragen, Fallanalysen. In: Alexandra N. Lenz/Manfred M. Glauninger (Hg.): *Standarddeutsch im 21. Jahrhundert. Theoretische und empirische Ansätze mit einem Fokus auf Österreich*. Göttingen: V & R unipress/Vienna University Press (Wiener Arbeiten zur Linguistik 1), S. 207–236.
Dürscheid, Christa/Schneider, Jan Georg (2019): *Standardsprache und Variation*. Tübingen: Narr (Narr Starter 7).
Dürscheid, Christa/Simon, Horst J. (2019): Auf dem Weg zu einer pluriarealen Variantenpragmatik. In: Juliane Schröter u. a. (Hg.): *Linguistische Kulturanalyse*. Berlin/Boston: De Gruyter (Reihe Germanistische Linguistik 314), S. 245–267.
Eckert, Penelope (2000): *Linguistic Variation as Social Practice. The Linguistic Construction of Identity in Belten High*. Malden, MA/Oxford: Blackwell (Language in Society 27).
Eckert, Penelope/Rickford, John R. (Hg.) (2005): *Style and Sociolinguistic Variation*. Cambridge: Cambridge University Press.
Elsen, Hilke (2011): *Neologismen. Formen und Funktionen neuer Wörter in verschiedenen Varietäten des Deutschen*. Tübingen: Narr Francke Attempto.
Felder, Ekkehard (2016): *Einführung in die Varietätenlinguistik*. Darmstadt: Wissenschaftliche Buchgesellschaft (Germanistik kompakt).
Flydal, Leiv (1952): Remarques sur certains rapports entre le style et l'état de langue. In: *Norks Tidsskrift for Sprogvidenskap* 16, S. 241–258.
Fuhrhop, Nanna/Peters, Jörg (2013): *Einführung in die Phonologie und Graphematik*. Stuttgart: J. B. Metzler.
Gumperz, John J. (1982): *Discourse Strategies*. Cambridge: Cambridge University Press (Studies in Interactional Sociolinguistics 1).
Halliday, M. A. K. (1978): *Language as Social Semiotic. The Social Interpretation of Language and Meaning*. London: Arnold.
Herbst, Thomas (1994): *Linguistische Aspekte der Synchronisation von Fernsehserien*. Tübingen: Niemeyer (Linguistische Arbeiten 318).
Hjelmslev, Louis (1974): *Prolegomena zu einer Sprachtheorie*. Übers. v. Rudi Keller, Ursula Scharf und Georg Stötzel. München: Hueber (Linguistische Reihe 9) [zuerst dän.: *Omkring sprogteoriens grundlæggelse*. Kopenhagen: Munksgaard 1943].
Kerschhofer-Puhalo, Nadja (2019): Gemma Kino? Zum Nicht-Gebrauch von Präpositionen. In: Marietta Calderón Tichy/Bernadette Hofinger/Emil Chamson (Hg.): *Mobilität & Sprache/ Mobility & Language*. Frankfurt a. M. u. a.: Peter Lang (InnTrans. Innsbrucker Beiträge zu Sprache, Kultur und Translation 12), S. 127–145.
Labov, William (1972): *Language in the Inner City. Studies in the Black English Vernacular*. Philadelphia: University of Pennsylvania Press (Conduct and Communication 3).
Labov, William (2004): Quantitative Analysis of Linguistic Variation. In: Ulrich Ammon u. a. (Hg.): *Soziolinguistik. Ein internationales Handbuch zur Wissenschaft von Sprache und*

Gesellschaft. Bd. 1. 2., vollst. neu bearb. u. erw. Aufl. Berlin/New York: de Gruyter (Handbücher zur Sprach- und Kommunikationswissenschaft 3.1), S. 6–21.

Linell, Per (2005): *The Written Language Bias in Linguistics. Its Nature, Origins and Transformations.* London: Routledge (Routledge Advances in Communication and Linguistic Theory 5) [zuerst: Linköping 1982].

Löbner, Sebastian (2003): *Semantik. Eine Einführung.* Berlin/New York: de Gruyter (de Gruyter Studienbuch).

Luginbühl, Martin (2012): Die Stimme(n) der Tagesschau. Prosodie der Fernsehnachrichten-Präsentation als kulturelle Performanz. In: Ines Bose/Dietz Schwiesau (Hg.): *Nachrichten schreiben, sprechen, hören. Forschungen zur Hörverständlichkeit von Radionachrichten.* Berlin: Frank & Timme, S. 353–373.

Markham, Marion (1994): *Höflichkeit und Hierarchie bei den in Jakarta lebenden Javanern.* Frankfurt a. M. u. a.: Peter Lang (Europäische Hochschulschriften. Reihe XIX, Volkskunde/Ethnologie. Abt. B, Ethnologie 39).

Milroy, James/Milroy, Lesley (1997): Varieties and variation. In: Florian Coulmas (Hg.): *The Handbook of Sociolinguistics.* Oxford: Blackwell (Blackwell Handbooks in Linguistics 4), S. 47–64.

Nübling, Damaris u. a. (2017): *Historische Sprachwissenschaft des Deutschen. Eine Einführung in die Prinzipien des Sprachwandels.* 5., überarb. Aufl. Tübingen: Narr (Narr Studienbücher).

de Saussure, Ferdinand (1967): *Grundfragen der Allgemeinen Sprachwissenschaft.* Hg. v. Charles Bally und Albert Sechehaye. Unter Mitarb. v. Albert Riedlinger. Übers. v. Herman Lommel. 2. Aufl. mit neuem Register und einem Nachwort von Peter von Polenz. Berlin: de Gruyter [zuerst frz.: *Cours de linguistique générale.* Lausanne/Paris: Payot 1916; photomechanischer Nachdruck der Ausgabe Berlin: de Gruyter 1931].

Schlobinski, Peter (1987): *Stadtsprache Berlin. Eine soziolinguistische Untersuchung.* Berlin/New York: de Gruyter (Soziolinguistik und Sprachkontakt 3).

Sinner, Carsten (2014): *Varietätenlinguistik. Eine Einführung.* Tübingen: Narr (Narr Studienbücher).

Spitzmüller, Jürgen (2007): Graphisches Crossing. Eine soziolinguistische Analyse graphostilistischer Variation. In: *Zeitschrift für Germanistische Linguistik* 35/3 (Themenheft „Schrift – Text – Bild", hg. v. Christa Dürscheid), S. 397–418.

Strömsdörfer, Christian/Vennemann, Theo (1995): Ziele der syntaktischen Typologie. In: Joachim Jacobs u. a. (Hg.): *Syntax. Ein internationales Handbuch zeitgenössischer Forschung.* Bd. 2. Berlin/New York: de Gruyter (Handbücher zur Sprach- und Kommunikationswissenschaft 9.2), S. 1031–1043.

Tagliamonte, Sali A. (2006): *Analysing Sociolinguistic Variation.* New York: Cambridge University Press (Key Topics in Sociolinguistics).

Twain, Mark (2018): *Die schreckliche deutsche Sprache/The Awful German Language. Englisch/Deutsch.* Übersetzt und kommentiert von Holger Hanowell. Ditzingen: Reclam (Reclams Universal-Bibliothek 19493) [zuerst engl.: 1880].

Ulbrich, Christiane (2005): *Phonetische Untersuchungen zur Prosodie der Standardvarietäten des Deutschen in der Bundesrepublik Deutschland, in der Schweiz und in Österreich.* Frankfurt a. M. u. a.: Peter Lang (Hallesche Schriften zur Sprechwissenschaft und Phonetik 16).

Walker, James A. (2009): *Variation in Linguistic Systems.* London/New York: Routledge.

Watt, Dominic (2007): Variation and the variable. In: Carmen Llamas/Louise Mullany/Peter Stockwell (Hg.): *The Routledge Companion to Sociolinguistics.* London/New York: Routledge, S. 3–11.

Watts, Richard J. (2003): *Politeness.* Cambridge: Cambridge University Press (Key Topics in Sociolinguistics).

Weinreich, Uriel/Labov, William/Herzog, Marvin I. (1968): Empirical foundations for a theory of language change. In: Winfred P. Lehmann/Yakov Malkiel (Hg.): *Directions for Historical Linguistics. A Symposium.* Austin, TX: University of Texas Press, S. 95–188.

Soziolinguistik als Disziplin: Geschichte(n), Varianten, Mythen

4

Inhaltsverzeichnis

4.1	Soziolinguistik *avant la lettre*	69
4.2	Begründung und Entwicklung der Disziplin in den USA	74
	4.2.1 Ausgangspunkt: Die Rehabilitation des Sozialen in der Sprachtheorie	74
	4.2.2 (Sozio-)Politischer Kontext	75
	4.2.3 Soziolinguistik als interdisziplinäres Unternehmen	77
	4.2.4 Vom interdisziplinären Aufbruch in die disziplinären Verfestigungen	84
	4.2.5 Neuorientierungen und -öffnungen	86
4.3	Entwicklung der Soziolinguistik im deutschsprachigen Raum	88
	4.3.1 ‚Defizit‘ und ‚Differenz‘	88
	4.3.2 Von der *Sozio-* über die *Varietäten-* zur *Variationslinguistik*	90
	4.3.3 Die interaktionale Traditionslinie	92
	4.3.4 Neuere Entwicklungen	93
	4.3.5 Soziolinguistik jenseits der *Soziolinguistik*	94
4.4	Das Bernstein-Missverständnis	95
	4.4.1 Bernstein und die ‚Defizithypothese‘	97
	4.4.2 Buhmann Bernstein	98
	4.4.3 Bernsteins Code-Theorie	99
	4.4.4 Bernsteins ‚Rehabilitation‘ und die kritische Soziolinguistik	106
4.5	Empfohlene Literatur zur Vertiefung	107
Literatur		108

Wie bereits in der Einleitung dieses Buchs (Abschn. 1.4) im Anschluss an die Wissenschaftstheorie Thomas Kuhns ausgeführt wurde, ist die **Kenntnis der Fachgeschichte** eine wesentliche Voraussetzung zum Verständnis eines Faches. Denn die Art und Weise, wie ein Fach arbeitet, in welche Teildisziplinen es aufgeteilt ist, welche Gegenstände es in den Blick nimmt (und welche nicht), hat vielfach geschichtliche Gründe (sowohl fachgeschichtliche als auch allgemein gesellschaftsgeschichtliche; vgl. Longino 2019) – Gründe übrigens, die keineswegs immer so zwingend sind, wie sie in der Rückschau erscheinen mögen, sondern sich vielfach auch Zufällen oder außerfachlichen Prozessen verdanken.

Daher stehen die **Geschichte und Geschichtlichkeit** der Soziolinguistik in diesem Kapitel im Mittelpunkt. Wie an erwähnter Stelle ebenfalls bereits ausgeführt, soll und kann es dabei aber nicht darum gehen, eine vollständige und kohärente Fachgeschichte zu erzählen, denn solche kohärenten Erzählungen sind immer Konstruktionen, in denen vielfach Glättungen, Streichungen und Umdeutungen vorgenommen wurden, damit der aktuelle Entwicklungsstand möglichst konsequent, logisch und frei von Kontingenz – dem „Auch-anders-möglich-Sein des Seienden" (Luhmann 1975: 171; s. Abschn. 2.1.1) – erscheint.

Das Ziel dieses Kapitels ist es demgegenüber, einige **fachgeschichtliche Schlaglichter** zu setzen, die helfen sollen, besser zu verstehen, warum die Soziolinguistik entstanden ist und warum sie sich in bestimmter Art und Weise entwickelt hat. Dabei soll insbesondere deutlich werden, dass die Soziolinguistik nicht erst im Lauf der Zeit zu einer „broad church" (Coupland 2007: 4) geworden ist, sondern von Beginn an heterogen und vielfältig war: Die Disziplin, die sich mit sprachlicher Variation befasst, war selbst immer schon variantenreich. Es soll auch deutlich werden, dass einige Fragen, die an bestimmten Punkten der Fachgeschichte als ‚neu' aufgetaucht sind, in früheren Phasen bereits diskutiert wurden.

Letzteres gilt über die Anfänge der sprachwissenschaftlichen Disziplin *Soziolinguistik* hinaus. Wie gleich zu Beginn (Abschn. 4.1) deutlich werden soll, wurden Fragen nach dem Zusammenhang von Sprache und Gesellschaft (lange) **vor der Soziolinguistik** bereits diskutiert. Es gab also so etwas wie ‚soziolinguistische' Forschung, bevor es den Ausdruck und die Disziplinenbezeichnung *Soziolinguistik* gab (der Ausdruck ist im Englischen erstmals im Jahr 1939 in einem Aufsatz mit dem Titel *Sociolinguistics in India* von Thomas C. Hodson belegt, die Disziplin entwickelt sich aber erst ab den 1960er Jahren; vgl. Hodson 1939; Hymes 1979; Joseph 2002: 109–110).

Nach diesem Prolog wird die Entstehung der Soziolinguistik als sprachwissenschaftlicher Fachdisziplin skizziert (Abschn. 4.2). Wir fokussieren dabei zunächst auf den **englischen Sprachraum** und insbesondere die USA, weil das, was wir heute als *Soziolinguistik* verstehen, dort (und in Großbritannien) seine Wurzeln hat.

Da Soziolinguistik aber natürlich kein rein angloamerikanisches Unternehmen geblieben ist, und Sie ja eine deutschsprachige Einführung in Händen halten, folgt anschließend noch ein Blick auf die Geschichte der Disziplin im **deutschsprachigen Raum** (Abschn. 4.3), in dem sich das Fach in einiger Hinsicht anders entwickelt hat als im (zunehmend international dominanten) angloamerikanischen Fachdiskurs (für andere Länder vgl. den Überblick in Ball 2010).

Das Kapitel abschließend wenden wir uns noch den **fachgeschichtlichen Mythen** zu, also jenen Erzählungen zur Geschichte des Fachs, die sich bei genauer Betrachtung als wenig begründet erweisen, die aber ungeachtet dessen eine zentrale Position in der Fachgeschichtsschreibung einnehmen (Abschn. 4.4). Stellvertretend für die vielen bereits angedeuteten Mythen, die sich um die Entstehung und Entwicklung der Soziolinguistik ranken, soll dabei ein Mythos, der sich besonders hartnäckig hält, genauer und kritisch unter die Lupe genommen werden: das Bernstein-Missverständnis.

4.1 Soziolinguistik *avant la lettre*

„Sprache und Gesellschaft: ein Riesengebiet, denn eigentlich ist alles an der Sprache sozial, zum Verkehr von Mensch zu Mensch bestimmt." (Jordan 1923: 341)

Einige der zentralen soziolinguistischen Fragen und Erkenntnisse, insbesondere zur innersprachlichen Variabilität und zur Situationsgebundenheit sprachlichen Handelns, sowie auch die Annahme, dass Sprache und Sprachgebrauch sehr eng mit kulturellen und gesellschaftlichen Gegebenheiten verbunden sind, ziehen sich weit durch die **Geschichte der wissenschaftlichen Sprachreflexion** – bis in die griechische Antike (vgl. Goebl 2004; Löffler 2016: 14–15/26–29).

Insbesondere mit dem Aufkommen **patriotischen und nationalstaatlichen Denkens** ab dem 17. Jahrhundert werden dabei zunehmend auch enge (und hochgradig ideologische) Verbindungen zwischen Sprache/Sprachgebrauch und ‚Kultur' gezogen (vgl. Schiewe 1998; Stukenbrock 2005). Wichtige Sprachforscher wie Gottfried Wilhelm Leibniz ([1679] 1984) im 17. Jahrhundert, Johann Christoph Gottsched ([1748] 1978) im 18. Jahrhundert und Wilhelm von Humboldt ([1820] 1963) im 19. Jahrhundert weisen immer wieder auf solche Zusammenhänge hin.

Für sie steht außer Zweifel, dass Sprache ein wichtiger **Bestandteil von Gesellschaft und Kultur** ist, dass sie diese entscheidend mitprägt und diese umgekehrt auch Sprache prägen. So spricht beispielsweise Leibniz ([1679] 1984: 5) davon, dass Sprache ein „Spiegel des Verstandes" der „Völker" sei, ein kultureller ‚Hochstand' also immer in einer ‚wohl ausgeübten Sprache' zum Ausdruck komme (Kultur und Sprache stehen demzufolge in Wechselwirkung). Humboldt ([1820] 1963: 19–20) postuliert, die Verschiedenheit der Sprachen spiegle „eine Verschiedenheit der Weltansichten selbst", Sprache und Weltwahrnehmung seien also eng miteinander verbunden.

Entsprechend ist **Sprachforschung** für diese Sprachforscher immer mit sozialen und kulturellen Fragen verwoben. Sie müsse, wie insbesondere Humboldt betont, den Gebrauch und das ständige ‚Werden' von Sprache und Sprechen in den Blick nehmen, „da in Grammatik und Wörterbuch nur ihr todtes Gerippe, ihr lebendiger Bau aber nur in ihren [kulturellen; Anm. J.S.] Werken sichtbar ist" (von Humboldt [1823/1824] 1906: 33).

▶ Als **Sprachforschung** bezeichnen wir im Anschluss an Maas (2016: 1–2) die wissenschaftlich-systematische Beschäftigung mit Sprache unabhängig von bestimmten wissenschaftlichen Disziplinen. Der Terminus erlaubt es, den Blick über die Sprachwissenschaft hinaus (auf andere Disziplinen wir die Sprachsoziologie, Sprachpsychologie und Sprachphilosophie) zu erweitern und auch die Erforschung von Sprache in einer Zeit zu beschreiben, in der es die Sprachwissenschaft als eigenständige wissenschaftliche Disziplin (die sich im Verlauf des 19. Jahrhunderts herausgebildet hatte) noch nicht gab.

Ab dem 18. Jahrhundert und insbesondere dann im 19. Jahrhundert befasst sich überdies auch die **Dialektologie** mit Fragen, die für die spätere Soziolinguistik relevant sind, insbesondere mit sprachlicher Variation aufgrund regionaler Zugehörigkeit (vgl. Berthele 2004; Auer 2015: 382–385). Wie wir später sehen werden, gehen Teile der Soziolinguistik unmittelbar aus der Dialektologie hervor (vgl. zu den Traditionslinien ausführlich Koerner 1991), und einige Soziolinguist*innen verstehen ihre Disziplin (bis heute) als eine Art Erweiterung der Dialektologie (und die Dialektologie als Teilbereich der Soziolinguistik; s. Abschn. 5.1.2).

Ein weiterer wichtiger Vorläufer ist die **anthropologische und ethnologische Sprachforschung** Ende des 19. und Anfang des 20. Jahrhunderts, aus der ab den 1960er Jahren die eng mit der Soziolinguistik verbundene Sprachanthropologie (Linguistic Anthropology, s. Abschn. 4.2.3) hervorgeht (vgl. Duranti 2009). Dort wurden teilweise sehr enge Beziehungen zwischen Gesellschaft respektive Kultur und Sprachgebrauch hergestellt. Zu den Vertretern dieser Forschungsrichtung, die auch für die Linguistik wichtig wurden, zählen unter anderem Bronisław Malinowski (1884–1942), Franz Boas (1858–1942), Edward Sapir (1884–1939) und Benjamin Lee Whorf (1897–1941).

Anthropologie vs. Ethnologie
Die Disziplinenbezeichnungen ‚Anthropologie' und ‚Ethnologie' werden im Englischen und Deutschen häufig unterschiedlich gebraucht. Während ‚anthropology' im Englischen eine umfassende Disziplin mit dem Ziel der Erforschung des menschlichen Wesens, menschlicher Kulturen und kultureller Prozesse meint (meist unterteilt in Teildisziplinen wie *social, cultural, biological, archaeological* und *linguistic anthropology*), ‚ethnology' einen Teilbereich dessen, der sich dem Kulturvergleich widmet, haben sich im deutschsprachigen Raum eher getrennte Disziplinen für die von der *anthropology* erfassten Gegenstände entwickelt, nämlich die Ethnologie (früher: ‚Volks- und Völkerkunde'), die sich mit Völkern, Kulturen und Ritualen befasst (entspricht in etwa der *cultural anthropology*), die Kultursoziologie, die kulturelle Prozesse in den Blick nimmt (entspricht zum Teil der *cultural anthropology*), die Soziolinguistik und Sprachsoziologie (entsprechen zum Teil der *linguistic anthropology*) und die *Anthropologie,* welche häufig auf die naturwissenschaftliche Erforschung des Menschen als Lebewesen beschränkt ist (also auf *biological anthropology*).

In den letzten Jahren hat es sich aber auch im deutschen Sprachraum zunehmend durchgesetzt, nach amerikanischem Vorbild von ‚(Kultur- und Sozial-)Anthropologie' (KSA) in einem umfassenderen, Gesellschaft und Kultur in den Mittelpunkt stellenden Sinn zu sprechen, wie man beispielsweise an den Bezeichnungen von Instituten und Studiengängen ablesen kann. In dieser Einführung wird ‚Anthropologie' in diesem umfassenden Sinn verwendet. Zur Vertiefung vgl. Bogusz 2019.

Diese haben nicht nur gezeigt und durch ethnographische Studien präzise dokumentiert, dass es in verschiedenen Kulturen verschiedene Sprachgebrauchsformen gibt (dass also die Gesellschaft Sprache prägt), sondern (ähnlich wie Humboldt) teilweise auch argumentiert, dass die Sprache einer Kultur ihre Wahrnehmung der Welt prägt (sog. **sprachliche Relativitätstheorie**, verkürzt auch ‚Sapir-Whorf-Hypothese' genannt; vgl. Werlen 2002).

Inspiriert ist die Anthropologie, wie übrigens auch die Soziologie, von der ihrerseits stark von Humboldt geprägten **Völkerpsychologie,** die vor allem mit den (durchaus unterschiedliche Positionen markierenden) Schriften von Moritz Lazarus (1824–1903), Chajm Heymann Steinthal (1823–1899) und Wilhelm Wundt (1832–1920) verbunden ist. Diesem vom Prestige der Psychologie als moderner Wissenschaft des 19. und frühen 20. Jahrhunderts getragenen Ansatz geht es darum, die kollektiven kulturellen und geistigen Leistungen einer Gemeinschaft, zu denen insbesondere beim Sprachwissenschaftler Steinthal auch Sprache gezählt wird, mit ‚modernen' wissenschaftlichen Methoden zu beschreiben. Vor allem bei Wundt, bei welchem Boas, Malinowski und Sapir studiert haben, werden dabei Grundzüge einer Kulturanthropologie entwickelt (vgl. Klautke 2019).

Der völkerpsychologische Ansatz hat im späten 19. und frühen 20. Jahrhundert zahlreiche gesellschafts- bzw. kulturorientierte Formen der Sprachwissenschaft inspiriert, auch im Sinne einer kritischen Reaktion auf die völkerpsychologischen Positionen und Konzepte. Kritisch diskutiert wurden etwa das Verhältnis zwischen Individuum und Gesellschaft oder das in der Völkerpsychologie zentrale **Konzept des ‚Volksgeistes'** (s. Vertiefung), insbesondere in den einflussreichen *Prinzipien der Sprachgeschichte* ([1880] 1909) von Hermann Paul (1846–1921) oder durch Karl Bühler (1879–1963), dessen auch für die Soziolinguistik sehr wichtige Sprachtheorie (Bühler [1934] 1999) nicht zuletzt aus einer kritischen Auseinandersetzung insbesondere mit Wundts Positionen entstanden ist (vgl. Bühler 1927; zur Bedeutung dieser Traditionslinie auch Koerner 1991).

Das Wirken des Volksgeistes
Als ‚Volksgeist' bezeichnen die Völkerpsychologen Moritz Lazarus und Chajm Heymann Steinthal das einem ‚Volk' Gemeinsame (u. a. Sprache, Kultur, Religion, Moral, Verfassung), durch das ein Volk ein kollektives Bewusstsein und eine gemeinsame kulturelle Ausrichtung erlange. Aufgrund des ‚Volksgeistes' wird der Völkerpsychologie zufolge aus einer Menge von Individuen ein ‚Volk'.

Der Begriff wurde um 1783 durch den Philosophen Georg Wilhelm Friedrich Hegel (1770–1831) geprägt und ist inspiriert von Johann Gottfried Herders (1744–1803) Idee eines ‚Nationalgeistes' (wobei Nation nicht im heutigen Sinne, sondern im Sinn von ‚Geburtsregion' zu verstehen ist). Ein weiterer wichtiger Einfluss ist die Sprachphilosophie Wilhelm von Humboldts (1767–1835), welcher „das Nationelle" als eine (bspw.

in der Sprache) überindividuell wirksame Kraft verstanden hat (vgl. von Humboldt [1823/1824] 1906: 32). Genau dies, die Hypostasierung des Volks als handelndes, beseeltes Wesen, wurde später (bspw. von Hermann Paul) vehement kritisiert: „Alle psychischen processe vollziehen sich in den einzelgeistern und nirgends sonst. Weder volksgeist noch elemente des volksgeistes, wie kunst, religion etc., haben eine concrete existenz, und folglich kann auch nichts in ihnen und zwischen ihnen vorgehen. Daher weg mit diesen abstractionen." (Paul [1880] 1909: 11).

Das Konzept wurde vom Nationalismus wieder aufgegriffen und nationalistisch (sowie auch rassistisch) aufgeladen. Das völkerpsychologische Konzept wird heute teilweise auch vor dem Hintergrund dieser problematischen Rezeption bewertet. Man kann darin aber auch einen ersten systematischen Versuch zur Beschreibung kultureller und sozialer Prozesse erkennen, also erste Ansätze einer Anthropologie und Soziologie. Zur Vertiefung vgl. Bunzl 1996.

Besonders für die amerikanische Soziolinguistik wichtig sind in dem Zusammenhang auch die Arbeiten von William Dwight Whitney (1827–1894), der unter anderem in kritischer Auseinandersetzung mit der Völkerpsychologie Steinthals (aber auch mit August Schleichers evolutionsbiologisch unterfütterter Sprachwandeltheorie) den sozialen Charakter von Sprache und auch innersprachliche Variabilität betont (vgl. dazu Joseph 2002: 107–108), ähnlich wie in Frankreich Antoine Meillet (1866–1936) (vgl. Calvet 2003).

In nationalistischer Umdeutung erfährt das von der Völkerpsychologie eingeführte Konzept des ‚Volksgeistes' in der völkischen Sprachforschung in der ersten Hälfte des 20. Jahrhunderts eine unselige Renaissance (vgl. dazu grundlegend Knobloch 2005). Die am weitesten nachwirkende Forschungsrichtung, die in diesem Kontext entsteht, ist die **Sprachinhaltsforschung**, die ganz ähnlich wie die oben genannten Anthropologen von der Annahme ausgeht, dass die Begrifflichkeit einer Sprache kulturell geprägt, Semantik und Erkenntnis also kulturgebunden seien (vgl. Helbig 1989: 119–161).

Der wichtigste Vertreter dieser Richtung war der deutsche Keltologe und vergleichende Sprachwissenschaftler Leo Weisgerber (1899–1985), der die These vertrat, dass „der Mensch, der in eine Sprache hineinwächst, [...] für die Dauer seines Lebens unter dem Bann seiner Muttersprache [steht], sie ist wirklich die Sprache, die für ihn denkt" (Weisgerber 1929: 164). Weisgerber ging also offensichtlich davon aus, dass Sprache die Gesellschaft sehr stark prägt.

Dass Weisgerbers Sprachtheorie, wie inzwischen vielfach kritisch (aber auch kontrovers) diskutiert wurde, von **völkischen Ideen** untermauert war, während sich beispielsweise die Anthropologen Boas und Sapir sehr vehement gegen Rassismus, der 1886 aus Deutschland in die USA emigrierte Boas auch gegen den Nationalsozialismus, engagiert haben, verdeutlicht die ideologische Spannbreite, in der die Frage der sprachlichen Prägung von Kultur diskutiert wurde.

4.1 Soziolinguistik *avant la lettre*

Eine letzte Vorläufertradition, die hier kurz angesprochen werden soll, findet sich in der damaligen **Sowjetunion** (vgl. dazu ausführlich Brandist 2015; weiterhin Helbig [1986] 1990: 262–265; Steinseifer/Marcellesi/Elimam 2004). Bereits in den Schriften der politischen Vordenker (Karl Marx, 1818–1883, und Friedrich Engels, 1820–1895) und Leitfiguren (Wladimir Iljitsch Lenin, 1870–1924) finden sich sehr weitgehende Überlegungen zum Zusammenhang von Sprache, Ideologie und politischem Handeln, die bis heute (jedenfalls mittelbar über die kritische Rezeption des sog. Postmarxismus, bspw. Althusser [1970] 1977; Gramsci [1975] 1991–2002; Laclau 1990; s. Abschn. 7.2.2) als Referenz und Diskussionsgrundlage für bestimmte Formen der kritischen Soziolinguistik (s. Kap. 7) dienen.

An sowjetischen Universitäten (vor allem in St. Petersburg/Leningrad) wurden ab den 1920er Jahren – inspiriert durch den in St. Petersburg lehrenden französisch-polnischen Linguisten Jan Baudouin de Courtenay (1845–1929) und praktiziert durch seine Schüler – intensiv soziologisch-linguistische Fragen diskutiert. Baudouin selbst fiel aber wegen seiner politischen Positionen bald in Ungnade (vgl. Brandist 2003).

Dominant wurde stattdessen die proto-soziolinguistische Sprachtheorie von Nikolai Jakowlewitsch Marr (1864–1934). Dieser legte seiner Theorie eine marxistische Klassen- und Geschichtsideologie zugrunde, weshalb sie auch von der politischen Führung ratifiziert wurde, bis Josef Stalin (1878–1953) in seinen *Briefen zur Sprachwissenschaft* (Stalin [1950] 1952) alle Sprachtheorien, die Sprache mit einzelnen Klassen verbinden, für falsch erklärte und einen strikten Monolingualismus und Instrumentalismus propagierte. Dies entzog den bis dahin fruchtbaren proto-soziolinguistischen Entwicklungen in der Sowjetunion faktisch die Legitimität. Erst Anfang der 1960er Jahre entwickelte sich eine neue *sociolingvuistica* in der UdSSR (vgl. Lenček 1971: 269; Dittmar 1973: 161).

Eminent wichtig für die interaktionale und kritische Soziolinguistik jenseits der Sowjetunion selbst wurden sprachtheoretische Überlegungen, die in St. Petersburg/Leningrad im Einflusskreis der Baudouin-Schüler und des Literaturwissenschaftlers und Kunsttheoretikers Michail Michailowitsch Bachtin (1895–1975) entstanden sind (Heller/McElhinny 2017: 141–144; s. auch Abschn. 6.5.4 und 6.6.1). Sie standen in teilweise dezidierter Opposition zum dominanten Nikolai Ja. Marr und auch zur Staatsdoktrin und hatten daher im eigenen Land von Anfang an einen schweren Stand.

Besonders relevant ist hierbei die interaktionale Sprachtheorie von Valentin Nikolajewitsch Vološinov (1895–1936), die unter anderem aus einer kritischen Diskussion der Völkerpsychologie Steinthals und Wundts als Repräsentanten einer psychologisierenden Sprachtheorie und Ferdinand de Saussures als Vertreter einer abstrahierenden Sprachtheorie entwickelt wird. Vološinov hat sich hierbei auch kritisch mit der dominanten und politisch legitimierten Sprach- und Gesellschaftstheorie auseinandergesetzt (vgl. Vološinov [1929] 1975; dazu bündig einführend Auer 2013: 219–228; s. auch Abschn. 7.2.2).

Diese nur angedeutete (und sicherlich noch um viele weitere Vorläufer zu ergänzende; vgl. hierzu bspw. Koerner 1991; Joseph 2002) ‚Vorgeschichte der

Soziolinguistik' macht klar, dass die Soziolinguistik in den 1960er Jahren nicht aus dem Nichts entstanden ist. Sie baut im Gegenteil auf eine ganze **Bandbreite von Traditionen** auf, deren Fragen, Theorien und Methoden sie teilweise auch übernimmt. Insofern ist die Warnung des Fachhistoriographen John Joseph hier unbedingt zu berücksichtigen:

> „It is no easier to pinpoint the beginning of sociolinguistics than of linguistics generally. Each is the result of a long intellectual evolution, and suggested starting points are usually based on some combination of convenience, ideology and academic politics." (Joseph 2002: 107)

Dennoch ist die Entstehung der Soziolinguistik *sensu strictu* geprägt von einem **Geist des Neuaufbruchs** und des Veränderungswillens. Das hat mit dominanten Ausrichtungen der Linguistik in den 1960er Jahren zu tun, die die in diesem Abschnitt genannten Fragen gerade nicht (mehr) verfolgen wollte und gegen die sich die entstehende neue Disziplin kritisch in Stellung zu bringen versuchte (s. Abschn. 4.2.1), aber auch mit dem gesellschaftspolitischen Kontext dieser Zeit (s. Abschn. 4.2.2).

4.2 Begründung und Entwicklung der Disziplin in den USA

4.2.1 Ausgangspunkt: Die Rehabilitation des Sozialen in der Sprachtheorie

Die Soziolinguistik als Disziplin entstand aus dem (teilweise politisch motivierten) Bedürfnis, soziale Aspekte stärker und systematischer in die Sprachtheorie einzubinden als dies in der (tonangebenden) Sprachwissenschaft der 1960er Jahre der Fall war. Denn die zu dieser Zeit dominanten Formen der ‚modernen' Linguistik – die verschiedenen Varianten des Strukturalismus, der von Leonard Bloomfield geprägte Distributionalismus und die zu der Zeit an Bedeutung gewinnende Transformationsgrammatik Noam Chomskys – haben sozialen Aspekten nicht nur wenig Beachtung geschenkt, sie haben diese im Gegenteil fast vollständig aus der Sprachtheorie ausgeklammert, in den USA wohl noch konsequenter als in Europa.

▶ Als **moderne Linguistik** werden vielfach, in Abgrenzung zur ‚traditionellen Sprachwissenschaft', bestimmte Formen der Sprachwissenschaft bezeichnet, die sich eher naturwissenschaftlichen Methoden und ‚objektiven' Beschreibungsprinzipien verpflichtet fühlen und die Beschreibung sprachsystematischer Regularitäten (gegenüber dem Sprachgebrauch und vielfach auch der Sprachgeschichte) priorisieren. Kritisch zu diesem Begriff vgl. Haß-Zumkehr (2000).

Sprache interessierte die ‚moderne Linguistik' nicht als soziales Phänomen, sondern sie wurde als ein ‚abstraktes' – und damit auch von gesellschaftlichen Bedingungen und Sprecher*innen unabhängiges – System konzipiert (vgl. Agha

2007). Gegen diese **Ausklammerung gesellschaftlicher Sachverhalte** aus dem sprachwissenschaftlichen Fokus (die aus Sicht der ‚modernen Linguistik' wissenschaftstheoretisch durchaus begründet ist; vgl. etwa Chomsky [1978] 1981) tritt die Soziolinguistik an.

4.2.2 (Sozio-)Politischer Kontext

Von Anfang an war diese Entwicklung nicht nur von einem fachlichen, sondern auch von einem **sozialpolitischen Veränderungswillen** angetrieben (im Dienste von Gruppen, die als ‚sozial benachteiligt' angesehen wurden und deren Sprachgebrauch wissenschaftlich validiert werden sollte; vgl. bspw. Tagliamonte 2016: 121–130). Das heißt, der in der Einleitung (Abschn. 1.3) genannte sozialkritische Impetus der Soziolinguistik hat bereits deren Entstehung motiviert (vgl. Shuy 1990: 184; Löffler 2016: 15–17).

Dieser sozialkritische Impetus steht in einem engen Zusammenhang mit dem **Kontext des Nachkriegs und einsetzenden Kalten Krieges,** in dem Soziolinguistik in den USA aufgebaut (und finanziert) wird. Wichtig sind hier insbesondere die amerikanische ‚Demokratisierungspolitik' mit dem Ziel, nach dem Krieg eine friedliche demokratische Welt aufzubauen (nach US-amerikanischem Vorbild und in Konkurrenz zum Kommunismus, der seinerseits eine Expansion seiner politischen Ideale versuchte; vgl. hierzu ausführlich Heller/McElhinny 2017: 192–226).

Grundlage dieser sog. (nationalen und internationalen) ‚Entwicklungspolitik' ist die damals gängige sog. Modernisierungstheorie, der zufolge die Entwicklung eines Staates immer als zielgerichteter (teleologischer) Prozess abläuft, dessen Endpunkt ein ‚entwickelter' Nationalstaat (nach westeuropäischem Muster) ist, ein Staat mit einem demokratischen Gesellschafts- und Politiksystem, für die die USA sich selbst als Vorbild ansahen (für dies und das Folgende vgl. Ricento 2000).

Nach vorherrschender Meinung war ein solcher ‚moderner' und ‚entwickelter' Staat ein Staat mit einer **standardisierten Staatssprache** und einer literalisierten Bevölkerung, die dieser Staatssprache mächtig ist (dieses Konzept entstand im Rahmen der europäischen Politik der Nationalisierung ab dem 18. Jahrhundert; vgl. Gal 2006, s. dazu Abschn. 7.3.2).

Auf **internationaler Ebene** schlägt sich dieses ‚Entwicklungsbestreben' insbesondere in der von den USA mit betriebenen ‚**Dekolonisierungspolitik**' nieder, mit der die vorherigen Kolonien in solch ‚moderne' Staaten überführt werden sollten. Hierfür benötigte man nun auch Sprachwissenschaftler*innen, die die wissenschaftlichen Grundlagen bereitstellen sollten, auf denen Sprachenpolitik und Sprachplanung mit dem Ziel betrieben werden sollte, einen in sprachlicher Hinsicht ‚modernen' Staat zu entwickeln.

Solche Staaten waren idealerweise monolinguale Staaten, zumindest aber Staaten mit einer offiziellen (standardisierten) ‚Staatssprache' und ansonsten klarer Funktionsteilung und Domänenzuweisung für die weiteren Sprachen (also klarer Diglossieverhältnisse). Als Standardsprache in den zu entwickelnden postkolonialen Staaten bot sich nach vorherrschender Meinung vielfach die als ‚weiter entwickelt' angesehene Sprache der ehemaligen Kolonisatoren an, manchmal aber auch eine auf der Grundlage indigener Sprachen strategisch geplante Standardsprache (wie Bahasa Indonesia; vgl. Heller/McElhinny 2017: 201).

▶ Als (soziale) **Domäne** bezeichnet man in der Soziolinguistik nach einem Vorschlag von Joshua Fishman (bspw. Fishman 1965) – der den Terminus freilich von dem stramm nationalsozialistischen Sprachsoziologen Georg Schmidt-Rohr (1890–1945) übernimmt (vgl. Fishman 1965: 72–73) – einen sozialen Bereich, in dem eine bestimmte Sprache oder eine bestimmte Varietät *dominant* verwendet wird und in dem bestimmte soziale Regularitäten zu beobachten sind (bspw. die Familie, Politik, Printmedien).

▶ Als **Diglossie** bezeichnet man in der Soziolinguistik nach einem Vorschlag von Charles Ferguson (1959) die in einer Sprachgemeinschaft übliche systematische Verwendung zweier Sprachen oder Varietäten (bspw. Dialekt und Standarddeutsch in der Deutschschweiz) in jeweils bestimmten und relativ klar voneinander abgrenzbaren Situationen. In der Regel wird einer der beiden Sprachen oder Varietäten dabei (im Sinne der Verwendung in mehr oder wenigen formalen bzw. informellen Kontexten) ein sozial höheres Prestige zugesprochen (‚H-Varietät', ‚H' = ‚high'), der anderen ein niedrigeres (‚L-Varietät', ‚L' = ‚low').

Auch auf **nationaler Ebene,** in den USA selbst, sah man den Modernisierungsprozess noch keineswegs als abgeschlossen an. Wichtige Stichworte einer nationalen Entwicklungspolitik waren hierbei **soziale Ungleichheit**, insbesondere **Bildungsungleichheit,** deren Ursache man nicht zuletzt in sprachlicher Ungleichheit suchte.

In den Fokus gerieten hier insbesondere ‚neue' Migrant*innen und deren Sprachen sowie Sprecher*innen, die nicht oder nicht primär Englisch (sondern bspw. Spanisch) oder kein Standard-Englisch (sondern bspw. *African American Vernacular English*) sprachen. Diese versuchte man durch eine **gezielte sprachliche Förderung** (das heißt: Heranführung an das Standardenglische) enger in den ‚modernen Staat' zu integrieren. Auch in dem Zusammenhang war sprachwissenschaftliche Expertise gefragt und wurde entsprechend in großem Umfang gefördert (vgl. Dittmar 1973: 163/296–308, 2004: 704–707).

Das alles ist als **Kontext für die Entstehung der Soziolinguistik** wichtig, erstens, weil viele der empirischen Arbeiten und Konzepte der ‚Gründungspersonen' zu Mehrsprachigkeit, Sprachenpolitik und sprachlicher Diversität, auf die sich die neu entstehende Soziolinguistik stützt, im Rahmen solcher geförderter nationaler und internationaler ‚Entwicklungsprogramme' entstanden. Zweitens aber auch, weil sich einige Soziolinguist*innen im Weiteren auch kritisch gegen die Annahmen der Modernisierungstheorie stellten.

Wichtig für das Verständnis des ‚Geistes des Neuaufbruchs' ist aber auch, dass die Disziplin sich als ‚neue' Form der Sprachwissenschaft von den oben genannten (s. Abschn. 4.1) Vorläufern nicht zuletzt auch aus solchen politischen Überlegungen heraus abzugrenzen versuchte. Das betrifft besonders die Formen der Sprachforschung, die Zusammenhänge von Sprache, Gesellschaft und Kultur in einem nationalistischen oder gar rassistischen Deutungsrahmen diskutiert hatten, nicht zuletzt die völkische Sprachforschung, die unter anderem unter dem Etikett ‚Sprachsoziologie' (auch die SS hatte eine ‚sprachsoziologische Abteilung', deren Leiter der oben erwähnte Georg Schmidt-Rohr war) rassistische Sprachforschung betrieben hat (vgl. Knobloch 2005).

Heller und McElhinny fassen diesen gesellschaftspolitischen Kontext in ihrer kritischen Fachgeschichte bündig zusammen:

„[T]he field of sociolinguistics emerges in this period as a means to construct engagement with social inequalities in the face of the promises of progress in the postwar period. It is constructed as ‚new' partly as a means to tie linguistics to sociology, social psychology, and sociocultural anthropology, as part of a broad social science effort to address social problems of development, whether ‚international' or ‚domestic' (though we understand those as two sides of the same coin). It is also constructed as ‚new' as a means to create distance from older traditions tainted with their use by fascism and colonialism; as part of the modernist, progress-oriented spirit of the era, devoted as it was to remaking the world after the war; and in order to engage directly with the influential claims of generativism, widely heralded as nothing short of a revolution." (Heller/McElhinny 2017: 195)

4.2.3 Soziolinguistik als interdisziplinäres Unternehmen

Erste soziolinguistische Arbeiten, die schon die Bezeichnung ‚Soziolinguistik' oder zentrale soziolinguistische Konzepte verwenden, erscheinen in den 1950er Jahren (bspw. Currie 1952; Weinreich 1953: 83–110, 1954; Putnam/O'Hern 1955; Fischer 1958), die **Institutionalisierung der Disziplin** beginnt aber in den 1960er Jahren. In diesem Jahrzehnt erscheinen erste Reader und Sammelbände, die explizit der Soziolinguistik bzw. Sprachsoziologie gewidmet sind (bspw. Hymes 1964; Gumperz/Hymes 1964; Bright 1966b; Fishman 1968b), es finden erste Tagungen und Workshops statt, wissenschaftliche Netzwerke werden ins Leben gerufen und die Soziolinguistik wird (unter anderem von Charles Ferguson 1962 und William Labov 1966) erstmals in den Mittelpunkt der Lehre gerückt (vgl. Huebner 1996: 3–6).

Bemerkenswert ist hierbei, dass die Soziolinguistik von Beginn an **über die Fachgrenzen der Sprachwissenschaft** hinaus orientiert ist. So waren bereits an der Etablierung der Disziplin in den 1960er Jahren nicht nur Sprachwissenschaftler*innen (wie Uriel Weinreich, William Labov, Einar Haugen oder Charles Ferguson) beteiligt, sondern auch Vertreter*innen einer Reihe anderer mit Sprache befasster Sozialwissenschaften. Insbesondere sind hier zu nennen:

- die **Soziologie** (bspw. in Person von Basil Bernstein und Joshua Fishman)
- die **Psychologie** (bspw. Susan Ervin-Tripp, Wallace Lambert)
- die **Anthropologie** (bspw. Dell Hymes, John Gumperz)

Vertreter*innen dieser Disziplinen und der Sprachwissenschaft begannen sich ab Anfang der 1960er Jahre verstärkt über Fragen zu Sprache und Gesellschaft und über ihre jeweiligen Möglichkeiten, diese zu erforschen, auszutauschen (vgl. für eine detaillierte ‚Augenzeugen'-Schilderung der Situation Shuy 1990).

Eine erste Institutionalisierung hat dieser Austausch in den USA im Jahr 1963 erfahren (vgl. Spolsky 2011: 3; Huebner 1996: 4–6). Das **Social Sciences Research Council** (SSRC) ermöglichte in diesem Jahr die Einrichtung eines interdisziplinären Ausschusses („Committee") mit dem Titel *Sociolinguistics* (anfangs unter der Leitung von Charles Ferguson), der bis 1979 bestand und die Entwicklung der Disziplin entscheidend prägte (vgl. dazu kritisch Heller/McElhinny 2017: 201–214).

Das SSRC ist eine (bis heute bestehende) große amerikanische Forschungsförderungseinrichtung für die Sozialwissenschaften. Eingerichtet und getragen wurde sie von großen Privatstiftungen wie der Rockefeller Foundation und der Carnegie Foundation, und ihre Agenda war in den 1950er und 1960er Jahren stark von den Ideen der Entwicklungspolitik im **Kontext des Kalten Krieges** geprägt (vgl. Mueller 2013), was für die Geschichte der Soziolinguistik nicht unwichtig ist (s. Abschn. 4.2.2).

Vorbild des *Sociolinguistics*-Ausschusses war ein bereits 1952 eingerichteter und 1961 aufgelöster SSRC-Ausschuss zu *Linguistics and Psychology,* der im Lauf der 1950er Jahre erfolgreich die neue Disziplin **Psycholinguistik** etabliert hatte und in dem teilweise dieselben Personen (wie Charles Ferguson und Susan Ervin-Tripp) engagiert waren (vgl. Levelt 2013: 3–11; zu den Verbindungen Ervin-Tripp 1974).

An diesem interdisziplinär zusammengesetzten Ausschuss waren in der einen oder anderen Form fast alle Wissenschaftler*innen beteiligt, die heute als ‚Gründungseltern der Soziolinguistik' gelten (neben Ferguson u. a. Joshua Fishman, Einar Haugen, Dell Hymes, John Gumperz, William Labov, Uriel Weinreich und Susan Ervin-Tripp). Der Ausschuss ermöglichte nicht nur einen Austausch, er war auch mit erheblichen **Ressourcen** ausgestattet, die für den Aufbau einer Disziplin nötig waren. So konnten Workshops, Tagungen und Publikationen finanziert werden.

Den Auftakt einer ganzen Reihe von durch den Ausschuss organisierten **Tagungen,** aus denen einschlägige soziolinguistische Sammelbände hervorgegangen sind und auf denen die Agenda der sich entwickelnden Disziplin mitverhandelt wurde, machte ein Seminar zu Soziolinguistik im Rahmen des Linguistic Summer Institute in Bloomington 1964 (u. a. mit Fishman, Gumperz und Labov). Obwohl es nicht die erste soziolinguistische Veranstaltung war (vgl. Huebner 1996: 5), wird dieses Seminar vielfach als ‚Gründungsveranstaltung' der Soziolinguistik wahrgenommen (vgl. Tagliamonte 2016: 7–8).

Auch an der Gründung der ersten soziolinguistischen **Fachzeitschrift** *Language in Society* (1972, Gründungsherausgeber: Dell Hymes) war der *Sociolinguistics*-Ausschuss maßgeblich beteiligt. Die Zeitschrift ist bis heute neben dem eher sprachsoziologisch ausgerichteten *International Journal of the Sociology of Language* (gegründet 1974 von Joshua Fishman) und dem *Journal of Sociolinguistics* (gegründet 1997 von Allan Bell und Nikolas Coupland) eines der wichtigsten soziolinguistischen Publikationsorgane.

In diesen durch den Ausschuss intensivierten interdisziplinären Austausch brachten die einzelnen Fachvertreter*innen aber – zum Teil disziplinenbedingt – **unterschiedliche Perspektiven** ein, in denen die spätere Aufgliederung der Soziolinguistik in Teildisziplinen schon angelegt ist. Dies wird im Folgenden etwas genauer ausgeführt.

4.2.3.1 Soziologische Perspektiven

Das Hauptinteresse vieler Soziolog*innen galt der Frage, welche Rolle Sprache und Sprachen in Gesellschaften und für die Herausbildung und Entwicklung von Gesellschaften spielen. Man fragt also etwa danach, welche Rolle **Sprache als vergemeinschaftender Faktor** für eine bestimmte Gesellschaft spielt, aber auch, wie bestimmte Gesellschaften mit Sprache(n) und deren Sprecher*innen umgehen. In diesem Zusammenhang werden etwa Fragen der Sprachplanung und Sprach(en)politik wichtig, der Verbesserung und des Schutzes des Status bestimmter Sprachen in bestimmten Gesellschaften also, und die Frage, inwieweit sich durch solche Prozesse gesellschaftliche Zustände verbessern ließen (vgl. Janicki 2004). Der Kontext der ‚Entwicklungspolitik' (s. Abschn. 4.2.2) ist hierfür maßgeblich.

Ein wichtiger Proponent dieser Richtung war der amerikanische Sozialpsychologe und Soziologe **Joshua Fishman** (1926–2015). Zu seinen Themenschwerpunkten gehörten unter anderem Mehrsprachigkeit, Sprachwechsel, Sprachenpolitik/Sprachminderheiten, Sprachnationalismus sowie Fragen nach dem Zusammenhang von Sprache und Identität, beispielsweise die Frage, welche Form von Sprachpolitik im 1948 gegründeten Staat Israel zur Bildung einer nationalen Identität sinnvoll ist (vgl. García/Schiffman 2006; Spolsky 2011).

Auch wenn er vor allem in den frühen Arbeiten selbst von ‚Soziolinguistik' sprach (vgl. Fishman 1971a), präferierte Fishman für seine Forschungen ab den 1970er Jahren zunehmend die Bezeichnung ‚**Sociology of Language**', die die Soziologie (und nicht die Linguistik) als Bezugsdisziplin markiert, was Fishman insbesondere vor dem Hintergrund der aus seiner Sicht problematischen ‚modernen Linguistik' für betonenswert hielt (s. Abschn. 4.2.4).

Weiterhin sieht Fishman in der Bezeichnung auch seine Ansicht besser verdeutlicht, dass Sprache Teil der Gesellschaft sei (und nicht umgekehrt das Soziale ein Teilaspekt des Sprachlichen):

> „[…] it is my fundamental bias to view society as being broader than language and, therefore, as providing the context in which all language behavior must ultimately be viewed. It seems to me that the concept ‚sociology of language' more fully implies this bias than does the term ‚sociolinguistics', which implies quite the opposite bias." (Fishman 1968a: 6)

Der deutsche Ausdruck ‚Sprachsoziologie', von dem ‚Sociology of Language' vermutlich inspiriert ist (vgl. Haugen 1977: 113), ist übrigens deutlich älter als der Ausdruck ‚Soziolinguistik' und Teil der in Abschn. 4.1 skizzierten Vorgeschichte (vgl. bspw. Vossler 1923; vgl. Knobloch 2005 zur problematischen Geschichte der Sprachsoziologie im Nationalsozialismus, die offenbar auch Fishman zunächst Abstand zur Bezeichnung halten ließ; Fishman 1972a: 215).

Manchmal wird Fishmans Ansatz auch als **Macro Sociolinguistics** bezeichnet und von einer stärker sprachwissenschaftlich ausgerichteten **Micro Sociolinguistics** abgegrenzt. Die Unterscheidung stammt von Fishman selbst (bspw. 1972b: 29–54), allerdings zielt Fishman damit nicht auf eine Abgrenzung von Disziplinen, sondern auf zwei Analyseebenen, die jede Form der Soziolinguistik zu berücksichtigen habe.

Während die von Fishman geprägte *Sociology of Language* den Umgang von Gesellschaften mit Sprache und die Rolle von Sprache in Gesellschaften fokussierte, rückten andere Soziolog*innen eher die Frage in den Mittelpunkt, inwiefern der Sprachgebrauch bestimmter Sprecher*innen ihre Position in der Gesellschaft (in der Terminologie der Zeit: ihre Klassenzugehörigkeit) bestimmt – und damit Fragen der nationalen ‚Entwicklung' und ‚Modernisierung'. Man fragte sich also, ob es **sprachbedingte soziale Ungleichheit** (und damit ‚Sprachbarrieren') gibt, ob Sprecher*innen aufgrund ihrer sprachlichen Sozialisierung etwa Nachteile in der Schule haben. Hier wird Soziolinguistik also zu einem Teil der Ungleichheitssoziologie (vgl. Burzan 2011).

Der wohl bis heute am stärksten nachwirkende Soziologe, der diese Frage in den Mittelpunkt seiner Forschungen gestellt hat, ist der Franzose **Pierre Bourdieu** (1930–2002; s. Abschn. 2.1.3). Allerdings war dieser in die Entstehung der Soziolinguistik nicht direkt eingebunden; er wurde von der Soziolinguistik erst später (dafür aber umso nachhaltiger) rezipiert (s. auch Kap. 7), und er hat auch selbst soziolinguistische Arbeiten wenig zur Kenntnis genommen (wie etwa Bourdieu 1977 verdeutlicht).

Umgekehrt war dies bei dem britischen Soziologen **Basil Bernstein** (1924–2000), dessen Arbeiten zur sozialen Ungleichheit im Bildungssystem gerade in der Anfangsphase sehr viel Beachtung gefunden haben und der auch in einem engen Austausch mit US-amerikanischen Soziolinguist*innen stand, wie Publikationen in den entsprechenden Sammelbänden (bspw. Bernstein [1972] 2003d), aber auch die Rezeption von Bernsteins Forschungen in den soziolinguistischen Texten der 1960er und 1970er Jahre zeigen.

Zwischenzeitlich sind diese Arbeiten in großen Teilen der Soziolinguistik aufgrund einer sehr verwickelten Rezeptionsgeschichte aber Gegenstand einer nicht in jeder Hinsicht gerechtfertigten Kritik geworden, womit auch Bernsteins Rolle als zentrale Figur in der Entwicklung der Soziolinguistik neu (und nicht zu Bernsteins Gunsten) bewertet wurde (s. Abschn. 4.4).

4.2.3.2 Psychologische Perspektiven

Das Hauptinteresse der beteiligten Psycholog*innen lag eher bei der Frage, welche Rolle soziale Faktoren beim **Erwerb und der Wahrnehmung von Sprache** spielen.

Die Sozialpsychologin Susan Moore Ervin-Tripp (1927–2018) etwa, eine von insgesamt nur zwei Frauen, die in den *Sociolinguistics*-Ausschuss aufgenommen wurden (die zweite war Gillian Sankoff; vgl. Heller/McElhinny 2017: 215), hat unter anderem untersucht, inwiefern soziale Faktoren den kindlichen Spracherwerb beeinflussen (ob also Kinder aus verschiedenen sozialen Schichten unterschiedlich schnell und ‚gut' Sprache erwerben) und wie Kinder ‚soziolinguistische Kompetenz' erlangen, das heißt die Fähigkeit, in bestimmten sozialen Kontexten angemessen und erfolgreich zu kommunizieren (vgl. bspw. Ervin-Tripp 1972; zum Konzept s. Abschn. 6.2.1; zu Ervin-Tripp vgl. Kyratzis 2020).

Eine andere zentrale Frage, die maßgeblich der kanadische Psychologe Wallace Lambert (1922–2009) bearbeitet hat, war, wie Sprecher*innen eigene und fremde Sprachen bzw. andere Sprecher*innen aufgrund ihres Sprachgebrauchs bewerten (vgl. bspw. Lambert u. a. 1960). Diese sog. **Spracheinstellungen** (*language attitudes*; vgl. Garrett 2010) werden experimentell erhoben, indem etwa Proband*innen Aufnahmen in zwei Sprachen oder Stilen vorgespielt und zur Bewertung vorgelegt werden, unter Verschweigung der Tatsache, dass beide Aufnahmen von derselben Sprecherin bzw. demselben Sprecher stammen. So versucht man, nur sprach- (und nicht sprecher-)bedingte Bewertungen zu erlangen (das ist die von Lambert entwickelte, bis heute in der Spracheinstellungsforschung zentrale Matched-Guise-Technik; vgl. Garrett 2010: 53–69).

Hintergrund der Untersuchungen von Lambert und seinem Team ist die spezifische **bilinguale Sprachsituation in Kanada** (vor allem in Montreal, wo Lambert forschte). Daher ging es in diesen Arbeiten zunächst primär um die Bewertung von Englisch und Französisch durch kanadische Sprecher*innen, und Kanada entwickelte sich zu einem Zentrum soziolinguistischer Bilingualismusforschung (vgl. Schlieben-Lange 1973: 37–38; Heller/McElhinny 2017: 197–198).

Der psychologisch-experimentelle Zugang ist bis heute in einigen Teilen der Soziolinguistik wichtig (etwa in der *Perceptual Dialectology* bzw. *Folk Linguistics;* vgl. Preston 2019). Innerhalb der Psychologie hat sich die zumeist als ‚**Social Psychology of Language**' (Sozialpsychologie der Sprache) titulierte Teildisziplin ebenfalls etabliert und weiterentwickelt und die Soziolinguistik mit Konzepten wie Akkomodation (Giles/Powesland 1975), also der Anpassung des Gesprächsstils an das Gegenüber (s. Abschn. 5.4.2), bereichert (vgl. zur Fachgeschichte Giles/Fortman 2004; Robinson/Locke 2011; die bekannteste Fachzeitschrift ist das *Journal of Language and Social Psychology*).

4.2.3.3 Anthropologische Perspektiven

Aus europäischer Sicht ist die in den USA etablierte disziplinäre **Trennung zwischen Linguistik und Sprachanthropologie** (*Linguistic Anthropology*) erläuterungsbedürftig, da es diese Trennung in Europa so nicht gibt. Vieles, was in Europa an sprachwissenschaftlichen oder philologischen Instituten geforscht und gelehrt wird (darunter auch weite Bereiche der Soziolinguistik, insbesondere qualitativ-ethnographische und interaktionale Varianten), fällt in den USA (jedenfalls an vielen Universitäten) in den Zuständigkeitsbereich der Anthropologie, während die linguistischen Institute der formalen oder quantitativ-empirischen Sprachwissenschaft vorbehalten bleiben.

Das hat mit der spezifischen **Entwicklung der Sprachwissenschaft in den USA** zu tun, mit dem Einfluss zentraler Vertreter*innen der formalen Linguistik wie Leonard Bloomfield (1887–1949), der von diesem mitbegründeten Linguistic Society of America (LSA; vgl. Murray 2001), aber auch mit der starken Rolle der Anthropologie und der American Anthropological Association (AAA) in den USA, von der sich die später entstehende amerikanische Linguistik zu distanzieren genötigt sah (vgl. Agha 2007; Bucholtz/Hall 2008).

Als eine sehr amerikanische Disziplin, die mit dem Ziel der Erforschung indigener amerikanischer Kulturen gegründet wurde, hatte die Anthropologie schon sehr früh Sprache als Kerngegenstand (s. o. Abschn. 4.1). Entsprechend eng waren zum Teil die persönlichen **Verbindungen zwischen Sprachwissenschaftlern und Anthropologen,** angesichts derer die institutionellen Trennungen zu relativieren sind (so war der Anthropologe Franz Boas ein Lehrer des Sprachwissenschaftlers Edward Sapir, bei dem Sprachwissenschaftler Roman Jakobson studierten u. a. die späteren Sprachanthropologen Dell Hymes und Michael Silverstein).

Die Fokussierung auf sprachliche Themen führte zur Ausbildung einer anthropologischen Teildisziplin, die sich spezifisch sprachlich-anthropologischen Fragen widmete, und die nach einem Vorschlag von Hymes (1964: xxiii) ab den 1960er Jahren zumeist als ,**Linguistic Anthropology**' (Sprachanthropologie) bezeichnet wird (vgl. zur Fachgeschichte Duranti 2009). Unter den hierfür maßgeblichen Anthropologen (das Genus ist hier nicht generisch zu lesen) sind gleichzeitig auch diejenigen, die an der Entwicklung der Soziolinguistik beteiligt waren (insbesondere Dell Hymes und John Gumperz). Diese verstanden sie ausdrücklich als **interdisziplinäres Unternehmen,** wie das folgende Zitat von Hymes zeigt:

> „,Sociolinguistics' is the most recent and most common term for an area of research that links linguistics with anthropology and sociology." (Hymes 1971: 47)

Der von Hymes und Gumperz in den 1960er Jahren entwickelte soziolinguistische Zugang, die **Ethnographie der Kommunikation**, wird später ausführlich beschrieben (s. Abschn. 6.2.1). An dieser Stelle soll es genügen, im Vergleich mit den anderen disziplinären Interessen herauszustellen, dass das Hauptinteresse der beteiligten Anthropologen Fragen der kulturellen Rahmung von Sprache und Kommunikation galt. Dazu gehört die Frage, welche Funktion sprachliche Praktiken in bestimmten Gesellschaften (bzw. Kulturen) haben und welche kommunikativen Kompetenzen die Mitglieder bestimmter sozialer Gemeinschaften brauchen, um dort erfolgreich kommunizieren zu können.

4.2.3.4 Sprachwissenschaftliche Perspektiven

Aufgrund der weiteren Entwicklung der Soziolinguistik in der Sprachwissenschaft wird häufig vergessen, dass an der Entwicklung der Soziolinguistik in den USA Sprachwissenschaftler*innen mit recht **unterschiedlichen Forschungsinteressen** beteiligt waren. Um nur ein paar der bekannteren Namen zu nennen:

- Der für die Institutionalisierung der Disziplin eminent wichtige **Charles Ferguson** (1921–1998) etwa befasste sich unter anderem mit dem Status und der Funktion spezifischer sprachlicher Varietäten in einer Sprachgemeinschaft (z. B. *Diglossie*, sein bekanntestes Konzept; vgl. Ferguson 1959), also mit Fragen, die nah an der Sprachsoziologie waren (vgl. Huebner 1996).
- Ähnliches gilt für **Einar Haugen** (1906–1994), der unter anderem zu Bilingualismus, Sprachenpolitik und Sprachplanung gearbeitet hat, und für den die zentrale Frage der Soziolinguistik ist, wie Sprache zur Gruppen- und Identitätsbildung beiträgt („*Diversity* and *uniformity* are complementary aspects of the major problem of sociolinguistics: in what respects are linguistic and non-linguistic entities correlated in the formation of social groups?"; Haugen 1977: 117).
- **William Bright** (1928–2006), unter anderem Spezialist für indigene amerikanische Sprachen, war stark anthropologisch ausgerichtet und entsprechend auch an einem verstärkten Dialog zwischen Anthropologie und Linguistik interessiert, um das seiner Meinung nach zentrale soziolinguistische Thema, sprachliche Diversität (vgl. Bright 1966a: 11), in möglichst breiter Hinsicht zu erfassen. Dazu zählte für Bright in späteren Jahren auch, was zu der Zeit noch ungewöhnlich war, die Diversität der geschriebenen Sprache; er forderte daher schon früh eine Soziolinguistik der Schriftlichkeit (vgl. Bright 1996).

Dominant wurde innerhalb der Linguistik aber vor allem ein insbesondere von **William Labov** (*1927) ausgearbeiteter, dialektologisch und sozialwissenschaftlich-quantitativ geprägter Zugang, der weniger nach der Rolle von Sprache für Gesellschaften als primär danach fragte, inwieweit die Gesellschaft bzw. die sozialen Strukturen Sprache prägen und verändern.

Dieser später als ‚**Variationslinguistik**' (bzw. *variationist sociolinguistics*) bezeichnete Zugang, der innerhalb der Sprachwissenschaft bis weit in die 1980er Jahre hinein (und im deutschsprachigen Raum sogar noch länger) die dominierende Form der Soziolinguistik werden sollte und vielfach innerhalb der Linguistik mit ‚Soziolinguistik' synonym gesetzt wurde (vgl. Bucholtz/Hall 2008: 402; Löffler 2016: 23; Bell/Sharma/Britain 2016), interessierte sich vor allem dafür, wie sich die soziale Makrostruktur in sprachlicher Variation und Sprachwandel niederschlägt (s. dazu ausführlich Kap. 5).

4.2.4 Vom interdisziplinären Aufbruch in die disziplinären Verfestigungen

Die skizzierten verschiedenen Interessen waren vor allem in den 1960er und noch zu Beginn der 1970er Jahre Anlass für einen fruchtbaren Austausch zwischen den beteiligten Disziplinen. Die Sammelbände aus dieser Zeit, die häufig aus all den genannten Disziplinen bespielt wurden, legen davon ein Zeugnis ab (vgl. bspw. Bright 1966b; Fishman 1971b; Gumperz/Hymes 1972).

Mit zunehmender **Institutionalisierung und Spezialisierung** der Soziolinguistik ging aber der interdisziplinäre Schwung der Anfangsjahre verloren. In der Sprachwissenschaft führte dies wie erwähnt dazu, dass sich der quantitativ-sozialwissenschaftliche variationslinguistische Ansatz zunehmend durchsetzte und mit Soziolinguistik gleichgesetzt wurde, wohingegen sich die sozialpsychologischen, soziologischen und anthropologischen Varianten immer mehr in ihre eigenen Disziplinen zurückzogen.

Auch dies wurde vermutlich von der **institutionellen Struktur** spezifisch in den USA begünstigt, die als *linguistisch* vor allem solche Formen der Soziolinguistik zu charakterisieren bereit war, die mit dem an den sprachwissenschaftlichen Instituten vorherrschenden szientistischen Wissenschaftsbegriff vereinbar waren. Dass die Proponenten der Variationslinguistik ihren quantitativ-empiristischen Ansatz ebenfalls als ‚wissenschaftlicher' wahrnahmen als andere, eher qualitative Formen der Soziolinguistik, zeigen etwa die Selbsteinschätzungen, die Tagliamonte (2016: bspw. 116 und 174) zusammengetragen hat (vgl. weiterhin auch Chambers [1995] 2009: 2–10).

Die Soziolinguistik teilt sich so zunehmend in **relativ unabhängige Stränge** auf. Während sich etwa in der Sprachanthropologie einerseits aus der Ethnographie der Kommunikation die interaktionale Soziolinguistik herausbildet (s. Kap. 6), andererseits die Metapragmatik und Sprachideologieforschung (s. Kap. 7), ist die Variationslinguistik in der Sprachwissenschaft ab den 1970er Jahren (insbesondere in den USA, Kanada und Großbritannien sowie an anglistischen Instituten weltweit) ausgesprochen erfolgreich und institutionalisiert sich in Form von eigenen Konferenzen, Publikationsreihen, Netzwerken und Studienprogrammen. Paradigmenleitend sind dabei insbesondere die Arbeiten und methodischen Vorschläge von William Labov, die in Kap. 5 vorgestellt werden (zur Rolle Labovs s. ausführlich Tagliamonte 2016).

So findet ab 1972 (zunächst in Georgetown) eine jährliche, zunächst auf variationistische Forschung im Englischen beschränkte Fachkonferenz statt, New Ways of Analyzing Variation in English (NWAVE), seit 1984 nur noch **New Ways of Analyzing Variation** (NWAV; vgl. Tagliamonte 2016: xiii–ix). Dort treffen sich fortan jährlich ausschließlich variationistisch ausgerichtete Soziolinguist*innen und diskutieren Forschungsergebnisse, Methoden und die Agenda der Disziplin.

1972 wird auch die erste Version eines spezifisch auf variationslinguistische Fragen spezialisierten Statistikprogramms, des **Variable Rule Program** (kurz *Varbrul*), veröffentlicht (vgl. Tagliamonte 2016: 111). Diese vom Mathematiker

David Sankoff gemeinsam mit der Soziolinguistin Henrietta Cedergren entwickelte Software beruht auf Labovs (1969) Konzept der Variablenregeln, das seinerseits stark von der generativen Phonologie (Chomsky/Halle 1968) inspiriert ist. Variablenregeln bestimmen, ob das Vorkommen bzw. die Absenz spezifischer inner- und außersprachlicher Bedingungen und Beschränkungen die Wahl bestimmter Varianten wahrscheinlich machen. *Varbrul* ermöglicht die statistische Berechnung solcher Wahrscheinlichkeiten (probabilistische Modellierung; für Details vgl. Sankoff 2005).

Neu war dabei, dass sich mit dem Programm – in einer Zeit, in der der Einsatz von Computern (zu der Zeit waren dies ausschließlich Großrechner) in der Sprachwissenschaft noch äußerst ungewöhnlich war – erstmals **multivariate statistische Analysen** durchführen ließen. Das heißt, das Programm ist in der Lage, den Einfluss verschiedener (innersprachlicher und sozialer) unabhängiger Variablen (bspw. Herkunft, Alter und Geschlecht) auf eine abhängige sprachliche Variable (bspw. eine bestimmte Aussprecherealisierung) abzuwägen (was in dem Kontext unter ‚Variablen' verstanden wird und warum solche sog. ‚Korrelationen' von Variablen für die Variationslinguistik so wichtig sind, wird in Abschn. 5.2.2 erläutert).

Innerhalb der Variationslinguistik wird die Entwicklung dieses Programms als Durchbruch empfunden, da von nun an **exaktere und komplexere quantitative Analysen** der Bedingungen von soziolinguistischer Variation möglich waren. Entsprechend wurde das Programm schnell zum Standardwerkzeug in der Disziplin, und es ist (in weiterentwickelter Form) bis heute das zentrale Auswertungswerkzeug von Variationslinguist*innen (vgl. dazu ausführlich Tagliamonte 2006: 128–157). Die aktuelle (frei verfügbare) Fassung des Programms heißt *GoldVarb* (http://individual.utoronto.ca/tagliamonte/goldvarb.html; Abruf am 20.11.2020).

Die zunehmende Separierung der Variationslinguistik führte 1980 schließlich auch zur **Gründung einer neuen Fachzeitschrift**, *Language Variation and Change* (Gründungsherausgeber: David Sankoff, William Labov und Anthony Kroch), die sich exklusiv variationistischer Forschung widmete. Man reagierte damit auch darauf, dass die bestehenden großen Fachzeitschriften sich zunehmend ebenfalls spezialisierten (das von Dell Hymes geführte *Language in Society* stark auf sprachanthropologische Fragen, das von Joshua Fishman herausgegebene *International Journal of the Sociology of Language* auf sprachsoziologische).

Aus einer ähnlichen Motivation heraus wurde zwei Jahre später, 1982, das *Journal of Language and Social Psychology* (Gründungsherausgeber: Howard Giles und John Edwards) gegründet, um soziolinguistisch-psychologischen Arbeiten ein Forum zu geben, das man andernorts zunehmend nicht mehr vorfand.

Auch die **Psychologie und die Soziologie** zogen sich also zunehmend in ihre eigenen Teildisziplinen, die *Sprachsoziologie* und die *Sozialpsychologie der Sprache,* zurück. Fishman etwa, der in den 1960er Jahren große Hoffnungen in eine wahrhaft interdisziplinäre Soziolinguistik gesetzt hatte (und entsprechend auch die Bezeichnung *Sociolinguistics* gegenüber der von ihm zuvor verwendeten *Sociology of Language* präferierte), wendet sich zunehmend frustriert über die

Entwicklung der Linguistik wieder der *Sociology of Language* zu (vgl. García/Schiffman 2006: 8–10):

> „The term [*sociology of language*] now stands in my mind for the reborn field, the revitalized field, whereas *sociolinguistics* has increasingly come to stand for a *kind of linguistics* and, therefore, for a possibly important preoccupation, but for one with which I do not and cannot fully identify. […] [The term *sociolinguistics*] does not accurately designate the particular interests and emphases that are currently being developed most intensely. As a result, it may tend to become more and more a catch-all-term and more and more associated with critical reviews to the effect that such and such is ‚not really sociolinguistics' or is only ‚so-called sociolinguistics'. It is a term that has quickly become old, perhaps because it *masks* the active differences in theory, method, data and purpose that compete with each other underneath the surface." (Fishman 1972a: 215–217)

4.2.5 Neuorientierungen und -öffnungen

Ab den 1990er Jahren setzt eine Art **Rückbesinnung** ein. Infolge einer zunehmenden Kritik der (Dominanz der) Variationslinguistik, ihres quantitativen Ansatzes und des als zu simpel empfundenen Gesellschaftsbegriffs werden zunehmend wieder Impulse aus der Sprachanthropologie und der Soziologie in der Linguistik aufgenommen.

Das betrifft sowohl Linguist*innen, die sich als Soziolinguist*innen verstehen, nicht aber als Variationslinguist*innen (vgl. bspw. Cameron 1990; s. dazu Abschn. 6.1), andererseits durchaus aber auch manche Vertreter*innen der Variationslinguistik, die mit den strukturfunktionalistischen Gesellschaftsmodellen und dem rein quantitativen Ansatz ebenfalls unzufrieden sind und sich daher **neuen Konzepten** wie den eher gruppen- und handlungsorientierten *Communities of Practice* (vgl. Eckert/McConnell-Ginet 1992; s. Abschn. 2.2.2), handlungsorientierteren Konzepten von *Stil* und *Stilisierung* (vgl. Eckert/Rickford 2005) sowie solchen Fragen adäquateren Methoden wie der qualitativen Ethnographie (vgl. Eckert 2009) zuwenden (zu dieser Entwicklung vgl. Eckert 2012).

Diese Veränderungen schlagen sich auch institutionell nieder:

- Das 1976 als sehr kleine Veranstaltung in England (am Walsall West Midlands College) ins Leben gerufene **Sociolinguistics Symposium** – seinerzeit in Reaktion darauf, dass die Soziolinguistik bei der damals einzigen britischen Fachkonferenz der Linguistik nicht willkommen war – entwickelt sich in den 1990er Jahren immer stärker zu einem Forum, an dem neue soziolinguistische Ansätze diskutiert werden – nicht zur Freude aller Variationslinguist*innen, wie Tagliamonte (2016: 71) dokumentiert. Inzwischen ist die Veranstaltung zur größten internationalen Fachkonferenz der Soziolinguistik gewachsen.
- Im Jahr 1997 gründen Nikolas Coupland und Allan Bell das *Journal of Sociolinguistics* dezidiert mit dem Ziel, den interdisziplinären Dialog wieder zu stärken (Tagliamonte 2016: 71), und sehr schnell entwickelt sich die Zeitschrift zu einer der wichtigsten der Disziplin.

So wird Soziolinguistik auch innerhalb der Sprachwissenschaft zunehmend wieder zu der „broad church" (Coupland 2007: 4), die sie in den Anfangsjahren war.

Im Zuge dieser Neuorientierungen entstehen auch Formen sich als **kritisch verstehender Soziolinguistik**, die häufig stark auf Theorien des Feminismus, Poststrukturalismus, Postmarxismus und Postkolonialismus sowie auf die Ungleichheitssoziologie etwa Pierre Bourdieus aufbauen (s. Kap. 7). Dem in der Variationslinguistik (aber auch in der interaktionalen Soziolinguistik) propagierten Differenzverständnis (dem zufolge alle Sprachen und Varietäten gleichen Wert haben) setzen kritische Soziolinguist*innen ein Verständnis von **Dominanz** entgegen, dem zufolge Sprachen und Varietäten faktisch eben nicht gleich sind, sondern unterschiedlichen sozialen Wert zugeschrieben bekommen (vgl. Heller/McElhinny 2017: 217–219; Mesthrie u. a. 2009: 309–343). Damit geraten – wie in den Anfangsjahren der Soziolinguistik – auch wieder stärker Aspekte der **sprachlich bedingten Ungleichheit und Diskriminierung** in den Blick, und auch das Fach selbst – in dem in der zweiten Hälfte des 20. Jahrhunderts vor allem weiße englischsprachige Männer aus der Mittelschicht die Agenda bestimmt haben – wird diesbezüglich Gegenstand einer kritischen Diskussion (vgl. Errington 2008; Heller/McElhinny 2017).

Gesellschaftspolitisch wichtig für diese Neuentwicklung sind neuere Bewegungen **globaler Mobilität** und die damit zusammenhängenden sprachenpolitischen Fragen und Probleme (s. Abschn. 7.3.1). Diese werden vielfach auf der Grundlage einer postkolonialen Theorie diskutiert, mit der auch Konzepte wie ‚Standardsprache', ‚Nationalsprache' und ‚sprachliche Integration' einer neuen kritischen Diskussion unterzogen werden.

Zentrale neue Konzepte, die aus dieser Entwicklung hervorgehen (s. Abschn. 7.3.4) – bspw. *Superdiversität* (vgl. Blackledge/Creese 2010; kritisch Pavlenko 2019), *Polylanguaging* (vgl. Jørgensen u. a. 2011) oder *Metrolingualism* (vgl. Pennycook/Otsuji 2015) – versuchen, die **mobilitätsbedingten sprachlichen Diversifizierungen** spätmoderner Gesellschaften (vor allem in den Großstädten) zu erfassen, und Soziolinguistik wird zunehmend als eine Disziplin verstanden, die sich kritisch mit Prozessen und Ergebnissen der sog. Globalisierung zu befassen hat. Entsprechend wird die Entwicklung einer **Sociolinguistics of Globalization** (vgl. Blommaert 2010) gefordert. Wie sehr dies das Fach ab den 2010er Jahren beschäftigt, zeigt sich etwa daran, dass 2015 in Hong Kong eine Konferenz unter diesem Titel mit über 400 Teilnehmer*innen stattfand – die Konferenz war somit neben der NWAV-Konferenz (ebenfalls ca. 400 Teilnehmende) die zweitgrößte soziolinguistische Fachtagung nach dem *Sociolinguistics Symposium* (ca. 600 Teilnehmende), an dem entsprechende Fragestellungen ebenfalls zunehmend dominieren.

4.3 Entwicklung der Soziolinguistik im deutschsprachigen Raum

Im deutschsprachigen Raum etabliert sich die Soziolinguistik ab den späten 1960er Jahren (vgl. Dittmar 2004; Auer 2015). Der Entstehungsprozess war wesentlich von den angloamerikanischen Entwicklungen inspiriert und auch im deutschsprachigen Raum mit einem starken **Gefühl des Neuaufbruchs** des Fachs verbunden (vgl. Löffler 2016: 30).

Hierbei wurden die zu der Zeit gerade in der deutschsprachigen Forschung schon sehr ausgeprägten gesellschaftsbezogenen Traditionen in der Sprachwissenschaft (bspw. Dialektologie und frühe Stadtsprachenforschung), Sprachpsychologie und Sprachsoziologe vielfach konsequent ignoriert (vgl. Auer 2015: 383–387).

Insbesondere in Deutschland hatte dies auch damit zu tun, dass einige wichtige Vertreter dieser Fachrichtungen (das Maskulinum ist hier nicht generisch zu lesen) in der **Zeit des Nationalsozialismus** dessen Volks- und Rassenideologie begeistert aufgegriffen und in ihre Theorien integriert hatten (vgl. Auer 2015: 383–387), wohingegen andere durch die Nationalsozialisten (wie der oben zitierte Romanist Leo Jordan) in den Tod oder (wie der Sprachpsychologe Karl Bühler) in die Emigration getrieben wurden und dadurch jedenfalls für lange Zeit in Vergessenheit gerieten (vgl. für eine Dokumentation vieler Schicksale Maas 2016).

4.3.1 ,Defizit' und ,Differenz'

Die erste Phase der Soziolinguistik in Deutschland war stark geprägt durch die Rezeption der und kritische Auseinandersetzung mit den Arbeiten des britischen Soziologen Basil Bernstein (s. Abschn. 4.4) bzw. deren Adaption durch den deutschen Soziologen Ulrich Oevermann (1970). Dieser leitete aus empirischen Analysen schriftlicher Arbeiten von vier Frankfurter Realschulklassen die weitreichende These ab, dass der Schulerfolg von Kindern aus unterprivilegierten sozialen Schichten durch den ‚restringierten Code', den sie verwenden, behindert werde – die Rede war von **Kommunikations- bzw. Sprachbarrieren** (vgl. etwa Oevermann 1970: 159).

Wie Bernstein auch sieht Oevermann eine Ursache schulischer Schichtenungleichheit darin, dass die Art und Weise, wie Kinder aus unterprivilegierten sozialen Schichten sprächen, in der von der Mittelschicht dominierten Schule nicht hinreichend gewürdigt werde (vgl. Oevermann 1970: 242–243). Anders als Bernstein zieht Oevermann dabei aber auch kausale Verbindungen zwischen **Sprache und Kognition,** indem er das vom russischen Psychologen Lev Vygotskij ([1934] 2002) entlehnte Konstrukt einer „inneren Sprache" (des Denkens), die von der „äußeren Sprache" geprägt sei, ins Spiel bringt (auch Bernstein bezieht sich auf Vygotskij, allerdings nicht mit diesen Konsequenzen):

"In der ‚inneren Sprache' schlagen sich die Strukturelemente der gelernten sozialisierten Sprache nieder, sie stellt gleichsam die nach innen verlegte Kurzschrift der äußeren, kommunikativen Sprache dar. Es ist nun leicht zu sehen, daß ein Kind, das gleichsam sozial zum Sprechen im ‚restringierten Kode' ‚gezwungen' ist und nichts anderes gelernt hat, auch eine ‚restringierte innere Sprache' aufbauen wird. Die daraus folgenden Beschränkungen der kognitiven Entwicklung liegen auf der Hand." (Oevermann 1970: 239–240)

Ähnlich wie in der US-amerikanischen Entwicklungspsychologie hat man hieraus den – von Bernstein übrigens nicht gedeckten (s. Abschn. 4.4) – Schluss gezogen, dass **Sprachkompensationsprogramme** an den Schulen einzuführen seien, um sozial benachteiligten Kindern Chancengleichheit zu ermöglichen. In einer Zeit, in der in der Bundesrepublik Deutschland (vgl. Picht 1964) wie auch in der DDR (vgl. Hörnig 1965), in der Schweiz (vgl. Häsler 1967) und in Österreich (vgl. Bacher/Moosbrugger 2019) allenthalben – wenn auch in unterschiedlicher Intensität – vom ‚**Bildungsnotstand**' oder sogar der ‚**Bildungskatastrophe**' die Rede war, fielen solche Ideen auf fruchtbaren Boden.

Allerdings wurde bald kritisiert, dass einige kompensatorische Ansätze die ‚Sprache der Arbeiterschicht' desavouierten. Statt der Sprachfähigkeit von Kindern aus solchen Schichten solle man die **Sprachsensibilität im Bildungswesen** fördern, damit die verkannten Ausdrucksmöglichkeiten dieser Kinder hinreichend gewürdigt werden, anstatt dass ihnen ein ihnen ‚fremder' Sprachstil und mithin eine ihnen fremde Identität aufgezwungen werde. Viele soziolinguistische Arbeiten versuchten in dem Zusammenhang zu zeigen, wie differenziert das Ausdrucksvermögen von Kindern aus unterprivilegierten Schichten ist, wenn man genau und vorurteilsfrei hinsieht (vgl. etwa Ammon 1972; Jäger 1972).

Theoretische Stützung für diese Gegenposition glaubte man vor allem in den Arbeiten William Labovs zu finden, der sich kritisch mit Kompensationsprogrammen amerikanischer Entwicklungspsychologen auseinandergesetzt hatte (vgl. Labov [1970] 1972). Dittmar (1973: 129–130), der die Rezeption des variationistischen Ansatzes im deutschsprachigen Raum maßgeblich befördert hat, hat Labovs Position, der zufolge der Sprachgebrauch verschiedener sozialer Gruppen zwar unterschiedlich, aber nicht unterschiedlich viel wert sei, als **Differenzkonzeption** der (angeblichen) Bernstein'schen **Defizithypothese** gegenübergestellt und damit eine folgenreiche Opposition in die deutschsprachige Forschung eingeführt (s. dazu ausführlicher Abschn. 4.4).

Die Bemühungen um eine Rehabilitierung der Sprachkompetenz von Kindern aus unterprivilegierten sozialen Schichten wurde dabei allerdings selbst bald – jedenfalls in einigen ihrer Ausprägungen – als der Differenzhypothese (wie viele sie verstanden) zuwiderlaufend empfunden, da hier vielfach nicht einfach nur Differenz konstatiert, sondern nun umgekehrt eine unangemessene Überhöhung, eine „folkloristische[] Glorifizierung der Unterschichtssprache" (Schlieben-Lange 1973: 57; vgl. Auer 2015: 389) vorgenommen worden sei, zumal von Soziolinguist*innen – und, wie Schlieben-Lange (1973: 56–57), ergänzt: Studierenden –, deren Engagement man eindeutig **(links-)politisch motiviert** sah (vgl. Löffler 2016: 14).

Politisches Engagement aber vertrug sich mit der sich als **deskriptiv verstehenden ‚modernen'** deutschsprachigen Sprachwissenschaft des späten 20. Jahrhunderts schlecht (vgl. Schiewe 2003), und so erschien der „allgemeine sprachliche Erklärungskonsens mit seinem missionarischen Gehabe" (Löffler 2016: 17) vielen sehr bald als etwas, das man nicht mit einer Soziolinguistik als ‚moderner Wissenschaft' vereinbar sah und damit zu einer abgeschlossenen Frühgeschichte (und ‚Verirrung') des Fachs erklärte.

Einige markierten dies auch dadurch, dass sie fortan nicht mehr (primär) von *Soziolinguistik* sprechen wollten (vgl. Elspaß 2018: 94). Exemplarisch hierfür ist die folgende Darstellung Löfflers (der allerdings seinerseits an der Disziplinenbezeichnung festhält):

> „Die anfängliche Fixierung der deutschen Soziolinguistik auf die so genannte Unterschichtssprache und die gesellschaftliche Diskriminierung deren Sprecher war für manche Grund, die Soziolinguistik als politisch links zu verorten. Diese vermeintliche Linkslastigkeit ist aber spätestens mit dem Namen ‚Varietätenlinguistik' einer neutralen und offenen Sichtweise gewichen. So möchte auch dieser Versuch einer Gesamtdarstellung [gemeint ist das Einführungsbuch, aus dem dieses Zitat stammt; J.S.] jede politische Motivation von sich weisen. Die ‚germanistische Soziolinguistik' ist nicht zu verwechseln mit einer ‚sozialistischen Germanistik'." (Löffler 2016: 14)

Dass dies eine zwar nicht ausschließlich (vgl. Cameron 1995; Milroy 2001), aber in der angestrebten Radikalität nun doch **typisch germanistische Neuorientierung** war, sieht man, wenn man sich die Arbeiten aus der US-amerikanischen Variationslinguistik ansieht, nicht zuletzt Labovs Arbeiten, die von einem sehr ausgeprägten und auch keineswegs kaschierten politischen Engagement charakterisiert und motiviert sind (vgl. Tagliamonte 2016: 122–128; s. auch Abschn. 4.2.2). Ausgerechnet mit Bezug auf seine Arbeiten lässt sich also eine „neutrale[] Sichtweise" gerade nicht legitimieren.

4.3.2 Von der *Sozio-* über die *Varietäten-* zur *Variationslinguistik*

Aber die Labov'sche Variationslinguistik wurde im deutschsprachigen Raum ohnehin (jenseits der Anglistik) theoretisch, methodologisch und methodisch nur wenig adaptiert (eine der wenigen Ausnahmen neben Dittmar ist etwa der aus dessen Schule kommende Schlobinski 1987).

Stattdessen entwickelte sich im Verlauf der 1970er Jahre eine von der Dialektologie und von Theorien aus der romanistischen Sprachwissenschaft (v. a. von Eugenio Coseriu) geprägte spezifische Form der Variationslinguistik, die **Varietätenlinguistik**, die sich vor allem dafür interessierte, wie man eine Sprache (wie das Deutsche) intern nach sozialen und regionalen Kriterien in *Varietäten* differenzieren kann bzw. wie man „die Funktionen von Varietäten in einem Varietätenraum genauer […] bestimmen und mit sprachlichen Merkmalen in Beziehung […] setzen" (Dittmar 1997: IX) kann. Damit setzte man Überlegungen fort, die bereits vor der Rezeption der Soziolinguistik in der Germanistik und Romanistik eingesetzt hatten (vgl. etwa Moser 1961).

Erkenntnisleitend hierfür war die von Coseriu bekannt gemachte Modellierung von Sprachen (wie dem Deutschen) als diasystematisch (nach räumlichen, sozialstrukturellen und situativen Kriterien) differenzierbare, historisch gewachsene und ständig sich verändernde Komplexe. Sprachen zerfallen demzufolge in eine Vielzahl mehr oder weniger voneinander abgrenzbarer, jedenfalls nach den genannten Kriterien klassifizierbarer **Varietäten** oder **Lekte** – nicht nur (primär räumlich differenzierbare) *Dialekte*, sondern auch (primär sozialstrukturell differenzierbare) *Soziolekte* und (primär situational differenzierbare) *Situolekte* usw. (s. Abschn. 5.3.3 und 5.3.4).

Der Varietätenlinguistik geht es also vor allem um eine (möglichst umfassende) Beschreibung der „**innere[n] Mehrsprachigkeit**" (Wandruszka 1979: 28) spezifischer Sprachen, nicht so sehr (wie den Arbeiten im Labov'schen Paradigma) um Variations- und Wandelphänomene bzw. die Beschreibung strukturierter Heterogenität innerhalb einer Varietät wie dem New York City English (vgl. Auer 2015: 393). Sie ist zwar auch, wie jene, primär quantitativ ausgerichtet, arbeitet aber nicht so systematisch mit probabilistischer Statistik und ist insgesamt auch weniger auf einzelne Variablen konzentriert.

Im Rahmen dieser Form der Variationslinguistik entstanden unter anderem zahlreiche Arbeiten zur Wechselwirkung von Dialekt(en) und Standard (etwa Mattheier 1980; Auer 1990), zur sprachlichen Variation in der Stadt (vgl. Schlobinski 1987; Steiner 1994), zum Sprachgebrauch diasystematisch bestimmter Großgruppen wie etwa Jugendlicher (vgl. Schlobinski/Kohl/Ludewigt 1993; Androutsopoulos 1998), zur Medienkommunikation (vgl. Bittner 2003) sowie insbesondere auch Arbeiten zur sog. Plurizentrizität des Deutschen, also zur Variabilität von Standardvarietäten (vgl. Ammon 1995; Lenz/Glauninger 2015). Eine detaillierte Übersicht über noch weitere Varietäten und deren Erforschung gibt Dittmar (1997: 173–249).

▶ Als **Plurizentrizität** (zuweilen auch *Pluriarealität*) bezeichnet man das Phänomen, dass bestimmte Sprachen (wie das Deutsche, Englische oder Spanische) verschiedene Zentren haben, in denen diese Sprachen dominant gesprochen werden (im Fall des Deutschen: Deutschland, Österreich, die [Deutsch-]Schweiz, Liechtenstein, Luxemburg und [Ost-]Belgien).

▶ Von **Standardvariation** spricht man, wenn die Standardformen (die kodifizierten Formen) der Sprachen in den einzelnen Zentren variieren, wenn es also verschiedene *Standardvarietäten* gibt. Vgl. zur Vertiefung Dürscheid/Schneider (2019).

Weiterhin entwickelte sich in diesem Kontext ab den 1980er Jahren eine **historische Soziolinguistik**, die eine soziolinguistisch geprägte Sprachgeschichtsschreibung anstrebt und etwa die Entstehung des Standarddeutschen im Kontext des Bürgertums (vgl. Mattheier 1991), den Sprachgebrauch bestimmter sozialer Schichten (vgl. Linke 1996; Mihm 1998) oder auch Variation in der Alltagsschriftlichkeit (vgl. Elspaß 2005) in den Blick nimmt.

Seit den 1990er Jahren besonders stark ausgeprägt sind Forschungen zur regionalen Variation, die dialektologische mit soziolinguistischen Fragen verbinden und insbesondere auch das Kontinuum zwischen Standard- und Nonstandardvarietäten ausleuchten (vgl. Lenz 2003; Schmidt/Herrgen 2011). Einem Vorschlag von Mattheier (1980: 200) folgend, der diese Traditionslinie wesentlich mit angestoßen hat, bezeichnen sich viele Arbeiten aus diesem Bereich nicht mehr länger als ‚Varietätenlinguistik', sondern als ‚**Variationslinguistik**'. Ein Grund hierfür ist, dass man Varietäten nicht mehr als klar abgrenzbare Entitäten ansieht und dass man nicht mehr (wie dies in früheren varietätenlinguistischen Arbeiten der Fall war) das Ziel hat, bestimmte Varietäten zu rekonstruieren, sondern Variation in einem bestimmten Bereich zu beschreiben (s. Abschn. 5.3.3). Dabei sind auch sog. **perzeptionslinguistische Zugänge** zunehmend wichtig geworden. Diese von der US-amerikanischen *Folk Linguistics* bzw. *Perceptual Dialectology* (Niedzielski/Preston 2000; Preston 2019) inspirierten Forschungen nehmen Sprecher*innenurteile und -kategorisierungen von regionalen und sozialen Varianten in den Fokus (vgl. etwa Anders/Hundt/Lasch 2010; Krefeld/Pustka 2010; Purschke 2011; Stoeckle 2014; eine deutschsprachige Einführung bieten Sauer/Hoffmeister 2022).

Variationslinguistik in diesem Sinne ist die aktuell stärkste und produktivste Form der quantitativen Soziolinguistik im deutschen Sprachraum (vgl. Davies 2010); die Bedeutung der klassischen Varietätenlinguistik ist demgegenüber seit der Jahrtausendwende deutlich zurückgegangen.

4.3.3 Die interaktionale Traditionslinie

Neben der quantitativ und eher korrelativ ausgerichteten Variationslinguistik entwickelte sich im deutschsprachigen Raum ab den späten 1980er Jahren auch eine eher ethnographisch-interaktionale soziolinguistische Tradition. Diese wurde direkt von John Gumperz, dem Begründer der interaktionalen Soziolinguistik in den USA (s. Kap. 6), inspiriert, denn der aus Deutschland stammende Gumperz publizierte teilweise in deutschsprachigen Sammelbänden (bspw. Gumperz 1978), und er war in den 1980er und 1990er Jahren mehrfach an den Universitäten Konstanz und am Institut für Deutsche Sprache (Mannheim) als Gastprofessor tätig.

In seiner Zeit in Konstanz hat Gumperz dabei Soziolinguist*innen wie Peter Auer, Susanne Günthner und Helga Kotthoff inspiriert, die Gumperz' **Kontextualisierungstheorie** (vgl. etwa Auer 1986) und seinen interaktionalen Ansatz generell im deutschen Sprachraum bekannt machten. Am Institut für Deutsche Sprache hat Gumperz vor allem das von Werner Kallmeyer geleitete Projekt *Kommunikation in der Stadt* (vgl. Kallmeyer 1994/1995) geprägt, in dessen Kontext eine von Gumperz stark inspirierte **kommunikative soziale Stilistik** entwickelt wurde (vgl. Keim 2006; s. dazu auch das Fallbeispiel in Abschn. 6.6.2).

Weitere wichtige Arbeiten dieser Traditionslinie wurden ausgehend von der Universität Bielefeld (wo Kallmeyer zeitweise lehrte) von Margret Selting und Volker Hinnenkamp vorgelegt (vgl. bspw. Hinnenkamp/Selting 1989) und später an der Universität Potsdam und der Hochschule Fulda weiterentwickelt, wo Selting und Hinnenkamp Professuren innehatten. Selting entwickelt dabei ab den 1990er Jahren die interaktionale Soziolinguistik gemeinsam mit der u. a. in Konstanz sozialisierten Anglistin Elizabeth Couper-Kuhlen zu einer (die Soziolinguistik überschreitenden) **Interaktionalen Linguistik** weiter, in der Ansätze der interaktionalen Soziolinguistik mit anderen interaktionalen Ansätzen wie der Konversationsanalyse verbunden werden (vgl. Selting/Couper-Kuhlen 2000; Couper-Kuhlen/Selting 2018; Imo/Lanwer 2019).

Spezifisch für die interaktionale Traditionslinie ist es, dass die Vertreter*innen vielfach eng mit Soziolog*innen (wie Hubert Knoblauch) zusammenarbeiteten und damit die ursprüngliche **interdisziplinäre Ausrichtung** der Soziolinguistik wenigstens teilweise wiederherstellten. Ein wichtiges Zentrum hierfür bildete wiederum die Universität Konstanz, wo der Wissenssoziologe Thomas Luckmann (1927–2016) lehrte, der mit seinem Konzept der kommunikativen Gattungen auf die deutschsprachige interaktionale Tradition großen Einfluss genommen hat (vgl. Günthner/Knoblauch 1995; Linke 2007).

Eine in einiger Hinsicht eigenständige interaktionale Traditionslinie entwickelte sich überdies in der DDR (vgl. Helbig [1986] 1990; Janz 2013: 238–270). Dort wurde unter anderem eine **soziolinguistisch-pragmatische Stilistik** entwickelt, die Parallelen zur interaktionalen Stilistik aufweist (vgl. Fix 2013), außerdem wurde das Konzept der **Norm** in der Soziolinguistik zentral, das heißt handlungsleitende Setzungen adäquaten Sprachgebrauchs gerieten – nicht unähnlich der metapragmatischen Soziolinguistik (s. Kap. 7) – zentral in den Blick (vgl. die Beiträge in Hartung/Schönfeld 1981; zusammenfassend Helbig [1986] 1990: 248–252).

4.3.4 Neuere Entwicklungen

Seit Beginn des neuen Jahrtausends wurden auch in der deutschsprachigen Soziolinguistik die gesellschaftlich immer salienteren Themen **Migration, Mehrsprachigkeit und Globalisierung** zunehmend wichtig. Dabei wurden auch Impulse aus neueren (kritischen und metapragmatischen) Formen der angloamerikanischen Soziolinguistik (s. Kap. 7) aufgegriffen.

Diskutiert wurden dabei etwa Fragen des Umgangs mit Globalisierung in der Popkultur (vgl. Androutsopoulos 2003a), gelebte Mehrsprachigkeit und die Herausbildung sog. ethnolektaler Stile durch Sprecher*innen mit und ohne Migrationshintergrund (vgl. Androutsopoulos 2003b; Auer 2003; Deppermann 2008; Tissot/Schmid/Galliker 2011; Wiese 2012), politische Dimensionen von

Mehrsprachigkeit (vgl. Busch [2013] 2021) sowie auch der gesellschaftliche Umgang mit Migration und Globalisierung (vgl. Spitzmüller 2005; Dorostkar 2013; Flubacher 2014).

Weiterhin eröffnet sich die Soziolinguistik zunehmend auch den Kommunikationsraum der digitalen Medien sowie Schriftkommunikation generell. Unter dem Stichwort **Soziolinguistik der Schriftlichkeit** werden dabei Variationsphänomene im Bereich der Graphie zunehmend systematisch in den Blick genommen (vgl. Androutsopoulos 2007; Spitzmüller 2013; Androutsopoulos/ Busch 2020).

4.3.5 Soziolinguistik jenseits der *Soziolinguistik*

Die Soziolinguistik hat sich also auch im deutschsprachigen Raum, teilweise analog zu, teilweise aber auch unabhängig zur Entwicklung im angloamerikanischen Raum seit ihrer Entstehung vor gut einem halben Jahrhundert deutlich weiterentwickelt. Hier entstanden, maßgeblich unter der Führung von Ulrich Ammon, Norbert Dittmar und Klaus J. Mattheier, auch international bis heute **wichtige Publikationen** wie das internationale Jahrbuch *Sociolinguistica*, als zentrales Forum spezifisch für die europäische Soziolinguistik gegründet (seit 1987, Gründungsherausgeber: Ulrich Ammon, Klaus J. Mattheier und Peter H. Nelde, ab 2022 in Form einer Zeitschrift weitergeführt) und das zweibändige Handbuch *Soziolinguistik* (Erstauflage: Ammon/Dittmar/Mattheier 1987/1988), dessen breites Themenspektrum bis heute einzigartig ist. Beide Publikationen sind dreisprachig (Deutsch, Französisch, Englisch) und werden entsprechend auch außerhalb des deutschen Sprachraums rezipiert.

Dennoch hält sich gerade hier, im deutschsprachigen Raum – anders als im englischsprachigen, wo die Soziolinguistik nach wie vor eine der stärksten Fachbereiche der Sprachwissenschaft ist –, vielerorts der Eindruck, dass die Soziolinguistik ihre besten Tage gesehen habe. So diskutierte etwa der größte deutschsprachige Fachverband für gesellschaftsorientierte Sprachwissenschaft, die *Gesellschaft für Angewandte Linguistik* (GAL), im Jahr 2018 ernsthaft darüber, die Sektion *Soziolinguistik* aufzulösen, da Soziolinguistik **keine aktuelle Teildisziplin der Sprachwissenschaft** mehr sei. Das hat weniger damit zu tun, dass im deutschsprachigen Raum weniger Soziolinguistik betrieben würde als etwa im angloamerikanischen, sondern vielmehr damit, dass soziolinguistische Forschung hier oft **nicht als *Soziolinguistik* verstanden und bezeichnet** wird. Das fängt bei den soziolinguistischen Strömungen im engeren Sinne an, die das *Sozio-* vielfach aus der Disziplinenbezeichnung getilgt haben (vgl. *Variationslinguistik* vs. *variationist sociolinguistics*, *Interaktionale Linguistik* vs. *interactional sociolinguistics*).

Weiterhin wird das, was im angloamerikanischen Bereich selbstverständlich *sociolinguistics* ist, hierzulande oft **anderen Teildisziplinen zugeordnet:**

- Vieles, was *sociolinguistics* ist, ist hier **Angewandte Sprachwissenschaft** (wohingegen *applied linguistics* im englischsprachigen Raum vielfach das ist, was hier *Sprachlehr- und -lernforschung* heißt).
- Während (*Critical*) *Discourse Studies* (und auch einige damit assoziierte Formen der kritischen Diskursforschung in Österreich und Deutschland) sich als Teil der *sociolinguistics* verstehen, versteht sich *Diskurslinguistik* im deutschsprachigen Raum als eine eigenständige Disziplin und allenfalls als Erweiterung der Text- oder Medienlinguistik (vgl. Spitzmüller/Warnke 2011).
- Auch in der **Text- und Medienlinguistik** selbst werden vielfach soziolinguistische Fragen bearbeitet (aber eben nicht als soziolinguistische verstanden).
- Und seit einigen Jahren entwickelt sich überdies eine **kulturanalytische Linguistik**, die im Grunde zentrale soziolinguistische Themen bearbeitet, aber statt *Gesellschaft* das Konzept *Kultur* zentral setzt (s. Abschn. 2.4).

Dies sind nur einige Beispiele für Soziolinguistik jenseits der *Soziolinguistik*.

Nun muss man diese Entwicklung nicht negativ einschätzen. Vielleicht ist es sinnvoller, statt der hybriden „broad church" Soziolinguistik spezifischere und vielleicht auch konzeptionell erneuerte Teildisziplinen zu entwickeln. Allerdings besteht die Gefahr, dass die deutschsprachige Linguistik dadurch den **Kontakt zur internationalen Forschung** verliert, wo in der Soziolinguistik eben doch sehr viel passiert, was auch für die deutschsprachige gesellschaftsbezogene Sprachwissenschaft relevant ist.

Weiterhin besteht die Gefahr, dass der jedenfalls eine Zeit lang so **fruchtbare Austausch** mit Disziplinen wie der Soziologie, der Anthropologie und der Sozialpsychologie, der das gemeinsame Projekt der Soziolinguistik ursprünglich motiviert hat, vollends verloren geht. Und darum wäre es nun tatsächlich ausgesprochen schade.

4.4 Das Bernstein-Missverständnis

Ein möglicher Grund für das Verblassen der Soziolinguistik im deutschsprachigen Raum ist das Missverständnis, mit dem wir uns am Schluss dieses Kapitels beschäftigen wollen, ein Missverständnis, das die Wahrnehmung der Geschichte der Soziolinguistik und möglicherweise auch die mit der Bezeichnung ‚Soziolinguistik' (im Kontrast etwa zu ‚Variationslinguistik') assoziierte Art der Sprachwissenschaft erheblich geprägt hat.

Wir haben in der Einleitung dieses Buchs (Abschn. 1.4) auf Thomas Kuhns ([1962] 1999: 148) Feststellung hingewiesen, dass die Fachgeschichte einer Disziplin in Einführungsbüchern (und nicht nur dort) gerne ausgeblendet oder als „beständige[] historische[] Tradition" dargestellt wird, die es so niemals gegeben hat. Fachgeschichte wird gerne als zielgerichtet ablaufende (d. h. teleologische) Erfolgsgeschichte des stetigen Wissenszuwachses und der immer genaueren Erkenntnis präsentiert (vgl. Koerner 2006: 2811), nicht selten als eine Geschichte, die zielstrebig auf die Art von Forschung zuläuft, die der jeweilige Fachgeschichtsschreiber bzw. die jeweilige Fachgeschichtsschreiberin selbst betreibt. Der Sprachwissenschaftshistoriker Konrad Koerner (2006: 2812) nennt solche Formen der Fachgeschichtsschreibung kritisch „**celebratory or propagandistic histories of linguistics**".

Fester Bestandteil solcher Formen der Fachgeschichtsschreibung sind einerseits „die großen Helden eines früheren Zeitalters" (Kuhn [1962] 1999: 148), andererseits aber auch Figuren, die man als *fachgeschichtliche Verlierer*innen* bezeichnen kann: Personen, die nur noch deshalb erwähnt werden, weil die von ihnen propagierten Ansätze inzwischen – und in der Regel von den ‚großen Helden' – klar widerlegt worden seien. Die Ansätze selbst werden knapp dargestellt, meist etwas verwundert kommentiert und als ‚krude' abgetan. Die Geschichte solcher ‚Gescheiterter' wird von Einführungsbuch zu Einführungsbuch und von Einführungsvorlesung zu Einführungsvorlesung weitergetragen. Kaum jemand macht sich aber die Mühe, die aus heutiger Sicht angeblich so problematischen Texte dieser Personen selbst noch zu lesen. Tut man dies, stellt sich nicht selten heraus, dass dort nicht das steht, was nach fachgeschichtlicher Darstellung dort stehen sollte.

Diese Figuren dienen in der Fachgeschichte somit als Strohpuppen, die man möglichst konträr und überzeichnet zur eigenen Position aufbaut, um sie dann spektakulär abzufackeln und in deren Feuerschein zu glänzen (das ist das sog. **Strohmann-Argument**, englisch *straw man fallacy;* vgl. Walton 1996).

In der Sprachwissenschaftsgeschichte gehören zu diesen Figuren

- der Entwicklungspsychologe **Burrhus F. Skinner** (1904–1990), dem ein mechanistischer Behaviorismus im Sinne eines simplen Reiz-Reaktions-Prozesses nachgesagt wird, welchen Noam Chomsky mit seiner nativistischen Theorie der Universalgrammatik glanzvoll widerlegt habe, der aber tatsächlich vor allem soziale Einflussfaktoren auf menschliches Verhalten in den Mittelpunkt gestellt hat (vgl. Dinsmoor 1992; Goddard 2015),
- der gerne als ‚Hobby-Linguist' (vgl. Dittmar 2004: 701) abqualifizierte Sprachanthropologe **Benjamin Lee Whorf** (1897–1941), dem ein völlig überzeichneter sprachlicher Relativismus (die oben bereits erwähnte sog. ‚Sapir-Whorf-Hypothese') unterstellt wird, den er so niemals vertreten hat (vgl. Lucy 1985; Werlen 2002: 173–254)
- sowie der Bildungs- und Sprachsoziologe **Basil Bernstein** (1924–2000), der als Propagandist der ‚Defizithypothese' in die Geschichte der Soziolinguistik eingegangen ist.

Um Bernstein und die Missverständnisse, die seinen Ansatz betreffen, soll es im Folgenden gehen.

4.4.1 Bernstein und die ‚Defizithypothese'

Dass Basil Bernstein in den 1960er Jahren ‚die Defizithypothese aufgestellt' habe, die die frühe Soziolinguistik und die dortige Sprachbarrieren-Diskussion eine Zeit lang bestimmt habe, bis Bernstein durch Labovs ‚Differenzkonzeption' widerlegt worden sei, ist ein Narrativ, das insbesondere in der deutschsprachigen Literatur im Sinne eines Common Sense unermüdlich reproduziert wird (vgl. bspw. Helbig [1986] 1990: 254–258; Linke/Nussbaumer/Portmann 2004: 339–342; Veith 2005: 102–119; Sinner 2014: 12–13; Löffler 2016: 154–158; Dürscheid/Schneider 2019: 66–67).

Die **angebliche Kontroverse** zwischen Bernstein und Labov ist gern genommenes Thema von Seminararbeiten (wie ein Blick auf die einschlägigen Seiten wie grin.com und hausarbeiten.de zeigt). Auch der knappe deutschsprachige Wikipedia-Eintrag zu Bernstein beschränkt sich allein auf die Behauptung:

> „Basil Bernstein stellte in den 1960er Jahren die Defizithypothese (nach ihm Bernstein-Hypothese benannt) in der Soziolinguistik auf. Er stellte die Theorie auf, dass die Sprache der Unterschicht unterlegen gegenüber der Sprache der Mittel- und Oberschicht sei. Dabei unterschied er den restringierten Code und den elaborierten Code." (https://de.wikipedia.org/w/index.php?title=Basil_Bernstein&oldid=191843217; 28.12.2020)

Immerhin wird dies (seit einer Revision des Artikels 2012) durch die Anmerkung eingeschränkt, dass „Bernstein selbst [...] die Bezeichnung Defizithypothese ab[lehnte]. Er wollte den restringierten Code nicht als defizitär verstanden wissen, sondern nur als ‚anders'" (ebd.). Der längere Eintrag zum Lemma *Bernstein-Hypothese* (https://de.wikipedia.org/wiki/Bernstein-Hypothese) jedoch führt die etablierte Vorstellung aus, dass Bernstein eben ein Defizit im Sprachgebrauch der *working class* diagnostiziert habe.

Nun hat aber, wie die oben zitierte Wikipedia-Ergänzung zu Recht anmerkt, Bernstein tatsächlich nie postuliert, dass Angehörige bestimmter sozialer Schichten einen defizitären Sprachgebrauch haben (und auch der unglückliche Ausdruck *restringiert* ist, wie wir in Abschn. 4.4.3.2 sehen werden, nicht so zu verstehen). Im Gegenteil hat er selbst **gegen Defizit-Positionen** wiederholt und vehement Stellung bezogen (vgl. Bernstein [1970] 2003a, 1997, 2005).

Auch hat William **Labov nirgends Bernsteins Thesen ‚widerlegt'**, nicht einmal grundlegend ‚kritisiert'. Der Aufsatz, der in dem Zusammenhang zumeist genannt wird (Labov [1970] 1972), kritisiert in erster Linie amerikanische Entwicklungspsychologen (u. a. Carl Bereiter, Martin Deutsch, Siegfried Engelmann und Arthur Jensen), die für eine kompensatorische Erziehung eintreten und sich dabei in äußerst fragwürdiger Weise auf Bernstein (und vor allem auf dessen frühe Arbeiten) beziehen (vgl. Bolander/Watts 2009: 153–158). Es gibt nur wenige Stellen in Labovs Text, an denen Bernstein erwähnt wird. Die einzig wirklich kritischen, die Bernstein selbst betreffen, finden sich in einer Fußnote sowie in einer knappen kritischen Bemerkung, in der Labov anmerkt, dass Bernsteins Code-Konzept vage, empirisch wenig validiert und terminologisch unglücklich sei (vgl. Labov [1970] 1972: 213/222). An den anderen Stellen kritisiert Labov nicht Bernstein, sondern die problematische Interpretation seiner Konzepte und Forschungen durch die Entwicklungspsychologen:

> „Bernstein's views are *filtered* [by Jensen; Anm. J.S.] *through a strong bias* against all forms of working-class behavior, so that middle-class language is seen as superior in every respect – as ‚more abstract, and necessarily somewhat more flexible, detailed and subtle.'" (Labov [1970] 1972: 204; Herv. J.S.)
>
> „He [Bereiter; Anm. J.S.] identifies their speech with *his interpretation* of Bernstein's restricted code [...]." (Labov [1970] 1972: 205; Herv. J.S.)
>
> „Is the elaborated code of Bernstein really so ‚flexible, detailed and subtle' *as some psychologists believe* (e. g., Jensen [...])?" (Labov [1970] 1972: 213; Herv. J.S.)

Das heißt, Labov kritisiert zwar Defizit-Ansätze und schulische Kompensationsprogramme, aber genau dies hat Bernstein selbst auch getan, und nirgends zieht Labov mit einem Differenz-Programm gegen Bernstein zu Felde.

Die Geschichte, wie sie üblicherweise erzählt wird, ist also ein **Mythos,** der die Folge ist von vielfachen (von Bernstein durchaus mitverantworteten) Missverständnissen, aber auch von disziplinären Positionierungen, in denen Bernstein als Buhmann gerade recht kam. Doch wie kam es dazu?

4.4.2 Buhmann Bernstein

In den deutschsprachigen Forschungsdiskurs (und möglicherweise auch darüber hinaus) eingeführt wurde die Opposition zwischen *Defizithypothese* (assoziiert mit Bernstein) und *Differenzkonzeption* (assoziiert mit Labov) mit der ersten deutschsprachigen Monographie zur Soziolinguistik, Dittmar (1973). Die Etiketten *Defizithypothese* und *Differenzkonzeption* prägt der Autor des Buchs dabei selbst (vgl. Dittmar 1973: 1/128).

Dittmars Monographie ist eine ausgesprochen detaillierte und kenntnisreiche Diskussion des damaligen soziolinguistischen State of the Art. Diese ist aufgeteilt in eine akribische Auseinandersetzung mit Bernstein – dessen Thesen dem Autor zufolge die Soziolinguistik in der BRD bislang bestimmt haben (vgl. Dittmar 1973: 5) – und mit Adaptionen seiner Positionen in den Sozial- und Erziehungswissenschaften (auf den ersten 128 Seiten) sowie eine (den Rest des 308 Seiten langen Buchs einnehmende) Einführung und Diskussion des variationistischen Ansatzes von Labov sowie anderer soziolinguistischer Zugänge (u. a. von Fishman, Gumperz und Hymes).

Dittmar stellt Bernstein und Labov dabei nicht (wie dies im Anschluss dann zunehmend passiert ist) als direkte Opponenten dar, sondern als **prominente Vertreter zweier Paradigmen**, die wenigstens implizit mit der (angenommenen) oppositionellen Charakterisierung ‚ideologisch' vs. ‚wissenschaftlich' assoziiert werden:

- Als **‚ideologisch'** wird dabei die von gesellschaftlichen Vorurteilen (aus Mittelschichtsperspektive) untermauerte und diese zirkulär zu bestätigen versuchende ‚Defizit'-Soziolinguistik charakterisiert, für die Bernstein prototypisch stehe,
- als **‚wissenschaftlich'** – vorurteilsfrei, deskriptiv, politisch neutral – die ‚Differenz'-Soziolinguistik, für die Labov prototypisch stehe.

Wissenschaftspolitisch folgt aus dieser Konstruktion, dass die Soziolinguistik, wenn sie zu einer echten „neuen Wissenschaft" (Dittmar 1973: 160) werden möchte, sich von bürgerlich-ideologischen Perspektiven (aus denen die ‚Defizithypothese' hervorgehe) lösen müsse. Dies ermögliche die ‚Differenzkonzeption', die Soziolinguistik mit formaler Linguistik (Strukturalismus, Generativer Grammatik) und dem deskriptiven Wissenschaftsverständnis der 1970er Jahre vereinbar mache (vgl. Dittmar 1973: 128–159):

> „Sprachvariation wird also weniger auf der Basis normativer Wertmaßstäbe (oder gerichteter Hypothesen) als vielmehr unvoreingenommen (neutral im deskriptiven Sinne) analysiert." (Dittmar 1973: 129)

Bernstein und Labov fungieren dabei als **Anker-Figuren** einer ideologischen Konstruktion, die dazu dient, ‚gute' (oder ‚echte') von ‚schlechter' Soziolinguistik zu unterscheiden und damit die emergierende Teildisziplin ‚wissenschaftlich' (dem Wissenschaftsverständnis der Zeit gemäß) zu validieren.

Die Opposition zwischen diesen beiden Anker-Figuren wird möglichst groß gezeichnet, Gemeinsamkeiten werden ausgeblendet. So nimmt Dittmar durchaus zur Kenntnis, dass Bernstein sich gegen Kompensationsprogramme ausgesprochen hat, er nimmt ihm diese Position aber nicht ab (vgl. Dittmar 1973: 106) und sieht sie nur als Zeichen, dass Bernstein das Scheitern seines Programms anerkennen musste (vgl. Dittmar 1973: 125). Umgekehrt werden die offensichtliche politische Motivation Labovs und seine (Bernsteins nicht so fern stehenden) „normative[n] Wertmaßstäbe" weitgehend ausgeblendet.

Teil dieser wissenschaftspolitischen Validierungsstrategie ist möglicherweise auch das Bestreben, die Soziolinguistik als **echte (‚moderne') *Linguistik*** auszuweisen – hierfür spricht unter anderem der offensichtliche Drang zur formalen Linguistik und zur Formalisierung der Darstellung in diesen frühen Arbeiten –, und eben nicht als etwas, was etwa auch Soziolog*innen (oder gar ‚Hobby-Linguist*innen' wie Whorf) zu leisten vermöchten. Denn wäre dies so, wozu bräuchte man dann noch spezialisierte Linguist*innen (vgl. zu diesem Motiv grundsätzlich Agha 2007)?

4.4.3 Bernsteins Code-Theorie

Die in der Soziolinguistik diskutierte Code-Theorie (wie Bernstein selbst seinen Ansatz nannte) ist nur ein Aspekt der umfassenden und komplexen, bis heute aber im deutschsprachigen Raum nur wenig rezipierten **Bildungs- und Wissenssoziologie** Bernsteins (vgl. für einen Überblick Leufer 2016: 76–82).

Dass Bernsteins Gesamtwerk vergleichsweise wenig bekannt ist, liegt – wie wohl auch ein Teil der Missverständnisse – daran, dass es schwer zugänglich ist. Die komplexe Theorie wird über das gesamte Werk hinweg fortlaufend weiterentwickelt und modifiziert. Viele (auch zentrale) Modifikationen und Erweiterungen nimmt Bernstein dabei eher beiläufig vor, er sucht und verwirft permanent, auch Definitionen findet man eher implizit (vgl. Ivinson 2018: 541). Und Bernstein schreibt nicht sehr lesefreundlich.

Dieser **dialektische und esoterische Stil** ist stark vom französischen Strukturalismus und Poststrukturalismus geprägt, dem sich Bernstein stark verbunden fühlte. Er ist wohl – wie bei vielen französischen Poststrukturalisten auch (vgl. für Michel Foucault Spitzmüller/Warnke 2011: 65–67) – ein Grund dafür, dass das Werk (etwa von Dittmar 1973: 6) als ‚widersprüchlich' und ‚inkonsistent' empfunden wurde (vgl. dazu Leufer 2016: 79).

Auch die Code-Theorie selbst ist komplex und wurde von Bernstein immer wieder, auch in Reaktion auf Kritik, modifiziert. So hat Bernstein anfangs versucht, die beiden Codes (bzw. zunächst noch *Languages*) anhand von **formalen Aspekten** (wie der Syntax) zu differenzieren (vgl. etwa Bernstein [1959] 2003b) – ein Unterfangen, das ihm viel Kritik eingetragen hat und von dem er sich selbst auch mangels Evidenz bald verabschiedet hat, zumal es ihm um formale Aspekte eigentlich von Anfang an auch gar nicht ging (vgl. Bernstein [1971] 2003f.: 188, 2005: 1288).

Wegen dieser dynamischen Entwicklung und der vielfachen Adaptionen kann die Code-Theorie im Folgenden nur schlaglichtartig dargestellt werden. Das Ziel der Darstellung ist dabei vor allem, das **Zerrbild von Bernstein** als ‚dem mit der Defizithypothese', das durch die soziolinguistische Literatur geistert, und besonders hartnäckig durch die deutschsprachige, wenigstens etwas zu entzerren (vgl. für Details Bolander/Watts 2009; Leufer 2016: 75–124; Ivinson 2011, 2018).

4.4.3.1 *Dominanz,* nicht *Defizit*

Das wohl **zentrale Missverständnis** der Rezeption besteht darin, dass man die beiden Codes, die im Zentrum von Bernsteins Code-Theorie stehen (zum Code-Begriff s. Abschn. 4.4.3.4), als unterschiedlich leistungsfähige bzw. ‚ausgebaute' Formen des Sprachgebrauchs missverstanden hat:

> „Obwohl die linguistische Literatur zur funktionalen Beschreibung von Dialekten und Soziolekten lehrt, daß es keine linguistischen Kriterien gibt, sprachliche Varietäten in bessere und schlechtere zu klassifizieren, besteht die Originalität der BERNSTEINschen Auffassung gerade in der Behauptung, daß die Sprachverwendung der Mittelschicht unabhängig von der gemessenen Intelligenz der der Unterschicht an Explizitheit, grammatischer Korrektheit und logischer Analysefähigkeit überlegen ist. Daher bezeichnet er die Mittelschichtsprache als ‚elaboriert' und die Unterschichtsprache als ‚restringiert'." (Dittmar 1973: 8)

Genau das ist aber nicht gemeint, und Bernstein hat sich vielfach in seinem Werk gegen diese Interpretation gewehrt. Bernstein geht es durchaus um Bewertung von Sprachgebrauchsweisen und kommunikativen Praktiken – in heutiger soziolinguistischer Diktion würde man sagen: um **Sprachideologien und Sprachregime** (s. Kap. 7) –, aber er bewertet nicht diese selbst, sondern er bewertet die Art und Weise, wie sie in den von der Mittelschicht dominierten Bildungsinstitutionen bewertet werden – mit gravierenden Folgen für die Sprecher*innen:

> „Clearly one code is not better than another; each possesses its own aesthetic, its own possibilities. Society, however, may place different values on the orders of experience elicited, maintained and progressively strengthened through the different coding systems." (Bernstein [1970] 2003c: 106)

Wie Leufer treffend zusammenfasst:

> „Es ist [...] ausdrücklich zu bemerken, dass Bernstein [...] – entgegen einem verbreiteten Verständnis – nicht defizitäre Sprachformen, sondern die *Bewertung* unterschiedlicher sprachlicher Repertoires durch die Institution Schule problematisiert: Erst auf dieser Ebene also, erst im institutionalen Rahmen der pädagogischen Praxis, können sprachliche Codes als Realisierung sozialer Strukturen zu einem Medium der Reproduktion von Bildungsungleichheit werden. Schule ist damit auch für Bernstein eine Institution der ‚Mittelschicht'. Sie benachteiligt systematisch und reproduziert auf diese Weise soziale Ungleichheit [...]." (Leufer 2016: 88–89)

Wenn es Bernstein um ein Defizit geht, dann also um ein **Defizit im Bildungssystem,** das bestimmte Prozeduren sprachlicher Performanz stärker honoriert als andere und somit soziale Ungleichheit systematisch reproduziert.

Und genau dies verkennten, wie Bernstein betont, die Differenz-Ansätze, denn auch eine tausendfach wiederholte Betonung, dass alle Sprachgebrauchsformen prinzipiell gleichwertig seien, ändere nichts an der Tatsache, dass Menschen aufgrund ihres Sprachgebrauchs systematisch benachteiligt würden und dass **Sprachgebrauchsformen mit Machtpositionen assoziiert** seien. Wie Bernstein in einem postum erschienenen Text erläutert:

> „The code theory asserts that there is a social class regulated unequal distribution of privileging principles of communication, their generative interactional practices and material base with respect to primary agencies of socialisation (e. g. family) *and* that social class, indirectly, effects the classification and framing of the elaborated code transmitted by the school so as to facilitate and perpetuate its unequal acquisition. Thus the code theory accepts neither a deficit nor a difference position but draws attention to the relations between macro power relations and micro practices of transmission, acquisition and evaluation and the positioning and oppositioning to which these practices give rise." (Bernstein 2005: 1299–1300; Herv. im Orig.)

Insofern kann man Bernstein weder als Defizit- noch als Differenztheoretiker verstehen, sondern allenfalls (mit Heller/McLaughlin 2017) als einen ersten Vertreter der **Dominanzhypothese**, die in der kritischen Soziolinguistik wieder zentral geworden ist und in der es um „problems of power and inequality" (Heller/

McElhinny 2017: 214) im Zusammenhang mit sozial unterschiedlich bewerteten Sprachgebrauchsformen geht (s. Kap. 7).

4.4.3.2 Restricted und elaborated

Restricted code – die übliche deutsche Übersetzung als *restringierter Code* lässt dies kaum mehr erkennen – meint dabei nicht, dass der Sprachgebrauch *restringiert* (im Sinne von ‚defizitär') ist, sondern dass er Kontext voraussetzt (*restricted to context*).

Elaborated code meint demgegenüber, dass die damit bezeichnete Form der Performanz den Kontext, in dem eine Äußerung verstanden werden soll, selbst schafft (bzw. schaffen muss); das heißt, Kontext *wird* – nicht ‚Code *ist*' – elaboriert:

> „I have suggested that restricted speech variants are context-dependent, give rise to particularistic orders of meaning, where principles are verbally implicit or simply announced; whereas elaborated speech variants are context-independent, give rise to universalistic orders of meaning, where principles are made verbally explicit and elaborated." (Bernstein [1971] 2003e: 11)

Was Bernstein also (durchaus etwas unglücklich bezeichnet) unterscheiden will, sind – wie man heute sagen würde – **Formen unterschiedlich indexikalischen Sprechens** bzw. – in Michael Silversteins (2003) Unterscheidung – *indexikalisch präsupponierendes* Sprechen (das Kontextwissen voraussetzt) und *indexikalisch kreatives* Sprechen (das Kontext schafft), denn:

> „Clearly, in a fundamental sense all meanings are context dependent but meanings can differ with respect to their relationships to a local context and in the nature of the social assumption upon which they rest." (Bernstein 2005: 1288)

Bernsteins These ist, dass diese beiden (wohl als graduell zu verstehenden) Formen der Bedeutungskonstruktion allen Sprecher*innen grundsätzlich zur Verfügung stehen, dass ihre Realisierung aber ihrerseits von **spezifischen Kontexten** und von den **sozialen Beziehungen** zwischen den Interaktanden abhänge. Mit Blick auf den restricted code etwas stellt Bernstein klar:

> „In the case of a restricted code the speech is played out against a back-cloth of assumptions common to the speakers, against a set of shared interests and identifications, in short against a cultural identity which reduces the need for the speakers to elaborate verbally their intent and make it explicit. If you know somebody very, very well, an enormous amount may be taken for granted, you do not have to put into words all that you feel because the feelings are common. [...] a restricted code is not necessarily class-linked but will arise in closed communities like a prison, combat units in the armed services, but also between close friends, in the peer group of children and adolescents. In fact, wherever the form of the social relationship is based upon some extensive set of closely shared identifications self-consciously held by the members." (Bernstein 1964: 58)

4.4.3.3 Schichtenspezifik der Codes

Aufgrund ihrer jeweils **spezifischen sozialen Hintergründe und Interaktionsbiographien** seien diese Formen der Bedeutungsherstellung nun aber Angehörigen verschiedener sozialer Schichten nicht in gleichem Maße verfügbar:

- Angehörige der **Arbeiterschicht** seien es eher gewohnt, indexikalisch präsupponierend zu sprechen – also beim Gegenüber Kontextwissen vorauszusetzen –,
- während Angehörige der **Mittelschicht** es eher gewohnt seien, indexikalisch kreativ zu sprechen, das heißt, von einem Mangel an Kontextwissen beim Gegenüber auszugehen und daher Kontext zu elaborieren.

Im Anschluss an Émile Durkheim (s. Abschn. 2.1.1) geht Bernstein dabei von einem Gesellschaftsmodell aus, das zwischen sozialen Gebilden mit **organischer** und **mechanischer Solidarität** unterscheidet. Soziale Gebilde mit organischer Solidarität sind geprägt von starker Spezialisierung und Arbeitsteilung (*Vergesellschaftung* nach Max Weber), in sozialen Gebilden mit mechanischer Solidarität gibt es wenig Arbeitsteilung (alle machen alles; *Vergemeinschaftung* nach Max Weber).

Bernstein überträgt dieses Gesellschaftsmodell nun auf Typen **sozialer Relationen in Familien,** die er wiederum als schichtentypisch (nicht aber schichtenexklusiv!) ansieht (vgl. Bernstein [1972] 2003d: 114):

- Die *working class* sei von mechanischer Solidarität geprägt, ein hohes Maß an geteiltem Wissen werde gegenseitig vorausgesetzt, deswegen müsse dort der Kontext nicht elaboriert werde, der *restricted code* sei üblich.
- Die *middle class* hingegen sei von organischer Solidarität geprägt, geteiltes Wissen könne vielfach nicht gegenseitig vorausgesetzt werden, deswegen müsse der Kontext dort elaboriert werden, der *elaborated code* sei üblich.

Weiterhin unterscheidet Bernstein verschiedene **Formen der sozialen Organisation** (*modes of control*) in Familien (vgl. Bernstein [1972] 2003d: 118–127):

- In *positional families* (typisch für die *working class*) werden Entscheidungen eher status- und rollenbezogen getroffen, dies begünstige den *restricted code*.
- In *personal families* (typisch für die *middle class*) würden Entscheidungen eher mit Bezug auf persönliche Eigenschaften getroffen, die daher elaboriert und ausgehandelt werden müssten. Dies begünstige den *elaborated code.*

Diese **binären Unterscheidungen** hat Bernstein dabei durchaus (innerhalb der Schichten) zu differenzieren versucht. Er hat auch immer wieder betont, dass die Korrelation mit den Klassen nicht überbewertet werden solle und dass sie auch lokalen Spezifika und sozialem Wandel unterworfen seien (in seinen Arbeiten geht es Bernstein spezifisch um das London der 1950er und 1960er Jahre mit seiner noch recht ausgeprägten sozialen Stratifizierung; vgl. Cook-Gumperz 2009: 125).

Dennoch sind diese recht groben Zuteilungen – neben dem zuweilen sehr unbeholfenen und unglücklichen Versuch vor allem in den früheren Arbeiten, sprachliche Praktiken formal zu differenzieren – sicher die **problematischsten Aspekte der Code-Theorie** (vgl. Schlieben-Lange 1973: 54–55).

Zugutehalten muss man Bernstein dabei aber, dass er einer der wenigen ist, die den Versuch gewagt haben, sprachliche Variation (und damit verbundene soziale Ungleichheit) aus soziologischen Gegebenheiten und auf der Grundlage von (klassischen) Gesellschaftstheorien nicht nur zu beschreiben, sondern auch zu **erklären**.

4.4.3.4 Codes vs. Varietäten

Das Verständnis des Unterfangens, sprachliche Praktiken soziologisch zu erklären, ist essenziell zum Verständnis des zentralen, aber schwer zu fassenden **Konzept des Codes**, mit dem Bernstein selbst über sein ganzes Werk hinweg immer wieder gerungen hat. Auch hier geht Bernstein typisch poststrukturalistisch vor, indem er vor allem immer wieder – ähnlich wie Foucault dies bei der Bestimmung von *Diskurs* tut – betont, was er mit ‚Code' gerade *nicht* meint.

Hierzu gehören insbesondere, wie Bernstein nicht müde wird zu betonen, soziolinguistische Kategorien wie **Varietät** oder englisch *dialect*:

> „There is no reason to believe that in our terms any language variety can realise only one code. It is therefore highly misleading and inaccurate to equate a standard variety with an elaborated code and a nonstandard variety with a restricted code, even though there may well be a class distribution of language varieties. Codes and dialects belong to different theoretical discourses, to different theories, and address fundamentally different problematics." (Bernstein 2005: 1298)

Während Varietäten Abstraktionsklassen von Sprachgebrauchsformen seien, die aufgrund von formalen (phonologischen, lexikalischen, morphologischen, syntaktischen) Eigenschaften von anderen Varietäten – *deskriptiv,* wie Bernstein (2005: 1298) betont – differenziert werden können, bezeichne ‚Code' so etwas wie ein **regulatives Prinzip** der Interaktion bzw. der Bedeutungs(ko)konstruktion in spezifischen Kontexten („a regulative principle controlling speech realizations in diverse social contexts"; Bernstein [1971] 2003e: 9). Im Zentrum stehen also geteilte Bedeutungsuniversen von Kollektiven sowie deren soziales Ordnungspotenzial:

> „What is at stake is not the issue of the *intrinsic* nature of different varieties of language but different modalities or privileged meanings, practices, and social relations which act selectively upon shared linguistic resources. A language variety cannot be defined with respect to meanings, practices, and social relations. Codes are not varieties." (Bernstein 2005: 1298; Herv. im Orig. gesperrt)

4.4 Das Bernstein-Missverständnis

Cook-Gumperz reformuliert die Idee treffend:

> „We can now see that what Bernstein then called a communicative code was largely a matter of discourse through which modes of argumentation mediated differing life worlds." (Cook-Gumperz 2009: 126)

Daher sei es auch unangemessen, bestimmte **Varietäten** mit einem der beiden Codes gleichzusetzen. Genau dies ist aber in der Rezeption (in der Adaption wie in der Kritik) vielfach geschehen, *restricted code* wurde als ‚eingeschränkte Varietät' missverstanden, *elaborated code* als ‚ausgebaute'.

Darüber hat man dann auch das auch heute noch hochaktuelle Plädoyer Bernsteins übersehen, sprachliche Variation als **Ressource, und nicht als Barriere,** zu betrachten – eine Position, die sich im Wesentlichen mit der von Labov, dem Sprachsystems ‚Anti-Bernstein', deckt.

4.4.3.5 Kontextuelle Beschränkungen und soziale Ungleichheit

Der zentrale Gedanke der Code-Theorie ist nun aber, dass die Ressource, die sprachliche Variation bietet, in der sozialen Praxis mit bestimmten kontextuellen Beschränkungen konfrontiert wird. So unbegrenzt die Möglichkeiten jedes Sprachsystems *potenziell* auch immer sein mögen – die **Funktionalität sprachlicher Performanz** ist *kontextuell* stets begrenzt. Und darum – nicht (wie der Variationslinguistik) um Sprache im Sinne eines kontextabstrakten Systems – geht es Bernstein (auch in dieser Hinsicht ähneln seine Ideen denen Michel Foucaults; vgl. Spitzmüller/Warnke 2011: 27–28):

> „[…] I am not concerned with language, but with speech, and concerned more specifically with the contextual constraints upon speech." (Bernstein [1971] 2003g: 135)

Wie Bernstein betont, ist der (ohnehin ökonomischere) *restricted code* in vielen Kontexten, in denen Kontext nicht elaboriert werden muss, dem *elaborated code* überlegen (vgl. Bernstein [1959] 2003b: 40, [1970] 2003c: 107, [1972] 2003d: 111). Allerdings sind Kontexte und die dort akzeptierten Formen der Bedeutungskonstruktion auch **sozial regimentiert.** Kontextuelle Beschränkungen sind mithin vielfach sozial bedingte – und aus sozialen Machtpositionen administrierte – Beschränkungen.

So werde in der **Schule,** um auf Bernsteins zentrales Feld zurückzukommen, *elaborated code* grundsätzlich höher bewertet – man denke an Aufforderungen wie *Sprich in ganzen Sätzen!* und *Führ das bitte aus!* –, die Prozeduren der Bedeutungskonstruktion, die Bernstein dem *restricted code* zuordnet, werden (wohlgemerkt von der Institution Schule) devaluiert, und so würden Schüler*innen aus bestimmten sozialen Milieus demotiviert.

Das folgende Zitat macht diese Position – und die Tatsache, dass es gerade nicht um defizitäre Sprachgebräuche geht – unmissverständlich deutlich:

> „Now because the sub-culture through its forms of social integration generates a restricted code, it does not mean that the resultant speech and meaning system is linguistically or culturally deprived, that the children have nothing to offer the school, that their

imaginings are not significant. Nor does it mean that we have to teach the children formal grammar. Nor does it mean that we have to interfere with their dialect. There is nothing, but nothing, in the dialect as such, which prevents a child from internalizing and learning to use universalistic meanings. But if the contents of learning, the examples, the reading books, are not contexts which are triggers for the children's imaginings, are not triggers on the children's curiosity and explorations in his [sic!] family and community, then the child is not at home in the educational world. If the teacher has to say continuously, ‚Say it again darling, I didn't understand you', then in the end the child may say nothing. *If the culture of the teacher is to become part of the consciousness of the child, then the culture of the child must first be in the consciousness of the teacher.* This may mean that the teacher must be able to understand the child's dialect, rather than deliberately attempt to change it. Much of the contexts of our schools are unwittingly drawn from aspects of the symbolic world of the middle class, and so when the child steps into school he is stepping into a symbolic system which does not provide for him a linkage with his life outside." (Bernstein [1970] 2003a: 153–154; Herv. im Orig.)

4.4.4 Bernsteins ‚Rehabilitation' und die kritische Soziolinguistik

Auch wenn es in vielen fachgeschichtlichen Darstellungen so erscheint, war Bernstein nach der Defizit-Debatte keinesfalls in der ganzen Soziolinguistik desavouiert.

In der **Sprachanthropologie** waren Bernsteins Arbeiten weiterhin wichtig. Für John Gumperz, dessen Gattin Jenny Cook-Gumperz Assistentin von Bernstein war, lieferten Bernsteins Forschungsergebnisse die Grundlage für „[p]erhaps the most important criticism of the correlation approach to sociolinguistics":

> „The linguistic features which mark Bernstein's distinction roughly correlate with differences in class; but his sociological analysis demonstrates important differences in the norms or social rules underlying the informants' communicative behavior, differences which affect their perceptions of social relationships. Bernstein goes on to show that although restricted code speakers are more frequently found among the lower strata, they are also found in certain upper-class groups. There is no means of explaining such subcultural differences by a correlational method." (Gumperz 1967: 131)

Außerdem war die von diesem herausgearbeitete Bedeutung des Kontextbezugs von Kommunikation (und des Effekts von Rekontextualisierungen) eine wichtige Inspiration für das mit Jenny Cook-Gumperz erarbeitet Konzept der **Kontextualisierung** (vgl. Cook-Gumperz/Gumperz 1976; zum Konzept s. Abschn. 6.5.2).

Dell Hymes wiederum würdigte Bernstein als einen der wichtigsten Wegbereiter für die Erforschung **sprachbedingter sozialer Ungleichheit** und Begründer einer „sociolinguistic theory of ideology" (Hymes [1995] 1996: 187):

> „[…] much of his work has concentrated on the ideological role of the supposedly superior code, the elaborated code, and on the way in which pedagogy is central to reproduction of a social order […]." (Hymes [1995] 1996: 188)

Wichtig blieben Bernsteins Arbeiten weiterhin in der **systemisch-funktionalen Linguistik** und Sozialsemiotik von M. A. K. Halliday und Ruqaiya Hasan, mit denen Bernstein eng kooperierte, sowie in der davon inspirierten kritischen Diskursanalyse etwa von Gunther Kress, Norman Fairclough oder Ruth Wodak (vgl. Ivinson 2011: 49–51).

Bernsteins Code-Theorie blieb also eine Referenztheorie vor allem in den Bereichen der Soziolinguistik, die sich mit sozialer Ungleichheit, Machtfragen, Sprachbewertungen und -rangierungen sowie mit der Kontextualität und Indexikalität von Kommunikation befasst haben. Von daher ist es nicht überraschend, dass gerade aus der relativ neuen **kritischen Soziolinguistik**, in der Macht und soziale Ungleichheit auch im Bildungssektor wieder ins Zentrum gerückt sind (vgl. Heller/McLaughlin 2017), Versuche gestartet wurden, Bernstein zu ‚rehabilitieren' (Blommaert 2005: 12–13, 2008; Bolander/Watts 2009; Heller/McElhinny 2017: 206–207).

Nicht ganz unproblematisch ist dabei aber, dass Bernsteins Theorie stark auf einer **strukturfunktionalen Gesellschaftstheorie** aufbaut und dass er Einflüsse vom sozialen Umfeld auf den Sprachgebrauch nicht nur korrelativ, sondern explizit kausal versteht (vgl. Ivinson 2011: 51), was zum Teil mit der seinerzeit privilegierten korrelativen sozialwissenschaftlichen Methodik zusammenhängt (vgl. Ivinson 2018: 541–542). Dies steht in einem gewissen Spannungsverhältnis zur eher konstruktiven Gesellschaftstheorie der kritischen Soziolinguistik, was jedenfalls diskutiert werden muss.

Weiterhin ist (wie bei anderen Theoretikern wie Bourdieu und Foucault auch) natürlich zu berücksichtigen, dass sich Bernsteins Forschungen stark auf eine **bestimmte soziale Konstellation** (England/London der Nachkriegszeit; vgl. dazu Bolander/Watts 2009: 147–149) beziehen und daher nur bedingt generalisiert werden können (vgl. hierzu Blommaert 2005: 36).

Viele von Bernsteins empirischen Ergebnissen sind aus diesen Gründen ganz sicher sehr kritisch zu lesen, und für einiges, was Bernstein herauszuarbeiten versucht hat, gibt es in der Soziolinguistik inzwischen besser ausgearbeitete und auch intuitivere Konzepte. Trotzdem lohnt es sich, gerade mit Blick auf die Fragen, die sich die Soziolinguistik zurzeit (wieder) stellt (s. Kap. 7), Bernstein noch einmal neu und unvoreingenommen zu lesen, und sei es nur, um seine **Leistung für die Entwicklung der Soziolinguistik fair zu würdigen**.

Unabhängig von Bernsteins Werk zeigt das Bernstein-Missverständnis schließlich und nicht zuletzt, dass es immer geboten ist, sich die Texte derer, die in der Literatur schnell zu ‚Gescheiterten der Fachgeschichte' erklärt werden, selbst zur Hand zu nehmen (und das gilt selbstverständlich auch für die Texte derer, die in diesem Buch kritisch oder auch zustimmend diskutiert werden).

4.5 Empfohlene Literatur zur Vertiefung

Zur Geschichte der Soziolinguistik (bzw. einzelner Varianten) liegen eine ganze Reihe kürzerer Abhandlungen (v. a. in Einführungsbüchern wie diesem) vor. Zumeist liegt der Fokus aber auf einzelnen Schulen, die als Fluchtpunkt des Narrativs dienen, entsprechend wird dieses auf eine bestimmte Entwicklungstendenz zugeschnitten. Deshalb empfiehlt es sich, die verschiedenen Geschichten kritisch zu lesen und miteinander zu kontrastieren.

Gute, differenzierte Einblicke in die Historiographie verschiedener Varianten der Soziolinguistik bieten die Handbücher von Ammon u. a. (2004) und Wodak/Johnstone/Kerswill (2011).

Die ausführlichste Darstellung der Entstehung der Variationslinguistik bietet Tagliamonte (2016). Allerdings ist das Buch mit kritischer Distanz zu lesen. Tagliamontes anekdotisch gehaltene, durchaus spannende Geschichtensammlung erzählt die Fachgeschichte als Sammlung persönlicher Erweckungsgeschichten (mit William Labov als Leuchtfigur an der Spitze), die Autorin verbirgt ihre Ehrfurcht vor den ‚Helden' des Fachs nicht. Es empfiehlt sich in jedem Fall, zusätzlich die kritischere Historiographie von Heller/McElhinny (2017: 192–226) heranzuziehen, die auch die politischen Rahmenbedingungen der Fachgeschichte beleuchtet.

Für die Geschichte der Soziolinguistik im deutschsprachigen Raum (allerdings mit Fokus auf die Bundesrepublik Deutschland) empfiehlt sich Auer (2015), zur Soziolinguistik in der DDR ist neben dem Rückblick von Janz (2013) die Darstellung von Helbig ([1986] 1990: 238–270) instruktiv. Spezifische Darstellungen zur Entwicklung in Österreich und der Schweiz liegen leider noch nicht vor.

Literatur

Agha, Asif (2007): The object called „language" and the subject of linguistics. In: *Journal of English Linguistics* 35/3, S. 217–235.

Althusser, Louis (1977): Ideologie und ideologische Staatsapparate (Anmerkungen für eine Untersuchung). In: Louis Althusser: *Ideologie und ideologische Staatsapparate. Aufsätze zur marxistischen Theorie*. Übers. v. Rolf Löper, Peter Schöttler und Klaus Riepe. Hamburg/Berlin: VSA, S. 108–153 [zuerst frz.: Idéologie et appareils idéologiques d'état (Notes pour une recherche). In: *La Pensée* 151 (1970), S. 3–38].

Ammon, Ulrich (1972): *Dialekt, soziale Ungleichheit und Schule*. Weinheim: Beltz (Pragmalinguistik 2).

Ammon, Ulrich (1995): *Die deutsche Sprache in Deutschland, Österreich und der Schweiz. Das Problem der nationalen Varietäten*. Berlin/New York: de Gruyter.

Ammon, Ulrich/Dittmar, Norbert/Mattheier, Klaus J. (Hg.) (1987/1988): *Soziolinguistik. Ein internationales Handbuch zur Wissenschaft von Sprache und Gesellschaft*. 2 Bde. Berlin/New York: de Gruyter (Handbücher zur Sprach- und Kommunikationswissenschaft 3).

Ammon, Ulrich u. a. (Hg.) (2004): *Soziolinguistik. Ein internationales Handbuch zur Wissenschaft von Sprache und Gesellschaft*. Bd. 1. 2., vollst. neu bearb. u. erw. Aufl. Berlin/New York: de Gruyter (Handbücher zur Sprach- und Kommunikationswissenschaft 3.1).

Ammon, Ulrich u. a. (Hg.) (2005): *Soziolinguistik. Ein internationales Handbuch zur Wissenschaft von Sprache und Gesellschaft*. Bd. 2. 2., vollst. neu bearb.u. erw. Aufl. Berlin/New York: de Gruyter (Handbücher zur Sprach- und Kommunikationswissenschaft 3.2).

Anders, Christina Ada/Hundt, Markus/Lasch, Alexander (Hg.) (2010): *Perceptual Dialectology. Neue Wege der Dialektologie*. Berlin/New York: de Gruyter (Linguistik – Impulse & Tendenzen 38).

Androutsopoulos, Jannis (1998): *Deutsche Jugendsprache. Untersuchungen zu ihren Strukturen und Funktionen*. Frankfurt a. M. u. a.: Peter Lang (vario lingua 6).

Androutsopoulos, Jannis (Hg.) (2003a): *HipHop. Globale Kultur – lokale Praktiken*. Bielefeld: transcript (Cultural Studies 3).
Androutsopoulos, Jannis (2003b): „jetzt speak something about italiano". Sprachliche Kreuzungen im Alltagsleben. In: Jürgen Erfurt (Hg.): *„Multisprech". Hybridität, Variation, Identität*. Osnabrück: Universitätsverlag Rhein-Ruhr (Osnabrücker Beiträge zur Sprachtheorie 65), S. 79–109.
Androutsopoulos, Jannis (2007): Neue Medien – neue Schriftlichkeit? In: *Mitteilungen des deutschen Germanistenverbandes* 54/1, S. 72–97.
Androutsopoulos, Jannis/Busch, Florian (Hg.) (2020): *Register des Graphischen. Variation, Interaktion und Reflexion in der digitalen Schriftlichkeit*. Berlin/Boston: De Gruyter (Linguistik – Impulse & Tendenzen 87).
Auer, Peter (1986): Kontextualisierung. In: *Studium Linguistik* 19, S. 22–47.
Auer, Peter (1990): *Phonologie der Alltagssprache. Eine Untersuchung zur Standard/Dialekt-Variation am Beispiel der Konstanzer Stadtsprache*. Berlin/New York: de Gruyter (Studia Linguistica Germanica 28).
Auer, Peter (2003): ‚Crossing' the language border into Turkish? Uses of turkish by non-turks in Germany. In: Lorenza Mondada/Simona Pekarek Doehler (Hg.): *Plurilinguisme – Mehrsprachigkeit – Plurilingualism. Enjeux identitaires, socio-culturels et educatifs*. Festschrift pour Georges Lüdi. Tübingen: Francke, S. 73–94.
Auer, Peter (2013): *Sprachliche Interaktion. Eine Einführung anhand von 22 Klassikern*. 2., überarb. Aufl. Berlin/Boston: De Gruyter (De Gruyter Studium).
Auer, Peter (2015): Die Geschichte der germanistischen Soziolinguistik in Deutschland. Eine Skizze. In: Ludwig M. Eichinger (Hg.): *Sprachwissenschaft im Fokus. Positionsbestimmungen und Perspektiven*. Berlin/Boston: De Gruyter (Jahrbuch des Instituts für Deutsche Sprache 2014), S. 379–405.
Bacher, Johann/Moosbrugger, Robert (2019): Bildungsabschlüsse, Bildungsmobilität und Bildungsrenditen. Entwicklungen. In: Johann Bacher u. a. (Hg.): *Sozialstruktur und Wertewandel in Österreich. Trends 1986–2016*. Wiesbaden: Springer VS, S. 131–157.
Ball, Martin J. (Hg.) (2010): *The Routledge Handbook of Sociolinguistics Around the World*. London/New York: Routledge.
Bell, Allan/Sharma, Devyani/Britain, David (2016): Labov in sociolinguistics: An introduction. In: *Journal of Sociolinguistics* 20/4, S. 399–408.
Bernstein, Basil (1964): Social class, speech systems and psycho-therapy. In: *British Journal of Sociology* 15/1, S. 54–64.
Bernstein, Basil (1997): Sociolinguistics: a personal view. In: Christina Paulston/Richard Tucker (Hg.): *The Early Days of Sociolinguistics. Memories and Reflections*. Dallas: SIL International (Publications in Sociolinguistics 2), S. 43–52.
Bernstein, Basil (2003a): A critique of the concept of compensatory education. In: Bernstein ([1971] 2003h), S. 147–155 [zuerst in: A. Harry Passow (Hg.): *Improving Opportunities for the Disadvantaged*. New York: Teachers College Press 1970].
Bernstein, Basil (2003b): A public language. Some sociological implications of a linguistic form. In: Bernstein ([1971] 2003h), S. 31–45 [zuerst in: *British Journal of Sociology* X (1959), S. 311–326].
Bernstein, Basil (2003c): A socio-linguistic approach to social learning. In: Bernstein ([1971] 2003h), S. 93–109 [zuerst in: A. Harry Passow (Hg.): *Improving Opportunities for the Disadvantaged*. New York: Teachers College Press 1970].
Bernstein, Basil (2003d): A socio-linguistic approach to socialization. With some reference to educability. In: Bernstein ([1971] 2003h), S. 111–131 [zuerst in: Dell Gumperz John J. Hymes (Hg.): *Directions in Sociolinguistics. The Ethnography of Communication*. New York u. a.: Holt, Rinehart and Winston 1972, S. 465–497].
Bernstein, Basil (2003e): Introduction. In: Bernstein ([1971] 2003h), S. 1–15.
Bernstein, Basil (2003f): Postscript. In: Bernstein ([1971] 2003h), S. 183–199.

Bernstein, Basil (2003g): Social class, language and socialization. In: Bernstein ([1971] 2003h), S. 132–146.
Bernstein, Basil (2003h): *Class, Codes and Control*. 4 Bde. Bd. 1: *Theoretical Studies Towards a Sociology of Language*. London/New York: Routledge [zuerst: London: Routledge & Kegan Paul 1971].
Bernstein, Basil (2005): Social class and sociolinguistic codes. In: Ammon u. a. (2005), S. 1287–1303.
Berthele, Raphael (2004): Dialektsoziologie – Soziolinguistische Aspekte der Dialektologie. In: Ammon u. a. (2004), S. 721–738.
Bittner, Johannes (2003): *Digitalität, Sprache, Kommunikation. Eine Untersuchung zur Medialität von digitalen Kommunikationsformen und Textsorten und deren varietätenlinguistischer Modellierung*. Berlin: Erich Schmidt (Philologische Studien und Quellen 178).
Blackledge, Adrian/Creese, Angela (2010): Towards a sociolinguistics of superdiversity. In: *Zeitschrift für Erziehungswissenschaft* 13, S. 549–572.
Blommaert, Jan (2005): *Discourse. A Critical Introduction*. Cambridge: Cambridge University Press (Key Topics in Sociolinguistics).
Blommaert, Jan (2008): Bernstein and poetics revisited. Voice, globalization and education. In: *Discourse & Society* 19/4, S. 425–451.
Blommaert, Jan (2010): *The Sociolinguistics of Globalization*. New York: Cambridge University Press (Cambridge Approaches to Language Contact).
Bogusz, Tanja (2019): Kultursoziologie und Kultur- und Sozialanthropologie. In: Stephan Moebius/Frithjof Nungesser/Katharina Scherke (Hg.): *Handbuch Kultursoziologie*. Bd. 1: *Begriffe – Kontexte – Perspektiven – Autor_innen*. Wiesbaden: VS Verlag für Sozialwissenschaften, S. 291–304.
Bolander, Brook/Watts, Richard J. (2009): Re-reading and rehabilitating Basil Bernstein. In: *Multilingua* 28, S. 143–173.
Bourdieu, Pierre (1977): The economics of linguistic exchanges. In: *Information (International Social Science Council)* 16/6, S. 645–668 [zuerst frz.: L'économie des échanges linguistiques. In: *Langue française* (1977), S. 17–34].
Brandist, Craig (2003): The origins of Soviet sociolinguistics. In: *Journal of Sociolinguistics* 7/2, S. 213–231.
Brandist, Craig (2015): *The Dimensions of Hegemony. Language, Culture and Politics in Revolutionary Russia*. Leiden/Boston: Brill (Historical Materialism 86).
Bright, William (1966a): Introduction. The dimensions of sociolinguistics. In: Bright (1966b), S. 11–15.
Bright, William (Hg.) (1966b): *Sociolinguistics*. Proceedings of the UCLA Sociolinguistics Conference. Den Haag/Paris: Mouton (Janua Linguarum. Series Maior 20).
Bright, William (1996): Sociolinguistics and scripts. In: Peter T. Daniels/William Bright (Hg.): *The World's Writing Systems*. New York/Oxford: Oxford University Press, S. 763–764.
Bucholtz, Mary/Hall, Kira (2008): All of the above. New coalitions in sociocultural linguistics. In: *Journal of Sociolinguistics* 12/4, S. 401–431.
Bühler, Karl (1927): *Die Krise der Psychologie*. Jena: Gustav Fischer.
Bühler, Karl (1999): *Sprachtheorie. Die Darstellungsfunktion der Sprache*. Stuttgart: Lucius & Lucius (UTB 1159) [zuerst: Jena: Fischer 1934].
Bunzl, Matti (1996): Franz Boas and the Humboldtian tradition. From *Volksgeist* and *Nationalcharakter* to an anthropological concept of culture. In: George W. Stocking (Hg.): *Volksgeist as Method and Ethic. Essays on Boasian Ethnography and the German Anthropological Tradition*. Madison: University of Wisconsin Press (History of Anthropology 8), S. 17–78.
Burzan, Nicole (2011): *Soziale Ungleichheit. Eine Einführung in die zentralen Theorien*. 4. Aufl. Wiesbaden: VS Verlag für Sozialwissenschaften (Studientexte zur Soziologie).
Busch, Brigitta (2021): *Mehrsprachigkeit*. 3., vollst. überarb. u. erg. Aufl. Wien: Facultas (UTB 3774) [zuerst: 2013].

Calvet, Louis-Jean (2003): Reflections on the origins of sociolinguistics in Europe. In: Christina Paulston/Richard Tucker (Hg.): *Sociolinguistics. The Essential Readings*. Massachusetts: Blackwell, S. 17–24.
Cameron, Deborah (1990): Demythologizing sociolinguistics. Why language does not reflect society. In: John E. Joseph/Talbot J. Taylor (Hg.): *Ideologies of Language*. London/New York: Routledge (Routledge Politics of Language Series), S. 79–93.
Cameron, Deborah (1995): *Verbal Hygiene*. London: Routledge (Language and Politics).
Chambers, J. K. (2009): *Sociolinguistic Theory. Linguistic Variation and its Social Significance*. Revised edition. Oxford/Cambridge: Blackwell [zuerst: Oxford/Cambridge: Blackwell 1995].
Chomsky, Noam (1981): Sprache und unbewußte Kenntnis. In: Noam Chomsky: *Regeln und Repräsentationen*. Übers. v. Helen Leuninger. Frankfurt a. M.: Suhrkamp (stw 351), S. 218–237 [zuerst engl.: Language and Unconscious Knowledge. In: Joseph H. Smith (Hg.): *Psychoanalysis and Language, Psychiatry and the Humanities*. Bd. 3. New Haven: Yale University Press 1978, S. 3–44].
Chomsky, Noam/Halle, Morris (1968): *The Sound Pattern of English*. New York: Harper & Row.
Cölln, Jan/Holznagel, Franz-Josef (Hg.) (2013): *Positionen der Germanistik in der DDR. Personen – Forschungsfelder – Organisationsformen*. Berlin/Boston: De Gruyter.
Cook-Gumperz, Jenny (2009): Re-examining Bernstein. Class, codes, and language in a multilingual/multicultural world. In: *Multilingua* 28, S. 125–131.
Cook-Gumperz, Jenny/Gumperz, John J. (1976): *Context in Children's Speech*. Berkeley, CA: Language Behavior Research Laboratory (Papers on Language and Context; Working Paper 46).
Couper-Kuhlen, Elizabeth/Selting, Margret (2018): *Interactional Linguistics. Studying Language in Social Interaction*. Cambridge: Cambridge University Press.
Coupland, Nikolas (2007): *Style. Language Variation and Identity*. Cambridge: Cambridge University Press (Key Topics in Sociolinguistics).
Currie, Haver C. (1952): A projection of sociolinguistics. The relationship of speech to social status. In: *Southern Speech Journal* 18, S. 28–37.
Davies, Winifred V. (2010): Sociolinguistics of the German-speaking area. In: Ball (2010), S. 259–270.
Deppermann, Arnulf (2008): Playing with the voice of the other. Stylized Kanaksprak in conversations among German adolescents. In: Peter Auer (Hg.): *Style and Social Identities. Alternative Approaches to Linguistic Heterogeneity*. Berlin/New York: Mouton de Gruyter (Language, Power and Social Process 18).
Dinsmoor, James A. (1992): Setting the record straight. The social views of B. F. Skinner. In: *American Psychologist* 47/11, S. 1454–1463.
Dittmar, Norbert (1973): *Soziolinguistik. Exemplarische und kritische Darstellung ihrer Theorie, Empirie und Anwendung*. Mit kommentierter Bibliographie. Frankfurt a. M.: Athenäum Fischer.
Dittmar, Norbert (1997): *Grundlagen der Soziolinguistik. Ein Arbeitsbuch mit Aufgaben*. Tübingen: Niemeyer (Konzepte der Sprach- und Literaturwissenschaft 57).
Dittmar, Norbert (2004): Forschungsgeschichte der Soziolinguistik (seit Verwendung dieses Ausdrucks). In: Ammon u. a. (2004), S. 698–720.
Dorostkar, Niku (2013): *(Mehr-)Sprachigkeit und Lingualismus. Die diskursive Konstruktion von Sprache im Kontext nationaler und supranationaler Sprachenpolitik am Beispiel Österreichs*. Göttingen: V & R unipress/Vienna University Press (Kommunikation im Fokus – Arbeiten zur Angewandten Linguistik 3).
Duranti, Alessandro (2009): Linguistic anthropology. Histories, ideas, and issues. In: Alessandro Duranti (Hg.): *Linguistic Anthropology. A Reader*. Malden, MA/Oxford/Chichester: Wiley-Blackwell (Blackwell Anthologies in Social and Cultural Anthropology 1), S. 1–59.
Dürscheid, Christa/Schneider, Jan Georg (2019): *Standardsprache und Variation*. Tübingen: Narr (Narr Starter 7).

Eckert, Penelope (2009): Ethnography and the study of variation. In: Nikolas Coupland/Adam Jaworski (Hg.): *The New Sociolinguistics Reader*. Houndmills/Basingstoke/Hampshire: Palgrave Macmillan, S. 136–151.
Eckert, Penelope (2012): Three waves of variation study. The emergence of meaning in the study of variation. In: *Annual Review of Anthropology* 41, S. 87–100.
Eckert, Penelope/McConnell-Ginet, Sally (1992): Think practically and look locally. Language and gender as community-based practice. In: *Annual Review of Anthropology* 21, S. 461–490.
Eckert, Penelope/Rickford, John R. (Hg.) (2005): *Style and Sociolinguistic Variation*. Cambridge: Cambridge University Press.
Elspaß, Stephan (2005): *Sprachgeschichte von unten. Untersuchungen zum geschriebenen Alltagsdeutsch im 19. Jahrhundert*. Tübingen: Niemeyer (Reihe Germanistische Linguistik 263).
Elspaß, Stephan (2018): Sprachvariation und Sprachwandel. In: Eva Neuland/Peter Schlobinski (Hg.): *Handbuch Sprache in sozialen Gruppen*. Berlin/Boston: De Gruyter (Handbücher Sprachwissen 9), S. 87–107.
Errington, James J. (2008): *Linguistics in a Colonial World. A Story of Language, Meaning, and Power*. Malden/Oxford: Blackwell.
Ervin-Tripp, Susan (1972): Children's sociolinguistic competence and dialect diversity. In: Ira J. Gordon (Hg.): *Early Childhood Education. The Seventy-first Yearbook of the National Society for the Study of Education*. Chicago: University of Chicago Press, S. 123–160.
Ervin-Tripp, Susan (1974): Two decades of council activity in the rapprochement of linguistics and social science. In: *Items* 28/1, S. 1–4.
Ferguson, Charles A. (1959): Diglossia. In: *Word* 15, S. 325–340.
Fischer, John L. (1958): Social influences on the choice of a linguistic variant. In: *Word* 14/1, S. 47–56.
Fishman, Joshua A. (1965): Who speaks what language to whom and when? In: *La Linguistique* 1/2, S. 67–88.
Fishman, Joshua A. (1968a): Introduction. In: Fishman (1968b), S. 5–13.
Fishman, Joshua A. (Hg.) (1968b): *Readings in the Sociology of Language*. Den Haag: Mouton.
Fishman, Joshua A. (1971a): *Sociolinguistics. A Brief Introduction*. Rowley, MA: Newbury House.
Fishman, Joshua A. (Hg.) (1971b): *Advances in the Sociology of Language*. Bd. 1. Den Haag: Mouton.
Fishman, Joshua A. (1972a): Problems and prospects of the sociology of language. In: Evelyn S. Firchow (Hg.): *Studies for Einar Haugen. Presented by Friends and Colleagues*. Den Haag: Mouton (Janua Linguarum. Series Maior 59), S. 214–226.
Fishman, Joshua A. (1972b): *The Sociology of Language. An Interdisciplinary Social Science Approach to Language in Society*. Rowley: Newbury House Publishers.
Fix, Ulla (2013): Stilistik als Forschungs- und Lehrgegenstand an den Hochschulen der DDR. In: Cölln/Holznagel (2013), S. 398–415.
Flubacher, Mi-Cha (2014): *Integration durch Sprache – die Sprache der Integration. Eine kritische Diskursanalyse zur Rolle der Sprache in der Schweizer und Basler Integrationspolitik 1998–2008*. Wien: V & R unipress/Vienna University Press (Kommunikation im Fokus – Arbeiten zur Angewandten Linguistik 5).
Gal, Susan (2006): Migration, minorities and multilingualism. Language ideologies in Europe. In: Clare Mar-Molinero/Patrick Stevenson (Hg.): *Language Ideologies, Policies and Practices. Language and the Future of Europe*. Houndsmill: Palgrave Macmillan (Language and Globalization), S. 13–27.
García, Ofelia/Schiffman, Harold F. (2006): Fishmanian sociolinguistics (1949 to the present). In: Ofelia García/Rakhmiel Peltz/Harold F. Schiffman (Hg.): *Language Loyalty, Continuity and Change. Joshua A. Fishman's Contributions to International Sociolinguistics*. Clevedon/Buffalo/Toronto: Multilingual Matters (Bilingual Education & Bilingualism), S. 3–68.
Garrett, Peter (2010): *Attitudes to Language*. Cambridge: Cambridge University Press (Key Topics in Sociolinguistics).

Giles, Howard/Fortman, Jennifer (2004): The Social Psychology of Language. In: Ammon u. a. (2004), S. 99–108.
Giles, Howard/Powesland, Peter F. (1975): A social psychological model of speech diversity. In: Howard Giles/Peter F. Powesland (Hg.): *Speech Style and Social Evaluation*. London/New York/San Francisco: Academic Press (European Monographs in Social Psychology 7), S. 154–170.
Goddard, Murray J. (2015): Upon further reflection. The affinity of Noam Chomsky and B. F. Skinner. In: *Review of General Psychology* 19, S. 140–145.
Goebl, Hans (2004): Vorsoziolinguistische Entwicklungen in der Erforschung von Sprache und Gesellschaft. In: Ammon u. a. (2004), S. 684–697.
Gottsched, Johann Christoph (1978): *Ausgewählte Werke*. Bd. 8: *Deutsche Sprachkunst. Erster Teil*. Hg. v. P. M. Mitchell. Bearb. von Herbert Penzl. Berlin/New York: de Gruyter (Ausgaben deutscher Literatur des XV. bis XVIII. Jahrhunderts) [zuerst: Leipzig: Breitkopf 1748].
Gramsci, Antonio (1991–2002): *Gefängnishefte*. Kritische Gesamtausgabe in 10 Bänden. Hg. v. Klaus Bochmann und Wolfgang Fritz Haug. Übers. v. Klaus Bochmann. Berlin: Argument [zuerst ital.: Valentino Gerratana (Hg.): *Quaderni del carcere. Edizione critica*. Turin: Giulio Einaudi 1975; geschrieben 1925–35].
Gumperz, John J. (1967): The social setting of linguistic bevavior. In: Dan I. Slobin (Hg.): *A Field Manual for Cross-Cultural Study of the Acquisition of Communicative Competence*. Second draft – July 1967. Berkeley, CA: University of California, S. 129–134.
Gumperz, John J. (1978): Sprache, soziales Wissen und interpersonale Beziehungen. In: Uta M. Quasthoff (Hg.): *Sprachstruktur – Sozialstruktur. Zur linguistischen Theorienbildung*. Königstein i. Ts.: Scriptor (Monographien Linguistik und Kommunikationswissenschaft 32), S. 114–127.
Gumperz, John J./Hymes, Dell H. (Hg.) (1964): *The Ethnography of Communication*. (= *American Anthropologist* 66/6).
Gumperz, John J./Hymes, Dell H. (Hg.) (1972): *Directions in Sociolinguistics. The Ethnography of Communication*. New York: Holt, Rinehart & Winston.
Günthner, Susanne/Knoblauch, Hubert (1995): Culturally patterned speaking practices. The analysis of communicative genres. In: *Pragmatics* 5/1, S. 1–32.
Hartung, Wolfdietrich/Schönfeld, Helmut (Hg.) (1981): *Kommunikation und Sprachvariation*. Berlin (Ost): Akademie-Verlag (Sprache und Gesellschaft 17).
Häsler, Alfred A. (Hg.) (1967): *Schulnot im Wohlstandsstaat*. Zürch: Ex Libris.
Haß-Zumkehr, Ulrike (2000): „Moderne Linguistik" versus „traditionelle Sprachwissenschaft". Wörter, die Geschichte machen. In: Elke Tellenbach/Dieter Herberg (Hg.): *Sprachhistorie(n). Beiträge eines Kolloquiums zu Ehren des 65. Geburtstages von Hartmut Schmidt (Mannheim, 29./30. Oktober 1999)*. Mannheim: Institut für Deutsche Sprache (amades – Arbeitspapiere und Materialien zur deutschen Sprache 2), S. 57–70.
Haugen, Einar (1977): Some issues in sociolinguistics. In: Oscar Uribe-Villegas (Hg.): *Issues in Sociolinguistics*. Den Haag: Mouton (Contributions to the Sociology of Language 15), S. 113–143.
Helbig, Gerhard (1989): *Geschichte der neueren Sprachwissenschaft. Unter dem besonderen Aspekt der Grammatik-Theorie*. 8. Aufl. Opladen: Westdeutscher Verlag.
Helbig, Gerhard (1990): *Entwicklung der Sprachwissenschaft seit 1970*. 2. Aufl. Opladen: Westdeutscher Verlag [zuerst: Leipzig: VEB Bibliographisches Institut 1986].
Heller, Monica/McElhinny, Bonnie (Hg.) (2017): *Language, Capitalism, Colonialism. Toward a Critical History*. Toronto: University of Toronto Press.
Heller, Monica/McLaughlin, Mireille (2017): Language choice and symbolic domination. In: Stanton Wortham/Deoksoon Kim/Stephen May (Hg.): *Discourse and Education*. 3. Aufl. Cham: Springer (Encyclopedia of Language and Education), S. 87–95.
Hinnenkamp, Volker/Selting, Margret (Hg.) (1989): *Stil und Stilisierung. Arbeiten zur interpretativen Soziolinguistik*. Tübingen: Niemeyer (Linguistische Arbeiten 235).
Hodson, T. C. (1939): Sociolinguistics in India. In: *Man in India* 19, S. 23–49.

Hörnig, Hannes (1965): *Zu einigen Problemen im Hochschulwesen beim umfassenden Aufbau des Sozialismus in der DDR*. Berlin: Dietz.
Huebner, Thom (1996): Introduction. In: Charles Ferguson: *Sociolinguistic Perspectives. Papers on Language in Society, 1959–1994*. Hg. v. Thom Huebner. New York/Oxford: Oxford University Press (Oxford Studies in Sociolinguistics), S. 3–15.
von Humboldt, Wilhelm (1906): Ueber den Zusammenhang der Schrift mit der Sprache. In: Wilhelm von Humboldt: *Gesammelte Schriften*. Hg. v. der Königlich Preussischen Akademie der Wissenschaften. Bd. 5: *1823–1826*. Hg. v. Albert Leitzmann. Berlin: Behr, S. 31–106 [zuerst: 1823/1824].
von Humboldt, Wilhelm (1963): Ueber das vergleichende Sprachstudium in Beziehung auf die verschiedenen Epochen der Sprachentwicklung. In: Wilhelm von Humboldt: *Werke in fünf Bänden*. Bd. 3: *Schriften zur Sprachphilosophie*. Hg. v. Andreas Flitner und Klaus Giel. Stuttgart: Cotta, S. 1–25 [zuerst: 1820].
Hymes, Dell H. (Hg.) (1964): *Language in Culture and Society. A Reader in Linguistics and Anthropology*. New York: Harper/Row.
Hymes, Dell H. (1971): Sociolinguistics and the ethnography of speaking. In: Edwin Ardener (Hg.): *Social Anthropology and Linguistics*. London: Tavistock, S. 47–93.
Hymes, Dell H. (1979): The origin of ‚sociolinguistics'. In: *Language in Society* 8/1, S. 141.
Hymes, Dell H. (1996): Bernstein and poetics. In: Dell H. Hymes: *Ethnography, Linguistics, Narrative Inequality. Toward an Understanding of Voice*. London: Taylor & Francis (Critical Perspectives on Literacy and Education), S. 185–206 [zuerst in: Paul Atkinson Brian Davies Sara Delamont (Hg.): *Discourse and Reproduction. Essays in Honor of Basil Bernstein*. Cresskill, NJ: Hampton Press 1995, S. 1–24].
Imo, Wolfgang/Lanwer, Jens Philipp (2019): *Interaktionale Linguistik. Eine Einführung*. Stuttgart: J. B. Metzler.
Ivinson, Gabrielle (2011): Bernstein: codes and social class. In: Wodak/Johnstone/Kerswill (2011), S. 40–56.
Ivinson, Gabrielle (2018): Re-imagining Bernstein's restricted codes. In: *European Educational Research Journal* 17/4, S. 539–554.
Jäger, Siegfried (1972): „Sprachbarriere" und kompensatorische Erziehung. Ein bürgerliches Trauerspiel. In: *Linguistische Berichte* 19, S. 80–93.
Janicki, Karol (2004): The Sociology of Language. In: Ammon u. a. (2004), S. 67–75.
Janz, Christina (2013): Germanistische Soziolinguistik in der DDR. Ein forschungsgeschichtlicher Abriss. In: Cölln/Holznagel (2013), S. 427–447.
Jordan, Leo (1923): Sprache und Gesellschaft. In: Palyi (1923), S. 337–360.
Jørgensen, Jens Normann u. a. (2011): Polylanguaging in superdiversity. In: *Diversities* 13/2, S. 23–37. URL: http://unesdoc.unesco.org/images/0021/002147/214772e.pdf#214780 <02.06.2012>.
Joseph, John E. (2002): The origins of American sociolinguistics. In: John E. Joseph: *From Whitney to Chomsky. Essays in the History of American Linguistics*. Amsterdam/Philadelphia: Benjamins (Studies in the History of the Language Sciences 103), S. 107–131.
Kallmeyer, Werner (Hg.) (1994/1995): *Kommunikation in der Stadt*. Berlin/New York: de Gruyter (Schriften des Instituts für Deutsche Sprache 4).
Keim, Inken (2006): Interaktionale Soziolinguistik und kommunikative, soziale Stilistik. In: Ulrich Ammon/Klaus J. Mattheier/Peter H. Nelde (Hg.): *Perspektiven der Soziolinguistik*. Tübingen: Niemeyer (Sociolinguistica 20), S. 70–91.
Klautke, Egbert (2019): Völkerpsychologie in 19th-century Germany. Lazarus, Steinthal, Wundt. In: Efraim Podoksik (Hg.): *Doing Humanities in Nineteenth-Century Germany*. Leiden: Brill (Scientific and Learned Cultures and Their Institutions 28), S. 243–263.
Knobloch, Clemens (2005): *Volkhafte Sprachforschung. Studien zum Umbau der Sprachwissenschaft in Deutschland zwischen 1918 und 1945*. Tübingen: Niemeyer (Reihe Germanistische Linguistik 257).
Koerner, Konrad (1991): Toward a history of modern sociolinguistics. In: *American Speech* 66/1, S. 57–70.

Koerner, E. F. K. (2006): The Development of Linguistic Historiography – History, Methodology, and Present State. In: Sylvain Auroux u. a. (Hg.): *Geschichte der Sprachwissenschaften. Ein internationales Handbuch zur Entwicklung der Sprachforschung von den Anfängen bis zur Gegenwart*. 3 Bde. Bd. 3. Berlin/New York: de Gruyter (Handbücher zur Sprach- und Kommunikationswissenschaft 18), S. 2802–2820.

Krefeld, Thomas/Pustka, Elissa (Hg.) (2010): *Perzeptive Varietätenlinguistik*. Frankfurt a. M. u. a.: Peter Lang (Spazi comunicativi/Kommunikative Räume 8).

Kuhn, Thomas S. (1999): *Die Struktur wissenschaftlicher Revolutionen*. Übers. v. Hermann Vetter und Kurt Simon. 15. Aufl. Frankfurt a. M.: Suhrkamp (stw 25) [zuerst: *The Structure of Scientific Revolutions*. Chicago: University of Chicago Press 1962].

Kyratzis, Amy (2020): Social context and language. A tribute to the lifework of Susan Ervin-Tripp. In: *Journal of Sociolinguistics* 24, S. 156–162.

Labov, William (1969): Contraction, deletion and inherent variability of the English copula. In: *Language* 45/4, S. 715–762.

Labov, William (1972): The logic of non-standard English. In: William Labov: *Language in the Inner City. Studies in the Black English Vernacular*. Philadelphia: University of Pennsylvania Press (Conduct and Communication 3), S. 201–240 [zuerst in: James E. Alatis (Hg.): *20th Annual Round Table. Linguistics and the teaching of Standard English to speakers of other languages or dialects*. Georgetown: Georgetown University Press 1970, S. 1–45].

Laclau, Ernesto (1990): *New Reflections on the Revolution of Our Time*. London: Verso.

Lambert, Wallace E. u. a. (1960): Evaluational reactions to spoken languages. In: *Journal of Abnormal and Social Psychology* 60, S. 44–51.

Leibniz, Gottfried Wilhelm (1984): Unvorgreifliche Gedanken, betreffend die Ausübung und Verbesserung der deutschen Sprache. In: Gottfried Wilhelm Leibniz: *Unvorgreifliche Gedanken, betreffend die Ausübung und Verbesserung der deutschen Sprache. Zwei Aufsätze*. Hg. v. Uwe Pörksen. Stuttgart: Reclam, S. 5–46 [zuerst: 1679].

Lenček, Rado L. (1971): Problems in sociolinguistics in the Soviet Union. In: Richard J. O'Brien (Hg.): *Linguistics: Developments of the Sixties – Viewpoints for the Seventies. 22nd Annual Round Table*. Washington, D. C.: Georgetown University Press (Monograph Series on Languages and Linguistics 24), S. 269–301.

Lenz, Alexandra N. (2003): *Struktur und Dynamik des Substandards. Eine Studie zum Westmitteldeutschen (Wittlich/Eifel)*. Stuttgart: Franz Steiner (Zeitschrift für Dialektologie und Linguistik. Beihefte 125).

Lenz, Alexandra N./Glauninger, Manfred M. (Hg.) (2015): *Standarddeutsch im 21. Jahrhundert. Theoretische und empirische Ansätze mit einem Fokus auf Österreich*. Göttingen: V & R unipress/Vienna University Press (Wiener Arbeiten zur Linguistik 1).

Leufer, Nikola (2016): *Kontextwechsel als implizite Hürden realitätsbezogener Aufgaben. Eine soziologische Perspektive auf Texte und Kontexte nach Basil Bernstein*. Wiesbaden: Springer (Dortmunder Beiträge zur Entwicklung und Erforschung des Mathematikunterrichts 26).

Levelt, Willem (2013): *A History of Psycholinguistics. The Pre-Chomskyan Era*. Oxford: Oxford University Press.

Linke, Angelika (1996): *Sprachkultur und Bürgertum. Zur Mentalitätsgeschichte des 19. Jahrhunderts*. Stuttgart: J. B. Metzler.

Linke, Angelika (2007): Communicative genres as categories in a social-cultural history of communication. In: Stephan Elspaß u. a. (Hg.): *Germanic Language Histories ‚From Below' (1700–2000)*. Berlin/New York: de Gruyter (Studia Linguistica Germanica 86), S. 473–493.

Linke, Angelika/Nussbaumer, Markus/Portmann, Paul R. (2004): *Studienbuch Linguistik*. Ergänzt um ein Kapitel „Phonetik/Phonologie" von Urs Willi. 5., erw. Aufl. Tübingen: Niemeyer (Reihe Germanistische Linguistik 121).

Löffler, Heinrich (2016): *Germanistische Soziolinguistik*. 5., neu bearb. Aufl. Berlin: Erich Schmidt (Grundlagen der Germanistik 28).

Longino, Helen (2019): The social dimensions of scientific knowledge. In: Edward N. Zalta (Hg.): *The Stanford Encyclopedia of Philosophy*. Summer 2019 edition. Stanford: Stanford University. URL: https://plato.stanford.edu/archives/sum2019/entries/scientific-knowledge-social <11.09.2020>.

Lucy, John A. (1985): Whorf 's view of the linguistic mediation of thought. In: Elizabeth Mertz/ Richard J. Parmentier (Hg.): *Semiotic Mediation. Sociocultural and Psychologic Perspectives*. Orlando: Academic Press (Language, Thought, and Culture), S. 73–97.
Luhmann, Niklas (1975): *Soziologische Aufklärung*. Bd. 2: *Aufsätze zur Theorie der Gesellschaft*. Opladen: Westdeutscher Verlag.
Maas, Utz (2016): *Sprachforschung in der Zeit des Nationalsozialismus. Verfolgung, Vertreibung, Politisierung und die inhaltliche Neuausrichtung der Sprachwissenschaft*. Berlin/Boston: De Gruyter (Studia Linguistica Germanica 124).
Mattheier, Klaus J. (1980): *Pragmatik und Soziologie der Dialekte. Einführung in die kommunikative Dialektologie des Deutschen*. Heidelberg: Quelle & Meyer.
Mattheier, Klaus J. (1991): Standardsprache als Sozialsymbol. Über kommunikative Folgen des gesellschaftlichen Wandels. In: Rainer Wimmer (Hg.): *Das 19. Jahrhundert. Sprachgeschichtliche Wurzeln des heutigen Deutsch*. Berlin/New York: de Gruyter (Jahrbuch des Instituts für Deutsche Sprache 1990), S. 41–72.
Mesthrie, Rajend u. a. (2009): *Introducing Sociolinguistics*. 2. Aufl. Edinburgh: Edinburgh University Press.
Mihm, Arend (1998): Arbeitersprache und gesprochene Sprache im 19. Jahrhundert. In: Dieter Cherubim/Siegfried Grosse/Klaus J. Mattheier (Hg.): *Sprache und bürgerliche Nation. Beiträge zur deutschen und europäischen Sprachgeschichte des 19. Jahrhunderts*. Berlin/New York: de Gruyter, S. 282–316.
Milroy, James (2001): Response to Sally Johnson. Misunderstanding language? In: *Journal of Sociolinguistics* 5/4, S. 620–625.
Moser, Hugo (1961): „Umgangssprache". Überlegungen zu ihren Formen und ihrer Stellung im Sprachganzen. In: *Zeitschrift für Mundartforschung* 27/4, S. 215–232.
Mueller, Tim B. (2013): The Rockefeller Foundation, the social sciences, and the humanities in the cold war. In: *Journal of Cold War Studies* 15/3, S. 108–135.
Murray, Stephen O. (2001): Attempts at professionalization of American linguistics. The role of the Linguistic Society of America. In: Sylvain Auroux u. a. (Hg.): *Geschichte der Sprachwissenschaften. Ein internationales Handbuch zur Entwicklung der Sprachforschung von den Anfängen bis zur Gegenwart*. 3 Bde. Bd. 2. Berlin/New York: de Gruyter (Handbücher zur Sprach- und Kommunikationswissenschaft 18), S. 1932–1935.
Niedzielski, Nancy A./Preston, Dennis R. (2000): *Folk Linguistics*. Berlin/New York: Mouton de Gruyter (Trends in Linguistics: Studies and Monographs 122).
Oevermann, Ulrich (1970): *Sprache und soziale Herkunft. Ein Beitrag zur Analyse schichtenspezifischer Sozialisationsprozesse und ihrer Bedeutung für den Schulerfolg*. Berlin: Institut für Bildungsforschung in der Max-Planck-Gesellschaft (Studien und Berichte 18).
Palyi, Melchior (Hg.) (1923): *Hauptprobleme der Soziologie. Erinnerungsgabe für Max Weber*. München/Leipzig: Duncker & Humblot.
Paul, Hermann (1909): *Prinzipien der Sprachgeschichte*. 4. Aufl. Halle: Niemeyer [zuerst: 1880].
Pavlenko, Aneta (2019): Superdiversity and why it isn't. Reflections on terminological innovation and academic branding. In: Stephan Breidbach/Lutz Küster/Barbara Schmenk (Hg.): *Sloganizations in Language Education Discourse. Conceptual Thinking in the Age of Academic Marketization*. Bristol: Multilingual Matters, S. 142–168.
Pennycook, Alastair/Otsuji, Emi (2015): *Metrolingualism. Language in the City*. London/New York: Routledge.
Picht, Georg (1964): *Die deutsche Bildungskatastrophe. Analyse und Dokumentation*. Olten: Walter-Verlag.
Preston, Dennis R. (2019): Folk linguistics and the perception of language variety. In: Gerd Antos/Thomas Niehr/Jürgen Spitzmüller (Hg.): *Handbuch Sprache im Urteil der Öffentlichkeit*. Berlin/Boston: De Gruyter (Handbücher Sprachwissen 10), S. 140–164.
Purschke, Christoph (2011): *Regionalsprache und Hörerurteil. Grundzüge einer perzeptiven Variationslinguistik*. Stuttgart: Steiner (Zeitschrift für Dialektologie und Linguistik. Beihefte 149).

Putnam, George N./O'Hern, Edna M. (1955): *The Status Significance of an Isolated Urban Dialect*. (= Language 31/4/2).
Ricento, Thomas (2000): Historical and theoretical perspectives in language policy and planning. In: *Journal of Sociolinguistics* 4/2, S. 196–213.
Robinson, W. Peter/Locke, Abigail (2011): The social psychology of language. A short history. In: Rajend Mesthrie (Hg.): *The Cambridge Handbook of Sociolinguistics*. Cambridge: Cambridge University Press, S. 47–69.
Sankoff, David (2005): Variable Rules. In: Ammon u. a. (2005), S. 1150–1163.
Sauer, Verena/Hoffmeister, Toke (2022): *Wahrnehmungsdialektologie. Eine Einführung*. Berlin/Boston: De Gruyter (Germanistische Arbeitshefte 50).
Schiewe, Jürgen (1998): *Die Macht der Sprache. Eine Geschichte der Sprachkritik von der Antike bis zur Gegenwart*. München: Beck.
Schiewe, Jürgen (2003): Über die Ausgliederung der Sprachwissenschaft aus der Sprachkritik. Wissenschaftsgeschichtliche Überlegungen zum Verhältnis von Normsetzung, Normreflexion und Normverzicht. In: Angelika Linke/Hanspeter Ortner/Paul R. Portmann-Tselikas (Hg.): *Sprache und mehr. Ansichten einer Linguistik der sprachlichen Praxis*. Tübingen: Niemeyer (Reihe Germanistische Linguistik 245), S. 401–416.
Schlieben-Lange, Brigitte (1973): *Soziolinguistik. Eine Einführung*. Stuttgart u. a.: Kohlhammer (Urban-Taschenbücher 176).
Schlobinski, Peter (1987): *Stadtsprache Berlin. Eine soziolinguistische Untersuchung*. Berlin/New York: de Gruyter (Soziolinguistik und Sprachkontakt 3).
Schlobinski, Peter/Kohl, Gaby/Ludewigt, Irmgard (1993): *Jugendsprache. Fiktion und Wirklichkeit*. Opladen: Westdeutscher Verlag.
Schmidt, Jürgen Erich/Herrgen, Joachim (2011): *Sprachdynamik. Eine Einführung in die moderne Regionalsprachenforschung*. Berlin: Erich Schmidt (Grundlagen der Germanistik 49).
Selting, Margret/Couper-Kuhlen, Elizabeth (2000): Argumente für die Entwicklung einer ‚interaktionalen Linguistik'. In: *Gesprächsforschung – Online-Zeitschrift zur verbalen Interaktion* 1, S. 76–95. URL: http://www.gespraechsforschung-online.de/fileadmin/dateien/heft2000/ga-selting.pdf <24.12.2020>.
Shuy, Roger W. (1990): A brief history of American sociolinguistics 1949–1989. In: *Historiographia Linguistica* 17/1–2, S. 183–209.
Silverstein, Michael (2003): Indexical order and the dialectics of sociolinguistic life. In: *Language & Communication* 23/3–4, S. 193–229.
Sinner, Carsten (2014): *Varietätenlinguistik. Eine Einführung*. Tübingen: Narr (Narr Studienbücher).
Spitzmüller, Jürgen (2005): *Metasprachdiskurse. Einstellungen zu Anglizismen und ihre wissenschaftliche Rezeption*. Berlin/New York: de Gruyter (Linguistik – Impulse & Tendenzen 11).
Spitzmüller, Jürgen (2013): *Graphische Variation als soziale Praxis. Eine soziolinguistische Theorie skripturaler ‚Sichtbarkeit'*. Berlin/Boston: De Gruyter (Linguistik – Impulse & Tendenzen 56).
Spitzmüller, Jürgen/Warnke, Ingo H. (2011): *Diskurslinguistik. Eine Einführung in Theorien und Methoden der transtextuellen Sprachanalyse*. Berlin/Boston: De Gruyter (De Gruyter Studium).
Spolsky, Bernard (2011): Ferguson and Fishman. Sociolinguistics and the sociology of language. In: Wodak/Johnstone/Kerswill (2011), S. 3–15.
Stalin, Josef W. (1952): *Der Marxismus und die Fragen der Sprachwissenschaft*. Berlin: Dietz [zuerst russ.: *Marksizm i voprosy iazykoznaniia*. Moskau: Glavpoligrafizdat 1950].
Steiner, Christiane (1994): *Sprachvariation in Mainz. Quantitative und qualitative Analysen*. Stuttgart: Steiner (Mainzer Studien zur Sprach- und Volksforschung 19).
Steinseifer, Martin/Marcellesi, Jean Baptiste/Elimam, Abdou (2004): Marxian Approaches to Sociolinguistics. In: Ammon u. a. (2004), S. 786–798.
Stoeckle, Philipp (2014): *Subjektive Dialekträume im alemannischen Dreiländereck*. Hildesheim/Zürich/New York: Olms (Deutsche Dialektgeographie 12).

Stukenbrock, Anja (2005): *Sprachnationalismus. Sprachreflexion als Medium kollektiver Identitätsstiftung in Deutschland (1617–1945)*. Berlin/New York: de Gruyter (Studia Linguistica Germanica 74).
Tagliamonte, Sali A. (2006): *Analysing Sociolinguistic Variation*. New York: Cambridge University Press (Key Topics in Sociolinguistics).
Tagliamonte, Sali A. (2016): *Making Waves. The Story of Variationist Sociolinguistics*. Malden, MA/Oxford/Chichester: Blackwell.
Tissot, Fabienne/Schmid, Stephan/Galliker, Esther (2011): Ethnolektales Schweizerdeutsch. Soziophonetische und morphosyntaktische Merkmale sowie ihre dynamische Verwendung in ethnolektalen Sprechweisen. In: Elvira Glaser/Jürgen Erich Schmidt/Natascha Frey (Hg.): *Dynamik des Dialekts – Wandel und Variation. Akten des 3. Kongresses der Internationalen Gesellschaft für Dialektologie des Deutschen (IGDD)*. Stuttgart: Steiner (Zeitschrift für Dialektologie und Linguistik. Beihefte 144), S. 319–344.
Veith, Werner H. (2005): *Soziolinguistik. Ein Arbeitsbuch*. 2., überarb. Aufl. Tübingen: Narr.
Vološinov, Valentin N. (1975): *Marxismus und Sprachphilosophie. Grundlegende Probleme der soziologischen Methode in der Sprachwissenschaft*. Hg. u. mit einer Einl. vers. v. Samuel Weber. Übers. v. Renate Horlemann. Frankfurt a. M.: Ullstein (Ullstein-Buch 3121) [zuerst russ.: *Marksizm i filosofija jazyka*. Leningrad: Priboj 1929].
Vossler, Karl (1923): Die Grenzen der Sprachsoziologie. In: Palyi (1923), S. 361–389.
Vygotskij, Lev Semjonowitsch (2002): *Denken und Sprechen. Psychologische Untersuchungen*. Hg. v. Joachim Lompscher und Georg Rückriem. Übers. v. Georg Rückriem und Joachim Lompscher. 3. Aufl. Weinheim: Beltz [zuerst russ.: *Myshlenie i rech*. Moskau: Sozekgiz 1934].
Walton, Douglas (1996): The straw man fallacy. In: Johan van Bentham u. a. (Hg.): *Logic and Argumentation*. Proceedings of the Colloquium, ‚Logic and Argumentation', Amsterdam, 14–17 June 1994. Bd. 170. Amsterdam: North-Holland (Verhandelingen der Koninklijke Nederlandse Akademie van Wetenschappen, Afd. Letterkunde), S. 115–128.
Wandruszka, Mario (1979): *Die Mehrsprachigkeit des Menschen*. München/Zürich: Piper.
Weinreich, Uriel (1953): *Languages in Contact. Findings and Problems*. New York: Linguistic Circle of New York.
Weinreich, Uriel (1954): Is a structural dialectology possible? In: *Word* 10/2–3, S. 388–400.
Weisgerber, Leo (1929): *Muttersprache und Geistesbildung*. Göttingen: Vandenhoeck.
Werlen, Iwar (2002): *Sprachliche Relativität. Eine problemorientierte Einführung*. Tübingen/Basel: Francke (UTB 2319).
Wiese, Heike (2012): *Kiezdeutsch. Ein neuer Dialekt entsteht*. München: Beck.
Wodak, Ruth/Johnstone, Barbara/Kerswill, Paul (Hg.) (2011): *The SAGE Handbook of Sociolinguistics*. London/Thousand Oaks/New Delhi: Sage.

Variationslinguistik: Sprachliche Variation als sozialer Index 5

Inhaltsverzeichnis

5.1	Forschungsinteressen und Grundannahmen der Variationslinguistik	122
	5.1.1 Sozial bedingter Sprachwandel und strukturierte Heterogenität	122
	5.1.2 Dialektologie der Großstadt und der Mobilität	124
	5.1.3 Sozial stratifizierte intralinguale Variabilität und soziale Indexikalität der (Alltags-)Sprache	126
	5.1.4 Authentizität, Selbstkontrolle und die (Un-)Sichtbarkeit des Beobachters	128
5.2	Methoden der Datenerhebung und -auswertung	129
	5.2.1 Das Korrelationsprinzip und die Kausalität des Sozialen	129
	5.2.2 Quantitative und statistische Analysen	132
	5.2.3 Das soziolinguistische Interview	135
	5.2.4 Ethnographische Feldstudien/teilnehmende Beobachtung	137
	5.2.5 Rasche und anonyme Datenerhebung	137
	5.2.6 Korpora	137
5.3	Zentrale Konzepte	139
	5.3.1 (Soziolinguistische) Variable	139
	5.3.2 Variante	139
	5.3.3 Varietät	140
	5.3.4 Lekt	142
5.4	Beispielstudien	143
	5.4.1 ‚The Social Stratification of (r) in New York City Department Stores'	144
	5.4.2 Foxy Boston	149
5.5	Zusammenfassung	155
5.6	Empfohlene Literatur zur Vertiefung	157
Literatur		157

Im Mittelpunkt dieses Kapitels steht die **variationistische Soziolinguistik** (engl. *variationist sociolinguistics*), deren Entwicklung und Form eng mit den Arbeiten des US-amerikanischen Sprachwissenschaftlers William Labov (*1927) verbunden sind.

Im deutschen Sprachraum hat sich für die Disziplin, die vor allem in älteren Arbeiten auch als *Varietätenlinguistik* bezeichnet wird (s. Vertiefungskasten), inzwischen – nach einem Vorschlag von Mattheier (1980: 200) und, wie Elspaß (2018: 94) anmerkt, „auch aus Gründen der Abgrenzung zur frühen Soziolinguistik" – der Ausdruck **Variationslinguistik** weithin durchgesetzt. Daher verwenden wir ihn auch in diesem Buch.

Dass durch die Bezeichnung der variationistischen Soziolinguistik als *Variationslinguistik* (wie bei *Varietätenlinguistik*) das Determinans *Sozio* (und damit der Fokus auf das Soziale) aus der Disziplinenbezeichnung herausfällt, ist bemerkenswert. Hierfür mag es verschiedene Gründe geben: die genannten Abgrenzungsbemühungen zu anderen Formen der Soziolinguistik, Sprachökonomie, möglicherweise geht es aber auch darum zu betonen, dass neben sozialen Faktoren auch anderen Faktoren Variation bestimmen: sprachliche (sog. ‚interne Faktoren') wie das sprachliche Umfeld (der sog. ‚Kotext'), in dem Äußerungen vorkommen, Genre, Gesprächsthema usw. (vgl. dazu Szmrecsanyi 2013).

Variationslinguistik vs. Varietätenlinguistik
Neben weniger geläufigen Bezeichnungen wie ‚Korrelationale' (vgl. Dittmar 1997: 55) oder ‚Quantitative Soziolinguistik' (vgl. Szmrecsanyi 2013: 278) wird die Variationslinguistik vor allem in älteren Arbeiten auch als ‚Varietätenlinguistik' bezeichnet. Die Gleichsetzung von Variationslinguistik mit Varietätenlinguistik ist aber forschungsgeschichtlich problematisch (vgl. Sinner 2014: 9–17; Dürscheid/Schneider 2019: 64–69).

Mit Blick auf die *variationist sociolinguistics* Labov'scher Prägung, die unten vorgestellt wird, gilt das, weil ‚Varietät' dort kein zentrales Konzept ist. Ähnliches gilt für viele neuere Arbeiten, die das Label ‚Variationslinguistik' bevorzugen, mit dem Unterschied allerdings, dass diese das Konzept ‚Varietät' häufig explizit problematisieren (s. dazu Abschn. 5.3).

Außerdem ist zu beachten, dass sich die (besonders im deutschen Sprachraum, in der Germanistik und Romanistik, sehr starke) von der Dialektologie und europäischen Wissenschaftsentwicklungen geprägte ‚Varietätenlinguistik', in der ‚Varietät' bzw. ‚Varietätenräume' (vgl. Dittmar 1997: 173–177) tatsächlich zentrale Konzepte sind, weitgehend unabhängig von der *variationist sociolinguistics* entwickelt hat (vgl. Sinner 2014: 39–90; Auer 2015: 393–394; s. auch Abschn. 4.3.2).

Auch wenn diese Traditionen vieles eint (der quantitative Zugang, die Bedeutung von Korrelationen, das Interesse an der Subdifferenzierung von Sprach[system]en), ist es also sinnvoll, ‚Varietätenlinguistik' von ‚Variationslinguistik' zu unterscheiden.

In diesem Kapitel geht es in diesem Sinne vor allem um die Variationslinguistik bzw. die variationistische Soziolinguistik (für die Varietätenlinguistik vgl. die Einführungen von Sinner 2014; Felder 2016; Löffler 2016).

Das **variationslinguistische Paradigma** hat lange Zeit (und im deutschsprachigen Raum noch länger als in einigen anderen) die Soziolinguistik dominiert. Diese Dominanz war so stark, dass Soziolinguistik vielfach mit Variationslinguistik (bzw. Varietätenlinguistik) gleichgesetzt wurde (vgl. etwa Bucholtz/Hall 2008: 402; Löffler 2016: 23).

Die Gründe für diesen Erfolg sind zahlreich. In hohem Maß ausschlaggebend ist ganz sicher die strikt **empirische Ausrichtung** auf der Basis einer strukturorientierten, quantitativen sozialwissenschaftlichen Methodologie (s. Abschn. 5.2). Diese schloss die Soziolinguistik erstens unmittelbar an die ab der zweiten Hälfte des 20. Jahrhunderts immer stärker werdende Entwicklung der Quantifizierung der Sozial- und Geisteswissenschaften an, ließ sie also als (nach kulturell gültigen Maßgaben) ‚besonders wissenschaftlich' erscheinen (vgl. Dörnyei 2007: 24–42; Cameron 1990: 83–84).

Zweitens passte die Variationslinguistik aufgrund ihrer **Strukturorientierung** – im Gegensatz zu handlungsorientierteren Formen der Soziolinguistik – auch innerhalb der Sprachwissenschaft selbst gut zu den dominierenden Paradigmen der zweiten Hälfte des 20. Jahrhunderts. Mit der sog. ‚modernen Linguistik' teilt die Variationslinguistik, auch wenn sie diese in vieler Weise scharf kritisiert (s. Abschn. 5.1.1), das Interesse an Abstraktion und Regelhaftigkeiten – dem ‚Sprachsystem' – und das Desinteresse an den Spezifika lokal-sprachlicher Interaktion – der ‚Performanz' (s. Abschn. 5.5).

Mit dem programmatisch formulierten (sich aus dem Strukturfunktionalismus konsequent ergebenden) Grundsatz, alle Sprachen und Varietäten seien ‚gleichermaßen funktional' (vgl. kritisch hierzu Milroy 2001), fügt sich die Variationslinguistik auch gut, und besser als andere Formen der Soziolinguistik, in das **deskriptivistische Wissenschaftsverständnis**, das die Sprachwissenschaft des 20. Jahrhunderts stark geprägt hat. Diesem Wissenschaftsverständnis zufolge habe Sprachwissenschaft Sprache, Sprachwandel und Sprachgebrauch nur zu beschreiben, nicht zu bewerten (vgl. bspw. Meinunger 2008: 45; Löffler 2016: 14; kritisch zu dieser Position Cameron 1995; Spitzmüller 2005). Die teilweise heftigen Reaktionen auf die angebliche ‚Defizithypothese' Basil Bernsteins und deren Kontrastierung mit Labovs ‚Differenzkonzeption' (s. Abschn. 4.3.1 und 4.4) sind auch in diesem Zusammenhang zu sehen.

Ausschlaggebend ist weiterhin aber auch, dass die Variationslinguistik der Sprachwissenschaft systematisch **neue Forschungsfelder und -themen** zugänglich gemacht hat, die im 20. Jahrhundert gesamtgesellschaftlich an Relevanz gewonnen haben. Dazu zählen die Großstadt als spezifischer Ort gesellschaftlichen Lebens (Urbanisierung), der (zunehmend wahrgenommene) Wandel sprachlicher Formen im Zusammenhang mit Mobilität und Mediatisierung sowie insgesamt die zunehmend auf sozial- und kulturwissenschaftliches Interesse stoßenden Lebenswelten des Alltags.

Der jahrzehntelange disziplinäre Erfolg der Variationslinguistik hängt also unmittelbar mit den **Forschungsinteressen, Grundannahmen** und der **methodischen Ausrichtung** dieser Disziplin zusammen. Diese stehen auch im Mittelpunkt dieses Kapitels. Es stellt zunächst die Forschungsinteressen und

Grundannahmen der Variationslinguistik vor (Abschn. 5.1), anschließend die (daraus sich ergebenden) Methoden (Abschn. 5.2) und zentralen Konzepte (Abschn. 5.3). Abschließend wird das Vorgehen der Variationslinguistik am Beispiel zweier einschlägiger Studien illustriert (Abschn. 5.4).

Dies alles geschieht notwendigerweise in komprimierter Form. Für weitergehende Ausführungen sei auf Einführungen verwiesen, die sich ausschließlich der Variationslinguistik widmen (bspw. Tagliamonte 2006; Kiesling 2011; Meyerhoff 2019).

5.1 Forschungsinteressen und Grundannahmen der Variationslinguistik

5.1.1 Sozial bedingter Sprachwandel und strukturierte Heterogenität

Als die Variationslinguistik, wie die Soziolinguistik generell (s. Kap. 4), in den 1960er Jahren entstanden ist, war unter anderem das Bedürfnis wegleitend, eine soziologisch fundierte **Theorie des Sprachwandels** zu entwerfen.

Dieses Bedürfnis wendet sich dezidiert gegen die seinerzeit vorherrschende geschichtsindifferente Haltung der etablierten linguistischen Disziplinen (Strukturalismus, aufkommende Generative Grammatik). Diese haben – das wurde in Abschn. 3.1.3 bereits erwähnt – Sprache als ein homogenes, tendenziell statisches Phänomen angesehen, als ein von Regeln und funktionalen Relationen bestimmtes System. Aus diesem Grund konnten (und wollten) sie oftmals auch nicht erklären, warum sich Sprache permanent wandelt.

Eine solche soziologisch fundierte Theorie des Sprachwandels skizziert der Jiddist und Dialektologe Uriel Weinreich (1926–1967) zusammen mit seinen Schülern William Labov und Marvin Herzog (1927–2013) in einem programmatischen Aufsatz, der vielfach als ‚Gründungsdokument' der Variationslinguistik bezeichnet wird (vgl. bspw. Tagliamonte 2016: 74) und der 1968, ein Jahr nach Weinreichs frühem Tod, erschienen ist.

Dort formulieren Weinreich, Labov und Herzog (1968: 100) als zentrale Herausforderung einer Sprachwandeltheorie die Beantwortung der Frage, wie es zu erklären sei, dass Menschen Sprache **funktional und effektiv** nutzen, obwohl Sprache sich erwiesenermaßen permanent wandle. Wenn man wie der Strukturalismus und die generative Sprachtheorie annehme, dass eine funktionale und strukturierte Sprache homogen und statisch sein müsse, so die Autoren, dann würde Sprachwandel die Funktionalität von Sprache permanent stören. Die Ausgangsfrage des Aufsatzes lautet demnach „if a language must be structured in order to function efficiently, how does it function as the structure changes?" (Weinreich/Labov/Herzog 1968: 150). Als Lösung des ‚Paradoxons' (ebd.), dass Sprache sich durch Nutzung permanent verändert, sich aber eigentlich gar nicht verändern dürfte, um nutzbar zu bleiben, schlagen Weinreich, Labov und Herzog vor, auf die Annahme, dass Strukturiertheit Homogenität erfordere, zu verzichten:

> „The solution, we will argue, lies in the direction of breaking down the identification of structuredness with homogeneity. The key to a rational conception of language change – indeed, of language itself – is the possibility of describing orderly differentiation in a language serving a community. We will argue that nativelike command of heterogeneous structures is not a matter of multidialectalism or ‚mere' performance, but is part of unilingual linguistic competence. One of the corollaries of our approach is that in a language serving a complex (i.e., real) community, it is *absence* of structural heterogeneity that would be dysfunctional." (Weinreich/Labov/Herzog 1968: 100–101; Herv. im Orig.)

Damit führen die Autoren die für die Soziolinguistik zentrale Annahme ein, dass **Sprachen notwendigermaßen (strukturiert) heterogen** sind, Variabilität mithin eine für das Gelingen von Kommunikation notwendige Bedingung und damit ein zentrales Wesensmerkmal von Sprache (s. Kap. 3).

▶ **Strukturiertheit** meint in der Sprachwissenschaft, dass sprachliche Zeichen nicht für sich funktionsfähig sind, sondern dadurch, dass sie in einer systematischen Verbindung zu anderen Zeichen in einem System stehen, durch die sie Bedeutung und Funktion innerhalb des Systems erlangen. Die Verbindungen bilden eine **Struktur** (einen geordneten Zusammenhang), deren Beschreibung oberstes Ziel sog. strukturalistischer Ansätze in der Sprachwissenschaft ist.

▶ **Homogenität** meint in dem Zusammenhang, dass das System bzw. die strukturellen Verbindungen in sich einheitlich und konsistent sind, dass es also klare und (idealerweise) eindeutige funktionale Zuweisungen für sprachliche Zeichen gibt bzw. geben sollte, die über das ganze System hinweg gleich bleiben bzw. gleich bleiben sollten. **Heterogenität** meint im Gegensatz dazu, dass es eine solche Einheitlichkeit nicht gibt. Vgl. zur Vertiefung Ehlers 2005 und Fiehler 2015.

Variation, und damit auch Sprachwandel, sei nun aber untrennbar mit sozialen Faktoren verbunden (vgl. Weinreich/Labov/Herzog 1968: 176–183), denn „no change takes place in a social vacuum. Even the most systematic chain shift occurs with a specificity of time and place that demands an explanation" (Labov [1963] 1972c: 2). Um Sprache, Sprachwandel und Sprachgebrauch zu erklären, müsse man deren **soziale Bedingtheit** und die Wechselwirkung von sprachlichen und sozialen Faktoren daher systematisch in den Blick nehmen:

> „Linguistic and social factors are closely interrelated in the development of language change. Explanations which are confined to one or the other aspect, no matter how well constructed, will fail to account for the rich body of regularities that can be observed in empirical studies of language behavior." (Weinreich/Labov/Herzog 1968: 188)

Der in diesem Text zentral gesetzte Anspruch, auch Sprachwandel zu erklären, ist für die Variationslinguistik bis heute wichtig (vgl. für eine ausführliche Diskussion Mesthrie u. a. 2009: 109–145). Daher bezeichnet sie ihren Gegenstand häufig auch als *language variation and change* (vgl. Chambers/Schilling 2013).

5.1.2 Dialektologie der Großstadt und der Mobilität

Wie oben bereits erwähnt war Weinreich unter anderem Dialektologe. Das ist für das Verständnis der Variationslinguistik deshalb relevant, weil er und seine Koautoren die Soziolinguistik auch als eine **Erweiterung dieser Disziplin** verstehen, die sich ja immer schon mit (regional bedingter) Variation und damit mit dem Einfluss eines gesellschaftlichen Faktors (nämlich der regionalen Herkunft) auf Sprache beschäftigt hat (vgl. Weinreich/Labov/Herzog 1968: 151–164; Wardhaugh/Fuller 2015: 141–148); dasselbe gilt übrigens auch für die deutschsprachige Variationslinguistik (vgl. Mattheier 1980; Schmidt/Herrgen 2011).

▶ Die **Dialektologie** ist die sprachwissenschaftliche Teildisziplin, deren zentraler Gegenstand Dialekte sind. Die Dialektologie untersucht die Entstehung und den Wandel von Dialekten ebenso wie ihre sprachlichen Eigenschaften (Wortschatz, Syntax, Phonologie usw.) sowie auch ihre gesellschaftliche Rolle und Wahrnehmung. Zur Vertiefung vgl. Niebaum/Macha 2014.

Allerdings ist die Dialektologie **traditionell eher konservativ** ausgerichtet. Das heißt, sie ist auf der Suche nach den ‚ursprünglichen' Dialekten einer Region. Daher richtet sie ihren Fokus hauptsächlich auf ländliche Gebiete und auf ältere, möglichst sesshafte Sprecher*innen, da man damit dem Ursprung der Dialekte näher zu sein glaubt (vgl. Le Page 1997: 17).

Insbesondere Labov bricht diese Tradition in seinen Arbeiten in zweierlei Hinsicht auf (vgl. allerdings zu Vorläufern seiner Arbeiten Koerner 1991; Joseph 2002):

1. Indem er die Untersuchungen zur sprachlichen Variation auf **alle Altersgruppen** und insbesondere auch auf mobile Sprecher*innen ausweitet.
2. Indem er nicht mehr ausschließlich ländliche Sprache, sondern auch die **Sprache der Großstädte** und ihrer Stadtbezirke in den Blick nimmt.

Ersteres macht Labov in seiner ersten Forschungsarbeit, im Rahmen der Studien zu seiner Masterarbeit, die 1962 abgeschlossen ist (sie ist auszugsweise publiziert in Labov [1963] 1972c).

Labov ist, am Rande bemerkt, zu dieser Zeit bereits 35 Jahre alt und damit so alt wie sein Lehrer Weinreich, der bereits seit vier Jahren Professor an der Columbia-Universität in New York war. Labov hat seine beachtliche Karriere in der Linguistik also spät gestartet. Er hatte zwar in seinem ersten Studium bereits Anglistik und Philosophie studiert, aber auch einige Kurse in Chemie belegt. Anschließend hat er als Industriechemiker in der Firma seines Vaters gearbeitet. Diese naturwissenschaftliche Prägung ist für sein Verständnis von Linguistik, wie er selbst sagt, wichtig (vgl. Labov [1997] 2001).

Labovs Masterarbeit untersucht bestimmte **phonetische Merkmale**, nämlich die Realisierung der Diphthonge /ai/ und /au/ im Silbenkern, wie in *right* und *house,* durch Sprecher*innen auf Martha's Vineyard, einer Insel vor der Südküste

5.1 Forschungsinteressen und Grundannahmen der Variationslinguistik 125

von Massachusetts mit in dieser Zeit ca. 6000 Einwohner*innen, damals wie heute ein beliebtes Sommerdomizil begüterter US-Bürger*innen.

Bereits zur Zeit der Untersuchung Labovs ist die Insel, was sich für Labovs Argumentation als wichtig erweisen wird, stark involviert in Prozesse, die man heute als *Gentrifizierung* bezeichnet: Begüterte Sommergäste kaufen Grundstücke und Häuser und tragen zu einem erheblichen generellen Preisanstieg auf der Insel bei, der die ohnehin schon schwierige wirtschaftliche Situation der länger schon ansässigen (und erst recht der indigenen) Bevölkerung erschwert.

Linguistisch ist Martha's Vineyard unter anderem interessant, weil die genannten Diphthonge /ai/ und /au/ im Silbenkern dort traditionell zentralisiert ausgesprochen wurden – [rɐɪt], [hɐus] oder sogar [rəɪt], [həus] –, allerdings galt diese Aussprache bereits als im Verschwinden begriffen. Labov stellte nun aber fest, dass die Aussprache entgegen der dialektologischen Diagnose sehr frequent war, vor allem bei Sprecher*innen mittleren Alters (zwischen 31 und 45 Jahren). Um dies genauer zu ergründen, interviewte er Sprecher*innen aller Altersgruppen und konnte so zeigen, dass die ‚konservativere' Aussprache (die Zentralisierung des Anlauts der Diphthonge) offenbar sogar zunimmt.

Erstaunlicherweise (jedenfalls aus traditionell dialektologischer Sicht) korreliert dies aber bei genauerem Hinsehen nicht mit dem Alter allein, sondern sehr viel stärker noch mit der **Einstellung der Sprecher*innen** zur Insel bzw. der Verbundenheit mit ihr, also mit Faktoren der sozialen Selbstverortung:

„It is apparent that the immediate meaning of this phonetic feature is ‚Vineyarder.' When a man says [rɐɪt] or [hɐus], he is unconsciously establishing the fact that he belongs to the island: that he is one of the natives to whom the island really belongs." (Labov [1963] 1972c: 36)

„[T]he Martha's Vineyard sound change was serving as a symbolic claim to local rights and privileges, and the more someone tried to exercise that claim, the stronger was the change." (Labov [1997] 2001: 460)

Solche ‚symbolic claims' sind nun aber, wie Labov weiter feststellt, ein Ergebnis von **Tourismus und Mobilität** – denn erst durch die Möglichkeit (sowie auch den ökonomischen Druck), die Insel zu verlassen, die regelmäßige Anwesenheit von (wohlhabenden) ‚non-locals' und die demgegenüber wirtschaftlich prekäre Situation der Inselbewohner*innen werden die Aussage bleiben zu wollen und die ‚Rechte und Privilegien' der ‚locals' sozial bedeutsam.

Dies erklärt Labov zufolge auch die Verwendung vor allem in der mittleren Generation:

„[D]ifferent groups have had to respond to different challenges to their native status. And in the past two generations, the challenges have become much sharper through severe economic and social pressures." (Labov [1963] 1972c: 36)

Wenn man so will, führen in diesem Fall also gerade Tourismus und Mobilität zu einer Stärkung lokaler Dialekte – dies ist dialektologisch gesehen die zweite Überraschung.

Mit dieser Arbeit lenkt Labov somit das Interesse auf allgemeine soziale Faktoren von Variation (jenseits von Herkunft und Alter) und zeigt, wie wichtig soziale Faktoren und auch die Einstellungen der Sprecher*innen sind.

Die zweite Ausweitung des dialektologischen Fokus, den Einbezug der Sprache der Großstädte und ihrer Stadtbezirke – eine Ausweitung, deren Ergebnis heute als ‚**Stadtsprachenforschung**' (vgl. dazu ausführlich Veith 2005: 134–151) und im Englischen als *urban dialectology* bezeichnet wird –, nimmt Labov vor allem im Rahmen seiner Arbeiten zur Sprache in New York City vor, aus denen seine Doktorarbeit hervorgeht (vgl. Labov [1966] 2006b; vgl. auch Labov 1972a; eine Teilstudie daraus wird in Abschn. 5.4.1 ausführlicher vorgestellt).

Die Dialektologie hatte die Städte stets gemieden, weil sie sie nur als **sprachlichen Schmelztiegel** angesehen hatte, in dem man ohnehin keinen ‚authentischen' Dialekt finden könne. Labov zeigt demgegenüber auf der Grundlage zahlreicher empirischer Analysen, wie systematisch die Sprache der Großstadt New York City ist, wenn man sie im sozialen Kontext betrachtet:

> „The isolated idiolect of the individual New Yorker shows so much unaccountable variation that it has been described as a case of massive ‚free variation.' But when this individual speech pattern is studied in the larger context of the speech community, it is seen as an element in a highly systematic structure of social and stylistic stratification." (Labov [1966] 2006b: viii)

Dass man eine so große und auf den ersten Blick hochgradig hybride Gruppe von Sprecher*innen, wie es die New Yorker*innen sind, gar als eine „speech community" bezeichnen könne, begründet Labov damit, dass die Sprecher*innen sich an denselben sozialen und kulturellen **Normen** orientierten:

> „That New York City is a single speech community, and not a collection of speakers living side by side, borrowing occasionally from each other's dialects, may be demonstrated by many kinds of evidence. Native New Yorkers differ in their usage in terms of absolute values of the variables, but the shifts between contrasting styles follow the same pattern in almost every case. Subjective evaluations of native New Yorkers show a remarkable uniformity, in sharp contrast to the wide range of responses, from speakers who were raised in other regions." (Labov [1966] 2006b: 6)

Eine weitere Grundannahme der Variationslinguistik ist somit, dass es **systematisch beschreibbare, strukturierte Variabilität** und einen normenbedingten sprachlichen Zusammenhalt auch in Großstädten gibt.

In dieser Auffassung zeigt sich übrigens deutlich der Einfluss von Parsons' **strukturfunktionalistischer Sozialtheorie** (s. Abschn. 2.1.1; vgl. Dittmar 1997: 65; Kiesling 2011: 79), auch wenn sich Labov (jedenfalls in seinen New-York-Studien) nicht direkt auf Parsons, sondern vor allem auf den Parsons-Schüler Bernard Barber (1957) stützt.

5.1.3 Sozial stratifizierte intralinguale Variabilität und soziale Indexikalität der (Alltags-)Sprache

Wenn Sprache heterogen und diese Heterogenität funktional und strukturiert (d. h. systematisch) ist, heißt das mit anderen Worten: Es gibt **strukturierte intralinguale Variabilität** (s. Abschn. 3.1.3). Diese strukturierte intralinguale Variabilität zeigt sich nach Auffassung der Variationslinguistik auf zwei Ebenen:

1. auf der Ebene der Sprache: Nicht alle Sprecherinnen und Sprecher einer Sprache sprechen gleich (*interspeaker variation*),
2. auf der Ebene einzelner Sprecher: Sprecherinnen und Sprecher einer Sprache sprechen nicht immer gleich (*intraspeaker variation*).

Die Variationslinguistik sucht nach den Gründen für diese Variation und glaubt wie bereits ausgeführt, dass diese nicht nur sprachlicher, sondern auch (in einem erweiterten Sinn) sozialer Natur sind. Sprache ist also sozial strukturiert bzw., wie es die Variationslinguistik mit Bezug auf strukturfunktionalistische Schichtenmodelle (s. Abschn. 2.2.1) auch gerne ausdrückt, **sozial stratifiziert** (vgl. Labov [1966] 2006b, der als Quelle für das Konzept Barber 1957 angibt).

Man nimmt an, dass der Sprachgebrauch unter anderem aufgrund folgender **sozialer Parameter** variiert (s. Abschn. 3.1.2):

1. **Zeit** (damit ist sowohl die historische Zeit gemeint, also die Sprachgeschichte – die Variationslinguistik spricht von *real time* –, als auch die Lebenszeit von Sprecher*innen, also ihr Alter – in variationslinguistischer Diktion: *apparent time*; vgl. Meyerhoff 2019: 143–174)
2. **Raum** (Ort bzw. Region, aus dem die*der Sprecher*in kommt bzw. in der gesprochen wird)
3. **Sozialstruktureller Hintergrund** (des*der Sprecher*in, bspw. Schicht und Ethnie)
4. **Geschlecht**
5. **Interaktionspartner** (und deren sozialer Hintergrund und Geschlecht)
6. **Situation** (in der gesprochen wird)
7. **Zweck** (zu dem gesprochen wird)
8. **Reflektiertheit** des Sprechens (d. h., mehr oder weniger bewusste Kontrolle über das eigene Sprechen)

Da nun aber Sprache aufgrund dieser sozialen und situativen Parameter variiert und man annimmt, dass die sozialen und situativen Parameter fest sind (man wisse ja, wie alt ein*e Sprecher*in sei, wo sie*er herkomme, aus welcher Schicht sie*er stamme, welche Ethnie und welches Geschlecht sie*er habe, in welcher Situation sie*er spreche usw.), wird der Sprachgebrauch als ein **sozialer Index** angesehen: Die Art und Weise, wie jemand spricht, verrät etwas über ihre*seine soziale Herkunft (s. Abschn. 3.2.1).

Sprachgebrauch wird mithin zum **sozialen Zeichen**, und zwar vor allem dort, wo Variation referenzsemantisch ‚bedeutungslos' ist, also nicht auf unterschiedliche Gegenstände, Sachverhalte oder Personen verweist. Wie es Chambers pointiert zusammenfasst:

„The foundations of variationist sociolinguistics come from the rudimentary observation that the variants that occur in everyday speech are linguistically insignificant but socially significant." (Chambers 2003: 3)

Von den aufgeführten Parametern bestimmt die erste Hälfte (1–4) dabei eher die *interspeaker variation*, die zweite (5–8) die *intraspeaker variation*. Allerdings ist dazu einzuschränken, dass in den klassischen variationslinguistischen Studien für letztere fast ausschließlich der achte Parameter, Reflektiertheit des Sprechens, berücksichtigt wurde (s. dazu Abschn. 5.4.2). Das führt uns zur nächsten Grundauffassung.

5.1.4 Authentizität, Selbstkontrolle und die (Un-)Sichtbarkeit des Beobachters

Der Sprachgebrauch des Alltags indiziert nach variationslinguistischer Auffassung also soziale Positionen. Allerdings herrscht Einigkeit in der Variationslinguistik, dass dies am besten dann erkennbar ist, wenn die Sprecher*innen glauben, **unbeobachtet** zu sein, und ihr eigenes Sprechen selbst nicht bewusst kontrollieren. Sobald Letzteres nämlich der Fall sei, werde der Sprachgebrauch von Normerwartungen und Hyperkorrekturen überformt (die Sprecher*innen sprächen dann ‚standardnäher'; die Variationslinguistik spricht von *careful speech*). Deshalb versucht die Variationslinguistik vor allem, sogenanntes ‚spontanes', ‚authentisches' Sprechen (*casual speech*) zu beobachten und glaubt, dass dies vor allem im informellen Alltagsgespräch (sog. ‚Alltagssprache', engl. *vernacular*) zu finden ist:

> „Access to the vernacular is critical because it is thought to be the most systematic form of speech. Why? First, because it is assumed to be the variety that was acquired first. Second, because it is the variety of speech most free from hypercorrection or style-shifting, both of which are considered to be later overlays on the original linguistic system. Third, the vernacular is the style from which every other style must be calibrated." (Tagliamonte 2006: 8)

In diesem Sinne schreibt auch Labov bereits 1972:

> „There is a growing realization that the basis of intersubjective knowledge in linguistics must be found in speech – language as it is used in everyday life by members of the social order, that vehicle of communication in which they argue with their wives [sic!], joke with their friends, and deceive their enemies." (Labov 1972b: xiii)

Diese angeblich so ‚authentische', ‚natürliche' Sprache zu erfassen, ist aber gar nicht so einfach und stellt die Variationslinguistik vor erhebliche **methodische Herausforderungen,** denn wenn sich die Alltagssprache nur dann in seiner ‚authentischen' Form zeige, wenn die Sprecher*innen ‚unreflektiert' sprechen, wird die Beobachtung dieses Sprechens selbst zum Störfaktor. So merkt Labov zur Frage, wie kann man ‚authentisches', ‚unreflektiertes' Sprechen beobachten könne, lakonisch an: Dazu müsse man ‚einfach' nur beobachten, wie die Leute sprechen, wenn sie nicht beobachtet werden (denn wenn sie merken, dass sie beobachtet werden, sprechen die Leute nicht mehr authentisch und unreflektiert):

> „To obtain the data most important for linguistic theory, we have to observe how people speak when they are not being observed." (Labov 1972e: 113)

Daraus ergibt sich Labov zufolge eine methodisch schwierige, paradoxe Situation, das sogenannte *observer paradox:*

> „The aim of linguistic research in the community must be to find out how people talk when they are not being systematically observed; yet we can only obtain this data by systematic observation." (Labov 1972b: 209)

▶ Das von William Labov formulierte **Beobachterparadoxon** (*observer paradox*) lautet: Die Soziolinguistik muss beobachten, wie die Leute sprechen, wenn sie nicht systematisch beobachtet werden, kann dies aber nur durch systematische Beobachtung.

Ob es sich beim Beobachterparadoxon tatsächlich um ein **Paradoxon** handelt oder nicht vielmehr um eine **Idealisierung** ‚authentischen' Sprechens, wurde vielfach diskutiert (vgl. zusammenfassend Gordon 2012). Ein Einwand ist etwa, dass es so etwas wie ‚unbeobachtetes Sprechen' angesichts der vielfachen denkbaren **Akteurskonstellationen** und Rollenbeteiligungen in Alltagsinteraktionen (vgl. Goffman 1979; s. dazu Abschn. 6.2.3) und der Annahme von permanenter Selbst- und Fremdbeobachtung, wie sie etwa vom Symbolischen Interaktionismus Meads ([1963] 1973; s. dazu Abschn. 2.1.2) propagiert wird, gar nicht geben kann.

Statt der Implikation des Beobachterparadoxons zu folgen, dass Beobachter*innen und (Selbst-)Beobachtung (oder auch die Anwesenheit von technischen Geräten) grundsätzlich als Störfaktoren zu betrachten seien, die es zu eliminieren bzw. zu kontrollieren gelte, solle man diese vielmehr als **integrale Bedingungen der Alltagsinteraktion** ansehen und in die Analyse einbeziehen. So merkt etwa Löffler (2016: 47) an:

> „Das ‚Paradoxon' ist [...] nur ein scheinbares. Die objektive Erfassung eines natürlich verlaufenden, ungestörten Sprachprozesses dürfte eine Fiktion sein, wenn man die Anwesenheit Dritter als Beeinträchtigung der Natürlichkeit ansieht. Stellt man die Anforderungen an das Forschungsobjekt so, dass man Kommunikationsprozesse in bestimmten Situationen, also auch unter Anwesenheit eines Dritten, beobachten will, so besteht das Beobachterparadoxon nicht."

Die Überwindung dieses (angeblichen) Paradoxons wie auch die anderen hier beschriebenen Grundannahmen der Variationslinguistik bestimmen ungeachtet solcher Einwände jedoch maßgeblich ihre Methodologie. Die folgende Diskussion zentraler Methoden wird dies zeigen.

5.2 Methoden der Datenerhebung und -auswertung

5.2.1 Das Korrelationsprinzip und die Kausalität des Sozialen

Der Variationslinguistik geht es also darum, zu zeigen, dass sprachliche Variation mit sozialer Variation systematisch einhergeht. Das heißt, wenn bestimmte soziale

Eigenschaften gegeben sind, ist es (zu einem gewissen Grad) wahrscheinlich, dass bestimmte sprachliche Varianten vermehrt auftauchen (oder gerade nicht). Die Variationslinguistik spricht hier – aufbauend auf ein statistisches Konzept – von ‚Korrelation'.

Korrelation bezeichnet in der Statistik den Zusammenhang zweier Variablen. Bevor wir erläutern können, was Korrelation bedeutet, muss also zunächst geklärt werden, was Variablen sind.

Variablen nennt man in der Experimentalforschung prinzipiell veränderbare Faktoren in einer Untersuchung. In der Regel unterscheidet man

1. die Variable, bei welcher im Experiment untersucht wird, ob sie eine Veränderung einer anderen Variable bewirkt (**unabhängige Variable**, engl. *independent variable*) – die also im Experiment kontrolliert verändert wird,
2. die Variable, bei welcher untersucht wird, ob sie sich durch Veränderung der ‚unabhängigen' verändert (**abhängige Variable**, engl. *dependent variable*) – bei der im Experiment also ein Effekt gemessen wird, und
3. Variablen, welche man ‚kontrollieren' muss, weil sie möglicherweise ebenfalls einen Effekt haben, den man ausschließen muss, wenn man den Effekt der unabhängigen Variable sicher bestimmen will (**Störvariablen**, engl. *confounding variables*).

In **experimentellen Untersuchungen** geht es darum, kausale Einflüsse einer unabhängigen Variable auf eine abhängige zu prüfen, wobei mögliche Störvariablen kontrolliert werden müssen.

- Wenn man beispielsweise den Effekt von Alkoholkonsum auf die Zielgenauigkeit beim Dartspiel prüfen wollte, wäre die Alkoholmenge die unabhängige Variable, die Trefferrate die abhängige, zu möglichen Störvariablen würde man alles zählen, was die Zielgenauigkeit der Versuchsperson auch noch beeinflussen könnte (Tageszeit, Umgebungsgeräusche, Dauer des Experiments usw.).
- Man würde nun also gezielt die Alkoholmenge im Körper der Versuchsperson verändern, Trefferraten entsprechend notieren und sicherstellen, dass die Störvariablen ‚kontrolliert' sind, sich also nicht verändern.

Wenn experimentell (jedenfalls mit hinreichend hoher Wahrscheinlichkeit) sichergestellt werden kann, dass allein aufgrund der Veränderung der unabhängigen Variablen eine Veränderung der abhängigen Variable eintritt, würde man von **Kausalität** sprechen.

Korrelation bezeichnet eine schwächere Beziehung. Sie bezeichnet den Grad der gemeinsamen Auftretenswahrscheinlichkeit von spezifischen Ausprägungen zweier Variablen:

- Eine starke **positive Korrelation** zwischen zwei Variablen ist dann gegeben, wenn statistisch nachweisbar ist, dass mit dem Auftreten (oder zunehmender Intensität) einer spezifischen Ausprägung einer Variablen – das heißt, wenn die eine Variable in einer bestimmten Art verändert wird – eine spezifische Ausprägung einer anderen Variablen (zunehmend) wahrscheinlich (und nicht nur zufällig) ist.
- Eine starke **negative Korrelation** liegt entsprechend dann vor, wenn statistisch nachweisbar ist, dass mit dem Auftreten (oder zunehmender Intensität) einer spezifischen Ausprägung einer Variablen eine spezifische Ausprägung einer anderen Variablen (zunehmend) unwahrscheinlich ist.
- Wenn zwischen zwei Variablen keine oder wenig nachweisbare Effekte dieser Art nachweisbar sind, spricht man davon, dass sie **nicht** oder **schwach korrelieren**.
- Den Grad der Korrelation gibt der **Korrelationskoeffizient** an. Er wird in der Regel mit Zahlen zwischen -1 (sehr starke negative Korrelation) bis 1 (sehr starke positive Korrelation) angegeben (0 hieße: keine Korrelation).

Wenn man also etwa zeigen kann, dass (überzufällig) mehr Bier getrunken wird, wenn die Sonne scheint, kann man sagen, der Bierkonsum korreliert mit dem Wetter. Das heißt aber wohlgemerkt noch nicht, dass das Wetter der Grund sein muss, dass mehr Bier getrunken wird (es könnte zum Beispiel sein, dass in dem Zeitraum, in dem man gemessen hat, das Wetter auch mit den Wochentagen korreliert, an denen die Biertrinker*innen präferiert ihrer Vorliebe nachkommen).

Korrelation heißt also nicht notwendigerweise Kausalität (vgl. Wardhaugh/Fuller 2015: 14). Das ergibt sich übrigens schon daraus, dass Korrelation eine **bilaterale (zweiseitige) Relation** ist, Kausalität eine unilaterale. Am obigen Beispiel verdeutlicht: Falls (überzufällig) mehr Bier getrunken wird, wenn die Sonne scheint, korreliert nicht nur der Bierkonsum mit dem Wetter, sondern auch das Wetter mit dem Bierkonsum. Und dass die Sonne scheint, weil die Leute Bier trinken, ist jedenfalls intuitiv weniger wahrscheinlich als der umgekehrte Fall.

Wenn Chambers also feststellt: „The correlation of dependent linguistic variables with independent social variables […] has been at the heart of sociolinguistics since its inception almost five decades ago" (Chambers [1995] 2009: xiii), heißt dies auf den ersten Blick nur, dass es der Variationslinguistik darum geht nachzuweisen, welche sozialen Parameter überzufällig häufig gemeinsam mit bestimmten sprachlichen Varianten auftreten – nicht, dass die sprachlichen Parameter durch die sozialen bestimmt werden.

Allerdings gilt dies nur auf den ersten Blick. Da die sozialen Variablen hier (wie in der Variationslinguistik generell) als *unabhängige* verstanden werden, die sprachlichen als *abhängige,* kommen **Kausalitätsannahmen gewissermaßen durch die Hintertüre** doch noch ins Spiel, denn die Relation von unabhängigen und abhängigen Variablen ist *per definitionem* eine Kausalitätsrelation. Insofern geht es der Variationslinguistik letztlich vor allem um spezifische, nämlich *kausale* Korrelationen, um die **Kausalität des Sozialen auf das Sprachliche** (vgl. dazu kritisch Lass 1980: 166–167; Romaine [1984] 1996).

5.2.2 Quantitative und statistische Analysen

Wie aber kann man solche korrelativen Zusammenhänge belegen? Nach Auffassung der Variationslinguistik geht das nur **quantitativ** und mit Hilfe von **Statistik**: Man versucht zu zeigen, dass ein bestimmtes sprachliches Phänomen – ein bestimmter Ausdruck, eine lautliche Besonderheit, eine syntaktische Besonderheit, eine bestimmte Form des sprachlichen Handelns –, von möglichst vielen Sprecher*innen, die eine bestimmten sozialen Eigenschaft gemeinsam haben, signifikant – und zwar statistisch signifikant – häufiger verwendet wird als von Sprecher*innen, die die soziale Eigenschaft nicht teilen (vgl. hierzu auch Schlobinski 2018).

▶ **Signifikant** ist statistisch gesehen ein Ergebnis, wenn es mit größerer Wahrscheinlichkeit auftritt, als der Zufall es gestattet. Signifikanz ist demnach eine relative Größe. Es werden meist aber Signifikanzschwellen und -stufen festgelegt: In der Regel gilt ein Ergebnis, bei dem weniger als 5 % wahrscheinlich ist, dass es zufällig ist, als *signifikant,* eines, bei dem dies weniger als 1 % wahrscheinlich ist, als *hochsignifikant*. Zur Ermittlung von Signifikanz gibt es verschiedene statistische Tests (sog. Signifikanztests). Die in solchen Signifikanztests ermittelte Wahrscheinlichkeit wird meistens durch den sog. ‚p-Wert' (von lat. *probabilitas* = ‚Wahrscheinlichkeit') ausgedrückt, der von 1 bis 0 reicht, wobei der Maximalwert 1 einer Zufallswahrscheinlichkeit von 100 % entspricht. Je mehr sich der p-Wert der 0 nähert, desto höher die Signifikanz; mit den genannten Signifikanzschwellen etwa wäre $p < 0.05$ (= 5 %) signifikant, $p < 0.01$ (= 1 %) hochsignifikant. Zur Vertiefung vgl. Salkind/Frey 2019.

Man sammelt hierfür möglichst viele ‚**authentische**' **Daten**, in denen ein bestimmtes Phänomen vorkommt – etwa der Laut /r/ nach Vokal – und prüft, ob es hier Variation gibt (bspw. Zungen-/r/, Zäpfchen-/r/, Rachen- /r/ oder nicht artikuliertes /r/ wie in [ma:kt] statt [markt]), welche korreliert mit der Variation eines sozialen Faktors (etwa der sozialen Schicht der Sprecher*innen), wobei alle anderen sozialen Faktoren (wie Geschlecht, Alter, regionale Herkunft usw.) konstant gehalten werden.

Das sprachliche Phänomen, dessen Variation man untersucht, nennt man ‚**soziolinguistische Variable**' (dies ist in dem Fall die abhängige Variable; s. genauer Abschn. 5.3), den sozialen Faktor, dessen Korrelation man untersucht, die **soziale Variable** (diese ist die unabhängige Variable), die konstant zu haltenden anderen sozialen Faktoren wären Störvariablen.

Um möglichst gesicherte Korrelationen feststellen zu können, müssen die Variablen auf beiden Seiten aber genau bestimmt und eingegrenzt werden. Hierfür unterscheidet und isoliert man in einem ersten Schritt verschiedene Ebenen,

5.2 Methoden der Datenerhebung und -auswertung

und zwar sowohl auf sprachlicher als auch auf sozialer Seite (s. Abb. 5.1). Dann kann man die Korrelation einzelner dieser Ebenen prüfen, beispielsweise (wie in Abb. 5.1 angedeutet)

- indem man die **Korrelation lautlicher Phänomene mit der Herkunft der Sprecher*innen** prüft (das wäre eine typisch dialektologische Fragestellung und auch die Fragestellung der klassischen soziolinguistischen Stadtsprachenforschung bzw. *urban dialectology*),
- oder indem man **Korrelationen des Gesprächsverhaltens mit dem Geschlecht** prüft (das wäre eine Frage der Gender-Soziolinguistik),
- oder indem man **Korrelationen der Wortwahl (der *Lexik*) mit dem Alter** der Sprecher*innen prüft (das wäre ein klassisches Vorgehen der soziolinguistischen Jugendsprachforschung).

Als gesichert gelten die Befunde dann, wenn **alle Störvariablen kontrolliert** sind. Das heißt,

- man konzentriert sich auf sprachlicher Seite auf eine Ebene und eine Variable, auf phonologischer Ebene beispielsweise nur darauf, ob und wie sich die Aussprache von /r/ nach Vokal ändert (nur nach Vokal deshalb, weil das lautliche Umfeld ebenfalls einen Einfluss auf die Artikulation hat; in der Phonetik nennt man dies ‚Koartikulation').
- Auf sozialer Seite achtet man darauf, dass möglichst nur ein sozialer Faktor variiert, also etwa das Alter oder das Geschlecht oder die Schicht oder die Herkunft, so dass man genau sagen kann, mit welcher sozialen Veränderung eine sprachliche Veränderung kausal korreliert.
- Man versucht also, mögliche Störvariablen (auf beiden Seiten) auszuschließen.

Um zu prüfen, welche Variablen wie sehr korrelieren, greift die Variationslinguistik außerdem auf komplexe (sog. multivariate) statistische Verfahren zurück,

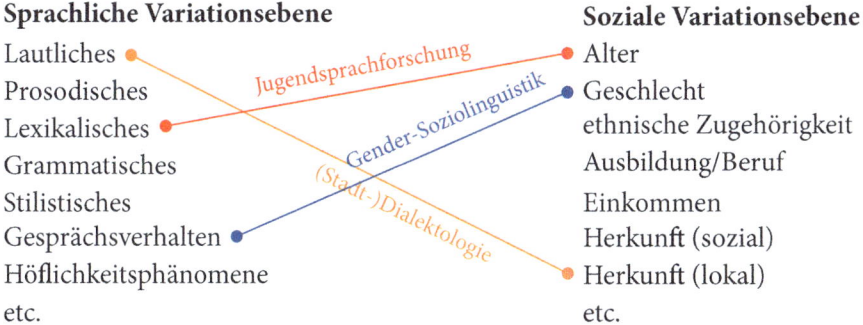

Abb. 5.1 Korrelationen

die – vereinfacht gesagt – in der Lage sind, den Einfluss verschiedener unabhängiger Variablen gegeneinander abzuwägen und somit zu prüfen, welche Faktoren für die Wahl einer bestimmten Variante am wahrscheinlichsten sind (bspw. das sprachliche Umfeld, das Thema oder bestimmte soziale Faktoren). Damit wird die Kontrolle von Variablen vereinfacht. Hierzu wird üblicherweise das speziell für die Variationslinguistik entwickelte **Variable Rule Program** (früher *Varbrul*, heute *GoldVarb*) eingesetzt (s. dazu Abschn. 4.2.4), zunehmend kommen aber auch die üblichen Statistikprogramme (SPSS oder R) mit entsprechend spezifizierten Anpassungen zum Einsatz, die die zum Teil als limitierend empfundenen Möglichkeiten des Variable Rule Programs erweitern sollen (vgl. Johnson 2009; Tagliamonte 2016: 117–120).

Durch die Verwendung hinreichend vieler Daten hinreichend vieler Sprecher*innen unter Rücksichtnahme einer hinreichenden (demographischen) Ausgewogenheit der Datenauswahl versucht man sicherzustellen, dass es sich bei den Ergebnissen, zu denen man durch solche Korrelationsanalysen kommt, nicht um solche handelt, die nur für die ausgewählten Sprecher*innen gelten, sondern dass sie auf eine größere Sprecher*innengruppe **generalisierbar** sind.

Was ‚hinreichend' ist, lässt sich wiederum statistisch bestimmen. Abhängig von der Größe der Gruppe, über die man Aussagen machen will (sog. Grundgesamtheit) und verschiedener Toleranzwerte (wie dem Konfidenzniveau, das angibt, mit welcher Wahrscheinlichkeit ein aus einer Stichprobe errechneter Wert, zum Beispiel ein Durchschnittswert, auch für die Grundgesamtheit gilt) lässt sich errechnen, wie groß die Stichprobe (tatsächlich untersuchte Gruppe) mindestens sein muss, damit die Ergebnisse der Stichprobenanalysen auch auf die Gesamtpopulation (Grundgesamtheit) übertragbar sind – damit die **Stichprobe repräsentativ** ist.

Dies hängt auch davon ab, wie die Stichprobe zusammengestellt wurde. Dafür gibt es verschiedene standardisierte **Sampling-Verfahren,** die in der Regel eine in bestimmter Hinsicht **zufällige** Auswahl garantieren sollen (vgl. weiterführend Dörnyei 2007: 95–101).

▶ **Repräsentativität** nennt man in der Statistik ein sogenanntes ‚Gütekriterium' von Daten. Es bezeichnet das Verhältnis der Datenauswahl (Datensample), das man tatsächlich analysiert (bspw. Sprachdaten von 100 Wiener*innen), zu der Gesamtpopulation, zu der man Aussagen treffen will (bspw. ‚alle Wiener*innen'). Ein Datensample ist dann repräsentativ für eine Gesamtpopulation, wenn man aus den Analysen Aussagen treffen kann, die (mit hoher Wahrscheinlichkeit) auch auf die Gesamtpopulation zutreffen. Dazu muss das Sample die soziale Struktur der Gesamtpopulation gut abbilden (Verhältnis der Altersgruppen, Geschlechter etc.). Repräsentativ ist eine Stichprobe dabei immer nur in Bezug auf bestimmte (vorab daher genau in Form von Hypothesen zu bestimmende) Fragestellungen; auch Repräsentativität ist also eine relative Qualität.

Aus derart kontrollierten Analysen der Korrelation von sozialen und sprachlichen Variablen leitet die Variationslinguistik **Varietäten** bzw. *social dialects* ab

(s. Abschn. 5.3), Kategorien von Sprachgebrauchsweisen, die für Sprecher*innen mit bestimmten sozialen Merkmalen als typisch gelten (s. Abschn. 5.3).

5.2.3 Das soziolinguistische Interview

Die verbreitetste Methode, die Daten zu sammeln, ist das sogenannte **soziolinguistische Interview** (vgl. zum Folgenden ausführlicher Tagliamonte 2006: 37–49; Meyerhoff/Schleef/MacKenzie 2015: 46–54).

Hierfür trifft man sich mit Sprecher*innen der Zielgruppe und führt ein- bis zweistündige Gespräche mit ihnen. Die Gruppe der Interviewten stellt man über **Zufalls- oder Teilzufallsstichproben** zusammen, die so angelegt sind, dass man ein möglichst repräsentatives Sample der Gruppe bzw. Gruppen hat, um die es einem geht. Ausgewählt wird bspw. aus Wahllisten, Zensuslisten, zum Teil auch aus Telefonbüchern. Die Gruppengröße bewegt sich in der Regel zwischen 30 und 120 Personen insgesamt.

Das Ziel soziolinguistischer Interviews ist die Sammlung möglichst vieler **vergleichbarer Sprachdaten** (in denen z. B. phonologische Varianten verglichen werden können) sowie aller für den Vergleich notwendigen demographischen Daten. Erfragt werden im Rahmen dieses Gesprächs weiterhin auch soziale, politische und sprachbezogene Einstellungen (also die für die variationslinguistische Sozialtheorie so wichtigen **Normen**).

Das Interview selbst ist allerdings weniger als Gespräch im interaktiven Sinne angelegt. Vielmehr dient es vor allem darum, Daten zu generieren (zu **elizitieren**, d. h. zu ‚entlocken'). Die interviewende Person selbst soll sich beim Interview daher auch möglichst zurückhalten; sie soll nur Impulse für die Erzählungen der interviewten Person geben. Tagliamonte (2006: 39) zufolge rät Labov hierzu:

> „Fast-forward an audio-record of an interview.
> Listen. Who do you hear? The interviewee? If so, good.
> If you hear the interviewer, go forward another five minutes into the interview.
> Listen. Who do you hear? The interviewee? Great.
> If you hear the interviewer, go forward another five minutes.
> Listen. Who do you hear? The interviewee? Wonderful!
> If all you hear is the interviewer using this technique, the interview is not so good."

Um die Vergleichbarkeit der Daten zu gewährleisten, sind die Interviews weiterhin auch relativ **stark strukturiert.** Es wurden spezifische Fragenkataloge entwickelt, die immer wieder zum Einsatz kommen (aber je nach Interview-Verlauf variiert werden können). Die Fragenkataloge bestehen aus Themenblöcken (sog. Modulen) mit Fragen etwa zu den Themenbereichen Familie, Religion, Peer Group, Kriminalität, Ängste und Sprache.

Die Module sind in einer bestimmten Reihenfolge geordnet, die gewährleisten soll, dass zunächst Vertrauen aufgebaut werden kann und die Interviewten möglichst unreflektiert zum Sprechen gebracht werden. Das heißt, sie sollen sprechen, ohne über das Sprechen nachzudenken (*casual speech;* s. Abschn. 5.1.4). Deshalb drehen sich die Gespräche auch erst in den späteren Modulen um Sprache: Man glaubt, dass die Interviewten nicht mehr ‚unreflektiert' sprechen, wenn Sprache zum Thema gemacht wird.

Grundsätzlich bestehen die Interviews aus einem informellen Teil (dort ist das Ziel, die Interviewten zum ‚freien' Erzählen zu vorgegebenen Themen – aber möglichst nicht zu Sprache – zu bringen) und einem formellen Teil, in dem gezielt Fragen zum Sprachgebrauch gestellt werden und die Interviewten Beispielsätze, Wortlisten oder Minimalpaare (s. Abschn. 3.1.3) vorlesen müssen. Das Ziel dieses **strukturierten Aufbaus** ist es, in den verschiedenen Phasen des Interviews zunächst alltägliches/unreflektiertes Sprechen (*casual speech*) zu erheben, und dann kontrolliertes Sprechen (*careful speech*).

In der Mitte des Interviews, nachdem Vertrauen aufgebaut wurde, versucht man häufig, die Interviewten emotional zu berühren, weil man glaubt, emotionales Sprechen sei besonders ‚authentisch', da es besonders unkontrolliert sei. Unter Variationslinguisten geradezu berüchtigt ist in diesem Zusammenhang die sogenannte ‚**Danger-of-Death'-Frage** (etwa „Waren Sie jemals in einer Situation, in der Sie Angst hatten, umgebracht zu werden, und dachten: Das war's jetzt? Wenn ja, wie war das?"; s. Abb. 5.2).

```
Q-GEN-II                                              FORM B
Mod 6                                      September 23, 2004
Danger of death


1.    Have you ever been in a situation where you were in serious danger of getting killed
      (where you said to yourself, "This is it!")
      1.1    What happened?
2.    Some people say in a situation like that, "Whatever is going to happen is going to
      happen."
      2.1    What do you think?
3.    In most families, there's someone who gets a feeling that something is going to happen,
      and it does happen.
      3.1    Is there anyone like that in your family?
      3.2    Do you remember anything like that in your family?
4.    Was there ever anything that happened when you were growing up that you couldn't
      explain?
      4.1    Were there any spooky places you wouldn't go at night?
      4.2    Does it bother you when people talk about ghosts?
5.    Have you ever been somewhere new and know that you've been there before?
6.    What was the longest streak of luck you ever had?
      6.1    Do people feel the same way as they used to?
      6.2    What about bad luck?
      6.2    Are you lucky at cards?
             6.2.1   With women [men]?
```

Abb. 5.2 Danger-of-Death-Modul aus Labovs Fragenkatalog. (Quelle: https://www.ling.upenn.edu/~wlabov/L470/Q-GEN-II.Narrative.zip)

5.2.4 Ethnographische Feldstudien/teilnehmende Beobachtung

Eine andere Möglichkeit neben dem Interview sind **ethnographische Feldstudien**. Hierfür begeben sich die Forscher*innen über Kontakte in eine Gruppe und versuchen dort als Teil der Gruppe im kommunikativen Alltag Daten zu sammeln (s. Abschn. 6.4).

Obwohl man dadurch, jedenfalls nach Auffassung von Ethnograph*innen, der ‚Alltagssprache' näherkommt als beim Interview, das ja immer eine ‚künstliche' Kommunikationssituation bleibt, ist diese Methode in der Variationslinguistik weniger gebräuchlich (und wird höchstens zusätzlich, im Rahmen von Vorstudien oder zur Überprüfung, eingesetzt). Der Grund dafür ist, man die Datenproduktion, aber auch mögliche Störvariablen, **weniger systematisch kontrollieren** kann als beim Interview. Die Methode gilt daher als weniger zuverlässig (reliabel) im quantitativ-empirischen Sinn.

5.2.5 Rasche und anonyme Datenerhebung

Eine von Labov ([1966] 2006a) entwickelte dritte Möglichkeit, Daten zu erheben, ist die **rasche und anonyme Datenerhebung** (*rapid and anonymous survey*). Sie versucht gewissermaßen die Vorteile des Interviews (kontrollierte Datenakquise) mit denen ethnographischer Feldstudien (‚authentischere' Erhebungssituation) zu kombinieren und die Nachteile dieser beiden Methoden damit jeweils auszugleichen.

Bei der raschen und anonymen Datenerhebung begibt sich die*der Forscher*in in eine alltagsweltliche Situation, ohne sich als Forscher*in zu erkennen zu geben, und versucht, durch geschicktes Fragen kontrolliert die Befragten dazu zu bringen, bestimmte Daten zu produzieren. Diese Methode ist somit ein **kaschiertes soziolinguistisches Mini-Interview.**

Die wohl bekannteste Anwendung dieser Methode, die Department-Store-Untersuchung Labovs, wird weiter unten (s. Abschn. 5.4.1) genauer vorgestellt. In dem Zusammenhang wird auch die Methode ausführlicher entfaltet.

5.2.6 Korpora

In jüngerer Zeit hat sich auch die Verwendung von systematischen (schriftlichen oder verschrifteten) Datensammlungen, sog. **Korpora** (Sg. *das Korpus*), in der Variationslinguistik etabliert (vgl. Friginal/Hardy 2014; Meyerhoff/Schleef/MacKenzie 2015: 64–70; zu Korpora generell Hirschmann 2019). Für sprachwissenschaftliche Forschungen existiert eine Vielzahl sehr großer und zum Teil auch spezifizierter Korpora, die den Zugriff auf eine Menge von Daten erlauben, die mit den herkömmlichen Erhebungsverfahren nicht annähernd zu beschaffen wären (so enthält etwa das *Corpus of Contemporary American English* über eine Milliarde Wortformen unterschiedlicher Genres [https://www.english-corpora.org/coca/; Abruf 24.09.2020], das *Deutsche Referenzkorpus* insgesamt sogar knapp 47 Mrd. Wortformen, was über 117 Mio. Buchseiten entspricht [https://www1.ids-mannheim.de/kl/projekte/korpora.html; Abruf 24.09.2020]).

Viele Korpora sind außerdem grammatisch, phonologisch oder variational **annotiert,** was bedeutet, dass man dort nicht nur die in den Texten tatsächlich produzierten Varianten findet, sondern auch Grundformen (eine Suche nach *schlafen* findet nach Wunsch auch *schlief, geschlafen* usw.), normalisierte Formen (standardsprachliche Entsprechungen nichtstandardsprachlicher Varianten) sowie auch grammatische Informationen (Wortart, Position im Satz usw.).

Weiterhin sind Korpora, eben weil sie verschriftet sind, methodisch relativ **leicht zu verarbeiten** (und statistisch leicht auszuwerten). Muss man eigene (gesprochensprachliche) Daten erst mühsam transkribieren und kodieren, so stehen Korpora den Variationslinguist*innen (weitgehend) aufbereitet zur Verfügung (was nicht überdecken soll, dass es oft auch Variationslinguist*innen sind, die diese Aufbereitung vorab geleistet haben).

Und schließlich existieren auch **historische Korpora** (für das Deutsche etwa das *Deutsche Textarchiv* [http://www.deutschestextarchiv.de/; Abruf 24.09.2020]), so dass ältere Sprachstufen und Sprachwandelphänomene analytisch erfasst werden können, welche man mit den durch die anderen Methoden erhobenen Daten entweder hypothetisch (durch Herleitung vom Lebensalter der Sprecher*innen; s. Abschn. 5.4.1) ableiten muss oder die durch Rückgriff auf frühere Untersuchungen sowie aufwendige Langzeitstudien allenfalls in begrenztem Maß zugänglich sind.

Für quantitative Analysen, wie sie die Variationslinguistik vornimmt, sind diese Voraussetzungen ideal. Ein **Nachteil** allerdings ist, dass die Forscher*innen auf die Zusammenstellung der Daten in der Regel wenig Einfluss haben. Anders als im Interview lassen sich nicht gezielt bestimmte Daten oder Stile elizitieren und mithin systematisch vergleichen.

Korpora eignen sich aber auch als **Vergleichsbasis** (sog. Referenz) für mit anderen Methoden erhobene Daten, etwa dann, wenn man herausfinden will, ob Vorkommenshäufigkeiten bestimmter Varianten in diesen Daten (un-)typisch sind. Weiterhin eignen sie sich zur **Hypothesenbildung** im Rahmen von Vorstudien.

Dass Korpora in der Variationslinguistik an Bedeutung gewonnen haben, liegt neben den genannten Vorteilen, dem generellen Bedeutungsgewinn von Korpusanalysen in der Sprachwissenschaft und der zunehmenden Verfügbarkeit von für die Variationslinguistik geeigneten Korpora (mit verschrifteten gesprochensprachlichen und sozial variablen Daten) auch daran, dass die Variationslinguistik (und die Soziolinguistik generell) in den letzten Jahren begonnen hat, sich auch für **schriftliche Kommunikation** zu interessieren. Traditionell hat man um diese eher einen Bogen gemacht, weil schriftliche Kommunikation als standardisiert und wenig variabel galt (vgl. Androutsopoulos 2007; Spitzmüller 2012). Spätestens mit der Bedeutungszunahme digitaler Kommunikation ließ sich dies nicht mehr aufrechterhalten. Und gerade diese Kommunikation (in sozialen Netzwerken, Chats usw.) hat inzwischen auch die Aufmerksamkeit der Sozio- und Variationslinguistik gefunden (vgl. Hinrichs 2006; Schlobinski 2018: 47–50). Zugänglich sind entsprechende Daten eben in Korpora.

5.3 Zentrale Konzepte

Auf der Grundlage der bis hierhin diskutierten Annahmen und Methoden lassen sich die zentralen Konzepte der Variationslinguistik nun genauer bestimmen.

5.3.1 (Soziolinguistische) Variable

Soziolinguistische Variable (oder häufig abgekürzt: Variable) nennt man das sprachliche Phänomen, dessen soziale Variation untersucht wird. Nach variationslinguistischer Auffassung bezeichnet eine soziolinguistische Variable verschiedene Möglichkeiten (durch Variation auf einer bestimmten sprachlichen Ebene) ‚dasselbe zu sagen' („a set of alternative ways of ‚saying the same thing'"; Labov 1972a: 94). Das Konzept wurde von Labov ([1963] 1972c) eingeführt. Die übliche Darstellung sind runde Klammern, z. B. (r) für die (phonologische) Variable des Lautes /r/.

Soziolinguistische Variablen können unterschiedliche **sprachliche Ebenen** betreffen:

- Eine **phonologische Variable** würde beispielsweise alle Möglichkeiten umfassen, das /r/ nach Vokal zu artikulieren (inklusive der Möglichkeit, es zu unterdrücken).
- Eine **lexikalische Variable** würde entsprechend alle Möglichkeiten umfassen, ein bestimmtes Ding oder eine Sache zu bezeichnen (*Semmel, Brötchen, Wecken* usw.).
- Eine **syntaktische Variable** würde beispielsweise verschiedene Möglichkeiten der Wortstellung mit der gleichen referenziellen Bedeutung umfassen. Ein Beispiel ist *Damit kann ich nichts anfangen* vs. *Da kann ich nichts mit anfangen* (eine regional gebräuchliche sog. Spaltungskonstruktion, da die Präposition [*damit*] aufgespalten wird und in Teilen an anderer syntaktischer Position ‚strandet' [daher auch *preposition stranding* genannt]). Ein anderes Beispiel sind verschiedene Möglichkeiten der Negation (einfache vs. doppelte Verneinung, wie es bspw. im Bairischen möglich ist – *Des macht kaa Mensch ned* – oder auch im Niederdeutschen – *Dat will ick för keen Geld nich*).

5.3.2 Variante

Variante nennt man jede konkrete Variationsform einer gegebenen soziolinguistischen Variable. Zum Beispiel wären [r], [ʀ], [ʁ] oder Ø [= nicht artikuliertes /r/] (phonetische) Varianten der Variablen (r), *Semmel, Brötchen* und *Wecken* wären lexikalische Varianten der Variablen (Brötchen), *Des macht kaa Mensch ned* und *Des macht ka Mensch* syntaktische Varianten der Variablen (neg) [Negation].

5.3.3 Varietät

Varietät ist ein Konzept, das aus der Angewandten Sprachwissenschaft (vgl. Catford 1965: 83–92) in die Sprachsoziologie (vgl. Fishman 1971: 22) und einige Formen der strukturorientierten und von der Dialektologie geprägten Soziolinguistik übernommen wurde (vgl. zur Forschungsgeschichte ausführlich Sinner 2014: 39–90). Anders als Variante und Variable ist das Konzept nicht in allen Formen der Variationslinguistik gleichermaßen zentral. Wie bereits oben ausgeführt, referiert etwa Labov in seinen Arbeiten kaum auf Varietäten (*varieties*), sondern eher, in einem sehr weiten (im Englischen aber üblichen) Sinn, auf (*social* oder *urban*) *dialects*.

Der Ausdruck ‚Varietät/variety' findet sich inzwischen zwar auch in vielen Arbeiten, die in Labov'scher Tradition stehen (vgl. etwa Tagliamonte 2006, 2016), wird dort allerdings vielfach eher unspezifiziert im Sinne eines Synonyms für *dialect* (oder auch *language*) verwendet, das als ‚wertneutraler' als diese alltagssprachlichen Ausdrücke und daher zur wissenschaftlichen Beschreibung geeigneter verstanden wird (vgl. Meyerhoff 2019: 34; ähnlich argumentiert bereits Fishman 1971: 22). Varietät ist dort also nach wie vor kein zentrales, terminologisch ausgearbeitetes Konzept, sondern eher ein relativ vager Hilfsausdruck.

Anders ist dies in den Arbeiten, die sich selbst der **Varietätenlinguistik** zuordnen, deren erklärtes Ziel es ist, die Varietäten bzw. den Varietätenraum (Dittmar 1997: 173–177) einer Sprache zu beschreiben. Als Varietät bezeichnet man dort eine Klasse von sprachlichen Charakteristika (Menge von Varianten einer bestimmten Variablen), die typisch für eine bestimmte Sprecher*innengruppe oder ein bestimmtes soziales Setting sind (z. B. *New York City Lower Middle Class English*).

Kategorial relevant ist hierbei das **Korrelationsprinzip**, wie dieser Definitionsvorschlag von Berruto verdeutlicht:

> „Eine sprachliche Varietät zeichnet sich dadurch aus, dass gewisse Realisierungsformen des Sprachsystems in vorhersehbarer Weise mit gewissen sozialen und funktionalen Merkmalen kookkurrieren. Wenn eine Menge von gewissen kongruierenden Werten bestimmter sprachlicher Variablen (d. h. Realisierungen gewisser Formen, die in der betreffenden Sprache variieren) zusammen mit einer gewissen Menge von Merkmalen auftreten, die Sprecher und/oder Gebrauchssituationen kennzeichnen, dann können wir von einer sprachlichen Varietät sprechen." (Berruto 2004: 189)

Wann man allerdings genau von einer eigenständigen Varietät sprechen kann, ist umstritten (vgl. dazu ausführlicher Berruto 2004: 189–190; Sinner 2014: 18–29). Nach einer **Minimaldefinition,** wie sie der deutsche Soziolinguist Ulrich Ammon (1943–2019) vorschlägt, würde es genügen, wenn mindestens

5.3 Zentrale Konzepte

eine Variable mindestens eine eigenständige Variante oder eine spezifische Kombination von Varianten aufweisen würde:

> „Eine Varietät muß bei der Auswahl von Varianten aus den sprachlichen Variablen mindestens eine der beiden folgenden Bedingungen erfüllen:
> (i) über wenigstens eine für sie spezifische (einzelne) Variante verfügen, oder zumindest
> (ii) eine spezifische Kombination von Varianten aufweisen." (Ammon 1995: 64)

Für andere Soziolinguist*innen sind Varietäten nicht so klar bestimmbar. Einige bezweifeln auch, ob Varietäten überhaupt klar voneinander abgrenzbar sind und sehen in ihnen vielmehr **unscharfe Kategorien** bzw. „Verdichtungen in einem Kontinuum" (Berruto 2004: 190; vgl. auch Lenz 2003: 250–254). Aus diesem Grund lehnen diese Soziolinguist*innen auch die Disziplinenbezeichnung ‚Varietätenlinguistik' ab und sprechen lieber von ‚Variationslinguistik'.

Auch hinsichtlich des **ontologischen Status** von Varietäten – also in welcher Form sie ‚existieren' – ist sich die Soziolinguistik uneinig:

- Einige Variationslinguist*innen (insbesondere die *Varietätenlinguist*innen*) gehen davon aus, dass Varietäten (mehr oder weniger scharf) **abgrenzbare Sprachgebrauchsformen** sind, die von bestimmten Sprecher*innen einer Sprachgemeinschaft nachweisbar verwendet werden (jemand ‚spricht' oder ‚schreibt' eine bestimmte Varietät; bspw. Ammon 1995).
- Andere betonen, dass es sich bei Varietäten um **heuristische Konstruktionen** handelt (Varietäten werden von Forscher*innen durch Kategorisierungsprozesse klassifiziert, sie existieren also nur ‚virtuell', als Folge wissenschaftlicher Ordnungs- und Vereinfachungsprozesse; vgl. bspw. Felder 2016: 44–45; Bülow 2017: 304).
- Wieder andere sehen in Varietäten, in interpretativer Tradition (s. Kap. 6), **Wahrnehmungskonstrukte** von Kommunikationsakteur*innen (bestimmte Sprecher*innen nehmen bestimmte Varietäten einer Sprache als distinkt wahr und handeln entsprechend; vgl. bspw. Saville-Troike [1982] 2003: 42–43; Krefeld/Pustka 2010; Schmidt/Herrgen 2011: 51).

Dass es sich bei den beiden zuletzt genannten Konstruktionen nicht um dasselbe handelt, ist offensichtlich, schon allein deshalb, weil den Konstruktionen unterschiedliche **Verfahren und Interessen** zugrunde liegen.

- Man kann ja kaum davon ausgehen, dass die Wahrnehmung von distinkten Varietäten durch Kommunikationsakteur*innen auf statistischen Korrelationen vorab methodisch separierter Parameter beruht.
- Vielmehr sind, wie die sog. **Perzeptionslinguistik** gezeigt hat (eine Disziplin, die Wahrnehmungen und Bewertungen von Sprache und Sprachgebrauch durch Sprecher*innen untersucht), Sprachkategorisierungen von Kommunikationsakteur*innen häufig stark von ihren jeweiligen lebensweltlichen Positionen bestimmt (vgl. Preston 2019; Anders/Hundt/Lasch 2010; s. auch Kap. 7).

- Die perzeptionslinguistischen Untersuchungen haben ferner gezeigt, dass die sog. ‚Laienkonstruktionen' (vgl. zu diesem Ausdruck kritisch Spitzmüller 2021) sich häufig auch nicht mit sprachwissenschaftlich (empirisch) nachweisbaren Sprachgebrauchsformen decken (vgl. Sinner 2014: 129–132), weshalb Varietäten als Laienkonstruktionen auch nicht deckungsgleich mit Varietäten als empirisch nachweisbaren Sprachgebrauchsformen sind.

Unabhängig vom Varietätenbegriff klassifiziert man Varietäten in der Regel korrelativ mit Bezug auf die oben besprochenen unabhängigen sozialen Variablen. Dabei hat sich vor allem in der deutschsprachigen Variationslinguistik, wie bereits in Abschn. 3.1.2 erwähnt, eine von Eugenio Coseriu ([1988] 2007: 24–25) vorgeschlagene Dreiteilung in **diatopische** (raumbedingte), **diastratische** (schicht- bzw. sozialstrukturbedingte) und **diaphasische** (situationsbedingte) Variablen durchgesetzt. Demnach unterscheidet man diatopische, diastratische und diaphasische Varietäten (vgl. etwa Dittmar 1997: 181–244; Sinner 2014: 91–208), wobei vielfach Varietäten innerhalb dieses Spektrums auch als ‚Lekte' bezeichnet werden.

5.3.4 Lekt

‚Lekt' ist ein Terminus, den man vor allem in der älteren deutschsprachigen Varietätenlinguistik oft alternativ zu ‚Varietät' findet (Löffler 2016: 79–80; Dittmar 1997: 180–181; Veith 2005: 25).

Häufig mit Bezug auf Coserius oben erwähntes Diasystem werden dabei unterschiedliche **Lekt-Kategorien** klassifiziert, etwa (vgl. Löffler 2016: 79; Dittmar 1997: 181–230):

1. Auf **diatopischer** Ebene:
   - *Dialekte*, *Regiolekte*, *Urbanolekte* (unabhängige Variable Region bzw. Bezirk, aus der/dem die Sprecher*innen stammen bzw. in der/dem sie leben)
2. Auf **diastratischer** Ebene:
   - *Soziolekte* (soziale Schicht)
   - *Juvento-* und *Gerontolekte* (Alter)
   - *Genderlekte* (Geschlecht)
   - *Ethnolekte* (ethnische Zugehörigkeit)
   - *Argotolekte* (Gruppen-/Szenenzugehörigkeit)
3. Auf **diaphasischer** Ebene:
   - *Funktiolekte* (soziale Rolle, die die Sprecher*innen gerade ausüben)
   - *Situolekte* (Kommunikationssituation)
   - *Mediolekte* (verwendete Medien)

Viele dieser Lekt-Kategorien sind allerdings (auch in der Varietätenlinguistik selbst) **umstritten,** da die Voraussetzungen dafür, dass man von einer eigenständigen und differenzierbaren Varietät sprechen kann (auch von Soziolinguist*innen, die eine klare Differenzierbarkeit von Varietäten grundsätzlich für möglich halten), in diesen spezifischen Fällen als nicht gegeben angesehen werden. Das betrifft insbesondere Genderlekte (vgl. bspw. Felder 2016: 139–140), Juvento- und Gerontolekte (bes. ‚die' Jugendsprache; vgl. bspw. Dittmar 1997: 229–233) und Ethnolekte (vgl. Androutsopoulos 2011 mit grundsätzlich kritischen Überlegungen zum Konzept des Lekts und der Varietät, die der Autor aus kritisch-soziolinguistischer Sicht als problematische sprachideologische Simplifizierungen betrachtet). In all diesen Fällen wird kritisiert, dass die sozialen Kategorien, auf die hier verwiesen wird (also ‚die' Jugend oder ‚das' Alter, das soziale Geschlecht bzw. die Ethnie) viel zu heterogen sind, als dass sie mit spezifischen, abgrenzbaren Sprachgebrauchsformen verbunden werden können (bspw. sprechen Jugendliche viel zu unterschiedlich als dass man von ‚der Jugendsprache' sprechen könnte).

Felder (2016: 142) weist zudem darauf hin, dass Lekte jeweils nur **eine Variationsdimension in den Vordergrund** stellen (Dialekte die diatopische Dimension, Soziolekte die diastratische usw.), dass aber bei der Varietätenklassifikation die jeweils anderen Dimensionen auch eine Rolle spielen müssen (ein Dialekt ist nicht unabhängig von einer bestimmten diastratischen, diaphasischen und auch diachronen Verortung klassifizierbar).

Damit ist ein wichtiger Punkt angesprochen: Es handelt sich bei den Dimensionen um Teilaspekte eines Phänomens, die **gemeinsam dieses Phänomen konstituieren** (die Bezeichnung ‚Dimension' zeigt dies auch an). Allerdings steht aus variationslinguistischer Sicht immer eine Dimension klassifikatorisch im Vordergrund, nämlich die, die (auf sozialer Seite) methodisch variiert wird, mit der also eine der Varietät zugeordnete Sprachgebrauchsweise korreliert (während die anderen Dimensionen kontrolliert, also stabil gehalten werden müssen; s. dazu oben Abschn. 5.2.2). Die Dimensionen haben also **klassifikatorisch unterschiedliche Status**. Das gilt für Varietäten und Lekte gleichermaßen.

Daraus ergibt sich noch ein weiterer wichtiger Punkt: Varietäten (bzw. Lekte) können nicht für sich alleine klassifiziert werden, sondern nur – dem Leitprinzip der Variation folgend – **kontrastiv**. Das heißt, eine Varietät wird als Varietät bestimmt, weil sie sich in einer bestimmten Hinsicht von einer anderen Varietät unterscheiden lässt – also zu ihr variiert (auch in dieser Hinsicht ist die Variationslinguistik konsequent strukturalistisch). Deshalb ist die Rede von ‚diastratischen Varietäten' aus Sicht der Variationslinguistik durchaus sinnvoll, wenn die sozialstrukturelle soziale Variable klassifikationsleitend ist.

5.4 Beispielstudien

In diesem Abschnitt werden zum Abschluss des Kapitels zwei der bekanntesten variationslinguistischen Arbeiten vorgestellt. Bei beiden Arbeiten handelt es sich um solche, an denen sich die in diesem Kapitel behandelten Grundannahmen, Methoden und Konzepte gut illustrieren und auch kritisch diskutieren lassen.

5.4.1 ‚The Social Stratification of (r) in New York City Department Stores'

Die in diesem Abschnitt vorgestellte Studie wurde von Labov 1962 im Kontext seines Dissertationsprojektes zur *Social Stratification of English in New York City* (Labov [1966] 2006b) durchgeführt. Sie bildet das erste empirische Kapitel seiner Dissertation (Labov [1966] 2006a). In Labov (1972a) findet sich eine überarbeitete Fassung (Labov 1972d), aus der wir überwiegend zitieren. Die zweite Auflage der Dissertation, die 40 Jahre nach der Erstauflage erschienen ist, enthält darüber hinaus auch einen retrospektiven Kommentar von Labov.

Die Department-Store-Studie gehört wohl zu den bekanntesten und am häufigsten zitierten variationslinguistischen Arbeiten, was zum einen an ihrer **methodischen Originalität** liegen mag, zum anderen aber auch daran, dass sie die variationslinguistischen Prinzipien (sowie deren Probleme) *in nuce* zeigt. Die Untersuchung wurde mehrfach (von anderen Variationslinguisten) repliziert (vgl. Fowler 1986; Mather 2012; Guy 2018). Labov selbst befindet (im Jahr 2006), „the department store study has withstood the test of time" (Labov [1966] 2006a: 40), und hebt den Modellcharakter der Untersuchung hervor:

> „[I]t articulates with the larger study [gemeint ist das Dissertationsprojekt insgesamt; J.S.] in remarkable detail, showing that the inquiry limited to the Lower East Side is valid for the city as a whole." (Labov [1966] 2006a: 40)

Im Mittelpunkt der Department-Store-Studie steht nicht nur ein **empirisches Interesse**, nämlich die Beschreibung der sozialen Verteilung der phonologischen Variablen (r) in New York City, sondern auch ein **methodologisches**, nämlich ein Versuch der Umgehung des Beobachterparadoxons (s. Abschn. 5.1.4). Die von Labov zumeist präferierte Methode, das soziolinguistische Interview (s. Abschn. 5.2.3), schätzt er selbst in dieser Hinsicht als problematisch ein:

> „Interview speech is formal speech – not by any absolute measure, but by comparison with the vernacular of everyday life. On the whole, the interview is public speech – monitored and controlled in response to the presence of an outside observer. But even within that definition, the investigator may wonder if the responses in a tape-recorded interview are not a special product of the interaction between the interviewer and the subject." (Labov 1972d: 43)

Interviews mit Fremden generierten daher häufig normorientiertes Sprechen (*careful speech*) und nicht das ‚authentische' alltagstypische Sprechen (*casual speech*), dem die Variationslinguistik auf der Spur ist. Die Department-Store-Untersuchung ist ein Versuch, das alltägliche, öffentliche Sprechen („public use of language in everyday life"; Labov 1972d: 43) ‚unbeobachtet', also verdeckt, zu beobachten, und somit das **Beobachter-Paradoxon zu durchbrechen**.

Statt längeren Interviews führt Labov hier **rasche und anonyme Datenerhebungen** (s. Abschn. 5.2.5) durch: Die Daten stammen aus kurzen Wortwechseln, sowohl Beobachter als auch Beobachtete bleiben dabei anonym.

5.4 Beispielstudien

Labov hat zunächst umfassende Voruntersuchungen durchgeführt (70 Interviews, zahlreiche Beobachtungen des öffentlichen Sprachgebrauchs). Diese Voruntersuchungen haben gezeigt, dass das postvokalische [r] – seine Präsenz bzw. sein Fehlen – in Wörtern wie *car, card, four, fourth* in New York City **sozial signifikant** zu sein scheint:

> „These preliminary studies led to the definition of the major phonological variables which were to be studied, including the presence or absence of consonantal [r] in postvocalic position in *car, card, four, fourth,* etc. This particular variable appeared to be extraordinarily sensitive to any measure of social or stylistic stratification." (Labov 1972d: 44)

Labov entscheidet sich daher dafür, die phonologische Variable (r) zu untersuchen. Seine **Ausgangshypothese** ist dabei:

> „*if any two subgroups of New York City speakers are ranked in a scale of social stratification, then they will be ranked in the same order by their differential use of (r).*" (Labov 1972d: 44; Herv. im Orig.)

Diese Hypothese enthält die **Korrelationsidee** beinahe schon musterhaft: Auf der einen Seite werden Sprecher*innen auf der sozialen Hierarchie angeordnet, auf der anderen hinsichtlich ihrer Verwendung von (r) – und Labov ist überzeugt, dass das eine mit dem anderen in direktem Zusammenhang steht, also korreliert.

Die Untersuchung wird 1962 in **drei Kaufhäusern** im Bereich der Lower East Side in New York City durchgeführt, die Labov zufolge Angehörige unterschiedlicher sozialer Schichten (im Englischen: *classes*) als Kundschaft haben:

1. *Saks Fifth Avenue* (upper middle class)
2. *Macy's* (lower middle class)
3. *S. Klein* (working class)

Dies wird mit Verweis auf den Standort, die Ausstattung, die Werbung und Gespräche mit ehemaligen Verkäufer*innen begründet (Labov 1972d: 46–48).

Labov versucht nun, in den drei Geschäften von möglichst vielen Angestellten eine Aussage zu hören, in dem die **Variable (r)** zweimal vorkommt (in zwei verschiedenen phonetischen Umgebungen: einmal am Wortende, einmal vor einem Konsonanten), nämlich *fourth floor*. Dazu fragt er nach einem Produkt, das in diesem Stock zu finden ist, also etwa: „Excuse me, where are the women's shoes?" (oder im vierten Stock selbst: „Excuse me, what floor is this?"). Um zusätzlich noch die Hypothese zu überprüfen, dass ein **bewusstes Sprechen** (*careful speech*) standardnäher ist, gibt er jedes Mal vor, nicht verstanden zu haben und fragt noch einmal („Excuse me?"), worauf die Angestellten ihre Auskunft wiederholen, diesmal nach Labovs These reflektierter (vgl. Labov 1972d: 49).

Somit erhebt Labov in äußerst komprimierter Form **vier verschiedene Vorkommen der Variablen (r):** jeweils unreflektiert (*casual*) (1.) einmal vor Konsonant und (2.) einmal am Wortende und reflektiert (*careful*) (3.) vor Konsonant und (4.) am Wortende. Auf diese Weise schafft er es, in den drei Geschäften insgesamt

264 verschiedene Verkäufer*innen und andere Bedienstete dazu zu bringen, jeweils zweimal *fourth floor* zu sagen.

Labov notiert versteckt, wie diese vier Varianten ausgesprochen wurden (nach einem binären Schema: r-0 = /r/ wird nicht artikuliert, r-1 = /r/ wird artikuliert), und er macht sich kurze Notizen zur befragten Person (u. a. geschätztes Alter, ethnische Zuordnung, Geschlecht, Akzent).

Die **Ergebnisse** sind folgende (s. Abb. 5.3):

- Die **zentrale Hypothese** bestätigt sich: Je höher das Geschäft in der sozialen Skala angeordnet ist, desto deutlicher wird das /r/ artikuliert, bzw. umgekehrt: je niedriger das Kaufhaus in dieser Skala steht, desto häufiger wird /r/ gar nicht artikuliert (s. Abb. 5.3a)
- Auch die **zweite Hypothese** bestätigt sich: Der wiederholte Satz enthält (vor allem wortfinal) mehr /r/-Anteile: *careful speech* ist also standardnäher (s. Abb. 5.3b). Dies gilt schichtübergreifend. Damit sieht Labov seine These bestätigt, dass sich alle New Yorker*innen an denselben Normen orientieren und mithin eine einzige *speech community* bilden (vgl. Labov 1972d: 52).
- Interessant erscheint Labov auch, dass die Differenz (insbesondere von FLOOR) zwischen dem ersten und dem zweiten Satz in *Macy's* am größten ist und dass sich Sprecher*innen dieses Kaufhauses im *careful speech* dem FLOOR-Wert von *Saks* stark annähern, wohingegen die Unterschiede der beiden Sätze bei *Saks* vergleichsweise gering sind (s. Abb. 5.3b). Labov erklärt dies damit, dass die Angehörigen der unteren Mittelschicht das größte Bedürfnis hätten, sich an das **Prestige der Standardsprache** anzupassen (*Saks*-Angestellte hätten hingegen mehr „*security* […] in a linguistic sense"; Labov 1972d: 52; Herv. im Orig.).

Den Einfluss möglicher **Störvariablen** (Ethnizität, professionelle Rolle, Geschlecht, Alter) prüft Labov. Bei den ersten drei Variablen sieht er nur minimale Einflüsse. Mit Verweis darauf, dass die Zahlen alleine von „native white sales women" (Labov 1972d: 55) tendenziell den Gesamtzahlen ähnelten, argumentiert er, dass die Variablen Ethnizität, professionelle Rolle und Geschlecht geringen Einfluss hätten.

Anders ist es beim **Alter** der Proband*innen: Hier zeigt sich in der unteren Mittelschicht eine deutliche positive Korrelation des /r/-Gebrauchs mit zunehmendem Alter, in der oberen Mittelschicht hingegen eine negative Korrelation. Dies erklärt Labov damit, dass die Artikulation des /r/ sich als ‚neue Norm' („incoming prestige feature"; Labov 1972d: 63) von oben durchsetze („the product of overt social pressures consonant with the social hierarchy"; Labov [1966] 2006b: 206):

- Dass die Norm neu sei, erkläre, dass in der oberen Mittelschicht jüngere Sprecher*innen (im Alter von 20 bis 30) diese Variante häufiger verwendeten (dem liegt die Annahme zugrunde, dass Sprachwandel zunächst von den

5.4 Beispielstudien

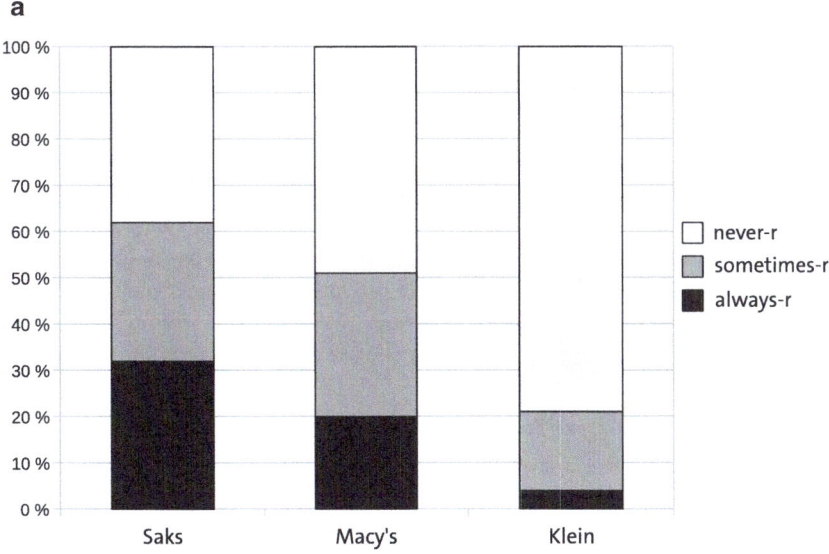

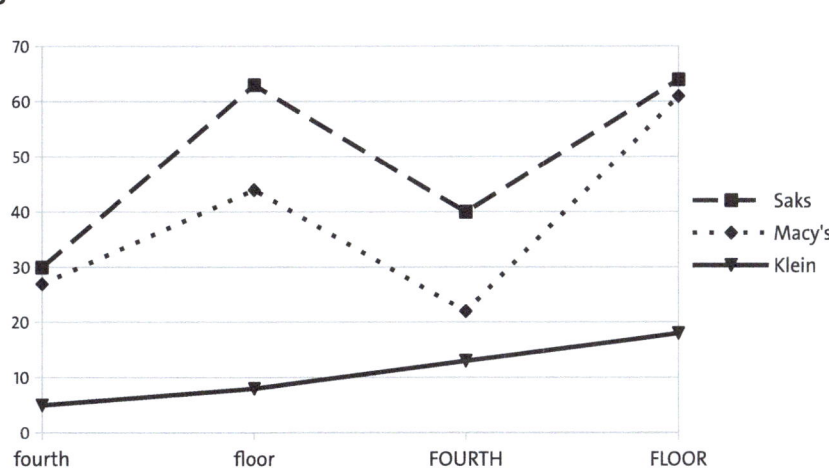

Abb. 5.3 Soziale Verteilung von (r), **a**) Verteilung von (r) nach Kaufhaus, alle vier Positionen (Großschreibung markiert careful speech). (nach Labov 1972d: 52), **b**) Verteilung von (r) nach Kaufhaus, alle vier Positionen (Großschreibung markiert careful speech)

jüngeren Generationen aufgegriffen wird bzw. dass die älteren diesen häufig nicht mehr mitvollziehen; sog. *apparent time hypothesis;* vgl. Meyerhoff 2019: 143–174).
- Dass nun in der unteren Mittelschicht die Sprecher*innen höheren Alters (gemeint ist hier: 40+) die Variante am häufigsten verwendeten, hänge damit zusammen,

dass diese den stärksten Kontakt zu den jüngeren Sprecher*innen der oberen Mittelschicht hätten und sich am *overt prestige* ihres Sprachgebrauchs orientierten. Daraus resultiere „a one-generation lag in the peak of response to the new norm" (Labov 1972d: 63).

Somit glaubt Labov in dieser Untersuchung also auch ein **Sprachwandelphänomen** diagnostiziert und dessen soziale Diffundierung erkannt zu haben (die drei Studien, die Labovs Untersuchung im Abstand von verschiedenen Jahrzehnten repliziert haben, scheinen dies zu bestätigen: die Artikulation von /r/ spezifisch in *Saks* scheint sich auch im *casual speech* über die Jahrzehnte immer mehr durchzusetzen; vgl. zusammenfassend Guy 2018).

Labovs Zusammenfassung der Hauptergebnisse illustriert noch einmal schön das Korrelationsprinzip:

> „If we wish to express the (r-1) [= /r/ wird artikuliert; J.S.] distribution in a single function, we can say that it is inversely correlated with distance from the highest-status group […]. It is also directly correlated with the formality of style and the amount of attention paid to speech ([…] casual speech, […] careful speech, […]). The slope of style shifting is modified by a function which may be called the ‚Index of Linguistic Insecurity' (ILI), which is maximized for the second-highest status group […]. The age distribution must be shown as greatest for the upper middle class at age 20 and at age 40 for the lower middle class." (Labov 1972d: 63–64)

Labov gelingt somit also offenbar der Nachweis von **systematischer Variation** in drei klassischen Variabilitätsbereichen:

- **Soziale Schicht:** je höher die soziale Position, desto artikulierter das /r/
- **Situation:** je reflektierter das Sprechen, desto artikulierter das /r/
- **Zeit:** zunehmende Artikulation des /r/ als Sprachwandelphänomen ‚von oben', zunächst aufgegriffen von jüngeren Sprecher*innen aus der oberen Schicht, dann sozial über soziale Kontakte (und altersgruppenverschoben) ‚nach unten' distribuiert

Auch der vierte Variabilitätsbereich, **Raum,** spielt insofern eine Rolle, als Labov davon ausgeht, dass die Nicht-Artikulation von /r/ eine phonetische Variable ist, die spezifisch für New York City ist. Insgesamt scheint die Studie die Auffassung der Variationslinguistik also eindrucksvoll zu bestätigen: sprachliche Variation ist ein Index für soziale Verortung.

Allerdings kann man sich fragen, ob Labov in seiner raschen und anonymen Datenerhebung wirklich Repräsentant*innen jener drei Schichten befragt hat, die der Untersuchung als soziales Raster zugrunde gelegt werden. Es ist ja eher unwahrscheinlich, dass Kaufhausangestellte (auch in Kaufhäusern wie *Saks*) grundsätzlich aus der oberen Mittelschicht kommen und sich sozialstrukturell so signifikant von Kaufhausangestellten anderer Kaufhäuser unterscheiden, wie dies in dieser Untersuchung vorausgesetzt wird. Labov, der sonst viele andere methodische Schwachpunkte seiner Studie kritisch diskutiert (etwa die Tatsache, dass er keine Tonaufnahmen machen und dass er demographische Daten der Befragten nur schätzen konnte), wischt dies relativ rasch beiseite:

> „[…] salesgirls in large department stores tend to borrow prestige from their customers, or at least make an effort in that direction. It appears that a person's own occupation is more closely correlated with his linguistic behavior – for those working actively – than any other single social characteristic. The evidence presented here indicates that the stores are objectively differentiated in a fixed order, and that jobs in these stores are evaluated by employees in that order. Since the product of social differentiation and evaluation, no matter how minor, is social stratification of the employees in the three stores the hypothesis will predict the following result: salespeople in the highest-ranked store will have the highest values of (r); those in the middle-ranked store will have intermediate values of (r); and those in the lowest-ranked store will show the lowest values. If this result holds true, the hypothesis will have received confirmation in proportion to the severity of the test." (Labov 1972d: 45)

Wenn nun aber, wie Labov hier argumentiert, Verkäufer*innen sprachliches Prestige von ihren (angenommenen) Kund*innen ‚ausborgten', hieße das ja gerade nicht, dass der Sprachgebrauch ihre eigene soziale Position indiziert, sondern dass sie eine soziale Position durch einen solchen ‚geborgten' Sprachgebrauch (im spezifischen Kontext des Kaufhauses, in dem die Interaktion stattfindet) aktiv zu etablieren versuchen und sich dabei – wie dies Labov mit seinem Hinweis auf die Prestigeorientierung ja auch selbst andeutet – zu Sprachideologien hin ausrichten. Und sie tun dies ja auch nicht im interaktiven Vakuum, sondern gegenüber und im Austausch mit anderen (in dem Fall mit Labov selbst, über dessen Auftreten in den drei Kaufhäusern man wenig erfährt).

Man könnte Labovs Befunde aus anderer soziolinguistischer Perspektive – aus Sicht der interaktionalen Soziolinguistik wie aus Sicht der metapragmatischen Soziolinguistik – also auch ganz anders deuten als Labov selbst dies aus seiner variationslinguistischen Sicht tut. Was Labov hier beobachtet haben könnte, könnte insbesondere auch das sein, was man **Akkomodation** nennt, sprachliche Annäherung an das Gegenüber bzw. an die soziale Person, für die man das Gegenüber hält (vgl. dazu auch Mather 2012: 339). Dies führt uns zur zweiten Beispielstudie.

5.4.2 Foxy Boston

Während sich Labovs Kaufhaus-Studie, wie gezeigt, einer eher ungewöhnlichen Methode bedient hat, verwendet die Untersuchung, die im Folgenden vorgestellt wird, die klassische variationslinguistische Erhebungsmethode: das **soziolinguistische Interview**.

Die Untersuchung hat es auch deshalb zu einiger Bekanntheit in der Variationslinguistik gebracht, weil die Soziolinguist*innen, die sie durchgeführt haben, dabei auf einige **methodische Probleme** gestoßen sind, in deren Folge sie die Methode auch kritisch diskutiert haben. Nicht zuletzt deshalb ist ein genauerer Blick auf diese Untersuchung auch für uns interessant.

Es handelt sich um eine unter der Führung von John Rickford und Faye McNair-Knox (Universität Stanford) durchgeführte Teilstudie im Rahmen einer variationslinguistischen Erhebung des Sprachgebrauchs einer multiethnischen Gruppe von Sprecher*innen (Grundgesamtheit ca. 18.000 Sprecher*innen) in East Palo Alto (Kalifornien), die über mehrere Jahre zyklisch durchgeführt wurde (vgl. Rickford/McNair-Knox 1994).

Im hier relevanten Ausschnitt geht es um den Sprachgebrauch einer zu der Zeit (1990 und 1991) 18-jährigen Frau afroamerikanischen Hintergrunds, mit der verschiedene Interviewer*innen seit ihrem 13. Lebensjahr regelmäßig soziolinguistische Interviews geführt haben. Wie (aus datenschutzrechtlichen und forschungsethischen Gründen) üblich, wird die Frau mit einem Pseudonym, **Foxy Boston**, benannt.

In der hier besprochenen Teilstudie geht es um zwei Interviews, die hinsichtlich des dort von Foxy Boston produzierten Sprachgebrauchs verglichen werden. Was bei soziolinguistischen Interviews normalerweise kaum thematisiert wird (s. Abschn. 5.2.3), wird hierbei ins Zentrum der Diskussion gerückt – die sozialen **Charakteristika der Interviewer*innen:**

> „The two interviews [...] were recorded about eight months apart in 1990 and 1991 within the same setting (Foxy's home), but with different interviewers. The 1990 interview was done by Faye (coauthor of this paper), a forty-one-year-old African American lecturer at Stanford, who was familiar to Foxy as a community resident and from earlier interviews. Faye was accompanied by her sixteen-year-old daughter, Roberta (a pseudonym), a native of East Palo Alto, who served primarily as cointerviewee and peer for Foxy [...]. The 1991 interview [...] was done by Beth (a pseudonym), a twenty-five-year-old European American who was a graduate student at Stanford and a stranger to Foxy." (Rickford/McNair-Knox 1994: 236)

Die beiden Interviewerinnen unterscheiden sich also hinsichtlich des Alters, der Bekanntheit mit der Interviewten und des ethnischen Hintergrunds. Außerdem ist bei einem Interview die Tochter der Interviewerin dabei, die nur wenig jünger als Foxy ist und als deren *peer* (Alters- und Statusgenossin) bezeichnet wird und die ebenfalls interviewt wird.

In den Blick nehmen die Forscher*innen vor allem den Gebrauch von sprachlichen Merkmalen, die als typisch für **African American Vernacular English (AAVE)** gelten, einer mit Sprecher*innen afroamerikanischer Herkunft assoziierten Varietät. Zu diesen Merkmalen zählt man unter anderem (und auf diese konzentriert sich die Studie):

- **Nullkopula** (Nichtrealisierung des Kopulaverbs) *is/are* wie in *You crazy* statt Standard American English (SAE) bzw. European American Vernacular English (EAVE) *You are crazy,*
- **unflektiertes** *be* wie in *He be working tomorrow* statt SAE/EAVE *He is working tomorrow,*
- **Nichtrealisierung des Pluralsuffixes** *-s* wie in *they our friend* statt SAE/EAVE *our friends,*

5.4 Beispielstudien

- **Nichtrealisierung des Genitivsuffixes** -*s* wie in *the teacher clerk* statt SAE/EAVE *the teacher's clerk*
- **Nichtrealisierung des Flexionssuffixes** -*s* in der 3. Person Singular wie in *it seem like* statt SAE/EAVE *it seems like*.

Aus variationslinguistischer Sicht sind dies Merkmale des *casual speech* von AAVE-Sprecher*innen, und damit sollten sie vor allem dann verstärkt auftreten, wenn diese Sprecher*innen ihren Sprachgebrauch nicht reflektieren (s. oben Abschn. 5.1.4).

In der Foxy-Boston-Studie zeigt sich aber eine andere Korrelation. Obwohl die beiden Interviews unter sehr vergleichbaren Bedingungen stattfanden und auch dieselben Themen zum Inhalt hatten, zeigt die Interviewte in den Interviews

- erstens deutlich unterschiedliche **Interaktionsaktivität** (das erste Interview ist sehr viel lebendiger und entsprechend auch textreicher; vgl. Rickford/McNair-Knox 1994: 242–246)
- und zweitens auch eine unterschiedliche **Realisierungshäufigkeit** der genannten sprachlichen Merkmale mit zum Teil (statistisch) signifikanten Unterschieden (s. Tab. 5.1; hier zeigt sich auch, wie wichtig statistische Signifikanztests sind: obwohl die Abwesenheit des Genitiv-*s* in den Interviews sich immerhin um 17 Prozentpunkte unterscheidet, ist dies statistisch nicht signifikant, weil die Menge der Vorkommen insgesamt zu gering ist – diese Abweichung könnte auch dem Zufall geschuldet sein).

Rickford/McNair-Knox (1994: 236) fassen das Ergebnis so zusammen: „[…] Foxy's language in the second interview was less vernacular and more standard than it was in the former". Foxy Boston zeigt also **signifikante** *intraspeaker variation*, so wie dies variationslinguistisch auch erwartet wird, allerdings eine, die

Tab. 5.1 Gebrauch von AAVE-Merkmalen in den beiden Interviews (nach Rickford/McNair-Knox 1994: 247)

Variable	Foxy: Interview III (1990, afroamerikanische Interviewerin)	Foxy: Interview IV (1991, euroamerikanische Interviewerin)
Abwesenheit Genitiv-*s*	67 % (6/9)	50 % (5/10)
Abwesenheit Plural-*s*	1 % (4/282)	0 % (0/230)
Abwesenheit Flexion-*s* 3. Pers. Sing	73 % (83/114)	36 % (45/124)*
Abwesenheit Kopula *is/are* (Nullkopula)	70 % (197/283)	40 % (70/176)*
Unflektiertes *be*	385 (= 241/h)	97 (= 78/h)*

In Klammern: Absolute Häufigkeiten (AAVE-Variante/SAE-Variante).
*statistisch signifikant (Chi-Quadrat-Test, <.001).

nicht mit den bisherigen Erklärungsansätzen der Variationslinguistik zu fassen ist (es gibt keine Anzeichen für variierende Selbstreflexion der Sprecherin, die einen Wechsel vom *casual* in den *careful speech* erklären würde). Daher suchen Rickford und McNair-Knox nach anderen Erklärungen.

Dafür schließen die Autorin und der Autor an Theorien an, die außerhalb der (US-amerikanischen) Variationslinguistik zu finden sind. Diese postulieren, dass Sprecher*innen ihren Sprachstil an die Person angleichen, mit der sie sprechen (bzw. an die Vorstellungen, die Sprecher*innen sich vom Gegenüber machen).

Vor allem zwei Theorien sind hier relevant: die sozialpsychologische **Akkomodationstheorie** von Giles/Powesland (1975) und die im variationslinguistischen Paradigma verortete **Audience-Design-Theorie** von Bell (1984).

- Beide Theorien besagen (mit unterschiedlichem theoretischen Hintergrund), dass Sprecher*innen ihren Sprachstil primär **an ihrem Gegenüber ausrichten,** oder wie Bell (2005: 143) es ausdrückt: „Speakers design their style primarily for and in response to their audience".
- Ausrichten kann dabei heißen, dass sich Sprecher*innen – bewusst oder unbewusst – dem Gegenüber sprachlich annähern, etwa um Nähe aufzubauen (Giles/Powesland 1975 sprechen von *convergence*), aber auch, dass sie sich von diesem entfernen, etwa um Distanz zu signalisieren (*divergence*).

Ähnliche Erklärungsansätze finden Rickford und McNair-Knox in der **interaktionalen Soziolinguistik** Gumperz' (s. Kap. 6), der mehrfach beschrieben hat, wie Stil als Mittel zur sozialen Ausrichtung an das Gegenüber verwendet wird, und wie dies auch scheitern kann. Ein viel zitiertes Beispiel ist das folgende, in dem ein afroamerikanischer Student ein afroamerikanisches Ehepaar besucht, um ein vereinbartes Interview mit der Frau zu führen (achten Sie darauf, wie sich hier *convergence* und *divergence* überkreuzen):

> „The graduate student has been sent to interview a black housewife in a low income inner city neighborhood. The contact has been made over the phone by someone in the office. The student arrives, rings the bell, and is met by the husband, who opens the door, smiles, and steps towards him:
> Husband: So y're gonna check out ma ol lady, hah?
> Interviewer: Ah, no I only came to get some information. They called from the office.
> (Husband, dropping his smile, disappears without a smile and calls his wife.)" (Gumperz 1982: 133)

Gumperz führt aus:

> „The student reports that the interview that followed was stiff and quite unsatisfactory. Being black himself, he knew that he had ‚blown it' by failing to recognize the significance of the husband's speech style. [...] Reflecting on the incident, he himself states that, in order to show that he was on the husband's wave-length, he should have replied with a typically black response like ‚Yea, I'ma git some info' (I'm going to get some information) to prove his familiarity with and his ability to understand local verbal etiquette and values. Instead, his Standard English reply was taken by the husband as

an indication that the interviewer was not one of them and, perhaps, not to be trusted." (Gumperz 1982: 133)

Die interaktionale Soziolinguistik erklärt solche Angleichungsprozesse (und deren gelegentliches Scheitern) mit dem Konzept der **Kontextualisierung**, auf das wir im nächsten Kapitel ausführlich zu sprechen kommen. Vorgreifend und kurz gesagt geht es darum, dass die Sprachwahl dem Gegenüber anzeigt, wie eine Äußerung zu interpretieren ist (im vorliegenden Fall war die AAVE-Anrede des Ehemanns ein Hinweis, dass dieser den Studenten als Co-Mitglied einer sozialen Gruppe ansieht und eine Einladung zur entsprechenden Nähekommunikation, die divergierende Antwort des Studenten wurde als Signal der Zurückweisung dieser Einladung interpretiert und als Verortung in einem formalen, distanzierten Kontext).

Im Anschluss an solche Überlegungen formulieren Rickford und McNair-Knox ihre **Hypothese:**

„Following Bell (1984: 146–46) [sic!], we treat linguistic differences in the speech of a single speaker (*intraspeaker* variation) as stylistic, in contrast with differences between the speech of two or more speakers, which is *interspeaker* or social variation (as, for instance, in social class or ethnic dialects). Stylistic differences between Foxy Boston's speech in interviews III (EPA 55-56) and IV (EPA 114 B), taken as wholes, will be regarded as instances of addressee-influenced style shift, since the primary situational differences between the interviews are the race and familiarity of the interviewers." (Rickford/McNair-Knox 1994: 242)

Zur Überprüfung dieser Hypothese diskutieren die Autorin und der Autor vergleichbare Befunde aus der Literatur, und sie werfen einen genaueren Blick auf die einzelnen Phänomene in ihren eigenen Daten. Dabei prüfen sie durch eine ganze Reihe weiterer statistischer Tests (inklusive multivariater Analysen mit dem *variable rule program;* s. oben Abschn. 5.2.2), inwiefern **bestimmte Faktoren** mit den Varianten korrelieren. Dazu zählen:

- die konkrete **sprachliche Form** (bspw. wird geprüft, ob es bestimmte Verben sind, bei denen das -*s* besonders häufig elidiert wird, und wenn ja, ob diese Verben in einem der Interviews häufiger sind)
- das sprachliche Umfeld (**Kotext**), in dem ein Phänomen im jeweiligen Interview vorkommt (wird *be* vor bestimmten Verben häufiger flektiert als vor anderen?)
- der **Stil der Interviewerinnen** (wie häufig verwenden diese AAVE-Phänomene in ihren Redeteilen?)
- das **Thema,** über das gesprochen wird

Dabei zeigt sich, dass all diese Faktoren eine Rolle spielen, aber in deutlich **unterschiedlicher Gewichtung:**

- Am stärksten korreliert der Stil mit der **Person der Interviewerin** (nur in geringerem Maß mit ihrem Stil!), also entweder dem ethnischen Hintergrund (und entsprechender sozialer Ausrichtungsprozesse) oder der persönlichen Bekanntheit.

- Welches der beiden ausschlaggebend ist, können Rickford und McNair-Knox nicht beantworten, da sie diese beiden Faktoren nicht kontrolliert variieren können (dazu bedürfte es des Vergleichs eines weiteren Interviews mit einer afroamerikanischen Interviewerin vergleichbaren Alters, die Foxy Boston nicht kennt).

Dass in einem der Interviews noch eine weitere Person anwesend ist, die Tochter der Interviewerin, die als *Peer* von Foxy Boston bezeichnet wird, ist natürlich bemerkenswert, und es wird auch diskutiert. Rickford/McNair-Knox (1994: 243–244) stellen fest, dass die Beteiligung dieser jungen (afroamerikanischen) Frau am Gespräch und die geteilten Erfahrungswelten der beiden jungen Frauen das Gesprächsverhalten und den Stil von Foxy Boston offensichtlich deutlich prägt („often stimulating Foxy to use teenage slang spontaneously and to share aspects of their peer-group knowledge about boys and other topics"; Rickford/McNair-Knox 1994: 243). Auch hier gilt aber: Mangels Vergleichsdaten (Gespräche in Abwesenheit der Tochter) lässt sich aus variationslinguistischer Sicht keine gesicherte Aussage dazu treffen, inwieweit die Anwesenheit tatsächlich einen signifikanten Einfluss hat, weshalb Rickford und McNair-Knox Faye und ihre Tochter nicht weiter differenzieren, sondern als Paar mit Beth kontrastieren (was methodisch zweifellos problematisch ist).

Die Schlussfolgerungen, die Rickford und McNair-Knox ziehen, zielen kritisch auf die Vernachlässigung der *intraspeaker variation* (zugunsten der *interspeaker variation*) und damit des Konzepts **Stil** in der Variationslinguistik (vgl. dazu weiterführend Eckert/Rickford 2005) sowie auch auf die Problematik der Ausblendung der Interviewer-Gesprächsanteile aus der Analyse:

> „Whether other quantitative sociolinguists will agree with the explanation or not, it is clear that style is too central to the methodological and theoretical concerns of our subfield for us to neglect it any longer. [...] If, for instance, we had used Foxy's copula and third singular -*s* absence rates in interview IV (40 percent and 36 percent, respectively) to assess the nature of current adolescent usage of African American Vernacular English in East Palo Alto, we would have had a very different picture than if we had used her corresponding rates in interview II (70 percent and 73 percent, respectively), leading us to radically different inferences about the nature of regional differences in the dialect and its convergence with or divergence from other ethnic vernaculars. [...] Quantitative sociolinguists simply do not discuss these issues these days. We have become almost as bad as generative syntacticians in avoiding critical discussions about our data, making us perhaps as vulnerable to the charge of developing strong theories with weak foundations [...]." (Rickford/McNair-Knox 1994: 265)

Trotz dieser Kritik, und trotz des Einbezugs interaktionaler Konzepte, bleibt die Studie im Kern aber eine typisch variationslinguistische: Sie stützt sich auf statistische Prüfung von Korrelationen isolierbarer sozialer und soziolinguistischer Variablen und auf quantitative Datenanalysen. Aufgrund der Erklärungskraft und Präzision dieser Methoden sind Rickford und McNair-Knox auch überzeugt, dass dies der richtige Weg ist – unter der Voraussetzung, dass die Variationslinguistik bereit ist, über ihren Tellerrand (in die anderen Soziolinguistiken) zu schauen:

> „With respect to theory development, stylistic variation seems to offer more potential for the integration of past findings and the establishment of productive research agendas than virtually any other area in sociolinguistics. By the same token, quantitative sociolinguistics offers a precision to the study of style shift and accommodation that is unmatched by other approaches […], and a means of disentangling the effects of internal and external constraints, via the variable rule program, that other approaches could fruitfully adopt." (Rickford/McNair-Knox 1994: 265–266)

Behalten Sie diesen Aufruf zum (selbstkritischen) Blick über den Tellerrand der eigenen Teildisziplin und insbesondere auch zur Kombination quantitativer und qualitativer Forschung im Blick, wenn Sie zum nächsten Kapitel gehen. Denn wie Sie sehen werden, ist die Bereitschaft und der Wille, sich auf die Zugänge und Annahmen anderer Forschungstraditionen einzulassen, auch in der Soziolinguistik alles andere als selbstverständlich. Insbesondere betrifft dies (wie in anderen Formen der Sozialforschung auch) Vertreter*innen, die sich strikt dem sog. ‚quantitativen' oder ‚qualitativen Lager' zurechnen (vgl. dazu kritisch Dörnyei 2007: 24–47).

5.5 Zusammenfassung

Die Variationslinguistik lässt sich zusammenfassend folgendermaßen charakterisieren:

1. Sie sucht nach solchen Formen des Sprachgebrauchs (*Varietäten* oder *social dialects*), die für bestimmte gesellschaftliche Konstellationen **typisch** sind, wobei sie vor allem zählbare (quantifizierbare) Daten (Variantenauszählungen sozial korrelierender Variablen) zugrunde legt;
2. sie versucht also zu zeigen, dass sprachliche Variation **nicht beliebig** ist, sondern von sozialen Variablen abhängt;
3. Variation (im Allgemeinen) und spezifische Varianten (im Besonderen) werden entsprechend als **Indizes** für soziale Zugehörigkeit angesehen; sie zeigen die soziale (*diastratische*) und regionale (*diatopische*) Herkunft eines Sprechers an, unter Berücksichtigung der Situation (*Diaphasik*), in der gesprochen wird;
4. außerdem geben sie Hinweise über aktuell sich vollziehenden **Sprachwandel** (*diachronische* Prozesse) und dessen soziale Pfade.

Der Untersuchungsbereich der Variationslinguistik ist also, obwohl sie sich selbst gerne in Opposition zur Systemlinguistik als ‚Wissenschaft vom Sprachgebrauch' („science of *parole*"; Chambers 2003: 8) darstellt, primär das **Sprachsystem**, welches sie nach sozialen Kriterien zu differenzieren versucht (Chambers verwendet hier die Terminologie Ferdinand de Saussures, der die Unterscheidung zwischen *langue* [Sprachsystem] und *parole* [Sprachgebrauch] eingeführt hat; vgl. de Saussure [1916] 2001: 16–17).

Diese Systemorientierung der Variationslinguistik machen übrigens bereits Weinreich, Labov und Herzog sehr deutlich:

> „Certainly it is not enough to point out the existence or importance of variability: it is necessary to deal with the facts of variability with enough precision to allow us to incorporate them into our analyses of linguistic structure." (Weinreich/Labov/Herzog 1968: 169)

Einzelsprechereignisse interessieren die Variationslinguistik daher im Grunde nur als Datensegmente, welche sich erst in der Summe (der Quantität) sinnvoll deuten lassen. Denn nicht um konkrete Sprachgebräuche geht es der Variationslinguistik, sondern um ihre Frequenz (und Typizität) über eine hinreichend große, durch gewisse soziale Parameter abgegrenzte Gruppe von Sprecher*innen hinweg (vgl. Romaine [1984] 1996: 101–102).

Gesammelt werden diese Daten, wie gezeigt wurde, auf verschiedene Art und Weise. Die bevorzugte **Erhebungsform** ist allerdings interessanterweise ein strukturiertes Interview. Ausgerechnet mit Hilfe dieser stark institutionalisierten und für die meisten gerade nicht alltäglichen Form des Gesprächs (vgl. Deppermann 2013) versucht die Variationslinguistik – wenn auch, wie wir gesehen haben, mit deutlichem Bauchgrimmen –, dem ‚authentischen Sprachgebrauch' nahe zu kommen.

Dabei wird das Interview, das ja eine hochgradig interaktive Kommunikationsform ist (vgl. erneut Deppermann 2013), nur als Datengenerator verstanden (in dem idealerweise nur eine*r, nämlich die*der Datenlieferant*in, spricht). Dass Interviews selbst mit bestimmten Genre-Erwartungen verbunden sind und das Gesprächsverhalten der Beteiligten entsprechend prägen, wird zwar hin und wieder thematisiert (vgl. die in Abschn. 5.4.1 zitierten Überlegungen von Labov 1972d: 43), bleibt aber zumeist doch methodologisch folgenlos (vgl. dazu kritisch Briggs 2005). Insbesondere spielt, wie der Blick auf die Foxy-Boston-Studie (Abschn. 5.4.2) gezeigt hat, das Gesprächsverhalten der interviewenden Person in aller Regel – von der die Foxy-Boston-Studie eine Ausnahme ist, die zugleich die Problematik der Regel aufzeigt – keine Rolle bei der Auswertung (wie auch das Auftreten der Erhebungsperson bei der raschen und anonymen Datenerhebung nicht systematisch reflektiert wird).

All dies verdeutlicht, dass es der Variationslinguistik weniger um konkrete soziale Interaktion als darum geht zu zeigen, wie in bestimmten sozialen Konstellationen typischerweise gesprochen wird bzw. wie sich eine Sprache strukturell differenzieren lässt. Die Variationslinguistik ist also – das verbindet sie mit der Systemlinguistik – vor allem an Abstraktionen interessiert, das heißt am **Sprachsystem** (und seiner sozialen Variabilität), weniger am (konkreten) Sprachgebrauch. Das unterscheidet die Variationslinguistik von anderen Formen der Soziolinguistik, denen es vor allem um den Sprachgebrauch geht, wie Sie im nächsten Kapitel sehen werden.

5.6 Empfohlene Literatur zur Vertiefung

Gute Einführungen in die (in der Tradition Labovs stehende) Variationslinguistik bieten Tagliamonte (2006) und Meyerhoff (2019). Für die Varietätenlinguistik ist Sinner (2014) zum empfehlen, für einen Einblick in die neuere deutschsprachige Variationslinguistik Lenz/Glauninger (2015). Eine aktuelle und detaillierte Einführung in die variationslinguistische Methodik bieten Meyerhoff/Schleef/MacKenzie (2015). Gebündelte Sammlungen ‚klassischer' (allerdings nur englischsprachiger) Texte bieten die Reader von Coupland/Jaworski (1997, 2009).

Literatur

Ammon, Ulrich (1995): *Die deutsche Sprache in Deutschland, Österreich und der Schweiz. Das Problem der nationalen Varietäten*. Berlin/New York: de Gruyter.

Anders, Christina Ada/Hundt, Markus/Lasch, Alexander (Hg.) (2010): *Perceptual Dialectology. Neue Wege der Dialektologie*. Berlin/New York: de Gruyter (Linguistik – Impulse & Tendenzen 38).

Androutsopoulos, Jannis (2007): Neue Medien – neue Schriftlichkeit? In: *Mitteilungen des deutschen Germanistenverbandes* 54/1, S. 72–97.

Androutsopoulos, Jannis (2011): Die Erfindung ‚des' Ethnolekts. In: *Zeitschrift für Literaturwissenschaft und Linguistik* 164, S. 93–120.

Auer, Peter (2015): Die Geschichte der germanistischen Soziolinguistik in Deutschland. Eine Skizze. In: Ludwig M. Eichinger (Hg.): *Sprachwissenschaft im Fokus. Positionsbestimmungen und Perspektiven*. Berlin/Boston: De Gruyter (Jahrbuch des Instituts für Deutsche Sprache 2014), S. 379–405.

Barber, Bernard (1957): *Social Stratification. A Comparative Analysis of Structure and Process*. New York: Harcourt, Brace and Co.

Bell, Allan (1984): Language style as audience design. In: *Language in Society* 13/2, S. 145–204.

Bell, Allan (2005): Back in style. Reworking audience design. In: Eckert/Rickford (2005), S. 139–169.

Berruto, Gaetano (2004): Sprachvarietät – Sprache (Gesamtsprache, historische Sprache). In: Ulrich Ammon u. a. (Hg.): *Soziolinguistik. Ein internationales Handbuch zur Wissenschaft von Sprache und Gesellschaft*. Bd. 1. 2., vollst. neu bearb. u. erw. Aufl. Berlin/New York: de Gruyter (Handbücher zur Sprach- und Kommunikationswissenschaft 3.1), S. 188–195.

Briggs, Charles L. (2005): Sociolinguistic Interviews. In: Ulrich Ammon u. a. (Hg.): *Soziolinguistik. Ein internationales Handbuch zur Wissenschaft von Sprache und Gesellschaft*. Bd. 2. 2., vollst. neu bearb. u. erw. Aufl. Berlin/New York: de Gruyter (Handbücher zur Sprach- und Kommunikationswissenschaft 3.2), S. 1052–1062.

Bucholtz, Mary/Hall, Kira (2008): All of the above. New coalitions in sociocultural linguistics. In: *Journal of Sociolinguistics* 12/4, S. 401–431.

Bülow, Lars (2017): *Sprachdynamik im Lichte der Evolutionstheorie. Für ein integratives Sprachwandelmodell*. Stuttgart: Franz Steiner (Zeitschrift für Dialektologie und Linguistik. Beihefte 166).

Cameron, Deborah (1990): Demythologizing sociolinguistics. Why language does not reflect society. In: John E. Joseph/Talbot J. Taylor (Hg.): *Ideologies of Language*. London/New York: Routledge (Routledge Politics of Language Series), S. 79–93.

Cameron, Deborah (1995): *Verbal Hygiene*. London: Routledge (Language and Politics).

Catford, J. C. (1965): *A Linguistic Theory of Translation. An Essay in Applied Linguistics*. London: Oxford University Press.

Chambers, J. K. (2003): Studying language variation. An informal epistemology. In: J. K. Chambers/Peter Trudgill/Natalie Schilling-Estes (Hg.): *The Handbook of Language Variation and Change*. Oxford/Cambridge: Blackwell (Blackwell Handbooks in Linguistics), S. 3–14.

Chambers, J. K. (2009): *Sociolinguistic Theory. Linguistic Variation and its Social Significance*. Revised edition. Oxford/Cambridge: Blackwell [zuerst: Oxford/Cambridge: Blackwell 1995].

Chambers, J. K./Schilling, Natalie (Hg.) (2013): *The Handbook of Language Variation and Change*. 2. Aufl. Oxford/Cambridge: Blackwell (Blackwell Handbooks in Linguistics).

Coseriu, Eugenio (2007): *Sprachkompetenz. Grundzüge der Theorie des Sprechens*. 2. Aufl. Tübingen: Narr (Tübinger Beiträge zur Linguistik 508) [zuerst: 1988].

Coupland, Nikolas/Jaworski, Adam (Hg.) (1997): *Sociolinguistics. A Reader and Coursebook*. Houndmills/Basingstoke/Hampshire: Palgrave Macmillan (Modern Linguistics).

Coupland, Nikolas/Jaworski, Adam (Hg.) (2009): *The New Sociolinguistics Reader*. Houndmills/Basingstoke/Hampshire: Palgrave Macmillan.

Deppermann, Arnulf (2013): Interview als Text vs. Interview als Interaktion. In: *Forum Qualitative Sozialforschung* 14/3. URL: http://nbn-resolving.de/urn:nbn:de:0114-fqs1303131 <13.05.2016>.

Dittmar, Norbert (1997): *Grundlagen der Soziolinguistik. Ein Arbeitsbuch mit Aufgaben*. Tübingen: Niemeyer (Konzepte der Sprach- und Literaturwissenschaft 57).

Dörnyei, Zoltán (2007): *Research Methods in Applied Linguistics. Quantitative, Qualitative, and Mixed Methodologies*. Oxford/New York: Oxford University Press.

Dürscheid, Christa/Schneider, Jan Georg (2019): *Standardsprache und Variation*. Tübingen: Narr (Narr Starter 7).

Eckert, Penelope/Rickford, John R. (Hg.) (2005): *Style and Sociolinguistic Variation*. Cambridge: Cambridge University Press.

Ehlers, Klaas-Hinrich (2005): *Strukturalismus in der deutschen Sprachwissenschaft. Die Rezeption der Prager Schule zwischen 1926 und 1945*. Berlin/New York: de Gruyter (Studia Linguistica Germanica 77).

Elspaß, Stephan (2018): Sprachvariation und Sprachwandel. In: Neuland/Schlobinski (2018), S. 87–107.

Felder, Ekkehard (2016): *Einführung in die Varietätenlinguistik*. Darmstadt: Wissenschaftliche Buchgesellschaft (Germanistik kompakt).

Fiehler, Reinhard (2015): Die Varianz der gesprochenen Sprache als theoretisches Problem der Sprachwissenschaft – oder: Wo bleibt denn da das einheitliche, homogene Sprachsystem? In: Martine Dalmas u. a. (Hg.): *Texte im Spannungsfeld von medialen Spielräumen und Normorientierung. Pisaner Fachtagung 2014 zu interkulturellen Perspektiven der internationalen Germanistik*. München: Iudicium, S. 196–214.

Fishman, Joshua A. (1971): *Sociolinguistics. A Brief Introduction*. Rowley, MA: Newbury House.

Fowler, Joy (1986): The Social Stratification of (r) in New York City Department Stores, 24 Years after Labov. Unveröff. Seminararbeit New York: New York University.

Friginal, Eric/Hardy, Jack (2014): *Corpus-Based Sociolinguistics. A Guide for Students*. London/New York: Routledge.

Giles, Howard/Powesland, Peter F. (1975): A social psychological model of speech diversity. In: Howard Giles/Peter F. Powesland (Hg.): *Speech Style and Social Evaluation*. London/New York/San Francisco: Academic Press (European Monographs in Social Psychology 7), S. 154–170.

Goffman, Erving (1979): Footing. In: *Semiotica* 25/1–2, S. 1–30.

Gordon, Cynthia (2012): Beyond the observer's paradox. The audio-recorder as a resource for the display of identity. In: *Qualitative Research* 13/3, S. 299–317.

Gumperz, John J. (1982): *Discourse Strategies*. Cambridge: Cambridge University Press (Studies in Interactional Sociolinguistics 1).

Guy, Gregory R. (2018): Saks vs. Macys. (r-1) marches on in New York City department stores. In: *University of Pennsylvania Working Papers in Linguistics* 24/2, S. 49–55. URL: https://repository.upenn.edu/pwpl/vol24/iss2/7 <27.03.2020>.

Hinrichs, Lars (2006): Creole on the Internet. New Types of Evidence in the Study of Written Vernacular Language Use Among Young People. In: Christa Dürscheid/Jürgen Spitzmüller (Hg.): *Perspektiven der Jugendsprachforschung/Trends and Developments in Youth Language Research*. Frankfurt a. M. u. a.: Peter Lang (Sprache – Kommunikation – Kultur 3), S. 183–200.

Hirschmann, Hagen (2019): *Korpuslinguistik. Eine Einführung*. Stuttgart: J. B. Metzler.

Johnson, Daniel Ezra (2009): Getting off the GoldVarb standard. Introducing rbrul for mixed-effects variable rule analysis. In: *Language and Linguistics Compass* 3/1, S. 359–383.

Joseph, John E. (2002): The origins of American sociolinguistics. In: John E. Joseph: *From Whitney to Chomsky. Essays in the History of American Linguistics*. Amsterdam/Philadelphia: Benjamins (Studies in the History of the Language Sciences 103), S. 107–131.

Kiesling, Scott F. (2011): *Linguistic Variation and Change*. Edinburgh: Edinburgh University Press (Edinburgh Sociolinguistics Series).

Koerner, Konrad (1991): Toward a history of modern sociolinguistics. In: *American Speech* 66/1, S. 57–70.

Krefeld, Thomas/Pustka, Elissa (2010): Für eine perzeptive Varietätenlinguistik. In: Thomas Krefeld/Elissa Pustka (Hg.): *Perzeptive Varietätenlinguistik*. Frankfurt a. M. u. a.: Peter Lang (Spazi comunicativi/Kommunikative Räume 8), S. 9–28.

Labov, William (1972a): *Language in the Inner City. Studies in the Black English Vernacular*. Philadelphia: University of Pennsylvania Press (Conduct and Communication 3).

Labov, William (1972b): *Sociolinguistic Patterns*. Philadelphia: University of Pennsylvania Press (Conduct and Communication 4).

Labov, William (1972c): The social motivation of a sound change. In: Labov (1972b), S. 1–42 [zuerst in: *Word* 19 (1963), S. 273–309].

Labov, William (1972d): The social stratification of (r) in New York City department stores. In: Labov (1972b), S. 43–54.

Labov, William (1972e): Some principles of linguistic methodology. In: *Language in Society* 1, S. 97–120.

Labov, William (2001): How I got into linguistics, and what I got out of it. In: *Historiographia Linguistica* 28/3, S. 457–468 [zuerst: 1997].

Labov, William (2006a): The social stratification of (r) in New York City department stores. In: Labov ([1966] 2006b), S. 40–57.

Labov, William (2006b): *The Social Stratification of English in New York City*. 2. Aufl. Cambridge: Cambridge University Press [zuerst: 1966].

Lass, Roger (1980): *On Explaining Language Change*. Bd. 27. Cambridge: Cambridge University Press (Cambridge Studies in Linguistics).

Le Page, Robert B. (1997): The evolution of a sociolinguistic theory of language. In: Florian Coulmas (Hg.): *The Handbook of Sociolinguistics*. Oxford: Blackwell (Blackwell Handbooks in Linguistics 4), S. 15–32.

Lenz, Alexandra N. (2003): *Struktur und Dynamik des Substandards. Eine Studie zum Westmitteldeutschen (Wittlich/Eifel)*. Stuttgart: Franz Steiner (Zeitschrift für Dialektologie und Linguistik. Beihefte 125).

Lenz, Alexandra N./Glauninger, Manfred M. (Hg.) (2015): *Standarddeutsch im 21. Jahrhundert. Theoretische und empirische Ansätze mit einem Fokus auf Österreich*. Göttingen: V & R unipress/Vienna University Press (Wiener Arbeiten zur Linguistik 1).

Löffler, Heinrich (2016): *Germanistische Soziolinguistik*. 5., neu bearb. Aufl. Berlin: Erich Schmidt (Grundlagen der Germanistik 28).

Mather, Patrick-André (2012): The social stratification of/r/in New York City. Labov's department store study revisited. In: *Journal of English Linguistics* 40/4, S. 338–356.

Mattheier, Klaus J. (1980): *Pragmatik und Soziologie der Dialekte. Einführung in die kommunikative Dialektologie des Deutschen*. Heidelberg: Quelle & Meyer.

Mead, George Herbert (1973): *Geist, Identität und Gesellschaft. Aus der Sicht des Sozialbehaviorismus*. Hg. u. mit einer Einl. vers. v. Charles W. Morris. Übers. v. Ulf Pacher.

18. Aufl. Frankfurt a. M.: Suhrkamp (stw 28) [zuerst engl.: *Mind, Self and Society. From the Standpoint of a Social Behaviourist*. Chicago: University of Chicago Press 1963].

Meinunger, André (2008): *Sick of Sick? Ein Streifzug durch die Sprache als Antwort auf den „Zwiebelfisch"*. Berlin: Kulturverlag Kadmos.

Mesthrie, Rajend u. a. (2009): *Introducing Sociolinguistics*. 2. Aufl. Edinburgh: Edinburgh University Press.

Meyerhoff, Miriam (2019): *Introducing Sociolinguistics*. 3. Aufl. London/New York: Routledge.

Meyerhoff, Miriam/Schleef, Erik/MacKenzie, Laurel (2015): *Doing Sociolinguistics. A Practical Guide to Data Collection and Analysis*. London/New York: Routledge.

Milroy, James (2001): Response to Sally Johnson. Misunderstanding language? In: *Journal of Sociolinguistics* 5/4, S. 620–625.

Neuland, Eva/Schlobinski, Peter (Hg.) (2018): *Handbuch Sprache in sozialen Gruppen*. Berlin/Boston: De Gruyter (Handbücher Sprachwissen 9).

Niebaum, Hermann/Macha, Jürgen (2014): *Einführung in die Dialektologie des Deutschen*. 3., überarb. u. aktual. Aufl. (Germanistische Arbeitshefte 37).

Preston, Dennis R. (2019): Folk linguistics and the perception of language variety. In: Gerd Antos/Thomas Niehr/Jürgen Spitzmüller (Hg.): *Handbuch Sprache im Urteil der Öffentlichkeit*. Berlin/Boston: De Gruyter (Handbücher Sprachwissen 10), S. 140–164.

Rickford, John R./McNair-Knox, Faye (1994): Addressee- and topic-influenced style shift. A quantitative sociolinguistic study. In: Douglas Biber/Edward Finegan (Hg.): *Sociolinguistic Perspectives on Register*. Oxford/New York: Oxford University Press (Oxford Studies in Sociolinguistics), S. 235–276.

Romaine, Suzanne (1996): The status of sociological models and categories in explaining language variation. In: Rajendra Singh (Hg.): *Towards a Critical Sociolinguistics*. Amsterdam/Philadelphia: Benjamins, S. 99–115 [zuerst in: *Linguistische Berichte* 90 (1984), S. 25–39].

Salkind, Neil J./Frey, Bruce B. (2019): *Statistics for People Who (Think They) Hate Statistics*. 7., überarb. Aufl. Los Angeles u. a.: Sage.

de Saussure, Ferdinand (2001): *Grundfragen der Allgemeinen Sprachwissenschaft*. Hg. v. Charles Bally und Albert Sechehaye. Unter Mitarb. v. Albert Riedlinger. Übers. v. Herman Lommel. Mit einem Nachw. v. Peter Ernst. 3. Aufl. Berlin/New York: de Gruyter [zuerst frz.: *Cours de linguistique générale*. Lausanne/Paris: Payot 1916; photomechanischer Nachdruck der Ausgabe Berlin: de Gruyter 1931].

Saville-Troike, Muriel (2003): *The Ethnography of Communication*. 3. Aufl. Malden, MA u. a.: Blackwell [zuerst: 1982].

Schlobinski, Peter (2018): Datenerhebung quantitativ. In: Neuland/Schlobinski (2018), S. 35–51.

Schmidt, Jürgen Erich/Herrgen, Joachim (2011): *Sprachdynamik. Eine Einführung in die moderne Regionalsprachenforschung*. Berlin: Erich Schmidt (Grundlagen der Germanistik 49).

Sinner, Carsten (2014): *Varietätenlinguistik. Eine Einführung*. Tübingen: Narr (Narr Studienbücher).

Spitzmüller, Jürgen (2005): Das Eigene, das Fremde und das Unbehagen an der Sprachkultur. Überlegungen zur Dynamik sprachideologischer Diskurse. In: *Aptum. Zeitschrift für Sprachkritik und Sprachkultur* 1/3, S. 248–261.

Spitzmüller, Jürgen (2012): Vom ‚everyday speech' zum ‚everyday writing'. (Anders-)Schreiben als Gegenstand der interpretativen Soziolinguistik. In: Britt-Marie Schuster/Doris Tophinke (Hg.): *Andersschreiben. Formen, Funktionen, Traditionen*. Berlin: Erich Schmidt (Philologische Studien und Quellen 236), S. 115–133.

Spitzmüller, Jürgen (2021): His Master's Voice. Die soziale Konstruktion des ‚Laien' durch den ‚Experten'. In: Toke Hoffmeister/Markus Hundt/Saskia Naths (Hg.): *Laien, Wissen, Sprache. Theoretische, methodische und domänenspezifische Perspektiven*. Berlin/Boston: De Gruyter (Sprache und Wissen 50), S. 1–23.

Szmrecsanyi, Benedikt (2013): Variation und Wandel. In: Peter Auer (Hg.): *Sprachwissenschaft. Grammatik – Interaktion – Kognition*. Stuttgart: J. B. Metzler, S. 261–284.

Tagliamonte, Sali A. (2006): *Analysing Sociolinguistic Variation*. New York: Cambridge University Press (Key Topics in Sociolinguistics).

Tagliamonte, Sali A. (2016): *Making Waves. The Story of Variationist Sociolinguistics*. Malden, MA/Oxford/Chichester: Blackwell.

Veith, Werner H. (2005): *Soziolinguistik. Ein Arbeitsbuch*. 2., überarb. Aufl. Tübingen: Narr.

Wardhaugh, Ronald/Fuller, Janet M. (2015): *An Introduction to Sociolinguistics*. 7. Aufl. Malden, MA/Oxford/Chichester: Wiley-Blackwell (Blackwell Textbooks in Linguistics 4).

Weinreich, Uriel/Labov, William/Herzog, Marvin I. (1968): Empirical foundations for a theory of language change. In: Winfred P. Lehmann/Yakov Malkiel (Hg.): *Directions for Historical Linguistics. A Symposium*. Austin, TX: University of Texas Press, S. 95–188.

Interaktionale Soziolinguistik: Sprachliche Variation als soziale Praxis

6

Inhaltsverzeichnis

6.1	Von der sozialen Struktur zur sozialen Praxis.	165
6.2	Wissenschaftsgeschichtliche Wurzeln der interaktionalen Soziolinguistik	168
	6.2.1 Ethnographie der Kommunikation	169
	6.2.2 Ethnomethodologie und Konversationsanalyse	171
	6.2.3 Interaktionale Soziologie	174
6.3	Forschungsinteressen und Grundannahmen der interaktionalen Soziolinguistik	176
	6.3.1 Mikroanalyse und Ethnographie kommunikativer Praxen	176
	6.3.2 Kommunikatives Wissen und ‚meaning making'	178
	6.3.3 Dynamik von Bedeutung und Kontextgebundenheit kommunikativer Mittel	179
	6.3.4 Rekapitulation der sprachtheoretischen Grundannahmen	181
6.4	Methoden der Datenerhebung und -auswertung	182
	6.4.1 Bottom-up-Perspektive und der Blick auf das Spezifische	182
	6.4.2 Emergenz der Kategorien	183
	6.4.3 Interaktionsanalysen	184
	6.4.4 Ethnographie	188
	6.4.5 Playback-Interviews	190
	6.4.6 Analyse medialer Interaktion	191
6.5	Zentrale Konzepte	192
	6.5.1 Indexikalität	192
	6.5.2 Kontextualisierung	194
	6.5.3 Soziale Identitäten	197
	6.5.4 Sozialer Stil, Stilbildung und Stilisierung	198
6.6	Beispielstudien	201
	6.6.1 ‚Language Crossing'	201
	6.6.2 Die „türkischen Powergirls"	206
6.7	Zusammenfassung	212
6.8	Empfohlene Literatur zur Vertiefung	213
Literatur		214
Weiterführende Literatur		220

© Springer-Verlag GmbH Deutschland, ein Teil von Springer Nature 2022
J. Spitzmüller, *Soziolinguistik*, https://doi.org/10.1007/978-3-476-05861-4_6

In diesem Kapitel wird eine Variante der Soziolinguistik vorgestellt, die parallel zur Variationslinguistik in der US-amerikanischen Sprachanthropologie entstanden ist. Sie wurde maßgeblich von John Joseph Gumperz (1922–2013) entwickelt, einem aus Deutschland stammenden Sprachwissenschaftler und Anthropologen (geb. Hans-Josef Gumperz), der mit seiner jüdischen Familie 1939 vor den Nationalsozialisten in die USA fliehen musste.

Gumperz, der übrigens wie William Labov zunächst Chemie studiert hatte, bevor er zur Sprachwissenschaft wechselte, verfolgte zunächst klassisch dialektologische Fragestellungen, die in eine Dissertation zum schwäbischen Dialekt von Einwanderern in Michigan (1954) mündeten. Ab 1956 arbeitete er an der University of California in Berkeley, an der 1960 bis 1965 auch Dell Hymes beschäftigt war, der in enger Zusammenarbeit mit Gumperz die frühe Soziolinguistik stark prägte (s. Abschn. 4.2.3.3 und 6.2.1). 1965 wurde Gumperz an dieser Universität auf eine Professur für Anthropologie berufen, die er bis zu seiner Emeritierung 1991 innehatte.

Die Wurzeln der interaktionalen Soziolinguistik liegen, wie die Wurzeln der Soziolinguistik generell, in den 1960er Jahren. Die Bezeichnung ‚**interaktionale Soziolinguistik**' *(interactional sociolinguistics)* wurde von Gumperz allerdings erst ab den späten 1970er Jahren verwendet.

Interaktionale vs. interpretative Soziolinguistik

Neben ‚**interaktionaler**' spricht Gumperz vor allem in den frühen Arbeiten auch von ‚**interpretativer Soziolinguistik**' *(interpretive sociolinguistics)*. Diese Bezeichnung wird bisweilen auch heute noch alternativ verwendet. Sie bezeichnet dasselbe Forschungsprogramm, betont dabei aber einen anderen Aspekt (vgl. Hinnenkamp 2018: 150):

- Während **interaktionale Soziolinguistik** dessen Fokus auf interaktionale Aushandlungspraktiken in den Vordergrund rückt,
- unterstreicht **interpretative Soziolinguistik** das Ziel, akteursseitige Interpretationsprozesse in der Interaktion zu ergründen (s. dazu Abschn. 6.3).

Inzwischen hat sich sowohl in englisch- als auch in deutschsprachigen Publikationen (jedenfalls in einschlägigen Einführungen und Handbuchartikeln) die Bezeichnung ‚*interactional sociolinguistics*' bzw. ‚interaktionale Soziolinguistik' weitgehend durchgesetzt. Daher wird sie auch in dieser Einführung verwendet.

Die interaktionale Soziolinguistik ist zwar „ein eher lockeres Ensemble […] mit unklaren Rändern" (Hinnenkamp 2018: 150), das heißt, sie ist **keine scharf abgrenzbare Teildisziplin** mit einem klar definierbaren Forschungsprogramm (und auch die Übergänge zu den in Kap. 7 vorgestellten Varianten sind fließend). Sie kann aber in jedem Fall als eine Art **Gegenentwurf zur Variationslinguistik** bezeichnet werden (auch das verbindet sie mit den neueren Varianten der Soziolinguistik, die in Kap. 7 vorgestellt werden). Dieser Gegenentwurf manifestiert sich insbesondere im Variationsbegriff, der Methodik, den Erkenntniszielen, aber auch in der Sozialtheorie, auf die sich die interaktionale Soziolinguistik stützt (s. hierzu auch Rampton 2017).

Daher gehen wir, bevor wir zur interaktionalen Soziolinguistik selbst kommen, noch einmal zur Variationslinguistik zurück und sehen uns einige Kritikpunkte an, die an diese von interaktionaler Seite herangetragen wurden (s. Abschn. 6.1). Anschließend werden die wissenschaftsgeschichtlichen Wurzeln (s. Abschn. 6.2), Forschungsinteressen und Grundannahmen (s. Abschn. 6.3) der interaktionalen Soziolinguistik vorgestellt, daraus resultierende Methoden (s. Abschn. 6.4) und zentrale Konzepte (s. Abschn. 6.5). Anhand von zwei Beispielstudien wird das interaktional-soziolinguistische Vorgehen abschließend illustriert (s. Abschn. 6.6).

6.1   Von der sozialen Struktur zur sozialen Praxis

Sowohl die Vorannahmen als auch die daraus resultierende Methodik der Variationslinguistik haben in anderen Formen der Soziolinguistik **grundsätzliche Kritik** hervorgerufen, insbesondere in der in diesem Kapitel vorgestellten interaktionalen, aber auch in der kritischen und metapragmatischen Soziolinguistik, die in Kap. 7 eingeführt werden (die folgenden Ausführungen basieren auf Spitzmüller 2013: 172–176; vgl. auch Coupland 2007: 47–53).

Im Kern geht es dabei immer auch um die **Sozialtheorie**. Der strukturfunktionalistische Gesellschaftsbegriff der Variationslinguistik (s. Abschn. 2.3.1) wird aus Sicht der handlungstheoretisch ausgerichteten interaktionalen Soziolinguistik (s. Abschn. 2.3.2) abgelehnt, aus Sicht der konstrukttheoretischen kritischen Soziolinguistik (s. Abschn. 2.3.3) zumindest für einseitig und unzureichend befunden.

In einem hierfür beispielhaften programmatischen Aufsatz, der sich kritisch mit der Sozialtheorie der Variationslinguistik auseinandersetzt, weist Deborah Cameron (1990) darauf hin, dass diese, wenn sie den Einfluss ‚unabhängiger sozialer Variablen' auf ‚abhängige sprachliche Variablen' untersuche und dabei soziale Kategorien wie ‚Klasse', ‚Ethnie', ‚Alter' oder ‚Geschlecht' als gegeben betrachte, **Gesellschaft unangemessen simplifiziere** (vgl. Cameron 1990: 81). Wenn nämlich Gesellschaft als etwas ‚Gegebenes' betrachtet werde, als Raster, welches sprachliche Variation vorstrukturiere, werde übersehen, dass **Sprache Teil (und nicht etwa ‚Abbild') der Gesellschaft** sei und dass der Sprachgebrauch die Gesellschaft nicht bloß ‚reflektiere', sondern auch maßgeblich mitgestalte:

> „The ‚language reflects society' account implies that social structures somehow exist before language, which simply ‚reflects' or ‚expresses' the more fundamental categories of the social. Arguably, however, we need a far more complex model that treats language as *part* of the social, interacting with other modes of behaviour and just as important as any of them." (Cameron 1990: 81–82; Herv. im Orig.)

Das heißt: Die **Variationslinguistik trenne Sprache von Gesellschaft** und sehe die Gesellschaft somit als etwas ‚Vorsprachliches' an, das auf den Sprachgebrauch einwirke, indem es ihn vorstrukturiere (nach dem Motto: ‚Meine gesellschaftliche Position ist vorgegeben; daraus ergibt sich mein Sprachgebrauch'). Cameron dagegen sieht Sprache und Gesellschaft nicht als zwei getrennte Sphären, sondern ihr zufolge sei Sprache in Gesellschaft integriert, d. h. sie betrachtet Sprache als einen wichtigen Bestandteil und Faktor von Gesellschaft. Da Sprachgebrauch ein Teil der Gesellschaft sei, und nicht einfach deren Effekt, präge eben der Sprachgebrauch auch die Gesellschaft, die **gesellschaftlichen Strukturen** können also genauso gut ein **Ergebnis des Sprachgebrauchs** sein wie der Sprachgebrauch ein Ergebnis der gesellschaftlichen Strukturen (vgl. ähnlich auch Helbig [1986] 1990: 246–247; Williams 1992: 39–40).

Die Konsequenzen dieser unterschiedlichen Betrachtungsweise des Verhältnisses von Sprache und Gesellschaft lassen sich, so Cameron weiter, besonders gut am **Identitätsbegriff** erkennen, der im Fall der Variationslinguistik ebenfalls viel zu simpel sei. Variationslinguistische Untersuchungen implizierten nämlich, dass alle Gesellschaftsmitglieder aufgrund ihrer Position in der Sozialstruktur eine **statische und monolithische Identität** ‚haben': Sie seien Angehörige einer bestimmten sozialen Schicht, einer bestimmten Region zugehörig, haben ein bestimmtes Alter, einen Beruf sowie eines von zwei möglichen Geschlechtern. Und ihr Sprachgebrauch ‚drücke' dann diese Identität ‚aus'. Aber, so Cameron,

> „do people really ‚have' such fixed and monolithic social identities which their behaviour consistently expresses? Furthermore, is it correct to see language use as expressing an identity which is separate from and prior to language? To put the point a little less obscurely, is it not the case that the way I use language is partly *constitutive* of my social identity?" (Cameron 1990: 86; Herv. im Orig.)

Identität, so das Argument also, entstehe (unter anderem) durch Sprachgebrauch überhaupt erst. Sie könne somit dem Sprachgebrauch nicht vorausgehen.

Dem liegt ein **dynamischer, prozessualer Identitätsbegriff** zugrunde. Menschen ‚haben' demzufolge nicht eine Identität, sondern sie schaffen (‚**konstruieren**') durch ihr Handeln vielmehr spezifische (und in verschiedenen sozialen Zusammenhängen durchaus unterschiedliche) Identitäten bzw. ‚handeln' diese interaktiv ‚aus' (s. dazu ausführlicher Abschn. 6.5.3).

In der Konsequenz bedeutet das aus Sicht der Kritiker*innen der Variationslinguistik: Sprachliche Variation kann nicht primär als Index sozialer Zugehörigkeit verstanden werden (s. Abschn. 5.1.3), sondern sie muss als **soziale Praxis** angesehen werden, durch die soziale Zugehörigkeit überhaupt erst hergestellt wird.

▶ Als **Praxis** bezeichnet man in den Sozialwissenschaften einen Handlungsvollzug, der in gesellschaftliche bzw. kulturelle Kontexte eingebunden ist. Praxen sind Handlungen, die auf gesellschaftlichen Vorannahmen, Routinen, Bewertungen basieren, die also in einem bestimmten gesellschaftlichen Kontext einen bestimmten ‚sozialen Wert' haben. Ein Beispiel wäre Händeschütteln. Da aus Sicht der interaktionalen Soziolinguistik durch Handlungen Sinn nicht nur ‚abgebildet', sondern aktiv ‚erzeugt' wird (s. u.), sind Praxen Handlungen, mit denen aktiv soziale Bedeutung ‚konstruiert' wird. Zuweilen wird unterschieden zwischen **Praxis** (Pl. *Praxen*) als konkretem Handlungsvollzug und **Praktik** (Pl. *Praktiken*) als sozialem/kulturellen Muster, dem die konkrete Handlung folgt. Zur Vertiefung vgl. Deppermann/Feilke/Linke 2016; Spitzmüller/Bendl/Flubacher 2017.

Entsprechend dieser handlungstheoretischen Ausrichtung rücken auch die Kommunizierenden als handelnde Personen stärker ins Zentrum der Analysen. Betrachtet sie die Variationslinguistik, überspitzt formuliert, primär als gesellschaftlich determinierte ‚Sprachbenutzer*innen' (und Lieferant*innen zu typisierender Daten), sieht die interaktionale Soziolinguistik in ihnen **soziale Akteure,** die Gesellschaft aktiv gestalten und sich mittels sprachlichem (und nichtsprachlichem) Handeln in der Gesellschaft positionieren. Daher müsse ihr konkretes Handeln in konkreten Kontexten in den Mittelpunkt der Analyse gerückt werden:

> „Variation does not simply reflect a ready-made social meaning; it is part of the means by which that meaning emerges. A study of social meaning in variation, then, cannot view speakers as incidental users of a linguistic system, but must view them as agents in the continual construction and reproduction of that system. Social meaning in variation is not a static set of associations between internal linguistic variables and external social variables; it is continually created through the joint linguistic and social engagement of speakers as they navigate their ways through life." (Eckert 2000: 43)

Daraus ergeben sich auch entscheidende **methodische Konsequenzen**. Wenn die aktive Sinnkonstruktion der Akteure im Zentrum des Interesses steht, verliert das für die Variationslinguistik zentrale Korrelationsprinzip an Bedeutung, denn „no statistical correlation in and of itself reveals the meaningfulness behind language choice and code-switching" (Romaine [1984] 1996: 107).

Cameron spricht sogar von einem ‚**Korrelationstrugschluss**' *(correlational fallacy),* dem die Variationslinguistik aufsitze:

> „Why is it a fallacy? Because the purported explanation does not in fact explain anything. […] One does not explain a descriptive generalization (such as ‚older working-class female Italian New Yorkers in formal interviews have average (r) scores of n %') by simply stating it all over again. Rather, one is obliged to ask in virtue of what the correlation might hold. Any account which does not go on to take this further step has fallen into the correlational fallacy." (Cameron 1990: 85)

Korrelationen, so wird hier argumentiert, haben also **keine erklärende (sondern nur beschreibende) Kraft,** da sie nur zeigen, welche sozialen und sprachlichen Faktoren (häufig) gemeinsam auftreten, aber nicht, warum und mit welchen sozialen Folgen Kommunizierende überhaupt verschiedene Varianten verwenden (vgl. hierzu auch grundsätzlich Dittmar [1983] 1996).

Wenn aber sprachliche Variation als Praxis betrachtet werde, mit der sich Kommunizierende aktiv **als soziale Akteure positionierten**, mit der sie also eine bestimmte gesellschaftliche Position beanspruchen und somit Gesellschaft ‚gestalten' können, dann entstehe sprachliche Variation, weil wir darauf angewiesen seien, unsere gesellschaftlichen Positionen permanent und immer wieder neu zu markieren, zu verteidigen, manchmal vielleicht auch bewusst neu zu gestalten. Sprachliche Variation erkläre sich somit aus dem Bestreben (und der Notwendigkeit) von sozialen Akteuren, mittels sprachlichem Handeln Gesellschaft zu gestalten und sich selbst und andere dort zu verorten, und nicht zuletzt aus dem Bestreben nach sozialer Differenz (**Alterität** = ‚das Andere'), die eine Voraussetzung für die Profilierung des Selbst (**Identität** = ‚das Eigene') sei.

Daher ist nach Ansicht der Kritiker*innen eine **quantifizierende Abstraktion** sprachlich-sozialer Korrelationen, wie sie die Variationslinguistik vornimmt, zum Verständnis des Zusammenhangs von Sprache und Gesellschaft nicht ausreichend. Vielmehr müsse – jedenfalls ergänzend – untersucht werden, wie Akteure sprachlich soziale Wirklichkeit gestalten, und nicht (nur), wie die soziale Wirklichkeit Sprache gestaltet (wie Kap. 7 zeigt, betonen neuere soziolinguistische Ansätze – und dazu zählt auch der von Cameron vertretene – allerdings wieder stärker die einschränkende Rolle gesellschaftlicher Strukturen, wenn auch in anderer Weise, als dies der strukturfunktionalistische Ansatz der Variationslinguistik tut).

Ziel der Kritik ist es also, die **Grenzen des variationslinguistischen Ansatzes** aufzuzeigen und zu verdeutlichen, dass es neben der Variationslinguistik weiterer soziolinguistischer Zugänge bedarf, um die Zusammenhänge von Sprache und Gesellschaft hinreichend erfassen zu können. So schreibt etwa Coupland:

> „Quantitative analysis of the distribution of speech variants among groups of speakers is an abstraction away from the social process of speaking and of making meaning in context. It is of course an entirely legitimate research method, suited to its own purpose of generalising about language variation and change. But investigating variation in the context of social interaction is simply looking at language variation in its primary ecosystem of discursive meaning, and it can therefore claim to be a sociolinguistic priority." (Coupland 2007: 9)

Genau dies – die Untersuchung sprachlicher **Variation im Kontext konkreter sozialer Interaktion** – ist der prioritäre Anspruch der interaktionalen Soziolinguistik, die im Mittelpunkt dieses Kapitels steht.

6.2 Wissenschaftsgeschichtliche Wurzeln der interaktionalen Soziolinguistik

Die Wurzeln der interaktionalen Soziolinguistik liegen in Gumperz' eigenem Fach, der Sprachanthropologie (vgl. für die Fachgeschichte Tannen 2004; Keim 2006; Gordon 2011; Auer/Roberts 2011). Genauer gesagt ist sie aus der Ethnographie der Kommunikation, der im Gründungsjahrzehnt wichtigsten sprachanthropologischen Variante der Soziolinguistik (s. Abschn. 4.2.3.3), hervorgegangen. Darüber hinaus wurde die interaktionale Soziolinguistik aber auch stark von zwei in Abschn. 2.1.2 bereits erwähnten soziologischen Schulen geprägt: der **Ethnomethodologie** (und der daraus hervorgegangenen ethnomethodologischen Konversationsanalyse) sowie der **interaktionalen Soziologie**.

Da die Grundannahmen und Methoden der interaktionalen Soziolinguistik stark von diesen Vorläuferdisziplinen geprägt sind, werden zunächst diese kurz vorgestellt.

6.2.1 Ethnographie der Kommunikation

Die Ethnographie der Kommunikation ist eine anthropologische Variante der Soziolinguistik, die insbesondere von Dell Hymes (1927–2009), unter Beteiligung von John Gumperz, ab den 1960er Jahren entwickelt wurde (vgl. Gumperz/Hymes 1964, 1972; eine Einführung bietet Saville-Troike [1982] 2003; für die Fachgeschichte vgl. Johnstone/Marcellino 2011). Sie interessiert sich vor allem dafür, welche **Rolle** Sprache generell in einer Gesellschaft bzw. Kultur spielt, welche **Funktionen** sprachliche Praktiken in bestimmten Gesellschaften haben und welche **kommunikative Kompetenzen** die Sprecher*innen bestimmter sozialer Gemeinschaften dementsprechend brauchen, um erfolgreich kommunizieren zu können.

Was der Ethnographie der Kommunikation ihren Namen gibt, ist das Vorhaben, die Rolle und die Bedeutung von Sprache und Kommunikation sowie konkrete kommunikative Praxen in verschiedenen Gesellschaften bzw. Kulturen durch eine **teilnehmende Beobachtung (,ethnographisch')** zu untersuchen (zu Ethnographie s. Abschn. 6.4.4). Dies sei, wie Hymes betont, eine für die Soziolinguistik grundlegende Aufgabe, denn „Language as such is not everywhere equivalent in role and value; speech may have different scope and functional load in the communicative economies of different societies" (Hymes 1972a: 39).

Die Ethnographie der Kommunikation setzt sich daher die Aufgabe, diese **kulturell unterschiedliche Rolle, Bedeutung und Funktion** von Sprache und Kommunikation (die ,kommunikative Ökonomie' einer Gesellschaft) empirisch zu beschreiben, aber auch theoretisch zu modellieren.

Dazu gehört auch zu zeigen, was ein*e Sprecher*in wissen muss, um in einer bestimmten sozialen Gemeinschaft bzw. einer bestimmten sozialen Situation (und angesichts dessen, was Sprache und Kommunikation dort bedeutet) **erfolgreich zu kommunizieren.** Einen theoretischen Ausgangspunkt hierfür bildet unter anderem Roman Jakobsons ([1960] 1971) **funktionalistisches Kommunikationsmodell,** in dem Jakobson (seinerseits ausgehend vom Organonmodell Karl Bühlers [1934] 1999: 24–33) sechs Komponenten der Kommunikation *(Sender, Empfänger, Kontext, Nachricht, Kontaktmedium, Kode)* und davon ausgehend sechs Kommunikationsfunktionen *(emotiv, konativ, referenziell, poetisch, phatisch, metasprachlich)* identifiziert hat (vgl. für eine knappe Darstellung Auer 2013: 33–40).

Hymes, der bei Jakobson studiert hatte, hat dieses Modell aufgegriffen und in einem eigenen Entwurf, dem sog. **SPEAKING-Modell** (vgl. Hymes 1972a: 58–65), erweitert – auf nicht weniger als 16 Komponenten, die Kommunikation charakterisierten, nämlich:

1. *message form* (Form einer Aussage)
2. *message content* (Inhalt einer Aussage)
3. *setting* (Ort, Zeit und materielle Umstände)
4. *scene* (kulturelle Einordnung eines Settings)
5. *speaker/sender* (produzierende Akteure)
6. *hearer/receiver/audience* (rezipierende Akteure, Publikum)
7. *addresser* (Person, die sich kommunikativ an jemanden richtet; nicht notwendigerweise identisch mit dem Sender, bspw. bei berichteter Rede)
8. *addressee* (Person, an die sich Kommunikation richtet; nicht notwendigerweise identisch mit dem Publikum)
9. *purposes (outcomes)* (Ergebnisse)
10. *purposes (goals)* (Ziele)
11. *key* (Art und Weise bzw. ‚Ton' der Kommunikation)
12. *channels* (Medien, Modalitäten und Kanäle)
13. *forms of speech* (Stile, Varietäten, Register)
14. *norms of interaction* (Interaktionskonventionen)
15. *norms of interpretation* (Rezeptionskonventionen)
16. *genres* (Gattungen, Textsorten)

Aus mnemotechnischen Gründen fasst Hymes diese 16 Komponenten zu acht Kategorien zusammen, aus deren Anfangsbuchstaben sich SPEAKING ergibt, das Akronym, das Hymes' Modell bezeichnet (Hymes 1972a: 65)

- *Setting and scene*
- *Participants (speaker/sender, hearer/receiver/audience, addressor, addressee)*
- *Ends (purposes)*
- *Act sequence (message form, message content)*
- *Key*
- *Instrumentalities (channels, forms of speech)*
- *Norms (of interaction and of interpretation)*
- *Genre*

Wichtig ist außerdem eine kritische Auseinandersetzung Hymes' mit Noam Chomskys **Kompetenzbegriff,** der in der Generativen Grammatik eine zentrale Rolle spielt. Dieser umfasst nur die Fähigkeit von Sprecher*innen, ‚grammatisch wohlgeformte' Sätze zu bilden bzw. die von Hörer*innen, ‚grammatische Wohlgeformtheit' zu beurteilen (ein ‚kompetenter Sprecher' kann Chomsky zufolge aus einem endlichen Set von Regeln und Ressourcen unendlich viele Sätze bilden; vgl. bspw. Chomsky 1965: 14). Hymes hält dagegen, dass Kommunizierende in Gesellschaften weit mehr können müssen als dies:

„We have to account for the fact that a normal child acquires knowledge of sentences, not only as grammatical but also as appropriate. A child acquires a repertoire of speech acts, is able to take part in speech acts and to evaluate the speech acts of others. This is a competence which is integral with attitudes and values concerning language and integral with competence for the interrelation of language with other codes of communication." (Hymes 1971: 10)

Denn eine Person, die nur wisse, wie man grammatisch wohlgeformte Sätze bilde, und die in jeder Situation grammatisch wohlgeformte Sätze bilde, sei sozial gar nicht überlebensfähig – sie sei ein „social monster" (Hymes 1974: 75):

> „Consider now a child with just that ability. A child who might produce any sentence whatever – such a child would be likely to be institutionalized [...]. For that matter, a person who chooses occasions and sentences suitably, but is master only of fully grammatical sentences, is at best a bit odd. Some occasions call for being appropriately ungrammatical."
> (Hymes 1972b: 277)

Kommunikativ kompetente Sprecher*innen müssen demnach, wenn sie ‚angemessen' kommunizieren wollen, auch den jeweiligen Kontext (Kommunikationsteilnehmer*innen, Situation, Ziele, übliche Stile, Normen, Medien, Umstände usw.) berücksichtigen und ‚wissen', welche Form der Kommunikation **im aktuellen Kontext ‚angemessen'** ist (ähnlich argumentiert aus einer soziologischen Perspektive Bourdieu 1977).

6.2.2 Ethnomethodologie und Konversationsanalyse

Die Ethnomethodologie ist eine von Harold Garfinkel (1917–2011) und Aaron Cicourel (*1928) in den 1960er Jahren initiierte soziologische Schule, die die Routinen und Prozesse beschreiben möchte, auf die soziale Akteure zurückgreifen, um kommunikative Aufgaben zu bewältigen und kommunikativen ‚Sinn' herzustellen (‚Ethnomethodologie' bedeutet also so viel wie: Theorie der ‚Ethno-Methoden', der ‚Methoden des Volks'). Vor allem Garfinkel hat den Ansatz in kritischer Auseinandersetzung mit dem **Strukturfunktionalismus** seines Lehrers Talcott Parsons entwickelt, dem er vorwarf, soziale Akteure auf ‚kulturelle Deppen' zu reduzieren (s. Abschn. 2.1.2; vgl. zum Folgenden ausführlicher Streeck 2005; Garot/Berard 2011; Imo/Lanwer 2019: 39–48).

Die Ethnomethodologie geht grundsätzlich davon aus, dass Kommunikation immer **unterspezifiziert** ist, dass Kommunizierende also stets weniger Informationen (explizit) übermitteln, als zum ‚eindeutigen' Verständnis einer kommunikativen Handlung nötig wären. Der Grund dafür ist,

- dass es erstens äußerst **ineffizient** wäre, stets alle Informationen mitzuliefern,
- dass es zweitens auch **gar nicht möglich** ist, weil jeder Versuch, Vagheit aufzulösen, neue Vagheit schafft,
- und dass es drittens auch **nicht nötig** ist, da die Kommunikationsakteure in der Lage sind, unterspezifizierte Informationen (in einem gewissen Rahmen) selbst zu ergänzen (zu ‚disambiguieren').

Die Kommunikationsakteure greifen hierfür nach Ansicht der Ethnomethodologie auf eine Art **‚Alltagswissen'** zurück, dessen Beschreibung ein wichtiges Ziel des Forschungsprogramms ist. In diesem Punkt schließt Garfinkel explizit an die

Wissenssoziologie von Alfred Schütz (s. Abschn. 2.1.3) an, bei dem Garfinkel ebenfalls studiert hatte (vgl. Streeck 2005: 1417).

Das Alltagswissen sei – auch hier folgt die Ethnomethodologie der Wissenssoziologie – ein **unbewusstes Routinewissen,** das die Akteure als ‚objektiv gegeben' annähmen. Sie reflektierten dieses nur, wenn Kommunikation ‚hake', wenn die Routinen also ins Stocken gerieten. Solche Pannen oder **kommunikativen ‚Krisen'** sind entsprechend für die Ethnomethodologie auch von besonderem Interesse, da in ihnen besonders deutlich zutage trete, was normalerweise unbemerkt und reibungslos laufe.

In seinen berühmten **Krisenexperimenten** – den *breaching experiments,* die auch als ‚Garfinkeling' bezeichnet werden – hat Garfinkel seine Studierenden dazu angehalten, kommunikative Krisen bewusst herbeizuführen, unter anderem dadurch, dass sie unterspezifizierte Informationen konsequent und unnachgiebig eingefordert haben – mit dem Ergebnis, dass die Kommunikationspartner*innen bald am Verstand dieser Studierenden gezweifelt haben. Hier ein Beispiel:

> „The victim waved his hand cheerily.
> (S) How are you?
> (E) How am I in regard to what? My health, my finances, my school work, my peace of mind, my …?
> (S) (Red in the face and suddenly out of control.) Look! I was just trying to be polite. Frankly, I don't give a damn how you are." (Garfinkel 1967: 44)

Kommunikationsakte seien immer auch an den Kontext gebunden. Die Ethnomethodologie spricht in diesem Zusammenhang von **Indexikalität**. Indexikalität sei – wie auch die Krisenexperimente zeigen sollen – niemals aufhebbar, da jeder Versuch, eine kontextfreie Bedeutung zu bestimmen, wiederum auf indexikalische Zeichen zurückgreifen müsse. Wie Streeck es zusammenfasst:

> „Die Bedeutung sprachlicher Ausdrücke ist immer indexikalisch. Sie liegt in ihrem Gebrauch durch konkrete Personen in konkreten Kontexten. Der Versuch, Bedeutungen in kontextfreien Regeln zu fixieren, muss aus logischen Gründen scheitern, verlangt er doch die Fixierung der Bedeutungsregeln metasprachlicher Ausdrücke – und mündet in einen unendlichen Regreß." (Streeck 2005: 1419)

Wie Garfinkel in weiteren Experimenten gezeigt hat, versuchen Kommunizierende aber sehr vehement, Kommunikationsakten insofern Sinn zu verleihen, dass sie einen **Interpretationsrahmen** schaffen, in dem diese Akte (für sie) Sinn ergeben. In diesem Punkt argumentiert Garfinkel ähnlich wie der Sprachphilosoph Herbert Paul Grice (1913–1988), der als oberstes Prinzip von Kommunikation voraussetzt, dass Kommunizierende sich gegenseitig kooperative Absichten unterstellen (vgl. dazu Auer 2013: 95–106).

Kontexte werden somit von den Akteuren – als Interpretationsrahmen für indexikalische Kommunikation – aktiv ‚gestaltet'. Dies nennt Garfinkel die **Reflexivität** von Kommunikation, die Auer so charakterisiert:

> „Reflexiv sind unsere Handlungen […] deshalb, weil sie selbst den Kontext organisieren, der sie für alle praktischen Zwecke dieses Augenblicks interpretierbar macht (selbstverständlich ohne dass wir uns dieser Reflexivität bewusst wären)." (Auer 2013: 138)

Ethnomethodologie legt somit – vor allem mit ihren zentralen Konzepten ‚Indexikalität' und ‚Reflexivität' – den Fokus auf kommunikatives soziales Handeln, mit dem Akteure aktiv auf der Basis ihres Alltagswissens **sozialen Sinn herstellen bzw. aushandeln.**

Garfinkels Schüler Harvey Sacks (1935–1975) hat den Anstoß für eine weitere Entwicklung gegeben, die als **ethnomethodologische Konversationsanalyse** bekannt geworden ist (vgl. Bergmann 1994; Imo/Lanwer 2019: 48–59; Birkner u. a. 2020). Anlass dieser Weiterentwicklung ist ein methodologischer Einwand gegenüber der Ethnomethodologie:

- Wie lassen sich bei der Analyse der Ethno-Methoden die Ethno-Methoden der Analysierenden kontrollieren?
- Anders gesprochen: Wie kann man verhindern, dass Ethnomethodolog*innen bei dem Versuch, Alltagswissen von sozialen Akteuren zu beschreiben, einfach ihr eigenes Alltagswissen unkontrolliert reproduzieren?

Die Konversationsanalyse versucht dies dadurch in den Griff zu bekommen, dass sie sich zum Ziel setzt, alle Erklärungen für Sinnkonstruktionen in Interaktionen **streng aus den Daten** abzuleiten.

Das zentrale Prinzip hierbei ist **‚Sequenzialität'** (vgl. Auer 2013: 141–152). Intersubjektive Sinnstiftung und Verständnissicherung lassen sich demzufolge an Anschlusshandlungen erkennen, an Reaktionen von Kommunizierenden auf Kommuniziertes und mithin an der interaktiven Entwicklung und Verkettung einzelner Interaktionssequenzen.

Daher sind der ‚**Turn'**, der jeweils abgeschlossene Redebeitrag, und das ‚**Turn-Taking'**, der Sprecher*innen-Wechsel, für die Konversationsanalyse auch so wichtig, denn hier zeigt sich die sequenzielle Sinnproduktion nach konversationsanalytischer Auffassung unmittelbar.

▶ Als **Turn** (von engl. *turn* ‚an der Reihe', vgl. *it's your turn*) bezeichnet man in der Konversationsanalyse einen jeweils abgeschlossenen Redebeitrag einer Sprecherin bzw. eines Sprechers in einem Gesprächsverlauf.

▶ **Turn-Taking** ist der Wechsel (Übergabe oder Übernahme) des Turns zwischen Sprecher*innen, also der Wechsel der Sprecherrolle. An welchen Stellen und wie ein solcher Wechsel stattfindet, wie und ob er gelingt, ist eine zentrale Frage der Konversationsanalyse. Zur Vertiefung vgl. Imo/Lanwer 2019: 172–175.

Relevant für die Erklärung kommunikativer Prozesse wird somit nur, was die **Interagierenden selbst relevant machen**. Dies führt im Ergebnis dazu, dass die Konversationsanalyse Makro-Konzepten wie Ideologie, Schicht oder Geschlecht keine Erklärungskraft einräumt (wenn sie nicht auf der Mikroebene durch die Interagierenden explizit eingebracht werden). Die Rigidität, mit der viele Konversationsanalytiker*innen diese Fokussierung auf die Daten (nicht selten auch mit Zorn und Eifer) vertreten, hat der Konversationsanalyse vielfach Kritik eingebracht (vgl. dazu exemplarisch eine Debatte zwischen dem Konversationsanalytiker Emanuel Schegloff und dem Diskursanalytiker Michael Billig in der Zeitschrift *Discourse & Society:* Schegloff 1997, 1999a,b; Billig 1999a,b; zusammenfassend auch Blommaert 2005: 50–56).

Auch die interaktionale Soziolinguistik geht den **strikt mikroanalytischen Weg** der Konversationsanalyse nicht konsequent mit, wenn sie etwa kulturelle Faktoren für kommunikative Missverständnisse relevant macht. Maßgeblich beeinflusst hat die Konversationsanalyse die interaktionale Soziolinguistik dennoch, denn sie hat von ihr gelernt, wie durch systematische Mikroanalysen Sinnstiftungsprozesse von Kommunizierenden methodisch streng rekonstruiert werden können.

6.2.3 Interaktionale Soziologie

Mit der interaktionalen Soziologie teilt die interaktionale Soziolinguistik das Interesse daran, wie soziale Ordnung und soziale Rollen durch interaktive Praktiken ausgehandelt werden. Geprägt wurde diese Variante der Soziologie insbesondere durch den kanadischen Soziologen Erving Goffman (1922–1982), der wie Gumperz in den 1960er Jahren in Berkeley arbeitete (vgl. zum Folgenden ausführlicher Kendall 2011; Knoblauch 2011).

Goffman hat in seinen Forschungsbeiträgen herausgearbeitet, wie sich soziale Akteure in Anwesenheit (‚**Ko-Präsenz**') anderer sozialer Akteure kommunikativ ‚verhalten'. Dazu gehören die Darstellung der eigenen Person („presentation of self in everyday life"), die Goffman ([1959] 2011) mit einer Theaterdarstellung vergleicht, ritualisierte Strategien des Umgangs miteinander (Höflichkeit, Respekt und Ehrerbietung bzw. ‚face work' [s. Vertiefungskasten]; die einschlägigen Aufsätze sind in Goffman [1967] 1986a versammelt) sowie Rollenaushandlungen und -zuschreibungen in der Interaktion (vgl. Goffman 1979, 1983).

Face und Face Work
Der nur teilweise ins Deutsche übersetzbare, von Goffman ([1955] 1986b) geprägte Ausdruck ‚**face**' (zuweilen übersetzt als ‚Gesicht') bezeichnet die positive soziale Bewertung, die eine Person in der Interaktion für sich von seinen Interaktand*innen einfordert. In einer einflussreichen Umdeutung definieren Brown/Levinson ([1987] 2007: 69), aufbauend auf Goffman, das ‚Gesicht' als das gesellschaftlich sichtbare Selbstbild einer Person (d. h., wie jemand von andern gesehen werden will). Sie unterscheiden dabei das ‚positive Gesicht' *(positive face),* das nach Handlungen anderer verlangt (Wunsch nach Anerkennung) und das ‚negative Gesicht' *(negative face),* das nach Handlungsunterlassungen verlangt (Bedürfnis eines persönlichen Schutzraumes). Das Gesicht einer Person kann in Interaktionen gestärkt und bedroht werden.

6.2 Wissenschaftsgeschichtliche Wurzeln der interaktionalen Soziolinguistik

> Interaktive Handlungen, die das eigene *face* stärken sollen, nennt Goffman ([1955] 1986b) **‚face work'** (in der deutschen Übersetzung wird dies etwas unglücklich reduziert zu ‚Techniken der Imagepflege'). In der Höflichkeitsforschung zählt man dazu aber auch Handlungen, die das gesellschaftlich sichtbare Selbstbild Anderer betreffen. Zum *face work* zählen somit einerseits gesichtsbedrohende Akte (bspw. Angriffe auf die Integrität des Gegenübers, Beschimpfungen) sowie Reaktionen hierauf, anderseits gesichtsstärkende Akte (bspw. Komplimente als Arbeit am ‚positiven Gesicht', Nichtansprechen bestimmter Themen als Arbeit am ‚negativen Gesicht').
>
> Zur Vertiefung vgl. Watts (2003: 119–128), zu den Unterschieden zwischen Goffman und Brown/Levinson vgl. Watts (2003: 103–107).

Goffman interessieren also

> „jene Ereignisse, die im Verlauf und auf Grund des Zusammenseins von Leuten geschehen. Die Grundelemente des Verhaltens sind Blicke, Gesten, Haltungen und sprachliche Äußerungen, die Leute ständig in die Situation einbringen, unabhängig davon, ob diese Situation erwünscht ist oder nicht." (Goffman [1967] 1986a: 7)

Zu diesem kommunikativen Verhalten zählt Goffman, wie das Zitat verdeutlicht, dezidiert nicht nur verbale und andere intentionale Mitteilungen, die die Akteure einander geben, sondern auch all das, was unbewusst – und vielleicht sogar ungewollt – durch Verhalten kommuniziert wird. Goffman (1959: 14) unterscheidet in dem Zusammenhang zwischen Signalen, die wir bewusst geben *(give)* und denen, die wir unbewusst abgeben *(give off)*. Weiterhin interessieren Goffman nicht nur Interaktionen zwischen jenen Akteuren, die man in der nachrichtentechnischen Terminologie des frühen 20. Jahrhunderts ‚Sender' und ‚Empfänger' genannt hat (produzierender und rezipierender Akteur), sondern auch zwischen kopräsenten Personen, die vielleicht gar nicht auf den ersten Blick *miteinander* kommunizieren.

- Goffman ([1961] 1973) unterscheidet in diesem Zusammenhang zwischen Begegnungen *(encounters)* und Zusammenkünften *(gatherings)*.
- Nur in ersteren finde, wie Goffman es nennt, **‚fokussierte Interaktion'** statt. Dennoch werde auch in Zusammenkünften – wenn auch ‚nicht fokussiert' – interagiert.

Entsprechend unterscheidet Goffman auch nicht nur zwischen produzierendem und rezipierendem Akteur, sondern er differenziert eine Reihe von **Interaktionsrollen** (Sprecher, Autor, Auftraggeber der Äußerung, Adressat, ratifizierte Mithörer, nicht ratifizierte zufällige Lauscher, nicht ratifizierte absichtliche Lauscher) – Rollen, die in der Interaktion vielfach wechseln können (vgl. Goffman 1979).

Goffman zeigt dabei, dass sowohl Gesprächsrollen als auch soziale Positionen von Akteuren ausgehandelt und mit kommunikativen Mitteln ‚konstruiert' werden – dass sie also **interaktionale Phänomene** sind und keine vor der Interaktion feststehenden, von Sprache ‚unabhängige' soziale Variablen. Diese zentrale Einsicht macht sich die interaktionale Soziolinguistik zu eigen.

Zu eigen macht sich die interaktionale Soziolinguistik auch – und hier unterscheidet sie sich von der ethnomethodologischen Konversationsanalyse – Goffmans Auffassung, dass die Sinnstiftung der Interagierenden **sozial ‚gerahmt'** und damit makrosoziologisch beschränkt ist (Goffman [1974] 2000; zur interaktionalsoziolinguistischen Adaption von Goffmans Rahmen-Analyse vgl. Tannen 1993).

6.3 Forschungsinteressen und Grundannahmen der interaktionalen Soziolinguistik

Die Grundannahmen und Forschungsinteressen der interaktionalen Soziolinguistik ergeben sich großteils direkt aus denen der diskutierten Vorläuferdisziplinen:

- In der Tradition der Ethnographie der Kommunikation und der Ethnomethodologie geht es ihr darum zu verstehen, was Sprache und Kommunikation für kulturell spezifisch geprägte Akteure bedeutet, mit Hilfe welcher kommunikativer Kompetenzen bzw. welchen **kommunikativen Wissens** Akteure in sozialen Gemeinschaften Kommunikation bestreiten und wie die Akteure dabei interaktiv **sozialen ‚Sinn'** herstellen.
- Wie die ethnomethodologische Konversationsanalyse schaut die interaktionale Soziolinguistik dabei genau auf den **Interaktionsablauf,** mit der interaktionalen Soziologie und der Ethnographie der Kommunikation blickt sie aber auch darüber hinaus, auf die **soziale Rahmung.**

Im Folgenden wird dies genauer ausgeführt. Wir werden hierfür vor allem einen genaueren Blick auf einige der vielen von Gumperz selbst veröffentlichten methodischen Reflexionen werfen, in denen er die interaktionale Soziolinguistik charakterisiert und von anderen Formen der Soziolinguistik differenziert.

6.3.1 Mikroanalyse und Ethnographie kommunikativer Praxen

In einem Interview aus dem Jahr 1995 erläutert Gumperz sein Forschungsprogramm wie folgt:

> „My perspective on verbal communication is grounded in earlier studies in the ethnography of communication. The key insight here is that ethnographically-based sociolinguistic analysis, if it is to be empirically viable, must focus on specific speech events,

> defined as interactively constituted, culturally-framed encounters, and not attempt to explain talk as directly reflecting the norms, beliefs and values of communities seen as disembodied, hypothetically uniform wholes. To look at talk as it occurs in speech events is to look at communicative practices." (Gumperz in Prevignano/Di Luzio 2003: 7–8)

In der Tradition der Ethnographie der Kommunikation ist die interaktionale Soziolinguistik also an konkreten Kommunikationsereignissen (**kommunikativen Praxen**) interessiert, die sie (mit Goffman) als kulturell gerahmte, interaktiv konstituierte Begegnungen *(encounters)* versteht.

Den **Gegensatz zur Variationslinguistik** zeigt das Zitat ebenfalls: Die Annahme, dass Gemeinschaften durch Normen, Annahmen und Werte zusammengehaltene homogene Entitäten seien, die außerhalb von Kommunikation bestünden, und dass Kommunikation diese Normen, Annahmen und Werte nur abbilde, lehnt die interaktionale Soziolinguistik ab. An anderer Stelle wird Gumperz diesbezüglich noch deutlicher:

> „Detailed observation of verbal strategies revealed that an individual's choice of speech style has symbolic value and interpretive consequences that cannot be explained simply by correlating the incidence of linguistic variants with independently determined social and contextual categories. Sociolinguistic variables are themselves constitutive of social reality and can be treated as part of a more general class of indexical signs which guide and channel the interpretation of intent." (Gumperz 1982: vii)

Das heißt, **sprachliche Variation** reflektiere nicht einfach soziale Variation, sie sei vielmehr Teil jener Prozesse, in denen soziale Wirklichkeit geschaffen werde. Daher müsse man, wenn man den Zusammenhang zwischen Sprache und Gesellschaft verstehen wolle, sprachliche Praxen im Detail studieren, denn aus der Betrachtung von statistischen Korrelationen lasse sich das Wesentliche nicht erkennen: der ‚**symbolische Wert**' und die ‚**interpretativen Folgen**' von sprachlichen Varianten im konkreten Kommunikationskontext (vgl. dazu bereits Gumperz 1967: 131–132).

Im Gegensatz zur quantitativ ausgerichteten Variationslinguistik greift die interaktionale Soziolinguistik also auf **qualitative Analyseverfahren** zurück. Es sollen somit gerade nicht aufgrund der Analyse möglichst vieler Daten Abstraktionen vorgenommen werden, die möglichst generalisierbar sind, sondern es soll durch eine möglichst detaillierte Analyse einzelner Interaktionen erklärt werden, wie Interaktion im konkreten Kontext funktioniert; dabei ist häufig gerade das Besondere einzelner Interaktionen wichtig (s. dazu ausführlicher Abschn. 6.4).

Das erfordert einen **mikroanalytischen Blick** auf die Daten (im Sinne der ethnomethodologischen Konversationsanalyse; zum Konzept der Mikroperspektive s. Abschn. 2.3.2). Das heißt, eine genaue Beschreibung einzelner Interaktionssequenzen auf möglichst vielen sprachlichen Ebenen (Lautung, Wortwahl, Satzkonstruktion, Prosodie, Sprach- und Stilwechsel etc.) ist nötig; eine Fokussierung auf einzelne sprachliche Variablen – wie das postvokalische (r) – wird für ein solches Unterfangen als viel zu eng angesehen:

„It is the focus on the interactive and therefore social import of the fine details of verbal communication that distinguishes my work from others. One of my main concerns is with how we can analyze communicative practices in such a way as to account for participants' ability to create and maintain communicative involvement and to achieve their communicative ends." (Gumperz in Prevignano/Di Luzio 2003: 8)

Diese Datenanalyse müsse allerdings durch **ethnographische Beschreibungen der Lebenswelt** der Interaktand*innen ergänzt werden, da nur so die kulturelle Rahmung von Interaktion und von Interpretationsprozessen herausgearbeitet werden könne, ohne deren Kenntnis die Interpretationsprozesse der Akteure nicht sinnvoll gedeutet werden können:

„[W]hat the presuppositions are that enter into conversational inference and how they are reflected in talk varies, among other things, with speakers' and listeners' communicative background, so that sharing of inferential procedures cannot be taken for granted. It must be demonstrated through ethnographically informed in-depth analysis of what transpires in an encounter." (Gumperz 1999: 459)

6.3.2 Kommunikatives Wissen und ‚meaning making'

In der Tradition der Ethnomethodologie und der Wissenssoziologie geht es der interaktionalen Soziolinguistik zentral um die Frage, mit Hilfe welcher **Routinen** und welchen **Alltagswissens** Sprecher*innen kommunikative Aufgaben lösen. Gumperz selbst fasst dieses Forschungsprogramm so zusammen:

„I[interactional] S[ociolinguistic] analysis […] concentrates on speech exchanges involving two or more actors as its main object of study. The aim is to show how individuals participating in such exchanges use talk to achieve their communicative ends in real life situations by concentrating on the meaning making processes and the taken-for-granted background assumptions that underlie the negotiation of shared interpretations." (Gumperz 1999: 454)

Dem zentralen Konzept des ‚**meaning making**', das hier angesprochen wird, liegt die Auffassung zugrunde, dass Sinn/Bedeutung nicht etwas ist, was durch Kommunikation einfach nur ‚übermittelt' wird, sondern etwas, was durch Interaktion überhaupt erst produziert (‚gemacht') wird, das Ergebnis eines fortlaufenden, in die Interaktion eingebetteten Interpretationsprozesses („ongoing process of interpretation in conversation"; Gumperz 1982: 4).

Die interaktionale Soziolinguistik propagiert also ein **interaktionales Kommunikationsmodell**. Demzufolge ist Bedeutung den sprachlichen Zeichen nicht inhärent, sie wird vielmehr gemeinschaftlich ‚ausgehandelt', ‚kommunikativer Sinn' wird somit interaktiv ‚hergestellt', Bedeutungen werden sprachlichen Handlungen ‚zugeschrieben'.

Die interaktionale Soziolinguistik nimmt dabei (auch hier den Annahmen der Ethnomethodologie folgend) an, dass sich die Interaktanden auf geteiltes oder vorausgesetztes Wissen bzw. geteilt oder vorausgesetzt geglaubtes Wissen – auf **Alltags- oder Common-Sense-Wissen** – stützen, welches ihnen hilft, sprachliche

Handlungen zu deuten. Dieses Wissen werde durch **kommunikative Hinweise**, die die Sprecher permanent aussondern, aktiviert (‚evoziert'). Ein einfaches Beispiel hierfür sind Ironiesignale:

- Etwa durch Intonation und/oder Gestik und Mimik (oder im Chat: durch ein entsprechendes Emoji oder Emoticon) kann ich signalisieren, dass etwas ironisch gemeint ist – dass ich etwas genau konträr zu einer verbal artikulierten Bewertung bewerte (*Oh, das hast du aber ganz toll gemacht ;-)*).
- Wenn mein Gegenüber die Signale so versteht, dann wird sein Wissen ‚evoziert', dass das Gesagte als ‚ironische Aussage' zu interpretieren ist – die Bewertung also in spezifischer Weise zu verstehen ist.
- Dass dies aber ein interaktiver Prozess ist, zeigt sich daran, dass ich, wenn ich ironisch sein will, von einem geteilten Wissen ausgehen muss:
  – Ich muss davon ausgehen, dass mein Gegenüber die Ironiesignale erkennen kann; sonst funktioniert die Ironie nicht.
  – Und ich interpretiere meinerseits entsprechend die Reaktionen, Rückmeldesignale, aus denen ich ersehen kann, ob das der Fall war.
  – Falls nicht, kann ich kommunikativ reagieren (etwa indem ich sage: *Das war doch ironisch gemeint!*)

Das Interesse an diesen **Interpretationsprozessen** der Interaktanden – die „conversational inferences" (Gumperz 1982: 153) – und dem Wissen, welches die Interpretation sprachlicher Handlungen ermöglicht, sind der Grund, warum sich die interaktionale Soziolinguistik (in der Tradition der interpretativen Soziologie, der die Ethnomethodologie zugeordnet werden kann) auch als *interpretative* Soziolinguistik versteht.

6.3.3 Dynamik von Bedeutung und Kontextgebundenheit kommunikativer Mittel

Für die Analyse spielen alle kommunikativen Faktoren eine Rolle, die als kommunikative Hinweise interpretiert werden können. Und da theoretisch alles, was wahrgenommen wird, auch interpretiert werden kann, umschließt die interaktionale Analyse alle sprachlichen Ebenen.

Als kommunikative Hinweise können unter anderem interpretiert werden:

- die **Sprach- und Stilwahl** (bspw. Dialekt, Slang, Standardsprache bzw. Wahl spezifischer phonologischer, lexikalischer, syntaktischer Varianten),
- **Sprach- und Stilwechsel** im Verlauf der Interaktion (sog. ‚Code-Switching' etwa vom Dialekt in den Standard oder zwischen verschiedenen Sprachen),
- Gewähltes **Genre** (Textsorten und Gesprächsgattungen) und Genrewechsel,
- **Prosodie** (Tonhöhenverlauf, Akzent, Tempo und insbesondere diesbezügliche Wechsel im Verlauf der Interaktion),

- **Kinetik** (Mimik, Gestik, Körperhaltung von Kommunikationsbeteiligten),
- **Proxemik** (Stellung und Veränderung der Stellung der Interaktionspartner*innen im Raum),
- das **Rückmeldeverhalten** (in verbaler Form, etwa *mmh, ja, ach!*, aber auch in nonverbaler Form, etwa Blickkontakt, Mimik)

Wichtig ist dabei, dass diese Hinweise in ihrer Funktion nicht eindeutig festgelegt sind. Sie sind, wie man sagt, **polyfunktional** („mehrfach funktional"). So können Hinweise, die in einem bestimmten Kontext Ironie signalisieren (etwa eine hochgezogene Augenbraue), in einem anderen etwas ganz anderes signalisieren (bspw. Skepsis). Ob und wie die Hinweise konkret interpretiert werden, hängt vom kommunikativen Wissen der Beteiligten ab, aber auch davon, in welchem Zusammenhang sie verwendet werden.

Da es oft der Zusammenhang, der konkrete Kontext, ist, in dem die polyfunktionalen Hinweise eine eindeutige (oder jedenfalls: eine wahrscheinliche) Bedeutung bekommen, spricht man davon, dass kommunikative Hinweise **kontextgebunden** sind.

Da kommunikative Hinweise weiterhin auch rückwirkend sein können – aufgrund neuer Hinweise ist es jederzeit möglich, dass Interaktand*innen ihre Interpretation des bisherigen Kommunikationsverlaufs revidieren (man erkennt bspw. plötzlich, dass das Gegenüber die ganze Zeit ironisch gesprochen hat) – spricht man weiterhin davon, dass **Bedeutung dynamisch** ist.

Aus all dem folgt aus Sicht der interaktionalen Soziolinguistik, dass Bedeutung nur im Kontext erfasst werden kann:

„If we accept that (a) interpretation is always context-dependent and (b) contextual presuppositions shaping interpretations are themselves subject to constant change in the course of an interaction, then we cannot expect to find one-to-one mappings of form to meanings. There are always several possible interpretations." (Gumperz in Prevignano/Di Luzio 2003: 10)

Welche Interpretation in einem konkreten Interaktionsverlauf für bestimmte Akteure relevant ist, versucht man aufgrund ihrer Reaktionen (also der **Sequenzialität** im Sinne der Konversationsanalyse; s. Abschn. 6.2.2) zu bestimmen. So kann man in der Analyse beispielsweise aus dem Lachen einer Interaktionsakteurin ableiten, dass diese den Beitrag ihrer Interaktionspartnerin als ironisch interpretiert hat, oder aus einer irritierten Nachfrage, dass Ironiesignale nicht als solche interpretiert wurden.

Die bisherigen Ausführungen zeigen auch, dass die interaktionale Soziolinguistik ‚Bedeutung' erheblich weiter fasst als die Variationslinguistik. Die sog. **soziale oder indexikalische Bedeutung** – die Fähigkeit, eine Äußerung als Hinweis auf die soziale Position der äußernden Person und auf Eigenschaften des Kontexts zu interpretieren (s. Abschn. 6.5.1) – ist ebenso Teil jener Bedeutung, die interaktiv ausgehandelt wird, wie die Gegenstände, über die man spricht (die referenzielle Bedeutung). Deshalb tun sich interaktionale Soziolinguist*innen auch schwer mit der variationslinguistischen Definition von Variation und Variablen als „set of alternative ways of ‚saying the same thing'" (Labov 1972: 94; s. Abschn. 5.3). Wie Coupland es formuliert:

> „Dialect or accent variables may be alternative ways of achieving the same reference, but it certainly does not follow that they are alternative ways of saying, or meaning, ‚the same thing'." (Coupland 2007: 88)

Aus dieser Perspektive könnte man zum Beispiel argumentieren, dass eben nicht ‚dasselbe gesagt' sei, wenn jemand statt *Ich hätte gerne eine Semmel* sagte, *Ich hätte gerne ein Brötchen,* auch wenn damit dasselbe ‚Ding' gemeint (und mithin derselbe Wunsch ausgedrückt) sei.

- Denn wenn diese Person beispielsweise in Wien zum Bäcker ginge und *Brötchen* statt *Semmeln* verlangte, könnte es gut sein, dass sie das zu ‚spüren' bekäme (und sei es nur in Form eines abfälligen Blicks oder einer weniger freundlichen Bedienung).
- Der Grund sei, dass die verschiedenen Varianten (für bestimmte Interpreten) auch unterschiedliche soziale Bedeutungen haben könnten.
- Im Fall von *Brötchen* könnte eine solche soziale Bedeutung für einen Wiener Bäcker bspw. sein: ‚Aha, ein Deutscher!' oder gar (was seinerseits referenziell, aber nicht sozial gleichbedeutend ist): ‚Aha, ein Piefke!'
- in jedem Fall eine Interpretation, die den Interaktionsverlauf erheblich beeinflussen könnte.

6.3.4 Rekapitulation der sprachtheoretischen Grundannahmen

Fassen wir die sprachtheoretischen Grundannahmen der interaktionalen Soziolinguistik und die Unterschiede zur Variationslinguistik noch einmal zusammen:

- **Sprachgebrauch** fasst die interaktionale Soziolinguistik nicht als Ausdruck (Index) sozialer Strukturen auf (also als einen bloßen Hinweis auf die soziale Verortung des*der Sprecher*in), sondern die Gesellschaft wird von ihr umgekehrt als von den Beteiligten interaktiv hergestellte ‚Sinnwelt' betrachtet, deren Bedeutung und Interpretation kommunikativ verhandelt wird.
- **Kommunikative Variation** ist somit kein ‚Ausdruck' sozialer Zugehörigkeit, sondern ein Mittel, um soziale Zugehörigkeit aktiv herzustellen.
- Deshalb werden **soziale Kategorien** (wie ‚Geschlecht', ‚sozialer Status') auch nicht als der Sprache ‚vorgelagert' betrachtet, sondern man nimmt an, dass sie erst in der kommunikativen Praxis entstehen bzw. relevant gemacht werden (oder eben auch nicht).

Das heißt, ob und dass ein*e Kommunikationsakteur*in eine Frau ist und aus dem Südschwarzwald kommt, ist als soziale Kategorie nur dann von Bedeutung, wenn dies **in der kommunikativen Praxis relevant gemacht** wird.

- Kommunizierende können, wenn sie es für wichtig halten, diese Eigenschaften kommunikativ ‚verdeutlichen' (durch eine bestimmte Art der Kommunikation) – so wird diese Kategorie ‚kommunikativ konstruiert'.
- Kommunikativ konstruiert wird sie auch, wenn Interpretierende aufgrund bestimmter sprachlicher Merkmale (welche die*der Kommunizierende vielleicht gar nicht bewusst einsetzt, mit Goffman 1959: 14 also lediglich ‚abgibt') denken: ‚Aha, eine Südschwarzwälderin!'
- Dass die Kategorien erst in der kommunikativen Praxis interaktiv entstehen, zeigt sich zum einen daran, dass Interpretierende diese Darstellung (1.) vielleicht gar nicht erkennen (und somit das Gegenüber nicht als ‚Südschwarzwälderin' wahrnehmen) oder (2.) nicht akzeptieren (dem Gegenüber diese Identität nicht abnehmen).
- Zum anderen zeigt es sich daran, dass sich (zum Beispiel im Chat) selbst Männer von der Nordseeküste, wenn sie die passenden sprachlichen Mittel einsetzen (d. h. entsprechend kommunikativ kompetent sind), erfolgreich als ‚Südschwarzwälderin' darstellen können.

Aus diesen Grundannahmen ergibt sich die Methodik der interaktionalen Soziolinguistik, zu der wir nun kommen.

6.4 Methoden der Datenerhebung und -auswertung

6.4.1 Bottom-up-Perspektive und der Blick auf das Spezifische

Aufgrund der ausgeführten sprachtheoretischen Annahmen tritt die interaktionale Soziolinguistik anders an Sprache und Sprachgebrauch heran als die Variationslinguistik. Während diese einen (für quantitative Zugänge typischen) Blick aus der Vogelperspektive (sog. **Top-down-Perspektive**) einnimmt und damit versucht einen möglichst breiten Ausschnitt und Strukturmuster zu erfassen, taucht die interaktionale Soziolinguistik möglichst tief in einzelne Kommunikationsereignisse ein. Sie nimmt also eher eine Froschperspektive ein, die für qualitative Analysen typische **Bottom-up-Perspektive**, mit der globale Strukturen weniger gut erfasst werden können, Einzelereignisse dafür aber umso präziser (vgl. Dörnyei 2007: 35–42).

Während quantitative Analysen also versuchen, das für eine bestimmte soziale Gemeinschaft Typische zu finden, wofür es nötig ist, die Komplexität von Einzelereignissen durch Reduktion auf einzelne, vergleichbare Variablen zu verringern, lenken qualitative Analysen den **Blick auf das Spezifische** konkreter

6.4 Methoden der Datenerhebung und -auswertung 183

Interaktionsvorgänge, welche entsprechend möglichst umfassend – in all ihrer Komplexität – und in ihrem ‚natürlichen' Umfeld analysiert werden sollen. In den Blick geraten dabei insbesondere auch die Wahrnehmungen und Deutungen der Interaktionsakteure selbst, denn sie lenken nach interaktional-interpretativer Auffassung deren Interaktions- und Interpretationsprozesse (s. Abschn. 6.3.2).

Qualitative Analysen, wie sie die interaktionale Soziolinguistik präferiert, sind also an **Subjektivität** (der Interaktionsakteure, aber durchaus auch der Analysierenden) interessiert. Während quantitative Ansätze diese zugunsten eines ‚objektiven Blicks' möglichst kontrollieren und ausblenden wollen, halten qualitative Ansätze Subjektivität nicht nur für nicht negierbar, sondern gerade für das, was Interaktion antreibt, und somit für analytisch relevant. Wie Dörnyei es aus angewandt-sprachwissenschaftlicher Perspektive schön auf den Punkt bringt:

> „Qualitative research is concerned with subjective opinions, experiences and feelings of individuals and thus the explicit goal of research is to explore the participants' views of the situation being studied. This approach follows from the way qualitative researchers perceive meaning: it is a fundamental QUAL [= qualitative; Anm. J.S.] principle that human behaviour is based upon meanings which people attribute to and bring to situations […] and it is only the actual participants themselves who can reveal the meanings and interpretations of their experiences and actions. Therefore, qualitative researchers strive to view social phenomena from the perspectives of the ‚insiders' and the term ‚insider perspective' has a special place in the qualitative credo." (Dörnyei 2007: 38)

In den Fokus gerät somit, wie es in ethnographischer Terminologie heißt, der **emische Blick** (Blick ‚von Innen') der Akteure (im Gegensatz bzw. in Ergänzung zum **etischen Blick** ‚von Außen' der Forscher*innen).

Die **Interpretation der Analysierenden** spielt dabei durchaus eine gewichtige Rolle. Allerdings wird sie kenntlich als solche ausgewiesen, das heißt, Analysierende versuchen ihre eigene Subjektivität gerade nicht zu negieren, sondern offenzulegen, so dass ihre Perspektive für andere nachvollziehbar (und auch kritisierbar) wird.

6.4.2 Emergenz der Kategorien

Aus dem oben Ausgeführten folgt, dass die interaktionale Soziolinguistik versucht, **Vorkategorisierungen** (etwa nach sozialen Parametern) möglichst zu vermeiden. Das heißt aber nicht, dass Kategorisierungen rundweg abgelehnt werden. Allerdings geht es der interaktionalen Soziolinguistik weniger um Kategorien, die Forscher*innen durch Abstraktionen selbst bilden. Man geht (im Anschluss an die Ethnomethodologie; s. Abschn. 6.2.2) davon aus, dass die Akteur*innen selbst Kategorien – sog. **Ethno-Kategorien** – bilden, die ihre kommunikativen Handlungen anleiten.

Diese Kategorien sind konstruktiv und dynamisch in dem Sinne, dass sie erst in der Interaktion spezifiziert bzw. relevant gemacht werden (oder eben nicht). Eine solche konstruktive Kategorie kann durchaus beispielsweise Gender oder soziale

Schicht sein, wenn (und nur wenn) dies in der Interaktion als relevant erscheint, wenn sich die Akteur*innen also an diesen Kategorien zu orientieren scheinen (oder sie sogar explizit thematisieren, wie in *Als Sohn einer Lehrerin solltest du das eigentlich besser verstehen!*).

Kategorien werden dementsprechend nicht vorab festgelegt, wie dies bei quantitativen Analysen üblich und vielfach auch nötig ist (denken Sie an kontrollierte Korrelationsanalysen, die ohne festgelegte Kategorien gar nicht möglich sind; s. Abschn. 5.2.2). Vielmehr sucht man sie in den Daten. Man sagt auch, die Kategorien müssen **aus den Daten emergieren** (,auftauchen, hervortreten').

Zur Feststellung solcher emergenter Kategorien wurden spezifisch qualitative Methodologien entwickelt, deren wohl bekannteste die **Grounded Theory** (Glaser/Strauss [1967] 2010) ist. In dieser Methodologie, die hier in ihrer Komplexität nicht dargestellt werden kann (vgl. dazu Breuer/Muckel/Dieris 2019), geht es unter anderem darum, Kategorien aus den Daten abzuleiten und durch ein zyklisches Hin- und Hergehen zwischen Daten und Interpretation zu verdichten. Dafür werden Daten mittels spezifischer Computerprogramme für die qualitative Datenanalyse, den **QDA-Programmen** (QDA steht hierbei für ,qualitative Datenanalyse'; zwei der bekanntesten Programme sind *MaxQDA* und *Atlas.ti*), kodiert. Das heißt, Analysierende markieren Stellen in den Daten und vergeben Codes, das sind Etiketten, die Kategorienkandidaten markieren und benennen. Durch mehrfaches Interpretieren soll sich so zeigen, welche Kategorien tatsächlich interpretativ relevant sind (eine ausführliche Einführung in die Arbeit mit QDA-Programmen bieten, aus erziehungswissenschaftlicher Sicht, Rädiker/Kuckartz 2019).

Eine wesentliche Konsequenz dieses Ansatzes ist es, dass qualitative Analysen in der Regel nicht, wie dies quantitative Analysen tun, mit bereits ausformulierten **Hypothesen und Forschungsfragen** in die Analyse eintreten (wo diese dann methodisch kontrolliert geprüft werden). Vielmehr beginnen qualitative Analysen häufig sehr offen und unspezifisch. Auch hier nimmt man an, dass die relevanten Fragen und Hypothesen erst in der Auseinandersetzung mit den Daten formuliert werden können. Forschungsfragen und Hypothesen sind hier also zumeist ein Ergebnis, nicht eine Voraussetzung, des Analyseprozesses.

Tab. 6.1 stellt die wesentlichen Unterschiede zwischen qualitativer und quantitativer Forschung noch einmal zusammenfassend gegenüber. Sie gelten generell für qualitative Ansätze und spezifisch auch für die interaktionale Soziolinguistik. Die spezifischen Methoden Letzterer werden im Folgenden vorgestellt.

6.4.3 Interaktionsanalysen

Ähnlich wie die Variationslinguistik interessiert sich auch die interaktionale Soziolinguistik traditionell primär für gesprochene Sprache und insbesondere sog. **,authentische' Alltagsinteraktion**. Wie ausgeführt interessiert sie sich aber im Gegensatz zur Variationslinguistik hierbei vor allem dafür, wie solche Alltagsinteraktionen konkret verlaufen.

Tab. 6.1 Quantitatives vs. qualitatives Vorgehen

	Quantitativ	Qualitativ
Ziel	Generalisierung	Spezifizierung
Im Blickpunkt ist	das Typische	das Besondere
‚Gute' Daten sind	vergleichbar	reichhaltig
Blick auf die Daten	aus der Vogelperspektive (*top down*)	aus der Froschperspektive (*bottom up*)
Festlegung von Kategorien	vor der Analyse	aus der Analyse heraus
Festlegung von Forschungsfragen	vor der Analyse	aus der Analyse heraus
Subjektivität der Forschenden ist	zu vermeiden	unvermeidbar, aber offenzulegen und zu analysieren

Eine zentrale Methode ist daher die von der Konversationsanalyse inspirierte und methodisch geprägte **Interaktionsanalyse** mit Fokus auf Interaktionsdetails (interaktive Variationspraktiken), in denen Bedeutungsaushandlung stattfindet und Interpretationsprozesse ablesbar sind (vgl. für Details Couper-Kuhlen/Selting 2018; Imo/Lanwer 2019). Dabei geht man grundsätzlich immer so vor, dass Interaktionen in ihrem ‚natürlichen Umfeld' aufgezeichnet werden (man fertigt Audio- und zunehmend auch Videoaufnahmen längerer Interaktionssequenzen an). Anschließend werden sie in einer je nach Forschungsfrage unterschiedlichen Ausprägung und Detailliertheit in eine schriftliche Form übertragen, in der bestimmte sprachliche und parasprachliche Eigenschaften, die potenziell relevant sind, graphisch symbolisiert werden. Das ist die sog. **Transkription** (vgl. für Details die Einführung von Deppermann 2008a).

Transkriptionen bilden den Interaktionsverlauf und seine Sequenzialität idealerweise so ab, dass die für die interaktionale Soziolinguistik interessanten Variationsprozesse dort nicht nur für die Analysierenden sicht- und interpretierbar werden, sondern auch für die Rezipient*innen von Analysen. Daher wird die Einbindung von als zentral erachteten **Transkriptauszügen** in interaktionalsoziolinguistische Publikationen als wesentlich erachtet. So sollen Interpretationen intersubjektiv nachvollziehbar und auch kritisierbar gemacht werden.

Eine Voraussetzung hierfür ist, dass die Transkriptionskonventionen standardisiert sind. Hierfür wurden zahlreiche Vorschläge entwickelt. Im deutschsprachigen Raum hat sich vor allem das **Gesprächsanalytische Transkriptionssystem (GAT)** durchgesetzt, das auch in diesem Buch verwendet wird (aktuell ist Version 2, kurz: GAT 2; vgl. Selting u. a. 2009; die für dieses Buch relevanten Notationskonventionen sind im Anhang zusammengestellt).

Transkript 1: Transkriptionsbeispiel (nach Günthner 2002: 74)

```
GROSSMUTTER
35  Kathi:   da- als als ich meinen NA:snring(.)
36           von meiner <<all> mutter zu ostern gekriegt hab,>
37           da (echt) eh: MACHte die meine (.) MUTTer an.
38           i- ich <<f> kann [dir sa]gn.> (-)
39  Leni?:                   [hihihi]
40  Anni:    <<h> deswegen?>
41  Kathi:   ja klar. s (-)<<f> VOLLe PU[LLe.>] ich stand [dabei].>
42  Leni:                               [oh:]              [(   )]
43  Kathi:   <<gepresste Stimme, h, ff, legato, nachäffend>
             so ne SAUerei.
44           wie KANNSCH du die auch so RUMlauffe la[ssn.> hihi]
45  Anni:                                           [hihihihi]
46  Kathi:   <<gepresste Stimme, h, ff, legato, nachäffend> von wege
             <<h> A:Nständig.>>
47           <<gepresste Stimme, h, ff, legato, nachäffend>
             DÄ::=dä=dä=dä=DÄ:.>
48           hihihihihihi <<t> unMÖGlich.> (-)
49           ECHT.
```

Transkript 1 zeigt ein Beispiel einer solchen Transkription, weitere Beispiele finden Sie unten in den Fallbeispielen (s. Abschn. 6.6). Transkript 1 ist einer Untersuchung von Susanne Günthner (2002) entnommen, in der es um die interaktionale **Praktik des Lästerns** geht. Lästern ist, wie Günthner dort herausarbeitet, eine soziale Praktik, mittels derer sich Akteur*innen dadurch, dass sie sich gemeinschaftlich kritisch gegenüber Dritten (nicht Anwesenden) positionieren, miteinander solidarisieren. Lästern wird dabei gemeinschaftlich praktiziert: Es ist nicht nur die lästernde Person, die hierfür entscheidend ist, sondern auch die reagierenden Zuhörer*innen oder Mit-Lästernden.

Wie Günthner zeigt, kommen dabei spezifische **sprachliche und parasprachliche Mittel** zum Einsatz, die das Lästern entsprechend kontextualisieren (s. Abschn. 6.5.2). Dazu gehören Reaktionen wie Lachen, erstauntes Nachfragen

6.4 Methoden der Datenerhebung und -auswertung

(wie im Beispiel, Z. 40: „<<h>deswegen?>") und Ko-Empörung („oh:", Z. 42) auf Seiten der Rezipierenden sowie bestimmte Stilisierungen in den Darstellungen der Personen, die Gegenstand des Lästerns sind, auf Seiten der Lästernden.

Zu Letzterem zählt Günthner vor allem die **Konstruktion einer ‚fremden Stimme'** mit ganz spezifischen Mitteln (kommunikativen Hinweisen) wie etwa.

- veränderte Tonhöhe (zumeist höhere Tonlage, in GAT mit ‚<<h>...>' markiert),
- Tempo- und Lautstärkewechsel (in GAT mit musikalischen Termini wie ‚all' [= allegro, schnell], ‚ff' [= fortissimo, sehr laut] gekennzeichnet),
- Code-Switching (z. B. in einen Dialekt oder auch vom Dialekt in die Standardsprache; im Beispiel: der Wechsel vom Standard in den Dialekt der Großmutter ab Z. 43),
- Betonung und Akzentuierung (in GAT durch Großschreibung symbolisiert); bspw. Z. 43: „so ne SAUerei.", auf die Spitze getrieben in dem nur noch Prosodie vorführenden „DÄ::=dä=dä=dä=DÄ:." in Z. 47, das „die vorwurfsvolle, keifende Stimme der Großmutter karikiert präsentier[t]" (Günthner 2002: 74); ‚:' markiert hier eine Längung der Silbe, ‚=' einen unmittelbaren Übergang zwischen Einheiten, ‚.' eine fallende Intonation, ‚legato' meint: fließender Übergang zwischen den Einheiten der Äußerung.

Die so konstruierte ‚fremde Stimme' ist Teil eines interaktionalen Prozesses, den Günthner mit Verweis auf Bachtin ([1975] 2005) **Polyphonie** nennt, die Überlagerung zweier Stimmen (ausführlicher zu diesem Konzept s. Abschn. 6.5.4 sowie das Fallbeispiel in 6.6.1):

1. der Stimme der*des imitierten Dritten, die durch bestimmte Parameter nachgestellt wird
2. der Stimme der*des Imitierenden, die*der durch Überzeichnung und Parodie ihre*seine eigene Bewertung der dritten Person und des von dieser Gesagten gleich mitliefert.

Das Beispiel deutet an, wie interaktionale Soziolinguistik durch eine Mikro-Analyse von Interaktionsprozessen gemeinschaftliche Sinn-Aushandlung und soziale Positionierung in und durch sprachliche Variation erarbeitet. Man sieht dabei auch, wie wichtig eine **genaue und umfassende Analyse** auf verschiedenen sprachlichen Ebenen ist (zu den sprachlichen Ebenen im engeren Sinn kommen zunehmend auch andere Zeichenformen – wie Gestik, Blickkontakt usw. – hinzu, deren Transkription in Version 2 von GAT besonders berücksichtigt wird).

Weiterhin zeigt das Beispiel, dass es der interaktionalen Soziolinguistik neben dem Spezifischen durchaus auch um **das Typische** geht, nämlich um kommunikative Hinweise, die typischerweise von bestimmten Akteur*innen in bestimmten Kontexten verwendet werden und somit diese Kontexte für diese Personen auch interpretierbar machen. Daher interessiert die interaktionale Soziolinguistik auch die **Distribution** bestimmter sprachlicher Phänomene (wie im Beispiel: von

Tonhöhensprüngen), vor allem die Verteilung und Position dieser Phänomene in der Interaktion bestimmter sozialer Gruppen (vgl. dazu Cameron 2001: 112–114). Dabei ist allerdings immer die Frage nach der Funktion solcher Phänomene im aktuellen Interaktionsprozess analyseleitend, gemäß der von den Konversationsanalytikern Sacks und Schegloff ausgegebenen Leitfrage „Why that now?" (Sacks/Schegloff 1973: 299).

Flankiert werden solche Mikroanalysen in der interaktionalen Soziolinguistik – im Gegensatz zu manchen anderen Formen der Interaktionsanalyse – aber immer von ethnographischen Untersuchungen.

6.4.4 Ethnographie

Ethnographie (wörtlich: ‚Volks-Beschreibung') ist ein in der Anthropologie entwickeltes Verfahren (oder besser: umfasst eine Reihe von Verfahren) der qualitativen Analyse, in der Forschende sich über einen längeren Zeitraum als **‚teilnehmende Beobachter*innen'** in die Lebenswelt einer bestimmten Akteursgruppe (ein ‚Feld') begeben und am Alltagsleben dieser Akteursgruppe partizipieren (vgl. für Details zum Folgenden Blommaert/Jie 2010; Rampton 2010).

▶ Als **‚Feld'** bezeichnet man in der Anthropologie und in anderen ethnographisch arbeitenden Disziplinen den lebensweltlichen Bereich, in dem eine teilnehmende Beobachtung stattfinden soll (zum Beispiel ein bestimmtes Stadtviertel, eine Einrichtung oder eine soziale Gruppe). Die entsprechende Arbeit, das Erheben von Daten ‚an Ort und Stelle', nennt man **‚Feldforschung'**. Die aus der Landwirtschaft stammende Metapher des Feldes wurde wegen seiner Implikationen (klare Abgrenzbarkeit; klare Separierung von der Arbeitswelt der Forschenden; Gebiet, in das sich Forschende gewissermaßen zur Daten-‚Ernte' hinein- und wieder herausbegeben) auch kritisiert (vgl. Gupta/Ferguson 1997).

Das Ziel ist es, durch eine möglichst wenig invasive (Verfremdung hereintragende) Anwesenheit im ‚natürlichen Umfeld', die aber eine eigene Aktivität darin explizit einschließt, Wissen über diese Akteursgruppe und ihre sozialen Praktiken zu gewinnen. Das Idealbild ethnographischer Forschung wird oft metaphorisch als ein **‚Eintauchen ins Feld'** beschrieben.

Der **ethnographische Blick** versucht dabei vor allem das zu erkunden, was für die Akteure, die im Forschungsfokus stehen, ‚selbstverständlich' und ‚natürlich' scheint (und für die*den Ethnograph*in vielleicht ‚fremd'), es sollen also das geteilte Wissen und die Routinen der Akteursgruppe erkundet werden. Dabei kommt auch der mehr oder weniger ‚fremde' oder ‚befremdete' ethnographische Blick der Forschenden selbst in den Fokus der Analyse, da man gerade solche

Befremdungserfahrungen als produktive Prozesse zum Verständnis sozialer Felder versteht (vgl. Amann/Hirschauer 1997; Hassemer/Flubacher 2020).

Ein zentrales Werkzeug ethnographischer Forschung sind **Feldnotizen** bzw. das Feldforschungstagebuch, in dem Ethnograph*innen ihre Erfahrungen (und Irritationen) notieren und kommentieren, um sie später aus der Distanz zu analysieren. Notizen werden mitunter mehrfach reformuliert, kommentiert und verdichtet, um so einerseits zu einer möglichst ‚dichten Beschreibung' (Geertz [1973] 1987) des Feldes zu gelangen und andererseits analytisch relevante Spannungspunkte herauszuarbeiten. Neben solchen Feldnotizen sammeln Ethnograph*innen auch **Artefakte** (Gegenstände, Texte usw.) und sie fertigen Fotografien, Video- und Tonaufnahmen an, die später analysiert und mit den Felderfahrungen in Beziehung gesetzt werden (vgl. hierzu einführend Pink 2021).

Ein weiterer wichtiger Teil einer Ethnographie sind Gespräche mit den Akteur*innen im Feld. Neben **informellen Gesprächen** mit Akteur*innen kommt dabei auch das **ethnographische Interview** zum Einsatz, ein relativ offenes (aber meistens dennoch leitfadengestütztes) Interview, in dem die Ethnograph*innen Alltagswissen und Einstellungen von Akteur*innen gezielt zu elizitieren versuchen (vgl. Misoch 2015: 110–120).

Bei all den genannten ethnographischen Methoden geht es letztlich darum, einen möglichst tiefen Zugang zur Lebenswelt der Akteur*innen, die im Forschungsfokus stehen, zu bekommen, ihre Deutungen dieser Lebenswelt kennenzulernen und zu verstehen. Vielfach wird Ethnographie daher auch als ein **‚entdeckender' Zugang** beschrieben, in dessen Prozess sich Forschungsfragen, Hypothesen und Kategorien – durch den Kontakt mit dem Feld – überhaupt erst herausbilden. (Das Idealbild von) Ethnographie deckt sich somit besonders stark mit den beschriebenen sprachtheoretischen und methodologischen Vorstellungen der interaktionalen Soziolinguistik.

Dies verdeutlicht Penelope Eckert im Vergleich ethnographischer Methoden (der interaktionalen Soziolinguistik) mit den quantitativen Erhebungsmethoden der Variationslinguistik, insbesondere dem soziolinguistischen Interview:

> „Ethnography differs from survey research in several ways. Survey research attempts to gather equivalent data from a sample of people that are taken to be representative of some wider population. Equivalence is sought through using the same instrument with everyone in the sample – for example, asking the same questions in the same way under the same circumstances. […][T]he sociolinguistic interview […] is designed to engage speakers in interactions that are as similar as possible and will elicit similar styles. Inasmuch as the same instrument is used across speakers, and inasmuch as sampling techniques determine the choice of interviewees, both the interviewees (or the criteria for selecting interviewees) and the questions are established in advance and remain uniform throughout the study.
>
> Ethnography, on the other hand, is a process of discovery, hence it defines and refines both its questions and its selection criteria as it goes along. Thus, while a survey study will begin with its social categories (for example, class, gender) an ethnographic study will go into a community to find out what social categories are salient. While survey research views the world essentially from the top down, ethnographic research views the world from bottom up. The ethnographer engages in a community in order to understand

the local – and while the survey researcher seeks out the typical, the ethnographer seeks out the particular." (Eckert 2009: 137)

Dieses Zitat führt nicht nur die Ziele ethnographischer Forschung, sondern auch die Unterschiede zwischen qualitativen und quantitativen Zugängen (und Interessen) noch einmal deutlich vor Augen.

6.4.5 Playback-Interviews

Eine von der interaktionalen Soziolinguistik ebenfalls häufig genutzte Möglichkeit kommunikatives Wissen von Mitgliedern bestimmter sozialer Gemeinschaften zu eruieren sind sog. Playback-Interviews (vgl. Gumperz 1982: 134–140; Cameron 2001: 116–121). Das Playback-Interview reagiert auf ein **methodisches Problem** von Interaktionsanalysen, nämlich die Tatsache, dass diese keinen direkten Zugriff auf das Wissen der Akteur*innen erlauben:

> „Because of the indirect ways in which they function, and the variety of surface forms they can take, empirical analysis of contextualization strategies present a major problem. New methods are needed to identify differences in the perception of cues." (Gumperz 1982: 134)

Um auch einen **direkten Zugriff auf kommunikatives Wissen** zu erlangen, werden daher (in Ergänzung zu den Interaktionsanalysen) ausgewählten Personen Aufzeichnungen von (ihren eigenen oder fremden) Interaktionen vorgespielt und sie werden nach ihrer Interpretation bestimmter Passagen, Vorgänge oder Verhaltensweisen gefragt. Bewusst fragt man sowohl Mitglieder der sozialen Gruppe, um die es geht, als auch Gruppenfremde, um gruppenspezifisches Wissen identifizieren zu können. Gumperz beschreibt das konkrete Vorgehen wie folgt:

> „Passages […] were played to sets of listeners including some who did and others who did not share participants' backgrounds. Each incident was first heard in its entirety and then repeated more slowly with frequent pauses. Initial questions tended to yield very general replies about what was ultimately intended, what listeners thought, how they felt, how well they did, and what they did wrong. Subsequent questioning attempted to induce respondents to relate their judgements more closely to what they actually heard. The aim here is to test the analyst's hypotheses about more immediate communicative goals, illocutionary force of particular utterances [*illocutionary force* nennt die linguistische Pragmatik das von Sprechenden intendierte Ziel sprachlicher Handlungen; Anm. J.S.], and about the way listeners interpret speakers' moves." (Gumperz 1982: 136–137)

Durch diese Methode erhofft man sich also **kommunikatives Wissen zu elizitieren**, welches in den Interaktionen selbst nicht unbedingt explizit wird. Außerdem lässt sich auch prüfen, wie sehr sich die Interagierenden bestimmter kommunikativer Praktiken bewusst sind.

Gumperz weist dabei aber zu Recht darauf hin, dass dieser direkte Zugriff selbst methodisch zu hinterfragen ist, denn wie viele Untersuchungen gezeigt haben, sind sich Kommunikationsakteur*innen der Prozeduren und Annahmen, die ihre Interaktionen leiten, keineswegs immer bewusst, da sie vielfach **routiniert und**

unbewusst ablaufen, sie können sie also vielfach gar nicht explizieren. Im Gegenteil schätzen Kommunikationsakteur*innen ihre eigenen kommunikativen Handlungen häufig anders ein als Interaktionsanalysen dies nahelegen. Das liegt auch daran, dass unsere eigenen Einschätzungen von **Werten, Erwartungen und Einstellungen** (sog. ‚Sprachideologien'; s. dazu ausführlich Kap. 7) überformt sind.

Man spricht in der Befragungsforschung diesbezüglich auch von ‚**Antwortverzerrung**' *(response bias),* die unter anderem motiviert sein kann von Erwartungen, die Antwortende den Forschenden unterstellen *(acquiescence bias),* von Erwartungen an das eigene Handeln *(self-deception bias)* und von antizipierten sozialen Erwartungen *(prestige bias;* vgl. dazu Wagner 2015: 96).

Wie Gumperz betont, geht es hier also nicht darum herauszufinden, was Akteur*innen tatsächlich intentional tun, sondern darum, wie sie ihre Handlungen einschätzen (was sie *glauben* zu tun oder als ihr Tun darstellen zu müssen):

> „The main goal of all these procedures is to relate interpretations to identifiable features of message form, to identify chains of inferences, not to judge the absolute truth value of particular assessments." (Gumperz 1982: 137)

Playback-Interviews werden selbst aufgezeichnet, als Interaktion transkribiert und entsprechend (jedoch unterschiedlich detailliert) analysiert.

6.4.6 Analyse medialer Interaktion

Zwar waren, wie oben beschrieben, interaktional-soziolinguistische Arbeiten traditionell primär an gesprochener Alltagsinteraktion interessiert, doch mit der Verbreitung **digitaler Alltagskommunikation** hat sich der Fokus auch auf schriftliche Kommunikationspraktiken erweitert (vgl. bspw. Androutsopoulos 2006; Tannen/Trester 2013; Lillis 2013; Jones/Chik/Hafner 2015).

Insbesondere **interaktive Medienformate** (wie Chat, soziale Netzwerke oder Text-Messaging) gerieten dabei in den Mittelpunkt interaktional-soziolinguistischen Interesses. Dort versucht man, analog zu den Interaktionsanalysen gesprochensprachlicher Daten (aber ohne Transkriptionsschritt), herauszuarbeiten, wie Interagierende gemeinschaftlich Bedeutung konstruieren und abgleichen.

Obwohl die generellen Annahmen über Variationsprozesse hierbei im Wesentlichen gleich bleiben, stellen die neuen Medienformate die interaktionale Soziolinguistik auch vor **methodologische Herausforderungen,** da sowohl die medialen Bedingungen gegenüber gesprochensprachlichen Alltagsinteraktionen zum Teil gravierend anders sind (bspw. Ortsdistanz und somit geänderte gegenseitige Wahrnehmung) als auch die kommunikativen Möglichkeiten (beim Einsatz von Schrift aber auch anderer graphischer Mittel; vgl. dazu Spitzmüller 2012).

Von klassisch medienlinguistischen Arbeiten, die ebenfalls mediale Interaktion in den Blick nehmen, unterscheidet sich die interaktional-soziolinguistischen dadurch, dass **Medienkommunikation als Teil der Lebenswelt**, und in diese eingebettet, verstanden wird, weshalb es auch hier als wesentlich erachtet wird, Interaktionsanalysen durch ethnographische Analysen zu ergänzen, um das kommunikative Wissen, die Routinen und Erwartungen zu ergründen, die die mediale Kommunikation und Rezeption von Akteur*innen rahmen (vgl. Androutsopoulos 2006; Akkaya 2014).

6.5 Zentrale Konzepte

Aus den beschriebenen sprachtheoretischen Grundannahmen ergeben sich auch die zentralen Konzepte der interaktionalen Soziolinguistik, die im Folgenden vorgestellt werden. Einige dieser Konzepte wurden im Verlauf dieses Kapitels bereits erwähnt. Hier nun werden sie genauer dargestellt.

6.5.1 Indexikalität

Indexikalität ist ein zentrales Konzept sowohl in der interaktionalen Soziolinguistik als auch in den in Kap. 7 beschriebenen neueren Formen der Soziolinguistik. Darüber hinaus ist das Konzept (in etwas anderer Auslegung) auch, wie wir (in Abschn. 6.2.2) gesehen haben, in der Ethnomethodologie wichtig.

Der Terminus entstammt der Semiotik von Charles Sanders Peirce (1839–1914). Peirce unterscheidet *indexikalische* Zeichenrelationen, bei denen ein kausaler Zusammenhang bzw. eine materielle (nachbarschaftliche = Kontiguitäts-) Verbindung zwischen Zeichen und Bezeichnetem besteht, von *ikonischen* Zeichenrelationen (assoziativer Zusammenhang, z. B. Ähnlichkeit) und *symbolischen* Zeichenrelationen (konventioneller, das heißt: gesellschaftlich festgelegter Zusammenhang):

> „Psychologically, the action of indices depends upon association by contiguity, and not upon association by resemblance or upon intellectual operations." (Peirce 1932: 172 [= CP 2.306])

Anders als dies manchmal in der Literatur dargestellt wird, geht es Peirce dabei aber nicht darum, verschiedene Zeichentypen (*Index, Ikon, Symbol*) zu unterscheiden, sondern **Interpretationsarten**.

- Das heißt, ein konkretes Zeichen ist nicht *entweder* Index, Ikon oder Symbol, sondern es kann (durchaus *gleichzeitig*) indexikalisch, ikonisch und symbolisch interpretiert werden.
- So kann Rauch, häufig als Paradebeispiel für ein indexikalisches Zeichen genannt, zugleich indexikalisch als Hinweis auf Feuer gedeutet werden (*wo Rauch ist, muss auch Feuer sein*), symbolisch als konventionalisierter Hinweis darauf, dass ein Papst gewählt wurde (*Habemus Papam*) und ikonisch aufgrund seiner konkreten Form als ähnlich bspw. einer Taube.

In der interaktionalen Soziolinguistik benennt Indexikalität im Anschluss daran vor allem **Verweise des Zeichens auf den Kontext,** in dem es verwendet wird

6.5 Zentrale Konzepte

oder produziert wurde, mit dem es also in einer Kontiguitäts- oder Kausalitätsbeziehung steht, einschließlich der beteiligten Personen.

- **Indexikalische Zeichen** (*indexical signs*) wären mithin Zeichen, die Hinweise auf den sozialen und situativen Kontext geben, in dem sie interpretiert werden sollen,
- **indexikalische Bedeutung** (*indexical meaning*) umfasst das Potenzial von sprachlichen Phänomenen, solche Hinweise zu geben.

Aus einer metapragmatischen Perspektive (s. Kap. 7) beschreibt Michael Silverstein, dessen Verwendung des Konzepts auch Gumperz beeinflusst hat (vgl. Gumperz 1992b: 113), Indexikalität wie folgt:

„Indexicality is just the principle of contextualization of linguistic and other signs-in-use, seen as a component of the meaning of the occurring sign-forms. Indexicality is revealed in the way that, by degrees, linguistic and other signs point the users of these signs to the specific enveloping conditions in which they use them." (Silverstein 2009: 756)

Indexikalische Zeichen geben Kommunikationsakteur*innen also Hinweise darauf, wie sie Äußerungen im konkreten Kontext zu interpretieren haben und wie sie den Kontext selbst zu interpretieren haben. Jan Blommaert beschreibt dies illustrativ so:

„Through indexicality, every utterance tells something about the person who utters it – man, woman, young, old, educated, from a particular region, or belonging to a particular group, etc. – and about the kind of person we encounter – we make character judgements all the time, and labels such as ‚arrogant‘, ‚serious‘, ‚funny‘, ‚self-conscious‘, or ‚businesslike‘ are based almost exclusively on how people communicate with us. Every utterance also tells us something about the utterance itself. Is it serious or banter? Is this an anecdote, a joke, an order, a request? Is the speaker sure/sincere/confident of what s/he says? What kind of relationship between the speaker and the hearer is articulated in this utterance – is this a friendly or a hostile utterance? And every utterance tells us something about the social context in which it is being produced: is this a formal or an informal occasion? Are things such as social class, gender, ethnicity, or professional status played out in the utterance? Are social roles reinforced or put up for negotiation? Are social rules being followed or broken? And so on. Indexical meaning is what anchors language usage firmly into social and cultural patterns." (Blommaert 2005: 11–12)

Das zeigt, dass Indexikalität in der interaktionalen Soziolinguistik auch anders (und sehr viel zentraler) verwendet wird als in der **Variationslinguistik**. Wenn diese, wie wir gesehen haben, davon spricht, dass sprachliche Variation ein Index ist, dann ist damit in der Regel ein Verweis auf eine Position in der sozialen Struktur gemeint. Das Ziel des Indexes ist hier also die (kontextabstrakte) Struktur, nicht der aktuelle Kontext.

Für die interaktionale Soziolinguistik ist Indexikalität hingegen integraler Teil der Bedeutungsaushandlung und Interpretation in Interaktionsprozessen. Entsprechend zentral ist das Konzept. Denn nach interaktionaler Auffassung ist, wie Gumperz betont, **Verständigung ohne Indexikalität** gar nicht möglich:

„[…] in spite of its inherent indeterminacy, indexicality, as most of today's linguistic anthropologists will agree, is crucial for anyone concerned with discursive representations of culture. […] What indexes do is act as flags, cues or reminders to listeners to search their memory for possible alternative ways of explaining or framing what they hear or otherwise perceive or recall. That is to say, to arrive at explanations that make coherent sense of what is going on in the situation at hand. There is thus no generally agreed-upon, stable meaning relationship between the indexical sign and any specific explanation. The interpretations are always highly context-specific in that they depend on aspects of the communicative process that resist strict formalization." (Gumperz 1992b: 113)

Damit ist Indexikalität auch sehr eng verbunden mit dem nächsten zentralen Konzept der interaktionalen Soziolinguistik, *Kontextualisierung*.

6.5.2 Kontextualisierung

Kontextualisierung ist sicher das Konzept, das am Stärksten mit der interaktionalen Soziolinguistik und Gumperz verbunden ist. Das Konzept leitet sich aus einem spezifischen Verständnis von Kontext ab, das an den von der Anthropologie (insbesondere Malinowski 1923) inspirierten britischen **Kontextualismus** (vgl. Firth 1957; Halliday 1978) anschließt (vgl. für das Folgende ausführlicher Gumperz 1992a; Auer 1986, 1996).

Dieser propagiert ein **dynamisches Konzept von Kontext,** wonach Kontext nicht – wie in anderen sprachwissenschaftlichen Arbeiten – etwas Gegebenes, Festes ist, ‚in dem' Kommunikation stattfindet und auf das sich Kommunikation bezieht, sondern als etwas, das durch Kommunikation überhaupt erst Form gewinnt:

> „It is important to qualify the notion of ‚situation' by adding the word ‚relevant.' The ‚context of situation' does not refer to all the bits and pieces of the material environment such as might appear if we had an audio and video recording of a speech event with all the sights and sounds surrounding the utterances. It refers to those features which are relevant to the speech that is taking place." (Halliday 1978: 29)

Der **traditionelle Kontextbegriff,** von dem sich der Kontextualismus und die Kontextualisierungstheorie absetzen (vgl. Auer 1986: 23), ist insofern statisch, als

- Kontext als ein **fest vorgegebener (materieller bzw. situativer) Rahmen** verstanden wird, in dem Kommunikation vonstatten geht und auf den Kommunikation sich beziehen kann.
- Dieser Rahmen ist bereits **vor der Kommunikation vorhanden** und verändert sich durch sie auch nicht.
- Der Kontext ist **für alle Interaktionsakteur*innen derselbe.**
- Der **Kontext beeinflusst (‚prägt') die Interaktion,** umgekehrt jedoch hat die Interaktion keinen prägenden Einfluss auf den Kontext.

6.5 Zentrale Konzepte

Diesem statischen Kontextbegriff wird nun eben ein dynamisches Konzept gegenübergestellt, demzufolge Kontext erst **in der Interaktion konstruiert** wird. Wie Auer ausführt:

> „Sprecher bilden nicht nur Sätze, um (‚referentielle') Bedeutungen oder Informationen zu übermitteln, sie stellen ihre Äußerungen zugleich in einen Kontext und ermöglichen so dem Rezipienten Verstehen. Anders gesagt: für die Interaktionsteilnehmer besteht die Aufgabe darin, (sprachliche) Handlungen auszuführen *und* zugleich interpretierbar zu machen, indem ein Kontext konstruiert wird, in den sie sich einbetten.
>
> [...] Kontext wird nicht als materiell gegeben, sondern als interaktiv produziert angesehen. Seine Realität ist nicht die einer physikalischen Präsenz, sondern die eines (Ethno-)Konstrukts, das dazu dient, in einer zwar revidierbaren, aber für alle praktischen Zwecke ausreichenden Weise die Situation zu definieren.
>
> [...] Wichtig ist, ob ein objektiv vorliegendes Kontextmerkmal (nicht nur individuell, sondern wechselseitig) wahrgenommen, d. h. zu einem Teil der Interaktion gemacht wird." (Auer 1986: 23; Herv. im Orig.)

Ganz offensichtlich schließt Gumperz mit seinem Kontextkonzept auch direkt an Goffmans Konzept des **Frames** an (s. Abschn. 6.2.3): Kontexte sind solche (interpretative) Frames, die Interpretationsprozesse von Akteur*innen rahmen (vgl. Goodwin/Duranti 1992: 3). Gumperz selbst schreibt:

> „In order to constitute meanings, speakers activate interpretative frames or schemata from their experience and from their grammatical, lexical and pragmatical knowledge. The enacting of these schemata is called *contextualization*." (Gumperz in Prevignano/Di Luzio 2003: 4; Herv. im Orig.)

Wie nun aber kommt Kontextualisierung zustande? Hier kommt das ins Spiel, was wir weiter oben (vorläufig) als ‚kommunikative Hinweise' bezeichnet haben: Signale, die einen bestimmten Kontext indizieren und evozieren. Gumperz selbst nennt diese Hinweise **Kontextualisierungshinweise** *(contextualization cues)*. Diese ordnet er generell der Klasse der indexikalischen Zeichen zu:

> „I have proposed the notions of contextualization cues and contextualization processes as a way of accounting for the functioning of linguistic signs in these inferential processes. Contextualization cues are a class of what pragmaticians have called ‚indexical signs', which serve to retrieve the contextual presuppositions conversationalists rely on in making sense of what they see and hear in interactive encounters. They are pure indexicals in that they have no propositional content. That is, in contrast to other indexicals like pronouns or discourse markers, they signal only relationally and cannot be assigned context-free lexical meanings. Yet they play a major role in transforming what linguists refer to as ‚discursive structures' into goal-oriented forms of action. A main aim of my current work on discourse and conversation is to show how indexical signs, including prosody, code- and style-switching, and formulaic expressions, interact with symbolic (i. e. grammatical and lexical) signs, sequential ordering of exchanges, cultural and other relevant background knowledge to constitute social action." (Gumperz in Prevignano/Di Luzio 2003: 9)

Und weiter (mit explizitem Anschluss an Goffman):

> „Contextualization cues, along with other indexical signs, serve to retrieve the ‚frames' (in Goffman's sense of the term) that channel the interpretive process by ‚trimming the decision-making tree' and limiting the range of possible understandings. In talking about

the functioning of indexical signs in interpretation, it becomes necessary to distinguish between meaning in the linguist's sense of reference, and situated inferences. The latter are crucial in communicative practice. In everyday talk, situated inferences always take the form of assessment of what a speaker intends to convey by means of a message and these are often quite different from propositional content." (Gumperz in Prevignano/Di Luzio 2003: 10–11)

Als Kontextualisierungshinweise kommen dabei theoretisch alle sprachlichen, parasprachlichen und nonverbalen Kommunikationsformen infrage, die von den Akteur*innen als Hinweis darauf interpretiert werden können, wie die laufende Interaktion zu interpretieren ist. Wie in den Zitaten deutlich wurde, haben Kontextualisierungshinweise keine eindeutige Bedeutung, sondern ihre Interpretation ist selbst abhängig vom (bisherigen) Kontext und dem kommunikativen Wissen der Akteure (s. Abschn. 6.3.3). Wie Auer (1986: 27) feststellt, dienen Kontextualisierungshinweise dabei im Wesentlichen dazu, bestimmte **interaktive ‚Probleme' zu lösen,** unter anderem:

1. Reden wir (gerade) miteinander?
2. Wer spricht (gerade) mit wem?
3. Was tun wir (gerade)?
4. Worüber sprechen wir (gerade)?
5. Wie stehen wir (gerade) zueinander?

Da Kontextualisierungshinweise den aktuellen Kontext beständig formen und umformen, ist **Kontext niemals stabil,** sondern er verändert sich im Verlauf des Interaktionsprozesses (aufgrund neuer Hinweise und der Inferenzen, die die Akteur*innen daraus ziehen) immer wieder.

Eine weitere Konsequenz ist es, dass verschiedene an einer Interaktion beteiligte Akteur*innen unterschiedliche Kontexte konstruieren können. Insbesondere dies hat Gumperz an vielen Beispielen gezeigt, in denen es aufgrund von **Kontextualisierungsdifferenzen** zu kommunikativen Missverständnissen kommt. Zwei der bekanntesten Beispiele Gumperz' wurden in früheren Kapiteln bereits angeführt, so dass es an dieser Stelle genügen soll, daran zu erinnern:

1. Missverständnisse zwischen einem Londoner Busfahrer mit westindischem Migrationshintergrund und britischen Fahrgästen aufgrund der als ‚befehlshaft' wahrgenommenen Betonung einer Bitte („Exact change, please↓"; Gumperz 1982: 168; s. Abschn. 3.1.1)
2. Die ‚Erkaltung' der Interaktion zwischen einem afroamerikanischem Studenten und dem (ebenfalls afroamerikanischen) Ehemann einer Interviewpartnerin aufgrund einer aus Sicht des Letzteren unpassenden Reaktion auf dessen Anrede („So y're gonna check out ma ol lady, hah?"; Gumperz 1982: 133; s. Abschn. 5.4.2)

6.5.3 Soziale Identitäten

Bereits in Abschn. 6.1 haben wir darauf hingewiesen, dass die interaktionale Soziolinguistik (auch) Identität als ein **soziales, dynamisches Phänomen** versteht. Das heißt, Identität ist nach dieser Auffassung kein durch soziale Strukturen vorgegebener bzw. durch Sozialisation erworbener ‚Besitz' oder eine ‚Eigenschaft' von Gesellschaftsmitgliedern. Jemand ‚hat' also nicht eine bestimmte Identität etwa aufgrund seines Geschlechts, seines Alters, seiner Ethnie und/oder seiner Schichtzugehörigkeit, und auch nicht aufgrund seiner ‚Muttersprache' (vgl. zum Folgenden auch Spitzmüller 2013: 238–245).

Denn diese Auffassung übersehe, dass Identität das Resultat **aktiver kommunikativer Arbeit** der sozialen Akteure sei. Diese bringen permanent Identitätsangebote (für sich selbst und andere) in den kommunikativen Alltag ein und werden mit solchen Angeboten konfrontiert. Identitätsentwürfe werden kommunikativ gepflegt und ausgebaut, sie werden infrage gestellt, kontrastiert und bewertet. Identitäten seien folglich nicht als der Kommunikation vorgelagerte, starre soziale Raster zu denken, sondern als das dynamische Resultat (u. a. kommunikativer) sozialer Praxen. Wie Bucholtz und Hall es in einem einschlägigen Aufsatz zum Thema formulieren: „identity inheres in action, not in people" (Bucholtz/Hall 2006: 376).

Daraus folgt auch die Auffassung, dass Menschen nicht nur eine, sondern verschiedene **(multiple) Identitäten** haben (bspw. als Studentin, Freundin, Tochter usw.), die ihnen in unterschiedlichen Situationen unterschiedlich wichtig sind und von denen sie entsprechend nur einzelne je nach Situation in den Vordergrund zu stellen versuchen. Und das geschieht nach Auffassung der interaktionalen Soziolinguistik wesentlich durch Kommunikation bzw. **kommunikative Variation**, durch die

> „the individual creates for himself the patterns of his linguistic behaviour so as to resemble those of the group or groups with which from time to time he wishes to be identified, or so as to be unlike those from whom he wishes to be distinguished." (Le Page/Tabouret-Keller 1985: 181)

Wenn Identität als interaktionales Phänomen verstanden wird, folgt daraus aber auch, dass Identitätskonstruktion **kein einseitiger Akt** ist. Das deuten im obigen Zitat auch Le Page und Tabouret-Keller an, wenn sie schreiben, dass Identitätsakte nur zeigen, mit wem jemand aufgrund seines sprachliches Verhaltens identifiziert zu werden *wünscht* (bzw. mit wem gerade nicht).

Ob eine Identitätskonstruktion ‚gelingt' hängt demzufolge nämlich wesentlich davon ab, ob dieser Wunsch (1.) erkannt und (2.) erfüllt wird. Der Einzelne kann also zwar Identitäten ‚entwerfen' und kommunikativ ‚behaupten', für die Konstitution der Identität wird aber auch die **Anerkennung der anderen** benötigt. Und diese können durchaus auch zu ganz anderen Zuschreibungen gelangen. Blommaert bringt dies sehr schön auf den Punkt:

> „[I]n order for an identity to be established, it has to be *recognised* by others. That means that a lot of what happens in the field of identity is done by others, not by oneself. I know of only very few individuals who would self-qualify as ‚arrogant bastards', ‚liars', or ‚cowards'; yet many people carry such identity labels around, they have been stuck on them by other people. The fact is that, regardless of whether one wants to belong to particular groups or not, one is often *grouped* by others in processes of – often institutionalised – social categorisation called *othering*." (Blommaert 2005: 205–206; Herv. im Orig.)

Da die Konstruktion einer Identität in interaktionaler Auffassung ganz wesentlich davon abhängt, dass die Identitätsentwürfe, die von den verschiedenen sozialen Akteuren eingebracht werden, wahrgenommen – und wir können hinzufügen: auch interpretiert – werden, kann man den interaktionalen Identitätsbegriff (nach einem Vorschlag Blommaerts) auch als **semiotisches Konzept** beschreiben, als ein Phänomen, das mittels Zeichen geschaffen wird und in dem Zeichen eine zentrale Rolle spielen:

> „The ‚who and what you are' is dependent on context, occasion, and purpose, and it almost invariably involves a semiotic process of representation: symbols, narratives, textual genres such as standard forms and the CV [= curriculum vitae; J.S.]. In fact, identity is semiotic through and through, and every act of semiosis is an act of identity in which we ‚give off' information about ourselves (Le Page/Tabouret-Keller 1985)." (Blommaert 2005: 203–204)

Mit anderen Worten: Durch Zeichen (u. a. sprachlicher Art) versuchen wir nach Auffassung der interaktionalen Soziolinguistik zu erkennen zu geben, wer wir sind (oder für wen wir uns halten) und/oder für wen wir andere halten. Gleichzeitig können wir keine Zeichen verwenden, ohne gleichzeitig etwas darüber auszusagen, wer wir sind (oder für wen wir uns halten) und/oder für wen wir andere halten. Das bringt uns zum nächsten Punkt.

6.5.4 Sozialer Stil, Stilbildung und Stilisierung

Die letzten zentralen Konzepte der interaktionalen Soziolinguistik, die hier vorgestellt werden sollen, sind das Konzept des **sozialen Stils** und die damit verbundenen **Stilbildung** und **Stilisierung** (vgl. zum Folgenden vertiefend Eckert/ Rickford 2005; Coupland 2007; Auer 2008).

Das Attribut *sozial* macht dabei deutlich, dass die interaktionale Soziolinguistik Stil nicht, wie dies häufig der Fall ist, als eine auf das Individuum bezogene Charakterisierung versteht. So meinen wir, wenn wir im Alltag davon reden, dass jemand einen bestimmten Stil habe (*Das ist ihr Stil*) häufig Eigenschaften, die diese Person als Individuum auszeichnen (vgl. zur langen Tradition dieses Stilbegriffs Breuer 2009).

Auch die **Variationslinguistik** betrachtet Stil, wie wir gesehen haben (s. Kap. 5), vor allem als individuelle Eigenschaft. Insbesondere bezeichnet sie als Stil Formen der *intraspeaker variation* also individuelle, aufmerksamkeitsbedingte

6.5 Zentrale Konzepte

Abweichungen von einer Norm bzw. vom ‚authentischen Sprachgebrauch' (der *careful speech* ist ein Stil in diesem Sinne).

Im Gegensatz dazu fasst die interaktionale Soziolinguistik Stil gerade nicht als individuelle Eigenschaft oder als Abweichung von einer Norm auf, sondern als soziales und **sozial bedeutsames Phänomen** (vgl. hierzu auch Androutsopoulos/ Spreckels 2010). Diesen Stilbegriff teilt die interaktionale Soziolinguistik mit der neueren Textstilistik, die davon ausgeht, dass gerade das Soziale Stil ausmacht. So betont Sandig gleich zu Beginn ihrer Einführung in die Textstilistik: „‚Es gibt nur Stile' [...], weil Stil eine sozial relevante Kategorie ist. [...] Stil ist variierender Sprachgebrauch, der für die Gemeinschaft bedeutsam ist" (Sandig 2006: 1). Zum „für die Gemeinschaft bedeutsam[en]" Phänomen wird Stil deshalb, weil die Varianten eines Stils **soziale Zugehörigkeit** indizieren können und somit die Akteur*innen miteinander verbinden oder voneinander trennen.

Stilmittel sind aus dieser Perspektive somit **Kontextualisierungshinweise** (vgl. Selting 2008) und

> „[...] Stil [ist] ein interaktiv bedeutsames Phänomen [...]: Sprach- und Sprechvariationen stehen den Mitgliedern von Sprachgemeinschaften als Ressourcen zur Verfügung, um sozialen Sinn aktiv herstellen und interpretieren zu können." (Selting/Sandig 1997: 3)

Mit anderen Worten: Stil ist nach interaktionaler Auffassung kommunikative Variation, mit der sich Akteur*innen einander als *soziale* Akteur*innen zu erkennen geben (versuchen), ein „Mittel zur Steigerung sozialer Sichtbarkeit" (Assmann 1986: 127) bzw. zur **Konstruktion von Identitäten**.

Werner Kallmeyer, ein wichtiger Vertreter der interaktionalen Soziolinguistik in Deutschland (s. Abschn. 4.3.3), spricht daher von **kommunikativen sozialen Stilen**:

> „Die für die soziale Identität relevanten Eigenschaften des sprachlichen Verhaltens machen zusammengenommen den kommunikativen sozialen Stil der Sprecher aus. Die Ausbildung von kommunikativem Stil ist ein Mittel, dem eigenen sozialen Verhalten eine bedeutsame, sozial distinktive Form zu geben." (Kallmeyer 1995: 3)

Im Gegensatz zur Variationslinguistik nimmt die interaktionale Soziolinguistik in der Konsequenz solcher Überlegungen an, dass jede kommunikative Handlung stilistisch geformt ist, da jede Äußerung auch sozial bedeutsam ist und jede Variante interpretativer Bewertung unterliegt. Das heißt, es gibt **keinen ‚stilneutralen'**, *per se* **‚authentischen' Sprachgebrauch**. Denn der Versuch, ‚authentisch' zu klingen – bspw. wie ein ‚echter Hamburger' (oder ‚Barmbeker') – ist demzufolge selbst eine Form des sozialen Stils. Wie Coupland es ausdrückt:

> „There may well be times when speakers style themselves as ‚authentic Birmingham speakers' or ‚authentically female', or both simultaneously, or neither. So authenticity is not so much a condition of a research design; it is a social meaning." (Coupland 2007: 26)

Da Stil aus Sicht der interaktionalen Soziolinguistik ein interaktionales und performatives Phänomen ist („a way of doing something"; Coupland 2007: 1), da Stil also in der Interaktion produziert und variiert wird, spricht die interaktionale

Soziolinguistik gerne auch vom Prozess der **Stilbildung** bzw. des **Stylens** (*styling*), der gegenüber dem statischen Stilbegriff das relevantere Konzept sei:

„I think we are mainly interested in styles (noun) for how they have come to be and for how people ‚style' (verb) meaning into the social world. ‚Styling' – the activation of stylistic meaning – therefore becomes an important concept […]." (Coupland 2007: 2)

Das Konzept der Stilbildung/des Stylens betont, im Unterschied zum statischen Begriff des Stils, die **Prozesshaftigkeit sozial signifikanter Ausdrucksgestaltung**. Stilbildung wird als soziale Praxis verstanden, in der sich Akteure durch die Verwendung bestimmter kommunikativer Varianten sozial verorten, wobei diese Verortung eben nicht als statisch, sondern als dynamisch und transitorisch verstanden wird.

Eine spezifischere Bedeutung hat das mit Stilbildung verbundene Konzept der **Stilisierung** *(stylization),* das die interaktionale Soziolinguistik vom Literatur- und Kulturwissenschaftler Michail Michailowitsch Bachtin (1895–1975) übernommen hat. Dieser versteht darunter im Rahmen seiner Romantheorie die bewusste Rekontextualisierung eines „fremden Sprachstils":

„Jede echte Stilisierung ist […] künstlerische Abbildung eines fremden Sprachstils, ist das künstlerische Bild einer fremden Sprache. In ihr sind notwendig zwei individualisierte Sprachbewußtseine enthalten: das abbildende (das heißt: das Sprachbewußtsein des Stilisierenden) und das abgebildete, stilisierte. Die Stilisierung unterscheidet sich vom direkten Stil gerade durch dieses Sprachbewußtsein (des zeitgenössischen Stilisierenden und seines Auditoriums), in dessen Licht auch der stilisierte Stil neu geschaffen wird, auf dessen Hintergrund er neuen Sinn und neue Bedeutung erlangt. Dieses zweite Sprachbewußtsein des Stilisierenden und seiner Zeitgenossen arbeitet mit dem Material der zu stilisierenden Sprache: nur in der für ihn fremden, zu stilisierenden Sprache spricht der Stilisierende unmittelbar über den Gegenstand." (Bachtin [1975] 2005: 247)

Stilisierung ist also eine Form der Stilbildung, die auf einen ‚fremden' Stil zugreift, diesen aufnimmt und mit dem ‚eigenen' überlagert. In Bachtins Sinn entsteht dadurch **Polyphonie** (‚Vielstimmigkeit'), das heißt, es überlagern sich verschiedene ‚Stimmen', die eigene und fremde.

Im Gegensatz zu anderen Formen der Stilbildung geht Stilisierung immer mit einer **Überzeichnung** einher, da die ‚fremde' Stimme markiert, gleichzeitig aber auch kommentiert wird.

Die **Funktionen** einer solchen Stilisierung sind vielfältig:

- Die fremde Stimme kann die **eigene aufwerten** (wenn ein Sprecher etwa den gravitätischen Stil eines Nachrichtensprechers aufgreift, um seiner eigenen Aussage Seriosität zu verleihen, oder auch, wenn jemand einen bestimmten Slang-Akzent imitiert, um *street credibility* zu erlangen),
- sie kann aber auch **in vielfältiger Weise kommentiert werden** (dadurch, dass sie in einen neuen Kontext gestellt wird; denken Sie an die Lästersequenzen aus Abschn. 6.4.3).

Stilisierungspraktiken und das Konzept der Polyphonie sind in der interaktionalen Soziolinguistik ab den 1990er Jahren, vor allem im Zusammenhang mit Interaktion Jugendlicher aus migrierten Familien, verstärkt in den Mittelpunkt gerückt. Die erste der nun folgenden Beispielstudien ist hierfür einschlägig.

6.6 Beispielstudien

Im Folgenden werden zwei Beispielstudien vorgestellt, die das interaktionalsoziolinguistische Vorgehen illustrieren. An dieser Stelle könnten natürlich Gumperz' eigene Arbeiten zu interkultureller Kommunikation (bspw. Gumperz/Jupp/Roberts 1979) oder auch Arbeiten von Gumperz' Mitarbeiter*innen (bspw. Tannen 1993) angeführt werden. Da zentrale Ergebnisse aus diesen Arbeiten aber bereits mehrfach thematisiert wurden, werden stattdessen Arbeiten anderer interaktionaler Soziolinguist*innen in den Mittelpunkt gerückt, die an Gumperz' Arbeiten anschließen und dessen Theorien weiterentwickeln.

Wir betrachten exemplarisch eine Arbeit aus Großbritannien (Abschn. 6.6.1) und eine Arbeit aus Deutschland (Abschn. 6.6.2), die sich beide mit der Kommunikation und sozialen Positionierung von jugendlichen Sprecher*innen sowie (was im Kontext der interaktionalen Soziolinguistik kein Zufall ist) mit Migrationskontexten und Mehrsprachigkeit befassen.

6.6.1 ‚Language Crossing'

Die erste Studie, die vorgestellt wird, führte der britische Soziolinguist Ben Rampton (*1953) in den Jahren 1984 bis 1987 im Rahmen seines Promotionsprojekts durch. Die Studie wurde erstmals 1995 publiziert. Im Folgenden wird aus der dritten Auflage (Rampton [1995] 2018) zitiert, die um ein ausführliches Vorwort des Autors ergänzt wurde, in dem Rampton seine Ergebnisse retrospektiv diskutiert, dies auch mit Bezug auf Theorien und Konzepte der inzwischen verbreiteten kritischen und metapragmatischen Soziolinguistik (s. Kap. 7).

Ramptons Studie wurde in einer kleineren südmittelenglischen Großstadt (ca. 100.000 Einwohner) durchgeführt, genauer in einem ethnisch sehr diversen, in der Stadt als ‚Problemviertel' wahrgenommenen Viertel dieser Stadt. Dort hat der Autor eine **teilnehmende Beobachtung** über den Zeitraum von zwei Jahren durchgeführt (und in Form von Feldnotizen dokumentiert), zahlreiche **Interaktionen** aufgezeichnet, transkribiert und analysiert sowie **Interviews** (darunter auch Playback-Interviews) geführt.

Mit dieser **Kombination qualitativ-ethnographischer Methoden** versucht Rampton.

1. Einblicke in die Lebenswelt seiner Proband*innen zu gewinnen (**teilnehmende Beobachtung**
2. ihre Variationspraktiken in verschiedenen Kontexten genau zu analysieren (**Interaktionsanalysen**), aber auch
3. das kommunikative Wissen, das diese Interaktionen und die Interpretationen der Akteure rahmt, sowie ihre eigenen Erwartungen an und Einstellungen gegenüber bestimmten Varianten zu ergründen (**Interviews**).

Studienteilnehmer*innen sind 72 (11 bis 16 Jahre alte) teilweise miteinander befreundete Jugendliche mit und ohne sog. Migrationshintergrund (für eine genaue Aufstellung vgl. Rampton [1995] 2018: 36), wobei den Migrationshintergrund hier vor allem der postkoloniale Kontext Großbritanniens (Indien, Pakistan, Jamaika) darstellt. Analysiert wurden Gespräche dieser Jugendlichen untereinander sowie Gespräche mit Erwachsenen (bspw. Lehrer*innen). Das Untersuchungsfeld umfasst die Schule (Klassenzimmer und Pausenhof) sowie den Freizeitbereich dieser Jugendlichen.

Zu den im Rahmen der Untersuchung wichtigen **Sprachen und Stilen** gehören verschiedene Varietäten des britischen Englisch (wie Cockney und Standardenglisch), das Englisch der ehemaligen Kolonien (insbesondere indisches Englisch), jamaikanisches Kreol sowie das vor allem in Pakistan und Indien gesprochene Panjabi. Rampton interessiert dabei primär, wer wann und zu welchem Zweck welche dieser Sprachen bzw. Stile verwendet und wie sie gegebenenfalls kombiniert werden.

Die **zentrale Beobachtung** der Studie ist, dass die Jugendlichen nicht, wie man aus variationslinguistischer Sicht erwarten könnte, primär ihre ‚eigenen' Sprachen und Stile verwenden, die als Index ihre soziale und regionale Herkunft oder ihre ethnische Zugehörigkeit anzeigen würden, sondern dass sie regelmäßig die sprachlichen und sozialen Grenzen, die man ihnen von außen zuschreibt, überschreiten (daher ‚Crossing' im Sinne von ‚Grenzüberschreitung', aber auch ‚Überkreuzen'). So verwenden etwa Jugendliche mit pakistanischem Hintergrund regelmäßig Cockney und jamaikanisches Kreol, Jugendliche mit jamaikanischem Hintergrund verwenden stilisiertes pakistanisches Englisch, Panjabi und Cockney, Jugendliche ohne Migrationshintergrund verwenden pakistanisches Englisch, Panjabi und jamaikanisches Kreol. Zwischen diesen Sprachen und Stilen findet in bestimmten Situationen regelmäßig **Code-Alternation** statt (für Beispiele s. Transkript 2; Vorkommen von Language Crossing sind fett hervorgehoben).

Transkript 2: Beispiele für Language Crossing (aus Rampton [1995] 2018: 18)
Die Transkription wurde weitestmöglich an GAT2 adaptiert, allerdings ist die Länge der Pausen unklar, da Rampton Pausen unter 1 Sek. nicht weiter differenziert. Die Intonation ist auch im Originaltranskript nur sehr grob transkribiert.

(1.) Während eines Badmintonspiels:

> Chris: ((zu Peter)) what you doing
> Peter: <<f>playing badminton> (.)
> Chris: could have fooled me
> Rich.: go on you serve
> Peter: ((in indischem Englisch)) <<f>**one nil**>
> Imran: love- love one

(2.) Beim Nachsitzen (in der Schule):

> Ms J: i'll be back in a second with my lunch
> Asif: NO dat's sad man (.) I had to miss my play
> right i've gotta go
> (2.5)
> ((Ms J hat nun offenbar den Raum verlassen))
> Asif: ((mit Kreol-Einschlag)) **l::unch** (.) you don't
> need no lunch **not'n grow** anyway ((lacht))
> Alan: ((lacht))
> Asif: have you eat your lunch alan

(3.) Beim Hören von Panjabi-Musik während der Pause:

> Sally: <<ff>oh lorraine
> eh lorraine has it got **kenoo**
> **minoo** on it>
> ?: you want the other side
> AnonA: it's got <<singend>**holle holle**>
> Sally: <<singend>**o kennoo mennoo** i love->
> Gurmit: oh that

▶ Als **Code-Alternation** bezeichnet man die Verwendung verschiedener Sprachen oder Stile durch eine Person während der Interaktion. Mit Blick auf die Art und Weise dieser Verwendung unterscheidet man bisweilen spezifische Unterformen wie das **Code-Switching**, den Wechsel von einer Sprache oder Varietät in eine andere innerhalb der Äußerung (mit klar erkennbarem Übergang), das **Code-Shifting**, das langsame ‚Gleiten' zwischen Sprachen/Stilen (ohne klar erkennbaren Übergang) sowie das **Code-Mixing**, die Vermischung verschiedener Sprachen/Stile ohne dauerhaften Übergang. Vgl. zur Vertiefung Auer (2011), Imo/Lanwer (2019: 273–278).

(Language) Crossing bezeichnet somit eine spezifische Form der Code-Alternation, bei der die verwendeten Ressourcen nicht als die den Sprecher*innen ‚eigenen' angesehen werden. Wie Rampton selbst es beschreibt:

> „Crossing [...] focuses on code-alternation by people who aren't accepted members of the group associated with the second language they employ. It is concerned with switching into languages that aren't generally thought to belong to you." (Rampton [1995] 2018: 270–271)

Im Sinne der interaktionalen Soziolinguistik erklärt Rampton diese sprachlichen Praktiken damit, dass die Verwendung von – bzw. schon der Wechsel zwischen – solchen ‚fremden' Sprachen und Stilen eine symbolische (indexikalische) Bedeutung habe. Es finde ein, wie Blom/Gumperz (1972: 127) es bezeichnet haben, **metaphorisches Code-Switching** statt, bei dem der Wechsel selbst als Kontextualisierungshinweis diene und damit Interpretationsweisen anzeige (vgl. Rampton [1995] 2018: 266–270). Dadurch können die Jugendlichen durch sprachliche Variation selbst soziale Verortungsmöglichkeiten schaffen, zu denen sie sich positionieren.

Interaktional wird dies dadurch weiter erklärt, dass bestimmte Varianten bestimmte Kontexte (Interpretationsrahmen) im Sinne der **Kontextualisierungstheorie** aktiv produzierten, indem sie Assoziationen mit bestimmten Sprecher*innen, Situationen, Handlungsweisen usw. aufrufen, mit denen sie indexikalisch verknüpft sind.

Im Anschluss an das bereits oben (Abschn. 6.4.3 und 6.5.4) erwähnte Konzept Michail Bachtins spricht Rampton hier von ‚**Polyphonie**' bzw. ‚*double-voicing*', dem Überlagern mehrerer ‚Stimmen' (gemeint sind hier: Stile) in einer Äußerung. Bachtin führt dieses Konzept mit Blick auf die Überlagerung von **Stimmen im Roman** ein und postuliert, dass bei einer solchen Mehrstimmigkeit (wenn etwa ein Erzähler eine Figur sprechen lässt) eine ‚fremde Rede' durch die Rede des Erzählers nicht nur wiedergegeben, sondern durch die Art der Wiedergabe (seine ‚eigene' Stimme) gleichzeitig immer auch kommentiert werde:

> „Die Redevielfalt, die in den Roman eingeführt wird (welcher Art die Formen ihrer Einführung auch sein mögen) ist *fremde Rede* in *fremder Sprache,* die dem gebrochenen Ausdruck der Autorintentionen dient. Das Wort einer solchen Rede ist ein *zweistimmiges* Wort. Es dient gleichzeitig zwei Sprechern und drückt gleichzeitig zwei verschiedene Intentionen aus: die direkte Intention der sprechenden Person und die gebrochene

des Autors. In einem solchen Wort sind zwei Stimmen, zwei Sinngebungen und zwei Expressionen enthalten. Zudem sind diese beiden Stimmen dialogisch aufeinander bezogen, sie wissen gleichsam voneinander (wie zwei Repliken eines Dialogs voneinander wissen und sich in diesem gegenseitigen Wissen entfalten), sie führen gleichsam ein Gespräch miteinander. Das zweistimmige Wort ist stets im Innern dialogisiert. So ist das humoristische, ironische, parodistische Wort, so ist das brechende Wort des Erzählers, das brechende Wort in den Reden des Helden und so ist schließlich das Wort der eingebetteten Gattungen beschaffen: sie alle sind zweistimmige, innerlich dialogisierte Wörter. In ihnen ist ein potentieller, unentwickelter und konzentrierter Dialog zweier Stimmen, zweier Weltanschauungen, zweier Sprachen angelegt." (Bachtin [1975] 2005: 213; Herv. im Orig.)

Analog dazu sieht Rampton in den Sprachhandlungen der Jugendlichen eine **Überlagerung ‚eigener' und ‚fremder' Stimmen,** mit denen zwei (mit diesen Stimmen indexikalisch verbundene) Kontexte aufeinander bezogen werden (vgl. Rampton [1995] 2018: 217–219). Dies sei besonders dann er Fall, wenn ‚fremde' Stile in einer **stilisierten** (überzeichneten) Art und Weise verwendet würden, etwa ironisch oder parodistisch, was Rampton in seinen Daten häufig erkennt (zum Konzept der Stilisierung s. Abschn. 6.5.4).

Wie Rampton in Interviews mit den Jugendlichen herausarbeitet, sind die betreffenden Sprachen und Stile hochgradig **ideologisch** besetzt (vgl. Rampton [1995] 2018: 51–77). Die Jugendlichen perpetuieren dabei häufig auch Stereotype zu den Stilen und mit ihnen assoziierten Sprecher*innen, die über Medien und Popkultur verbreitet werden. Was die ‚Okkupation' eigener Stile durch Gruppenfremde angeht, sind die Bewertungen gemischt. Zum Teil werden diese als unzulässige Aneignung, vielfach auch als Ausdruck von Rassismus wahrgenommen, zum Teil (insbesondere bei befreundeten Sprecher*innen) aber auch als Ausdruck von Interesse und Respekt.

Die Analyse der Interaktionen zeigt, dass Crossing stark **kontextbezogen** ist. Welche Sprachen und Stile verwendet werden hängt von der Situation und den beteiligten Personen bzw. ihrer sozialen Beziehung ab (gegenüber Lehrpersonen werden etwa andere Stilisierungen verwendet als gegenüber Freunden oder nicht befreundeten Jugendlichen).

Auch die **Funktionen,** die man analytisch herausarbeiten kann, changieren in einem breiten Spektrum zwischen Sprachspielerei, Solidarisierung von Sprechenden, Subversion (vor allem gegenüber Lehrpersonen), Frotzeln (zwischen Freunden) und Diskriminierung (von nicht befreundeten Jugendlichen).

Ein **generelles Muster** aber erkennt Rampton:

„An enormous amount of the data that we have analyzed suggests that language crossing was located in moments when the ordered flow of social life was loosened and normal social relations couldn't be taken for granted. Independently of any language selection that is made, the boundary phases around interactional engagement are occasions of relative uncertainty […]; impropriety and transgression breach normative expectations of conduct; and self-talk and response cries constitute time away from the full demands of respectful interpersonal conduct […]." (Rampton [1995] 2018: 192–193)

Das heißt, Crossing findet häufig in Situationen statt, in denen die soziale Ordnung instabil zu werden droht, Situationen von ‚**Liminalität**', wie es Rampton im Anschluss an den Anthropologen Victor Turner (1969) fasst (vgl. Rampton [1995] 2018: 193–196).

Crossing ist insofern häufig ein Versuch, mit solchen **Grenzsituationen** umzugehen und Kontrolle zurück zu erlangen, manchmal (etwa in der spielerischen, nachahmenden Stilisierung) werden solche Situationen durch Crossing aber auch bewusst erzeugt, womit die Sprecher*innen in Ramptons Interpretation der sozialen Ordnung temporär zu entfliehen versuchen. Somit positionieren sich die Jugendlichen, so Ramptons wesentliche Schlussfolgerung, mittels Language Crossing zu den sozialen und situativen Grenzen, mit denen sie im Alltag konfrontiert werden, in einer produktiven Art und Weise. Diese Praktik der sprachlichen Variation statte die Jugendlichen mit **sozialer Handlungsmacht (Agency)** aus, welche es ihnen ermögliche, die gesellschaftliche Zuordnung und Begrenzung, der sie sich unterworfen sehen, wenigstens zeitweise zu entkommen.

Language Crossing ist damit auch ein Mittel aktiver **Identitätsarbeit**, der Aushandlung sozialer Positionen und Grenzen in der Interaktion (durch sprachliche Variation). Ramptons Studie zeigt aber auch, wie sehr eine solche Identitätsarbeit an soziale Normen und Hierarchien sowie an Kategorisierungen von Sprecher*innen aufgrund ihres sprachlichen Repertoires gebunden bleibt.

Crossing funktioniert ja gerade nur deswegen, weil diese **Zuordnungen als Bezugspunkt** herangezogen werden: Die für die soziale Bedeutung von Crossing wesentliche Interpretation eines Stils als ‚fremd' und einer Sprecherin als ‚nicht typisch' setzt voraus, dass die Interpret*innen solcher Stile ‚wissen', wer diesen Stil wo und wem gegenüber ‚normalerweise' verwendet. Im Vorgriff auf das nächste Kapitel und unter Rückgriff auf die Terminologie der metapragmatischen Soziolinguistik kann man auch sagen (und Rampton tut dies im Vorwort zur dritten Auflage auch; vgl. Rampton [1995] 2018: xxv): Language Crossing beruht wesentlich auf **Sprachideologien**.

Ramptons Studie ist insofern typisch für die interaktionale Soziolinguistik, als sie zeigt, wie sprachliche Variation in der Interaktion produktiv zur Konstitution und **Aushandlung sozialer Positionen** eingesetzt wird. Der Autor greift auf zentrale Annahmen und Konzepte der interaktionalen Soziolinguistik wie Kontextualisierung, Code-Alternation, Stilisierung, kommunikatives Wissens und indexikalische Bedeutung zurück, erweitert diese aber um neue Aspekte wie die Konstruktion von Fremdheitszuschreibungen, Polyphonie und Liminalität.

Das Konzept des Language Crossing wurde in der **interaktionalen Soziolinguistik** ab den 1990er Jahren seinerseits sehr einflussreich. Rampton selbst hat es in nachfolgenden Studien weiter ausgearbeitet (vgl. insbesondere Rampton 2006). Dabei wurden weitere Sprachen und Stile auch jenseits des Kontexts von Migration einbezogen, etwa Fremdsprachen, die Jugendliche in der Schule erwerben (vgl. Rampton 2006: 135–212 zu Crossing in die Fremdsprache Deutsch an einer Londoner Schule). Auch im deutschsprachigen Raum wurde das Konzept produktiv angewandt, etwa mit Blick auf Sprachen und Stile von Migrant*innengruppen und deren stilisierte Verwendung von Sprecher*innen ohne Migrationshintergrund (vgl. Androutsopoulos 2003; Deppermann 2008b).

6.6.2 Die „türkischen Powergirls"

Die zweite Beispielstudie stammt von der deutschen Soziolinguistin Inken Keim. Es handelt sich um eine Arbeit, die im Rahmen eines größeren Forschungsprojekts mit dem Titel „Deutsch-türkische Sprachvariation und die Herausbildung kommunikativer sozialer Stile in jugendlichen MigrantInnengruppen türkischer Herkunft in Mannheim" am Institut für Deutsche Sprache in Mannheim in den Jahren 2000 bis 2004 durchgeführt wurde. Keims Studie erschien zuerst 2007, wir zitieren aus der unveränderten zweiten Auflage (Keim [2007] 2008).

Wie in Abschn. 4.3.3 ausgeführt, war das **Institut für Deutsche Sprache** (dort die Abteilung für Pragmatik) über viele Jahre (unter der Leitung von Werner Kallmeyer) eines der Zentren der interaktionalen Soziolinguistik im deutschsprachigen Raum. Die Forscher*innengruppe um Kallmeyer, zu der auch Keim gehörte, stand in engem Kontakt zu Gumperz, der ab den 1980er Jahren regelmäßiger Gast am Institut und wissenschaftlicher Berater in Projekten dieser Forscher*innengruppe war. Entsprechend ist Keims Arbeit stark von Gumperz' Ansätzen geprägt. Dennoch bezeichnet die Forscher*innengruppe und mithin auch Keim den eigenen Ansatz als ‚**kommunikative soziale Stilistik**' (s. Abschn. 6.5.4), die sie aber als Variante und Weiterentwicklung der interaktionalen Soziolinguistik versteht (vgl. hierzu Keim 2006, [2007] 2008: 16–24).

Für die Studie hat Keim eine Gruppe **deutsch- und türkischsprachiger junger Frauen** aus Mannheim, deren Eltern aus der Türkei nach Deutschland migriert sind, in der Übergangsphase vom Jugend- in das junge Erwachsenenalter begleitet (zu Untersuchungsbeginn waren die Frauen 15–18 Jahre alt). Es handelt sich dabei um

> „eine Gruppe von Mädchen, die noch in der Migrantenpopulation verwurzelt ist, sich aber auf dem Weg nach ‚draußen' befindet und an der Herausbildung eines eigenen Selbstbildes arbeitet, die ‚türkischen Powergirls' […]. Die ‚türkischen Powergirls' sind typische Vertreterinnen junger Migrantinnen, die den äußerst schwierigen Weg aus der Migrantengemeinschaft mit ihren traditionellen sozial-kulturellen Orientierungen […] und den Eintritt in die schulische und berufliche Welt der Mehrheitsgesellschaft erfolgreich bewältigt haben." (Keim [2007] 2008: 14–15)

Neben einer teilnehmenden Beobachtung und Gesprächsaufzeichnungen (Audio und Video) werden Interviews mit den Studienteilnehmerinnen sowie mit deren Familienmitgliedern und Freund*innen sowie mit Bildungspersonal, Personen aus der sozialen Arbeit und Politiker*innen geführt. Diese Interviews sollen vor allem dazu dienen, die **Lebenswelt** und den **Lebensraum** der ‚Powergirls' kennenzulernen und zu verstehen (und dann auch ausführlich zu beschreiben).

Wie die Untersuchung von Rampton (Abschn. 6.6.1) fokussiert auch Keims Studie einen **ethnisch hochgradig diversen Stadtteil,** der weithin (von den Bewohner*innen wie auch von Bewohner*innen anderer Mannheimer Stadtbezirke sowie von Politiker*innen und Sozialarbeiter*innen) als ‚sozialer Brennpunkt' (Eigenbezeichnung „Ghetto"), von einigen Bewohner*innen aber auch als ‚Schutzraum' wahrgenommen wird (vgl. Keim [2007] 2008: 42–57). Innerhalb dieses Stadtteils findet (aus Sicht der Studienteilnehmer*innen Keims) vor allem zwischen den aus der Türkei migrierten Familien ein enger nachbarschaftlicher Austausch statt, der von Solidarität, aber auch von starker gegenseitiger Verhaltenskontrolle geprägt ist. Die Studienteilnehmer*innen empfinden diese sozialen Strukturen, insbesondere die Kontrolle durch Familie und Bewohner*innen, als bedrückend und setzen sich zum Ziel, aus dem Stadtteil herauszukommen (vgl. Keim [2007] 2008: 86).

Die jungen Frauen schlossen sich, wie Keim schreibt, erstmals im Teenageralter „zusammen und grenzten sich scharf gegen die Welt der deutschen Schule ebenso wie gegen die türkische Migrationsgemeinschaft ab" (Keim [2007] 2008: 132). Zunächst suchen sie eine gesellschaftliche Position in **rebellischem und aggressivem Verhalten** gegenüber Schule und Mitwelt, in Lernverweigerung, Drogen- und Kriminalitätserfahrungen, später streben sie dann aber einen **gesellschaftlichen Aufstieg über Bildung** an, den sie auch erfolgreich, aber unter hohem Einsatz und verbunden „mit Rückschlägen, Niederlagen und Umwegen" (Keim [2007] 2008: 133) sowie mit zahlreichen Ausgrenzungserfahrungen und tiefen Demütigungen, bewältigen.

Die Gruppe konstituiert sich in Kleidung, Auftreten, Sprache und Verhalten bewusst in **Abgrenzung zu den Erwartungen,** denen sich junge Türkinnen ausgesetzt sehen. Zunächst orientieren sich die jungen Frauen eher an männlichen türkischen Rollenbildern, „‚körperbetontes Verhalten', ‚Stärke', ‚Coolness' bzw. Überlegenheit und ‚türkisch sein'" (Keim [2007] 2008: 166), die Gruppe tritt nach Außen hin selbstbewusst und aggressiv auf, was auch in dem selbstgewählten Gruppennamen „türkische Powergirls" zum Ausdruck kommt.

Als die jungen Frauen Männerfreundschaften entwickeln, bricht die Clique auseinander. Die Frauen treffen sich aber wieder in einem Mädchentreff, deren Leiterin, eine progressive Deutsch-Türkin, zum neuen Vorbild wird. In dieser Zeit beginnen die ehemaligen ‚Powergirls' **Pläne des sozialen Aufstiegs** zu entwickeln und sie setzen sich mit den deutschen Facetten ihrer Identität auseinander (vgl. Keim [2007] 2008: 182–197).

Die Frauen stellen hierbei fest, dass sie sich weder als Türkinnen noch als Deutsche und erst recht nicht als ‚die Ausländerinnen', als welche sie häufig kategorisiert werden, verstehen, und sie entwickeln ein spezifisches **Selbstverständnis als ‚Deutsch-Türkinnen'** (vgl. Keim [2007] 2008: 202–206). Ihnen wird bewusst, dass sie ihre Zukunft in Deutschland sehen, wobei vor allem auch die Verbundenheit zur eigenen Stadt eine wichtige Rolle einnimmt („isch denk dass isch eine mannemarin bin"; Keim [2007] 2008: 198).

Was nun Keim besonders interessiert ist, wie die ‚Powergirls' die skizzierten Aspekte ihrer Selbstpositionierung **sprachlich** und **kommunikativ** – mittels ihres kommunikativen sozialen Stils – zum Ausdruck bringen, wie sie sich sprachlich gegenüber anderen Personen und Gruppen abgrenzend positionieren und wie sich ihr Stil mit den Veränderungen ihres Selbstverständnisses verändert.

Es geht also zunächst einmal darum, das ‚**verbale Repertoire**' (bzw. ‚Sprachrepertoire') der ‚Powergirls' zu erkunden. Dies ist ein von Gumperz geprägtes interaktionales Konzept, das die Gesamtheit der sprachlichen Möglichkeiten umfasst, die Sprecher*innen in spezifischen Situationskontexten zur Verfügung stehen (vgl. dazu ausführlich Busch [2013] 2021: 19–34):

> „The verbal repertoire […] contains all the accepted ways of formulating messages. It provides the weapons of everyday communication. Speakers choose among this arsenal in accordance with the meanings they wish to convey." (Gumperz 1964: 138)

Im Rahmen der sprach- und gesellschaftstheoretischen Debatte innerhalb der Soziolinguistik (s. Abschn. 6.1) markiert dieses Konzept auch den für die interaktionale Richtung typischen Perspektivenwechsel weg von Sprachen oder Varietäten als homogenen kollektiven Einheiten hin zur **subjekt- und kontextbezogenen Wahl** heterogener Ausdrucks- und Stilmittel, welche in spezifischen Situationen soziale Bedeutung (Kontexualisierungsfunktion) haben.

Eine wichtige Frage ist aber nicht nur, welche Mittel wann von spezifischen Akteur*innen eingesetzt werden, sondern auch, wie das Repertoire angeeignet wird, wie es sich **im Lauf eines Lebens verändert** und in welchen lebensweltlichen Zusammenhängen es steht.

Das Repertoire wird also als ein **dynamisches Phänomen** verstanden, als eine Menge von kommunikativen Mitteln, die ein Mensch im Lauf seines Lebens erwirbt, und zwar in bestimmten Kontexten, weswegen das Repertoire auch in einer bestimmten Art und Weise mit den biographischen Erlebnissen verbunden ist und durch die Biographie umgedeutet werden kann. Wie Blommaert schreibt:

> „It [the repertoire; J.S.] is tied to an individual's life and it follows the peculiar biographical trajectory of the speaker. When the speaker moves from one social space into another, his or her repertoire is affected, and the end result is something that mirrors, almost like an autobiography, the erratic lives of people." (Blommaert 2010: 170)

Genau dies steht auch im Zentrum von Keims Untersuchung. Grundsätzlich stellt sie dabei fest:

> „Die Mädchen verfügen über ein reiches sprachliches Repertoire […]. Sie können sich in Gesprächen mit monolingualen Deutschen bzw. Türken im monolingualen Modus bewegen, wobei es für sie leichter und selbstverständlicher ist, mit monolingualen Deutschen nur Deutsch zu sprechen als mit monolingualen Türken nur Türkisch. Mit bilingualen SprecherInnen bewegen sie sich in selbstverständlicher Weise im bilingualen Modus und variieren zwischen mehr oder weniger dichten Mischungen aus Deutsch und Türkisch. Im bilingualen Modus fühlen sie sich *am wohlsten;* Mischungen sind ihre natürliche Sprachform. Sie selbst charakterisieren ihr Sprachverhalten durch die Zuordnung von Sprache zu Situation: *untereinander sprechen wir Mischmasch […][(.)] mit Deutschen sprechen wir Deutsch und zuhause Türkisch oder Mischmasch.*" (Keim [2007] 2008: 224–225; Herv. im Orig. bezeichnen Ausdrücke der Powergirls selbst)

Im **Gespräch untereinander** verwenden die ‚Powergirls'

- Standarddeutsch,
- stilisiertes „Gastarbeiterdeutsch",
- stilisiertes „ethnolektales Deutsch" (gekennzeichnet unter anderem durch Tilgung von Präpositionen wie in *die is aber realschule,* Routineformeln wie *isch schwör,* türkische Anredeformeln wie *lan* sowie spezifische phonologische und prosodische Merkmale; vgl. Keim [2007] 2008: 228–241),
- vielfach Code-Alternation zwischen Deutsch und Türkisch
- sowie das in Mannheim gesprochene Kurpfälzische („Mannheimerisch").

Mit den **Eltern** und **Verwandten** (soweit sie der ersten Migrationsgeneration angehören) hingegen verwenden sie üblicherweise „dialektal geprägtes Umgangstürkisch, das mit deutschen Insertionen und Routineformeln durchsetzt ist" (Keim [2007] 2008: 225), auch hier werden aber in stilisierender Form mitunter die oben genannten Ressourcen eingesetzt.

Am Beispiel zahlreicher Transkriptauszüge zeigt Keim dabei, wie die ‚Powergirls' in unterschiedlichen Situationen und gegenüber verschiedenen Adressat*innen in spezifischer Weise aus ihrem reichhaltigen verbalen Repertoire schöpfen. Sowohl die stilistischen Varianten als auch das soziale Verhalten (bspw. Ausdruck von Höflichkeit) ist dabei sichtbar **kontextgebunden,** die jungen Frauen zeigen also ein **ausgeprägtes Bewusstsein,** in welcher Situation und wem gegenüber sie wie sprechen können, wobei aber auch der jeweilige schulische Hintergrund der jungen Frauen ihr Repertoire deutlich prägt.

Weiterhin dokumentiert Keim eine **Veränderung des Repertoires** in der Zeit im Mädchentreff unter dem Einfluss der als Vorbild akzeptierten Leiterin (vgl. Keim [2007] 2008: 297–319). Die jungen Frauen integrieren zunehmend standardsprachliche Formen in ihren Sprachgebrauch. Im Zuge ihrer Neuorientierung hin zu Plänen eines sozialen Aufstiegs wird Standarddeutsch somit in ihrem Alltag zunehmend zentral, allerdings bleiben hybride Sprachverwendungen weiterhin symbolisch bedeutsam (vgl. Keim [2007] 2008: 226).

Keim zeigt auch, dass die ‚Powergirls' ihr Repertoire vielfach auch **stilisierend** zur Darstellung von und Positionierung gegenüber Anderen einsetzen, wenn sie etwa das ‚Gastarbeiterdeutsch' ihrer Eltern im Sinne eines *double-voicings* (s. Abschn. 6.5.4) einsetzen, um zur ersten Generation der Migrant*innen, aber auch zu Vorurteilen von Deutschen gegenüber diesen, kritisch Position zu beziehen (s. Transkript 3; vgl. Keim [2007] 2008: 420–434).

6.6 Beispielstudien

Transkript 3: Stilisiertes ‚Gastarbeiterdeutsch' (nach Keim [2007] 2008: 424–425; adaptiert an GAT2)

```
Immer Putzen

Auf einer Gartenparty, zu der Fulya, eine Mutter der Powergirls,
eingeladen hat. Anwesend sind die Ethnographin (IN), Fulyas Tochter
Hülya (HY) und einige andere Powergirls.

   01  HY:   ((putzt den Tisch ab))
       IN:   hylia kann ich dir en bissel helfen?
   02  HY:   <<f>NIX (.) ISCH putzn (.)
       HY:   ausländer IMmer putzn (.) nix DEUtsche> [((lacht))   ]
   03  IN:                                          [   ((lacht))]
       HY:   ((putzt weiter, schneidet Grimassen in Richtung Mutter))
```

Ähnlich setzen die ‚Powergirls' das ‚Mannheimerische' ein, um sich gegenüber bestimmten (als ‚ungebildet' und ‚ausländerfeindlich' charakterisierten) nicht-migrantischen Mannheimer*innen zu positionieren, aber auch um Kritik an den Eltern zu rahmen (s. Transkript 4; vgl. Keim [2007] 2008: 437–448).

Transkript 4: Stilisiertes ‚Mannheimerisch' (nach Keim [2007] 2008: 438; adaptiert an GAT2)

```
Mittagessen

In der Wohnung von Fulya (FU). Außer ihr anwesend: die Tochter Teslime
(TE), Teslimes Tante (YA) und die Ethnographin (IN).

   01  TE:   yiyecen mi yenge?
             willst du essen tante
   02  YA:   `yo yimicem
             nein ich will nichts
   03  TE:   vallah?
             wirklich
   04  FU:   vleisch nä- nächste jahre (.) t- tes- teslime heirate
→  05  TE:   <<p, abfällig>o::h hald_s gosch>
   06  FU:   <<lacht tief>hohoho> (---)
   07  IN:   <<vorwurfsvoll>te!SLI!me> ((lacht leise))
   08        ((Pause, Themenwechsel))
```

Das ‚ethnolektale Ghetto-Deutsch' wird stilisiert eingesetzt, um sich gegenüber bestimmten Personen in der Migrant*innengemeinschaft kritisch auszurichten (s. Transkript 5; vgl. Keim [2007] 2008: 448–462).

Transkript 5: Stilisiertes ‚ethnolektales Ghetto-Deutsch' (nach Keim [2007] 2008: 460; adaptiert an GAT2)

```
Bahnhof gehn
Nach dem Sporttraining werden die Mädchen von der Lehrerin Carola
aufgefordert, die Sportgeräte aufzuräumen. Das Transkript zeigt eine
Interaktion von Nol (NO) und Hafize (HA).

923  NO:  NEIn carola isch hab aber keine zeit
924       <<len>isch muss bahnhof geh:n>
925  HA:  =<<all>die kann nich die kann nich>
926       die muss <<f, len>!BAHN!hof geh:n> (.)
927       die muss <<f, len>!BAHN!hof geh::n>
```

Die **Indexikalität** dieser Stile ermöglicht es den ‚Powergirls' hierbei, spezifische soziale Personentypen sprachlich zu inszenieren, zu denen dann explizit (durch Kommentare) oder implizit (durch die Art der Stilisierung) Position bezogen wird.

Insgesamt zeigt Keim in ihrer Studie, dass der soziale Hintergrund zwar den sprachlichen Ausdruck von Sprecher*innen prägt, dass soziale Akteur*innen (wie die „türkischen Powergirls") aber durchaus kreativ von diesen Mitteln Gebrauch machen und ihr Repertoire auch aktiv verändern und erweitern, um ihre eigene (gewünschte) Position sowie die (wahrgenommene) Position Anderer in der Gesellschaft zu markieren und Gesellschaft damit auch sprachlich mitzugestalten. Sprachliche Variation, wie sie die ‚Powergirls' zeigen, sind somit in Keims Interpretation aktive Arbeit an der eigenen (fluiden) Identität und am gesellschaftlichen Raum, in der sich die Akteur*innen bewegen. In all diesen Punkten zeigt sich sehr typisch der spezifische Blick der interaktionalen Soziolinguistik auf sprachliche Variation als soziale Praxis.

6.7 Zusammenfassung

Die interaktionale Soziolinguistik zeichnet sich durch folgende Charakteristika aus:

- Sprachliche Variation ist für diese Form der Soziolinguistik eine Praxis, mit der Kommunikationsakteure aktiv Gesellschaft mitgestalten und sich zu Gesellschaft verhalten (**handlungstheoretische Perspektive**).
- Daher ist die interaktionale Soziolinguistik auch nicht daran interessiert, sprachliche Varianten mit sozialen Positionen zu korrelieren, sondern sie will zeigen, wie durch solche Varianten soziale Positionen in einer konkreten Situation in Szene gesetzt und markiert werden (**sozialkonstruktivistische Perspektive**).

- Sie rückt mithin konkrete Interaktionsprozesse in das Zentrum der Aufmerksamkeit, deren Ablauf sehr genau und auf möglichst vielen sprachlichen Ebenen analysiert werden (**qualitative Mikroperspektive**).
- Dabei achtet man vor allem darauf, wie Interaktionsakteure gemeinschaftlich Sinn aushandeln bzw. Kontext gestalten, indem sie Interpretationshinweise geben und auf solche reagieren (**interpretative Perspektive**).
- Eine wichtige Rolle spielt dabei das kommunikative Wissen, auf dessen Grundlage solche Hinweise eingesetzt und gedeutet werden; die Kenntnis dieses Wissens ist für die interaktionale Soziolinguistik zur Erklärung sprachlichen Handelns unerlässlich (**ethnomethodologisch-ethnographische Perspektive**).
- Zu diesem Wissen gehören auch Annahmen zur Kontextadäquatheit, zur Sprecher*innenadäquatheit und zum Wert sprachlicher Varianten und Stile, die die Interpretationsprozesse maßgeblich prägen (**Fokus auf Indexikalität**).
- Entsprechend geht die interpretative Soziolinguistik davon aus, dass jede sprachliche Handlung sozial ‚markiert' ist, keine Variante ist prinzipiell unbedeutend oder ‚neutral' (**Fokus auf Stil und Stilbildung**).

Die interaktionale Soziolinguistik ist somit, im Gegensatz zur Variationslinguistik, eine Form der Sprachwissenschaft, die den **Sprachgebrauch** und die **sprachliche Handlungsfähigkeit** der Akteure ganz in das Zentrum der Aufmerksamkeit rückt. In den Hintergrund treten dem gegenüber soziale Strukturen, deren prägende Kraft auf Sprache sowie auch deren beschränkende Auswirkung auf Gesellschaftsmitglieder (sprachlich bedingte soziale Ungleichheit).

Diese **makrosoziologischen Aspekte** werden von neueren Varianten der Soziolinguistik, die in einiger Hinsicht von der interaktionalen Soziolinguistik geprägt sind, wieder stärker berücksichtigt. Diesen wenden wir uns im folgenden Kapitel zu.

6.8 Empfohlene Literatur zur Vertiefung

Anders als im Fall der Variationslinguistik gibt es keine dezidierten Einführungsbücher in die interaktionale Soziolinguistik. Einführungen finden sich vor allem in Form von Handbuchbeiträgen und Kapiteln (bspw. Tannen 2004; Keim 2006; Jaspers 2011; Rampton 2017; Hinnenkamp 2018), außerdem in Form von Büchern, die spezifische Aspekte wie Stil oder Diskurs in den Blick nehmen (zu empfehlen sind für Stil Hinnenkamp/Selting 1989, Auer 2008 und Coupland 2007, für Diskurs Schiffrin/Tannen/Hamilton 2001 und De Fina/Schiffrin/Bamberg 2006).

Für einen Einstieg in Konzepte und Methoden der interaktionalen Soziolinguistik zu empfehlen sind auch die grundlegenden Arbeiten Gumperz', insbesondere Gumperz (1982).

Im deutschsprachigen Raum haben sich überdies einige Forschungstraditionen herausgebildet, die stark von der interaktionalen Soziolinguistik geprägt sind, oft aber unter anderen Bezeichnungen auftreten. Dazu zählen neben der in Abschn. 6.6.2 thematisierten *kommunikativen sozialen Stilistik* (Kallmeyer 1995;

Keim 2006), die *ethnographische Konversations- und Gesprächsanalyse* (vgl. etwa Deppermann 2000; Spreckels 2006) und insbesondere die *Interaktionale Linguistik*. Neuere Einführungen in Letztere bieten in sehr umfassender Form Couper-Kuhlen/Selting (2018) und bündiger Imo/Lanwer (2019).

Literatur

Akkaya, Aslihan (2014): Language, discourse, and new media. A linguistic anthropological perspective. In: *Language and Linguistics Compass* 8/7, S. 285–300.

Amann, Klaus/Hirschauer, Stefan (1997): Die Befremdung der eigenen Kultur. Ein Programm. In: Stefan Hirschauer/Klaus Amann (Hg.): *Die Befremdung der eigenen Kultur. Zur ethnographischen Herausforderung soziologischer Empirie*. Frankfurt a. M.: Suhrkamp (stw 1318), S. 7–52.

Androutsopoulos, Jannis (2003): „jetzt speak something about italiano". Sprachliche Kreuzungen im Alltagsleben. In: Jürgen Erfurt (Hg.): *„Multisprech". Hybridität, Variation, Identität*. Osnabrück: Universitätsverlag Rhein-Ruhr (Osnabrücker Beiträge zur Sprachtheorie 65), S. 79–109.

Androutsopoulos, Jannis (2006): Introduction. Sociolinguistics and computer-mediated communication. In: *Journal of Sociolinguistics* 10/4, S. 419–138.

Androutsopoulos, Jannis/Spreckels, Janet (2010): Varietät und Stil. Zwei Integrationsvorschläge. In: Peter Gilles/Joachim Scharloth/Evelyn Ziegler (Hg.): *Variatio delectat. Empirische Evidenzen und theoretische Passungen sprachlicher Variation*. Festschrift für Klaus J. Mattheier zum 65. Geburtstag. Frankfurt a. M. u. a.: Peter Lang (VarioLingua. Nonstandard – Standard – Substandard 37), S. 197–214.

Assmann, Aleida (1986): ‚Opting in' und ‚opting out'. Konformität und Individualität in den poetologischen Debatten der englischen Aufklärung. In: Hans Ulrich Gumbrecht (Hg.): *Stil. Geschichten und Funktionen eines kulturwissenschaftlichen Diskurselements*. Frankfurt a. M.: Suhrkamp (stw 633), S. 127–143.

Auer, Peter (1986): Kontextualisierung. In: *Studium Linguistik* 19, 22–47.

Auer, Peter (1996): From context to contextualization. In: *Links & Letters* 3, S. 11–28.

Auer, Peter (Hg.) (2008): *Style and Social Identities. Alternative Approaches to Linguistic Heterogeneity*. Berlin/New York: Mouton de Gruyter (Language, Power and Social Process 18).

Auer, Peter (2011): Code-switching/mixing. In: Wodak/Johnstone/Kerswill (2011), S. 460–478.

Auer, Peter (2013): *Sprachliche Interaktion. Eine Einführung anhand von 22 Klassikern*. 2., überarb. Aufl. Berlin/Boston: De Gruyter (De Gruyter Studium).

Auer, Peter/Roberts, Celia (2011): Introduction. John Gumperz and the indexicality of language. In: *Text & Talk* 31/4, S. 381–393.

Bachtin, Michail M. (2005): Das Wort im Roman. In: Michail M. Bachtin: *Die Ästhetik des Wortes*. Hg. u. mit einer Einl. vers. v. Rainer Grübel. Übers. v. Rainer Grübel und Sabine Reese. 7. Aufl. Frankfurt a. M.: Suhrkamp (edition suhrkamp 967), S. 154–300 [zuerst russ.: Slovo v romane: In: Michail M. Bachtin: *Voprosy literatury i ėstetiki. Issledovanija raznych let*. Moskau: Chudožestvennaja literatura 1975, S. 72–233; geschrieben 1934/35].

Bergmann, Jörg (1994): Ethnomethodologische Konversationsanalyse. In: Gerd Fritz/Franz Hundsnurscher (Hg.): *Handbuch der Dialoganalyse*. Tübingen: Niemeyer, S. 3–16.

Billig, Michael (1999a): Conversation analysis and the claims of naivety. In: *Discourse & Society* 10/4, S. 572–576.

Billig, Michael (1999b): Whose terms? Whose ordinariness? Rhetoric and ideology in conversation analysis. In: *Discourse & Society* 10/4, S. 543–558.

Birkner, Karin u. a. (2020): *Einführung in die Konversationsanalyse*. Berlin/Boston: De Gruyter (De Gruyter Studium).

Blom, Jan-Petter/Gumperz, John J. (1972): Social meaning in linguistic structures. Code-switching in Norway. In: Gumperz/Hymes (1972), S. 407–434.

Blommaert, Jan (2005): *Discourse. A Critical Introduction*. Cambridge: Cambridge University Press (Key Topics in Sociolinguistics).
Blommaert, Jan (2010): *The Sociolinguistics of Globalization*. New York: Cambridge University Press (Cambridge Approaches to Language Contact).
Blommaert, Jan/Jie, Dong (2010): *Ethnographic Fieldwork. A Beginner's Guide*. Bristol/Buffalo/Toronto: Multilingual Matters.
Bourdieu, Pierre (1977): The economics of linguistic exchanges. In: *Information (International Social Science Council)* 16/6, S. 645–668 [zuerst frz.: L'économie des échanges linguistiques. In: *Langue française* (1977), S. 17–34].
Breuer, Franz/Muckel, Petra/Dieris, Barbara (2019): *Reflexive Grounded Theory. Eine Einführung für die Forschungspraxis*. 4. Aufl. Wiesbaden: Springer VS.
Breuer, Ulrich (2009): Stil und Individuum (Individualstil). In: Ulla Fix/Andreas Gardt/Joachim Knape (Hg.): *Rhetorik und Stilistik. Ein internationales Handbuch historischer und systematischer Forschung*. Bd. 2. Berlin/New York: de Gruyter (Handbücher zur Sprach- und Kommunikationswissenschaft 31.2), S. 1230–1244.
Brown, Penelope/Levinson, Stephen C. (2007): Gesichtsbedrohende Akte. In: Steffen Kitty Herrmann/Sybille Krämer/Hannes Kuch (Hg.): *Verletzende Worte. Die Grammatik sprachlicher Missachtung*. Übers. v. Anne Enderwitz und Jan Wöpking. Bielefeld: transcript (Edition Moderne Postmoderne), S. 69–88 [zuerst in: Penelope Brown/Stephen C. Levinson: *Politeness. Some Universals in Language Usage*. Cambridge: Cambridge University Press 1987, S. 61–84].
Bucholtz, Mary/Hall, Kira (2006): Language and identity. In: Alessandro Duranti (Hg.): *A Companion to Linguistic Anthropology*. Oxford/Cambridge: Blackwell (Blackwell Companions to Anthropology), S. 369–394.
Bühler, Karl (1999): *Sprachtheorie. Die Darstellungsfunktion der Sprache*. Stuttgart: Lucius & Lucius (UTB 1159) [zuerst: Jena: Fischer 1934].
Busch, Brigitta (2021): *Mehrsprachigkeit*. 3., vollst. überarb. u. erg. Aufl. Wien: Facultas (UTB 3774) [zuerst: 2013].
Cameron, Deborah (1990): Demythologizing sociolinguistics. Why language does not reflect society. In: John E. Joseph/Talbot J. Taylor (Hg.): *Ideologies of Language*. London/New York: Routledge (Routledge Politics of Language Series), S. 79–93.
Cameron, Deborah (2001): *Working with Spoken Discourse*. London/Thousand Oaks/New Delhi: SAGE.
Chomsky, Noam (1965): *Aspects of the Theory of Syntax*. Cambridge, MA: MIT Press (Massachusetts Institute of Technology. Research Laboratory of Electronics. Special technical report 11).
Couper-Kuhlen, Elizabeth/Selting, Margret (2018): *Interactional Linguistics. Studying Language in Social Interaction*. Cambridge: Cambridge University Press.
Coupland, Nikolas (2007): *Style. Language Variation and Identity*. Cambridge: Cambridge University Press (Key Topics in Sociolinguistics).
De Fina, Anna/Schiffrin, Deborah/Bamberg, Michael (Hg.) (2006): *Discourse and Identity*. Bd. 23. Cambridge: Cambridge University Press (Studies in Interactional Sociolinguistics).
Deppermann, Arnulf (2000): Ethnographische Gesprächsanalyse. Zu Nutzen und Notwendigkeit von Ethnographie für die Konversationsanalyse. In: *Gesprächsforschung – Online-Zeitschrift zur verbalen Interaktion* 1, S. 96–124. URL: http://www.gespraechsforschung-ozs.de/heft2000/ga-deppermann.pdf <07.05.2021>.
Deppermann, Arnulf (2008a): *Gespräche analysieren. Eine Einführung*. 4. Aufl. Wiesbaden: VS Verlag für Sozialwissenschaften (Qualitative Sozialforschung 3).
Deppermann, Arnulf (2008b): Playing with the voice of the other. Stylized Kanaksprak in conversations among German adolescents. In: Auer (2008).
Deppermann, Arnulf/Feilke, Helmuth/Linke, Angelika (Hg.) (2016): *Sprachliche und kommunikative Praktiken*. Berlin/Boston: De Gruyter (Jahrbuch des Instituts für Deutsche Sprache 2015).

Dittmar, Norbert (1996): Descriptive and explanatory power of rules in sociolinguistics. In: Singh (1996), S. 115–149 [zuerst: zuerst in: *The Sociogenesis of Language and Human Conduct*. New York: Plenum Press 1983, S. 225–255].

Dörnyei, Zoltán (2007): *Research Methods in Applied Linguistics. Quantitative, Qualitative, and Mixed Methodologies*. Oxford/New York: Oxford University Press.

Duranti, Alessandro/Goodwin, Charles (Hg.) (1992): *Rethinking Context. Language as an Interactive Phenomenon*. Cambridge: Cambridge University Press (Studies in the Social and Cultural Foundations of Language 11).

Eckert, Penelope (2000): *Linguistic Variation as Social Practice*. The Linguistic Construction of Identity in Belten High. Malden, MA/Oxford: Blackwell (Language in Society 27).

Eckert, Penelope (2009): Ethnography and the study of variation. In: Nikolas Coupland/Adam Jaworski (Hg.): *The New Sociolinguistics Reader*. Houndmills/Basingstoke/Hampshire: Palgrave Macmillan, S. 136–151.

Eckert, Penelope/Rickford, John R. (Hg.) (2005): *Style and Sociolinguistic Variation*. Cambridge: Cambridge University Press.

Firth, John Rupert (1957): A synopsis of linguistic theory, 1930–1955. In: *Studies in Linguistic Analysis*, S. 1–32.

Garfinkel, Harold (1967): *Studies in Ethnomethodology*. Englewood Cliffs, NJ: Prentice Hall.

Garot, Robert/Berard, Tim (2011): Ethnomethodology and membership categorization analysis. In: Wodak/Johnstone/Kerswill (2011), S. 125–138.

Geertz, Clifford (1987): Dichte Beschreibung. Bemerkungen zu einer deutenden Theorie von Kultur. In: Clifford Geertz: *Dichte Beschreibung. Beiträge zum Verstehen kultureller Systeme*. Übers. v. Brigitte Luchesi und Rolf Bindemann. 11. Aufl. Frankfurt a. M.: Suhrkamp (stw 696), S. 7–43 [zuerst engl.: Thick description. Toward an Interpretive Theory of Culture. In: Clifford Geertz: *The Interpretation of Cultures. Selected Essays*. New York: Basic Books 1973, S. 3–30].

Glaser, Barney G./Strauss, Anselm L. (2010): *Grounded Theory. Strategien qualitativer Forschung*. 3. Aufl. Bern: Huber [zuerst engl.: *The Discovery of Grounded Theory. Strategies for Qualitative Research*. Chicago: Aldine 1967].

Goffman, Erving (1959): *The Presentation of Self in Everyday Life*. New York: Doubleday.

Goffman, Erving (1973): *Interaktion. Spaß am Spiel. Rollendistanz*. München: Piper [zuerst engl.: *Encounters. Two Studies in the Sociology of Interaction*. Indianapolis: Bobbs-Merrill 1961].

Goffman, Erving (1979): Footing. In: *Semiotica* 25/1–2, S. 1–30.

Goffman, Erving (1983): The Interaction Order. In: *American Sociological Review* 48/1, S. 1–17.

Goffman, Erving (1986a): *Interaktionsrituale. Über Verhalten in direkter Kommunikation*. Übers. v. Renate Bergsträsser und Sabine Bosse. Bd. 594. Frankfurt a. M.: Suhrkamp (stw) [zuerst engl.: *Interaction Ritual. Essays on Face-to-Face Behavior*. New York: Doubleday 1967].

Goffman, Erving (1986b): Techniken der Imagepflege. Über Verhalten in direkter Kommunikation. In: Goffman ([1967] 1986a), S. 10–53 [zuerst engl.: On Face-Work. In: *Psychiatry. Journal for the Study of Interpersonal Processes* 18 (1955), S. 213–231].

Goffman, Erving (2000): *Rahmen-Analyse. Ein Versuch über die Organisation von Alltagserfahrungen*. Übers. v. Hermann Vetter. Frankfurt a. M.: Suhrkamp (stw 329) [zuerst: *Frame-Analysis*. New York: Harper & Row 1974].

Goffman, Erving (2011): *Wir alle spielen Theater. Die Selbstdarstellung im Alltag*. Übers. v. Peter Weber-Schäfer. 10. Aufl. München: Piper [zuerst: *The Presentation of Self in Everyday Life*. New York: Doubleday 1959].

Gordon, Cynthia (2011): Gumperz and interactional sociolinguistics. In: Wodak/Johnstone/Kerswill (2011), S. 67–84.

Goodwin, Charles/Duranti, Alessandro (1992): Rethinking context. An introduction. In: Duranti/Goodwin (1992), S. 1–42.

Gumperz, John J. (1964): Linguistic and social interaction in two communities. In: *American Anthropologist* 66, S. 137–153.

Gumperz, John J. (1967): The social setting of linguistic bevavior. In: Dan I. Slobin (Hg.): *A Field Manual for Cross-Cultural Study of the Acquisition of Communicative Competence.* Second draft – July 1967. Berkeley, CA: University of California, S. 129–134.

Gumperz, John J. (1982): *Discourse Strategies.* Cambridge: Cambridge University Press (Studies in Interactional Sociolinguistics 1).

Gumperz, John J. (1992a): Contextualization and understanding. In: Duranti/Goodwin (1992), S. 229–252.

Gumperz, John J. (1992b): Contextualization revisited. In: Peter Auer/Aldo di Luzio (Hg.): *The Contextualization of Language.* Amsterdam/Philadelphia: Benjamins (Pragmatics & Beyond, N. S. 22), S. 39–53.

Gumperz, John J. (1999): On interactional sociolinguistic method. In: Srikant Sarangi/Celia Roberts (Hg.): *Talk, Work and Institutional Order.* Berlin/New York: Mouton de Gruyter, S. 453–472.

Gumperz, John J./Hymes, Dell H. (Hg.) (1964): *The Ethnography of Communication.* (= *American Anthropologist* 66/6).

Gumperz, John J./Hymes, Dell H. (Hg.) (1972): *Directions in Sociolinguistics. The Ethnography of Communication.* New York: Holt, Rinehart & Winston.

Gumperz, John J./Jupp, Tom C./Roberts, Celia (1979): *Crosstalk. A Study of Cross-Cultural Communication. Background Material and Notes for the BBC Film.* Southall: National Centre for Industrial Language Training.

Günthner, Susanne (2002): Stimmenvielfalt im Diskurs. Formen der Stilisierung und Ästhetisierung in der Redewiedergabe. In: *Gesprächsforschung – Online-Zeitschrift zur verbalen Interaktion* 3. URL: http://www.gespraechsforschung-ozs.de/heft2002/ga-guenthner.pdf <10.10.2020>.

Gupta, Akhil/Ferguson, James (Hg.) (1997): *Anthropological Locations. Boundaries and Grounds of a Field Science.* Berkeley/Los Angeles/London: University of California Press.

Halliday, M. A. K. (1978): *Language as Social Semiotic. The Social Interpretation of Language and Meaning.* London: Arnold.

Hassemer, Jonas/Flubacher, Mi-Cha (2020): Prekäre Ethnographie. Zur Rolle von Prekaritätserfahrungen im ethnographischen Erkenntnisprozess. In: *Wiener Linguistische Gazette* 85 (Themenheft „Prekaritätserfahrungen. Soziolinguistische Perspektiven", hg. v. Mi-Cha Flubacher). URL: http://wlg.univie.ac.at/fileadmin/user_upload/p_wlg/852020/Hassemer-Flubacher-prekaere-ethnographie.pdf <12.10.2020>.

Helbig, Gerhard (1990): *Entwicklung der Sprachwissenschaft seit 1970.* 2. Aufl. Opladen: Westdeutscher Verlag [zuerst: Leipzig: VEB Bibliographisches Institut 1986].

Hinnenkamp, Volker (2018): Interaktionale Soziolinguistik. In: Frank Liedtke/Astrid Tuchen (Hg.): *Handbuch Pragmatik.* Stuttgart: J. B. Metzler, S. 149–162.

Hinnenkamp, Volker/Selting, Margret (Hg.) (1989): *Stil und Stilisierung. Arbeiten zur interpretativen Soziolinguistik.* Tübingen: Niemeyer (Linguistische Arbeiten 235).

Hymes, Dell H. (1971): Competence and Performance in Linguistic Theory. In: Renira Huxley/Elisabeth Ingram (Hg.): *Language Acquisition. Model and Methods.* London/New York: Academic Press (Developmental Sciences Series), S. 3–28.

Hymes, Dell H. (1972a): Models of the interaction of language and social life. In: Gumperz/Hymes (1972), S. 35–71.

Hymes, Dell H. (1972b): On communicative competence. In: John B. Pride/Janet Holmes (Hg.): *Sociolinguistics. Selected Readings.* Harmondsworth u. a.: Penguin Books (Penguin Modern Linguistics Readings), S. 269–293.

Hymes, Dell H. (1974): *Foundations in Sociolinguistics. An Ethnographic Approach.* Pennsylvania: University of Pennsylvania Press.

Imo, Wolfgang/Lanwer, Jens Philipp (2019): *Interaktionale Linguistik. Eine Einführung.* Stuttgart: J. B. Metzler.

Jakobson, Roman (1971): Linguistik und Poetik. In: Jens Ihwe (Hg.): *Literaturwissenschaft und Linguistik. Ergebnisse und Perspektiven.* Bd. II/1: *Zur linguistischen Basis der Literatur-*

wissenschaft I. Frankfurt a. M.: Fischer (ars poetica 8), S. 142–178 [zuerst engl.: Closing Statement. Linguistics and Poetics. In: Thomas A. Sebeok (Hg.): *Style in Language*. Cambridge, MA: MIT Press 1960, S. 350–377].

Jaspers, Jürgen (2011): Interactional sociolinguistics and discourse analysis. In: James Paul Gee/Michael Handford (Hg.): *The Routledge Handbook of Discourse Analysis*. London/New York: Routledge, S. 135–146.

Johnstone, Barbara/Marcellino, William M. (2011): Dell Hymes and the ethnography of communication. In: Wodak/Johnstone/Kerswill (2011), S. 57–66.

Jones, Rodney H./Chik, Alice/Hafner, Christoph A. (Hg.) (2015): *Discourse and Digital Practices. Doing Discourse Analysis in the Digital Age*. London/New York: Routledge.

Kallmeyer, Werner (1995): Zur Darstellung von kommunikativem sozialem Stil in soziolinguistischen Gruppenporträts. In: Friedhelm Debus/Werner Kallmeyer/Gerhard Stickel (Hg.): *Kommunikation in der Stadt*. Bd. 3: *Kommunikative Stilistik einer sozialen Welt 'kleiner Leute' in der Mannheimer Innenstadt*. Berlin/New York: de Gruyter (Schriften des Instituts für Deutsche Sprache 4,3), S. 1–25.

Keim, Inken (2006): Interaktionale Soziolinguistik und kommunikative, soziale Stilistik. In: Ulrich Ammon/Klaus J. Mattheier/Peter H. Nelde (Hg.): *Perspektiven der Soziolinguistik*. Tübingen: Niemeyer (Sociolinguistica 20), S. 70–91.

Keim, Inken (2008): *Die „türkischen Powergirls". Lebenswelt und kommunikativer Stil einer Migrantinnengruppe in Mannheim*. 2., überarb. Aufl. Tübingen: Narr (Studien zur deutschen Sprache 39) [zuerst: 2007].

Kendall, Shari (2011): Symbolic interactionism, Erving Goffman, and sociolinguistics. In: Wodak/Johnstone/Kerswill (2011), S. 113–124.

Knoblauch, Hubert (2011): Erving Goffman. Die Kultur der Kommunikation. In: Stephan Moebius/Dirk Quadflieg (Hg.): *Kultur. Theorien der Gegenwart*. 2., erw. u. aktual. Aufl. Wiesbaden: Springer VS, S. 189–201.

Labov, William (1972): *Language in the Inner City. Studies in the Black English Vernacular*. Philadelphia: University of Pennsylvania Press (Conduct and Communication 3).

Le Page, Robert/Tabouret-Keller, Andrée (1985): *Acts of Identity. Creole-Based Approaches to Language and Ethnicity*. Cambridge: Cambridge University Press.

Lillis, Theresa (2013): *The Sociolinguistics of Writing*. Edinburgh: Edinburgh University Press (Edinburgh Sociolinguistics).

Malinowski, Bronisław (1923): The problem of meaning in primitive languages. In: Charles K. Ogden/Ivor Armstrong Richards: *The Meaning of Meaning. A Study of Influence of Language Upon Thought and of the Science of Symbolism*. New York: Harcourt, Brace and World, S. 296–336.

Misoch, Sabina (2015): *Qualitative Interviews*. Berlin/München/Boston: De Gruyter Oldenbourg.

Peirce, Charles S. (1932): *Collected Papers of Charles Sanders Peirce*. 8 Bde. Bd. 2: *Elements of Logic*. Hg. v. Charles Hartshorne und Paul Weiss. Cambridge, Mass.: Belknap Press.

Pink, Sarah (2021): *Doing Visual Ethnography. Images, Media and Representation in Research*. 4. Aufl. London: Sage.

Prevignano, Carlo L./Di Luzio, Aldo (2003): A discussion with John J. Gumperz. In: Susan L. Eerdmans/Carlo L. Prevignano/Paul J. Thibault (Hg.): *Language and Interaction. Discussions with John J. Gumperz*. Amsterdam/Philadelphia: Benjamins, S. 7–29.

Rädiker, Stefan/Kuckartz, Udo (2019): *Analyse qualitativer Daten mit MAXQDA. Text, Audio und Video*. Wiesbaden: Springer VS.

Rampton, Ben (2006): *Language in Late Modernity. Interaction in an Urban School*. Cambridge: Cambridge University Press (Studies in Interactional Sociolinguistics 22).

Rampton, Ben (2010): Linguistic ethnography, interactional sociolinguistics and the study of identities. In: Caroline Coffin/Theresa Lillis/Kieran O'Halloran (Hg.): *Applied Linguistics Methods. A Reader*. London: Routledge, S. 234–250.

Rampton, Ben (2017): *Interactional Sociolinguistics* (Tilburg Papers in Culture Studies 174). URL: https://www.academia.edu/30796363/WP205_Rampton_2017._Interactional_Sociolinguistics <26.05.2020>.

Rampton, Ben (2018): *Crossing. Language and Ethnicity Among Adolescents.* 3. Aufl. London/New York: Routledge (Routledge Linguistics Classics) [zuerst: London: Longman 1995].

Romaine, Suzanne (1996): The status of sociological models and categories in explaining language variation. In: Singh (1996), S. 99–115 [zuerst in: *Linguistische Berichte* 90 (1984), S. 25–39].

Sacks, Harvey/Schegloff, Emanuel A. (1973): Opening up closings. In: *Semiotica* 8/4, S. 289–327.

Sandig, Barbara (2006): *Textstilistik des Deutschen.* 2., vollst. neu bearb. u. erw. Aufl. Berlin/New York: de Gruyter (de Gruyter Studienbuch).

Saville-Troike, Muriel (2003): *The Ethnography of Communication.* 3. Aufl. Malden, MA u. a.: Blackwell [zuerst: 1982].

Schegloff, Emanuel A. (1997): Whose text? Whose context? In: *Discourse & Society* 8/2, S. 165–187.

Schegloff, Emanuel A. (1999a): Naivete vs sophistication or discipline vs self-indulgence. A rejoinder to Billig. In: *Discourse & Society* 10/4, S. 577–582.

Schegloff, Emanuel A. (1999b): ‚Schegloff's texts' as ‚Billig's data'. A critical reply. In: *Discourse & Society* 10/4, S. 558–572.

Schiffrin, Deborah/Tannen, Deborah/Hamilton, Heidi E. (Hg.) (2001): *The Handbook of Discourse Analysis.* Malden, MA: Blackwell (Blackwell Handbooks in Linguistics).

Selting, Margret (2008): Interactional Stylistics and Style as a Contextualization Cue. In: Ulla Fix/Andreas Gardt/Joachim Knape (Hg.): *Rhetorik und Stilistik. Ein internationales Handbuch historischer und systematischer Forschung.* Bd. 1. Berlin/New York: de Gruyter (Handbücher zur Sprach- und Kommunikationswissenschaft 31.1), S. 1038–1053.

Selting, Margret/Sandig, Barbara (1997): Einleitung. In: Margret Selting/Barbara Sandig (Hg.): *Sprech- und Gesprächsstile.* Berlin/New York: de Gruyter, S. 1–8.

Selting, Margret u. a. (2009): Gesprächsanalytisches Transkriptionssystem 2 (GAT 2). In: *Gesprächsforschung – Online-Zeitschrift zur verbalen Interaktion* 10, S. 353–402. URL: http://www.gespraechsforschung-ozs.de/heft2009/px-gat2.pdf <10.10.2020>.

Silverstein, Michael (2009): Pragmatic indexing. In: Jacob L. Mey (Hg.): *Concise Encyclopedia of Pragmatics.* 2. Aufl. Amsterdam u. a.: Elsevier, S. 756–759.

Singh, Rajendra (Hg.) (1996): *Towards a Critical Sociolinguistics.* Amsterdam/Philadelphia: Benjamins.

Spitzmüller, Jürgen (2012): Vom ‚everyday speech' zum ‚everyday writing'. (Anders-)Schreiben als Gegenstand der interpretativen Soziolinguistik. In: Britt-Marie Schuster/Doris Tophinke (Hg.): *Andersschreiben. Formen, Funktionen, Traditionen.* Berlin: Erich Schmidt (Philologische Studien und Quellen 236), S. 115–133.

Spitzmüller, Jürgen (2013): *Graphische Variation als soziale Praxis. Eine soziolinguistische Theorie skripturaler ‚Sichtbarkeit'.* Berlin/Boston: De Gruyter (Linguistik – Impulse & Tendenzen 56).

Spitzmüller, Jürgen/Bendl, Christian/Flubacher, Mi-Cha (2017): Soziale Positionierung. Praxis und Praktik. Einführung in das Themenheft. In: *Wiener Linguistische Gazette* 81 (Themenheft „Soziale Positionierung als Praxis und Praktik. Theoretische Konzepte und methodische Zugänge", hg. v. Jürgen Spitzmüller, Christian Bendl und Mi-Cha Flubacher), S. 1–18. URL: http://wlg.univie.ac.at/fileadmin/user_upload/p_wlg/812017/spitzmueller-flubacher-bendl-einf.pdf <17.10.2017>.

Spreckels, Janet (2006): *Britneys, Fritten, Gangschta und wir. Identitätskonstitution in einer Mädchengruppe. Eine ethnographisch-gesprächsanalytische Untersuchung.* Frankfurt a. M. u. a.: Peter Lang (VarioLingua. Nonstandard – Standard – Substandard 30).

Streeck, Jürgen (2005): Ethnomethodologie. In: Ulrich Ammon u. a. (Hg.): *Soziolinguistik. Ein internationales Handbuch zur Wissenschaft von Sprache und Gesellschaft.* Bd. 2. 2.,

vollst. neu bearb. u. erw. Aufl. Berlin/New York: de Gruyter (Handbücher zur Sprach- und Kommunikationswissenschaft 3.2), S. 1416–1426.
Tannen, Deborah (Hg.) (1993): *Framing in Discourse*. Oxford/New York: Oxford University Press.
Tannen, Deborah (2004): Interactional Sociolinguistics. In: Ulrich Ammon u. a. (Hg.): *Soziolinguistik. Ein internationales Handbuch zur Wissenschaft von Sprache und Gesellschaft*. Bd. 1. 2., vollst. neu bearb. u. erw. Aufl. Berlin/New York: de Gruyter (Handbücher zur Sprach- und Kommunikationswissenschaft 3.1), S. 76–88.
Tannen, Deborah/Trester, Anna Marie (Hg.) (2013): *Discourse 2.0. Language and New Media*. Washington, DC: Georgetown University Press.
Turner, Victor (1969): *The Ritual Process. Structure and Anti-Structure*. London: Routledge & Kegan Paul.
Wagner, Elvis (2015): Survey research. In: Brian Paltridge/Aek Phakiti (Hg.): *Research Methods in Applied Linguistics. A Practical Resource*. London u. a.: Bloomsbury Academic (Research Methods in Linguistics), S. 83–99.
Watts, Richard J. (2003): *Politeness*. Cambridge: Cambridge University Press (Key Topics in Sociolinguistics).
Williams, Glyn (1992): *Sociolinguistics. A sociological critique*. London: Routledge.
Wodak, Ruth/Johnstone, Barbara/Kerswill, Paul (Hg.) (2011): *The SAGE Handbook of Sociolinguistics*. London/Thousand Oaks/New Delhi: Sage.

Kritische und metapragmatische Soziolinguistik: Sprachliche Variation als soziales Kapital

Inhaltsverzeichnis

7.1 Von der sprachlichen Differenz zur sozialen Differenzierung 223
7.2 Erkenntnistheoretische Basis und Vorläuferdisziplinen 225
    7.2.1 Bourdieus Ungleichheitssoziologie 226
    7.2.2 Postmarxistische Ideologietheorie 228
    7.2.3 Poststrukturalismus.. 231
    7.2.4 Post- und Dekoloniale Theorie....................................... 233
    7.2.5 Kritische Diskursforschung 235
7.3 Forschungsinteressen und Grundannahmen der kritischen und metapragmatischen Soziolinguistik 236
    7.3.1 Sprache macht den Unterschied 236
    7.3.2 Sprache als ideologisches Konstrukt.................................. 238
    7.3.3 Die Sprachwissenschaft als soziale Akteurin 239
    7.3.4 Die Welt in Bewegung 241
7.4 Methoden der Datenerhebung und -auswertung............................... 244
    7.4.1 Reziprozität und die Skalierungen des Sozialen........................ 244
    7.4.2 Reflexivität der Forschung und der Forschenden 246
    7.4.3 Reflexive Ethnographie... 247
    7.4.4 Diskursanalyse 248
    7.4.5 Analytische Integration von Diskurs, Interaktion und Positionierung 249
7.5 Zentrale Konzepte.. 250
    7.5.1 Macht, Hegemonie und soziale Ungleichheit........................... 251
    7.5.2 Kritik... 255
    7.5.3 Mehrdimensionale Indexikalität, Register und soziale Registrierung 258
    7.5.4 Sprachliche Reflexivität, Sprachideologien und Sprachregime 265
    7.5.5 Soziale Positionierung und Stancetaking 271
    7.5.6 Zwischen Interaktion und Ideologie: Metapragmatische Positionierung...... 275
7.6 Beispielstudien 279
    7.6.1 *Ideologies in Action:* Sprachideologien auf Korsika 280
    7.6.2 *Language, Race, and White Public Space:* Spanisch als Stigma 285
7.7 Zusammenfassung.. 289
7.8 Empfohlene Literatur zur Vertiefung 291
Literatur 292

© Springer-Verlag GmbH Deutschland, ein Teil von Springer Nature 2022
J. Spitzmüller, *Soziolinguistik*, https://doi.org/10.1007/978-3-476-05861-4_7

Im letzten thematischen Kapitel dieser Einführung wenden wir uns Formen der Soziolinguistik zu, die ihre theoretischen Wurzeln zwar auch schon in den 1960er Jahren haben, die aber erst ab den 1990er Jahren im Fach breitere Bedeutung erlangen. Seit der Jahrtausendwende bestimmen sie zunehmend den internationalen Fachdiskurs. Die Ansätze sind, wie Auer (2015: 399) es ausdrückt, „inzwischen weltweit tonangebend"; in der deutschsprachigen Soziolinguistik wurden sie aber mit Verzögerung und bislang noch nicht in gleicher Intensität rezipiert.

Die metapragmatische Soziolinguistik, die sich mit gesellschaftlicher Bewertung von Sprachgebräuchen und sog. ‚**Sprachideologien**' befasst, und die kritische Soziolinguistik, die solche Bewertungen in den Kontext von **Machtprozessen** und **sozialer Ungleichheit** stellt, greifen Themen auf, die die Soziolinguistik teilweise schon in den Anfangstagen beschäftigt haben. Sowohl die Ethnographie der Kommunikation (s. Abschn. 6.2.1), die Sprachsoziologie (Bernsteins und Fishmans; s. Abschn. 4.2.3.1) und Sprachpsychologie (die Spracheinstellungsforschung von Lambert und anderen; s. Abschn. 4.2.3.2) als auch die frühen Arbeiten aus der Variationslinguistik (etwa Labovs Studie auf Martha's Vineyard; s. Abschn. 5.1.2) haben sich bereits mit Sprecher*innenbewertungen und deren Konsequenzen für Sprachgebrauch, Sprachwandel und die Handlungsfähigkeit von Sprecher*innen befasst. Allerdings werden diese Themen in den neueren Ansätzen sehr viel zentraler gesetzt, theoretisch elaboriert und auch methodologisch neu reflektiert.

Methodisch und zum Teil theoretisch schließen die Arbeiten vielfach an die **interaktionale Soziolinguistik** an (dies betrifft beispielsweise in methodischer Hinsicht ethnographische Zugänge, in theoretischer Hinsicht den Anschluss an semiotische Konzepte wie ‚Indexikalität' sowie an handlungstheoretische Konzepte). Diese werden allerdings mit Bezug auf poststrukturalistische und post- bzw. dekoloniale Überlegungen (s. Abschn. 7.2) rekontextualisiert. Dabei rücken insbesondere makrosoziologische Aspekte wie **Macht, Ideologie und Hegemonie** und deren Wechselwirkung mit lokalen Praktiken stärker ins Zentrum, so dass die kritische und die metapragmatische Soziolinguistik insgesamt stärker von konstrukttheoretischen Zugängen (s. Abschn. 2.3.3) geprägt sind als die interaktionale Soziolinguistik.

Markant sowohl für die metapragmatische als auch für die kritische Soziolinguistik ist weiterhin, dass sie den Blick **reflexiv** und **kritisch** auch auf das eigene Fach richtet, dass sie also Sprachideologien, Machtprozesse und soziale Ungleichheit auch in der Sprachwissenschaft und durch sprachwissenschaftliche Tätigkeit kritisch beleuchtet (s. Abschn. 7.3.3).

Dieses Kapitel stellt die kritische und die metapragmatische Soziolinguistik in ihren Grundzügen vor. Dabei werden zunächst zentrale Punkte beleuchtet, in denen sich diese Formen der Soziolinguistik gegenüber früheren neu positionieren (s. Abschn. 7.1). Anschließend werden, wie in den beiden vorherigen Kapiteln auch, erkenntnistheoretische Grundlagen und Vorläuferdisziplinen (s. Abschn. 7.2), Forschungsinteressen und Grundannahmen (s. Abschn. 7.3), wichtige Methoden (s. Abschn. 7.4) und Grundkonzepte (s. Abschn. 7.5) vorgestellt.

Zwei Beispielstudien illustrieren die kritische und metapragmatische Soziolinguistik abschließend (s. Abschn. 7.6).

7.1 Von der sprachlichen Differenz zur sozialen Differenzierung

Wie wir in Kap. 4 gesehen haben, hat die Soziolinguistik bereits in den Anfangstagen die Frage beschäftigt, warum Menschen aufgrund ihres Sprachgebrauchs in Gesellschaften **unterschiedliche Handlungsmöglichkeiten** haben und unterschiedlich eingestuft werden. Im Verlauf der Fachgeschichte wurde diese Frage jedoch, jedenfalls in wichtigen Teilen der Soziolinguistik, mehr und mehr zurückgedrängt, da man glaubte, es sei einer Wissenschaft angemessener, Unterschiede ‚neutral' zu beschreiben als Ungleichheiten zu benennen – eine Benennung, welche häufig (wenn auch nicht zwingend) mit Wertungen und Parteinahmen einhergeht (s. Abschn. 4.3.1).

Die kritische Soziolinguistik greift diese zurückgestellte Frage wieder auf und stellt sie in den Mittelpunkt ihrer Analysen. Ihr geht es vor allem um das, was die Soziologie ‚**soziale Ungleichheit**' nennt: die ungleiche Verteilung von Chancen, Handlungsmöglichkeiten und Ressourcen in Gesellschaften (zum Konzept s. Abschn. 7.5.1). Während sich die Ungleichheitssoziologie generell mit den Gründen, Ausprägungen und Folgen sozialer Ungleichheit befasst (für eine Einführung vgl. Burzan 2011), konzentriert sich die kritische Soziolinguistik als sprachwissenschaftliche Teildisziplin vor allem darauf, wie soziale Ungleichheit mit Sprache und Sprachgebrauch zusammenhängt. So heißt es bereits in einem der ersten Bücher, in denen der Ausdruck *critical sociolinguistics* zu finden ist:

> „A *critical sociolinguistics* […] seeks to recognize the political and economic distortions that our society imposes upon us. It attempts to explain the differences between *oppressed* and *oppressor* language by pointing out that the different classes have unequal access to societal power. For instance, the linguistic manipulation that employers can get away with *vis-a-vis* wage earners […] only makes sense in the context of societal oppression: it is socially *oppressive* language use (to be exact, it's also *repressive*)." (Mey 1985: 342; Herv. im Orig.)

Dass soziale Ungleichheit in einer solch binären Art und Weise gefasst werden kann – Unterdrücker hier, Unterdrückte dort –, lehnen die meisten Vertreter*innen heutiger kritischer Soziolinguistik ab (s. Abschn. 7.5.1). Die dem zugrundeliegende Annahme jedoch, *dass* **sprachliche Differenz** zu **sozialer Differenzierung** und damit zu sozialer Ungleichheit führen kann, dass also Menschen alleine oder unter anderem aufgrund ihres Sprachgebrauchs soziale Benachteiligung oder Bevorteilung erfahren können, ist Konsens. Wie Blommaert es formuliert:

> „In general we can say that every difference in language can be turned into difference in social value – difference and inequality are two sides of a coin, a point often overlooked or minimised in analysis." (Blommaert 2005: 69)

Mit dieser Annahme positioniert sich die kritische Soziolinguistik auch gegen die in der Variationslinguistik propagierte **Differenzkonzeption,** der zufolge alle Sprachen und Varietäten prinzipiell gleichwertig seien (s. Abschn. 4.3.1). Diese Position wird als soziologisch naiv zurückgewiesen, da es nachweislich so sei, dass Menschen aufgrund ihres Sprachgebrauchs ungleich behandelt werden (vgl. Pennycook 2001: 48–55; s. Abschn. 7.3.1).

Man könne zwar die Position vertreten, dass alle Sprachen und Varietäten auf sprachsystematischer Ebene gleiches Potenzial haben – eine Position, die allerdings **empirisch nicht belegbar** ist (vgl. Milroy 1999: 23), die also axiomatischen Status hat (Milroy hält sie überdies für ideologisch). Man müsse aber auch in diesem Fall konzedieren, dass die Möglichkeiten des Einsatzes verschiedener Sprachgebrauchsweisen in spezifischen Kontexten – manchmal auch nur für spezifische soziale Akteur*innen – begrenzt seien, und zwar in unterschiedlicher Weise.

▶ Ein **Axiom** ist eine Aussage, deren Gültigkeit für eine bestimmte Theorie vorausgesetzt werden muss, die aber selbst nicht innerhalb der Theorie geprüft werden kann oder soll. Wie viele Wissenschaften beruht auch die Sprachwissenschaft zum Teil auf Axiomen. Zur Vertiefung vgl. Kornmesser/Büttemeyer (2020).

Das liege zwar nicht an den Sprachen und Sprachgebräuchen selbst, sondern an dem Wert, der ihnen in den jeweiligen Kontexten zugesprochen werde. Im Ergebnis führe dies aber dennoch zu sprachlich bedingter Ungleichheit (diese Argumentation folgt im Wesentlichen derjenigen Basil Bernsteins; s. Abschn. 4.4.3). Im Anschluss an ein Konzept des Soziologen Pierre Bourdieu (bspw. 1983), der den Wert von Sprachen und Sprachgebräuchen – ebenso wie den Wert von Bildungsabschlüssen, Titeln, sozialen Verbindungen und kulturellen Vorlieben – als eine Form des Kapitals bezeichnet hat, das auf dem „sprachlichen Markt" (Bourdieu [1980] 1993) unterschiedlich viel wert sei, spricht man hier auch gerne davon, dass Sprache ein kulturelles oder ‚soziales Kapital' sei, über das soziale Akteur*innen in unterschiedlichem Maß verfügen (zur Marktmetapher vgl. Holder 2014; für Details s. auch Abschn. 7.2.1).

Bourdieu hat dies nicht nur metaphorisch gemeint. In Erweiterung der marxistischen Idee, der zufolge Arbeitskraft in (ökonomisches) Kapital umgewandelt werden kann (und umgekehrt; vgl. Marx [1867] 1990: 161–191), entwirft Bourdieu die Idee, dass auch kulturelles und soziales Kapital in ökonomisches Kapital umgewandelt werden könne (und umgekehrt). Das heißt, Sprachgebrauchsformen, die in einer Gesellschaft viel ‚wert' sind, können zu sozialem und auch finanziellem Erfolg führen (vgl. Rehbein/Saalmann 2014b). Daher können umgekehrt auch Sprachgebrauchsformen, die sozial und kulturell als wertvoll erachtet werden, als Ware angeboten und mit finanziellen Werten abgeglichen werden, etwa wenn Sprachkurse Hilfe bei der Aneignung von Sprachgebrauchsformen anbieten, die für sozialen Aufstieg oder Eintritt als notwendig erachtet werden (bspw. Business English, Deutsch für Migrant*innen, Schweizerdeutsch für in der Schweiz lebende Deutsche, ‚akzentfreies' Hochdeutsch; vgl. Lippi-

Green 1997; Blommaert 2010: 47–51; Park/Wee 2012). Die kritische Soziolinguistik spricht in dem Zusammenhang von Prozessen der ‚**Kommodifizierung**' (‚Warenwerdung') von Sprache (vgl. Cameron 2012; Heller/Duchêne 2016; Muth/Del Percio 2018; Becker 2018: 187–211).

Damit Sprachen und Sprachgebräuche in Gesellschaften zu sozialem Kapital werden können, müssen sie zunächst einmal mit Wertvorstellungen belegt werden. Eine soziolinguistische Teildisziplin, die sich damit befasst, wie solche Wertzuschreibungen – man spricht von ‚**Sprachideologien**' (s. Abschn. 7.5.4) – überhaupt zustande kommen, wie sie sich in Gesellschaften verbreiten und verfestigen, wie soziale Akteur*innen sie einsetzen, aber auch überhaupt erkennen und interpretieren können, ist die aus der Sprachanthropologie stammende **Metapragmatik**. Sie liefert die wesentlichen Konzepte und Theorien, auf die sich die kritische Soziolinguistik – und auch viele weitere aktuelle soziolinguistische Teildisziplinen – berufen, Konzepte wie ‚(sprachliche) Reflexivität', ‚Indexikalität', ‚soziale Registrierung', ‚Sprachideologie' und ‚Sprachregime'.

Diese Konzepte versuchen theoretisch zu fassen, wie Sprache(n) und Sprachgebräuche in Gesellschaften zum **Gegenstand von Bewertungen** und damit von Beurteilungen werden, die im Ergebnis zur Einordnung und Positionierung von Akteur*innen führen, die diese Sprache(n) und Sprachgebräuche in spezifischer Art und Weise verwenden (oder dies gerade nicht tun). Wir werden uns in diesem Kapitel daher neben Konzepten und Methoden der kritischen Soziolinguistik auch ausführlich mit Konzepten und Methoden der Metapragmatik auseinandersetzen.

Dabei sollen kritische und metapragmatische Soziolinguistik aber nicht in eins gesetzt werden. Die beiden soziolinguistischen Teildisziplinen teilen zwar grundlegend die Auffassung, dass Sprache(n) und Sprachgebräuche gerade wegen der ihnen zugeschriebenen (unterschiedlichen) Werte gesellschaftlich so funktional sind, Metapragmatik hat aber nicht zwingend wie die kritische Soziolinguistik einen kritischen Impetus in dem Sinne, dass soziale Ungleichheit aufgezeigt werden und zugleich kritisch kommentiert werden soll.

7.2 Erkenntnistheoretische Basis und Vorläuferdisziplinen

Die kritische Soziolinguistik ist **erkenntnistheoretisch** stark von philosophischen, politik- und sozialwissenschaftlichen Theorien geprägt, die in Europa, insbesondere in Frankreich, ab den 1960er Jahren entwickelt wurden. Darüber hinaus beruft sie sich auch auf Konzepte aus der russischen Soziolinguistik der frühen Sowjetära (s. Abschn. 4.1), auf sog. postmarxistische Theoretiker sowie auf Theorien, die aus einer kritischen Auseinandersetzung mit dem Kolonialismus und seinen Folgen hervorgegangen sind. Letztere wurden häufig von Wissenschaftler*innen aus ehemaligen Kolonien entwickelt und werden von der kritischen Soziolinguistik auch als Gegenentwürfe oder wenigstens notwendige Ergänzungen zu ‚westlichen' oder

‚eurozentrischen' Perspektiven, die es nach ihrer Auffassung in der Linguistik vielfach gibt, gelesen.

Wichtige **Referenztheorien** stammen von dem bereits erwähnten Soziologen Pierre Bourdieu (s. Abschn. 7.2.1), aus der postmarxistischen Ideologietheorie (s. Abschn. 7.2.2), dem Poststrukturalismus insbesondere Michel Foucaults (s. Abschn. 7.2.3) und der post- bzw. dekolonialen Theorie (s. Abschn. 7.2.4). Eine sprachwissenschaftliche Forschungsrichtung, die sich ab den 1970er Jahren mit Bezug auf einige dieser Theorien entwickelt hat und die in einiger Hinsicht als Vorläuferdisziplin der kritischen Soziolinguistik betrachtet werden kann, ist die kritische Diskursforschung (s. Abschn. 7.2.5). In den folgenden Abschnitten werden diese Bezugstheorien und Vorläuferdisziplinen vorgestellt.

7.2.1 Bourdieus Ungleichheitssoziologie

Der Soziologe Pierre Bourdieu (1930–2002) ist sowohl in der Ungleichheitssoziologie (vgl. Burzan 2011: 125–137; s. auch Abschn. 2.1.3) als auch in der Soziolinguistik (vgl. Blommaert 2018) zu einem ‚Klassiker' avanciert. Bourdieu hat sich ab den 1960er Jahren intensiv mit **kulturell bedingter sozialer Ungleichheit** sowie mit Sprache, Kultur und Geschmack als Distinktionsmittel befasst und dabei unter anderem die in Abschn. 7.1 bereits erwähnte Kapitaltheorie und die Theorie des sprachlichen Markts entwickelt (für eine bündige Einführung vgl. Fröhlich/Rehbein 2014).

Wichtig für die kritische Soziolinguistik ist neben der Kapitaltheorie das (von Erving Goffman und dem Kunsthistoriker Erwin Panofsky inspirierte) Konzept des ‚**Habitus**'. Damit bezeichnet Bourdieu inkorporiertes ‚klassenspezifisches' Verhalten bzw. (in diesem Punkt durch Noam Chomskys Generative Grammatik inspiriert) die inkorporierte Fähigkeit zu ‚klassenadäquatem' Verhalten. Mithilfe dieses Konzepts will Bourdieu verdeutlichen, dass sich soziale Unterschiede in unterschiedlichen **Lebensstilen** niederschlagen (vgl. Georg 2014), die durch Sozialisation in bestimmten sozialen Umgebungen (Bourdieu spricht von ‚gesellschaftlichen Klassen') erworben werden und unter anderem den kulturellen Geschmack, Freizeitbeschäftigungen, Essgewohnheiten und Kommunikationsstile umfassen. Lebensstile bilden aber nicht einfach nur soziale Unterschiede ab, sie inszenieren sie als distinktive Praxis performativ (dadurch, dass sie von den entsprechenden Gruppen exklusiv vor-gelebt werden) und verfestigen sie damit auch.

Bourdieu zufolge sind zum Lebensstil gehörende Formen des (körperlichen, und das heißt auch kommunikativen) Verhaltens, die als sozial ‚wertvoll' erachtet werden und/oder eine bestimmte gesellschaftliche Zugehörigkeit anzeigen, von frühester Kindheit an eingewöhnt (**habitualisiert**) und derart selbstverständlicher Teil des Handelns klassenzugehöriger Personen geworden, dass es für ‚soziale Aufsteiger' (wie Bourdieu selbst einer war; vgl. Jurt 2014) nahezu unmöglich ist, diesen sozialen Vorsprung aufzuholen. Deren eigener Habitus wird sie immer, so Bourdieu, als Nichtzugehörige verraten. Sie können die distinktiven Handlungsformen zwar kennenlernen und auch einzusetzen versuchen, sie können sie sich aber niemals so sehr **einverleiben** (vgl. Fröhlich 2014), dass sie zum selbstverständlichen Teil ihrer selbst werden. Nur aber, so Bourdieu,

> „[w]em die Strukturen der Welt […] einverleibt sind, der ist hier unmittelbar, spontan ‚zu Hause' und schafft, was zu schaffen ist […] ohne überhaupt nachdenken zu müssen, was und wie; er bringt Handlungsprogramme hervor, die sich als situationsgemäß und dringlich objektiv abzeichnen und an denen sein Handeln sich ausrichtet, ohne dass sie durch und für das Bewusstsein oder den Willen klar zu expliziten Normen oder Verboten erhoben worden wären." (Bourdieu [1997] 2020: 183)

Ein bestimmter Sprachgebrauch ist Teil dieses Habitus, der spezifischen Akteur*innen als ‚selbstverständlich' und ‚normal' erscheint, nur von ihnen ‚selbstverständlich' beherrscht wird und sie damit als spezifische Akteur*innen ausweist. So wird der Sprachgebrauch zum Kapital auf dem sozialen Markt. Dieser ‚Markt' ist nun aber nicht einheitlich, sondern nach Bourdieu in verschiedene **soziale Felder** parzelliert (etwa das Feld der Wissenschaft, der Politik oder der Wirtschaft), auf denen jeweils unterschiedliche Regeln gelten und auf denen Sprachformen, Verhaltensweisen und kulturelle Güter unterschiedlich viel wert sein können (zum Feldbegriff Bourdieus vgl. Rehbein/Saalmann 2014a):

> „In der Praxis, d. h. innerhalb eines jeweils besonderen Feldes sind inkorporierte (Einstellungen) wie objektivierte Merkmale der Akteure (ökonomische und kulturelle Güter) nicht alle gemeinsam und gleichzeitig effizient. Vielmehr legt die spezifische Logik eines jeden Feldes jeweils fest, was auf diesem Markt Kurs hat. Was in dem Spiel relevant und effizient ist, was in Beziehung auf dieses Feld als spezifisches Kapital und daher als Erklärungsfaktor der Formen von Praxis fungiert." (Bourdieu [1979] 2012: 194)

Sprachgebrauch (bzw. Verhalten in Kommunikation generell) wird damit zu einem zentralen Faktor für die Darstellung, Schaffung und Verfestigung sozialer Ungleichheit erhoben (vgl. Rehbein 2014). Dabei hebt Bourdieu die **Ambivalenz sprachlicher Bewertung** hervor (sprachliches Kapital ist einerseits produktive Ressource, andererseits und zugleich aber auch Mittel zur Diskriminierung), und er unterstreicht, wie wichtig sprachliches Handelns als Mittel zur Hervorbringung sozialer Distinktion und der Durchsetzung von Machtinteressen ist (Bourdieu [1997] 2020: 228 spricht in dem Zusammenhang von **„symbolischer Gewalt"**; vgl. Schmidt 2014).

Soziale Ungleichheit, so Bourdieus Credo, ist nicht einfach strukturell gegeben. Sie entsteht durch soziales (und sozial bewertetes) Handeln, inklusive sprachlichem Handeln, auf bestimmten Feldern. Diese Perspektive übernimmt die kritische Soziolinguistik mit Entschiedenheit, und vielfach übernimmt sie auch Bourdieus nachdrückliches sozialpolitisches Engagement (vgl. Vogel 2014). In den letzten Jahren hat darüber hinaus Bourdieus Hinweis auf den **Körper** als sozial bedeutsames und soziale Bedeutung produzierendes Phänomen zunehmend Beachtung in der Soziolinguistik gefunden (vgl. Bucholtz/Hall 2016; Busch 2020).

7.2.2 Postmarxistische Ideologietheorie

Der für die kritische und metapragmatische Soziolinguistik so zentrale Ideologiebegriff (s. Abschn. 7.5.4) ist stark beeinflusst von sogenannten ‚postmarxistischen' Denkern, die selbst in einer **marxistischen Tradition** stehen, sich aber kritisch mit Konzepten des klassischen Marxismus (wie ‚Basis/Überbau' oder ‚falsches Bewusstsein') auseinandersetzen (vgl. zum Folgenden ausführlich Blommaert 2005: 158–203; Busch 2019; Spitzmüller im Ersch.).

Für unseren Kontext wichtig sind vor allem die kritischen Auseinandersetzungen mit dem von Marx und Engels ([1845/1846] 1990) geprägten Ideologiebegriff. Ideologie wird dort als ‚**falsches Bewusstsein**' verstanden, als verblendete Perspektive, die den Blick auf die wahren materiellen Verhältnisse trübe. Dem stellen postmarxistische Autoren einen, wie Karl Mannheim ([1929] 1995: 54) es ausgedrückt hat, ‚**totalen' Ideologiebegriff** entgegen, der Ideologie als Gesamtheit der Weltanschauungen einer bestimmten sozialen Gruppe versteht. Weiterhin wird betont, dass es einen ‚ideologiefreien' Standpunkt *per definitionem* nicht geben könne (da jeder Standpunkt eine Perspektive impliziere und andere ausschließe) und dass Ideologie nicht einfach nur ein Rahmen, sondern das Produkt sozialen Handelns sei (Ideologien seien nicht einfach ‚da', sie würden ‚gemacht').

Letzteres betont vor allem Valentin N. Vološinov (1895–1936) in seiner marxismuskritischen Sprachtheorie (Vološinov [1929] 1975), einem bis heute für die Soziolinguistik sehr wichtigen Werk, weil Vološinov dort erstmals systematisch auf die Bedeutung **sprachlicher Interaktion** aufmerksam gemacht hat (vgl. Auer 2013: 219–228). Für ihn ist jeder Blick auf die Welt durch „Widerspiegelung und Brechung" (Vološinov [1929] 1975: 56) geprägt, also perspektivisch, also *ideologisch*. Eine wesentliche Rolle spielen dabei Zeichen generell und Sprache im Besonderen:

> „Jedem Zeichen kann man Kriterien einer ideologischen Wertung zuordnen (Lüge, Wahrheit, Richtigkeit, Gerechtigkeit, Güte usw.). Der Bereich der Ideologie fällt mit dem der Zeichen zusammen. Man kann zwischen ihnen ein Gleichheitszeichen setzen. Wo Zeichen sind, ist auch Ideologie. *Alles Ideologische hat Zeichencharakter.*" (Vološinov [1929] 1975: 56; Herv. im Orig.)

Ideologie wird somit durch Zeichengebrauch hergestellt, umgekehrt ist jeder **Sprachgebrauch mit Ideologie verbunden:**

> „In der Tat, die sprachliche Form tritt dem Sprechenden [...] nur im Kontext bestimmter Äußerungen, und folglich nur in einem bestimmten ideologischen Kontext gegenüber. Wir sprechen in Wirklichkeit keine Wörter aus und hören keine Wörter, sondern hören Wahrheit oder Lüge, Gutes oder Schlechtes, Wichtiges oder Unwichtiges, Angenehmes oder Unangenehmes usw. *Das Wort ist immer mit ideologischem oder aus dem Leben genommenem Inhalt und Bedeutung erfüllt.* Als solches verstehen wir es, und nur, wenn es uns ideologisch oder im Zusammenhang mit unserem Leben berührt, beantworten wir es." (Vološinov [1929] 1975: 126; Herv. im Orig.)

Dem liegt ein **weiter Ideologiebegriff** zugrunde, der Ideologie im Wesentlichen als Sinnstiftung (Befüllen von Handlungen mit sozialer Bedeutung) versteht, unabhängig davon, wie man diese Sinnstiftung bewertet. Wir werden später sehen, dass die metapragmatische und kritische Soziolinguistik diesen weiten, nicht abwertenden Ideologiebegriff übernimmt (s. Abschn. 7.5.4). Vološinov selbst tritt damit übrigens in direkte Konfrontation mit der in der Sowjetunion seinerzeit dogmatischen (von Stalin gestützten; vgl. Stalin [1950] 1952) Sprachtheorie, die den mit 40 Jahren an Tuberkulose verstorbenen Sprachwissenschaftler erheblichem politischem Druck aussetzte (s. Abschn. 4.1; vgl. zur Biographie Grillo/Américo 2017).

Ein zweiter wichtiger Referenzautor ist der italienische Philosoph, Journalist und Politiker Antonio Gramsci (1891–1937). Er beschäftigt sich in seinen umfangreichen „Gefängnisheften" (Gramsci [1975] 1991–2002) unter anderem mit der Frage, wie bestimmte Ideologien sich durchsetzen und eine, wie Gramsci es nennt, ‚**hegemoniale' Position** erlangen können (s. dazu ausführlicher Abschn. 7.5.1). Ähnlich wie Vološinov betont auch Gramsci, dass Ideologien das Produkt sozialen Handelns und sozialer Aushandlung (in einem Feld von Macht) sind, und ähnlich wie Vološinov rechnet auch er dabei Sprache eine zentrale Rolle zu, denn Sprache wird als Trägerin von Ideologien für Gramsci zu einem wesentlichen Mittel, um bestimmte Ideologien hegemonial zu verfestigen (vgl. dazu Ives/Lacorte 2010).

Wie schon Vološinov verortet Gramsci Ideologie nicht, wie es das marxistische Basis-Überbau-Schema vorsieht (s. Vertiefungskasten), im Reich der vom Bürgertum dominierten Ideen, dem ‚Überbau' (ital. ‚sovrastruttura'), sondern zentral in den sozialen, materiellen Praktiken, die dem Schema zufolge in der ‚Basis' (ital. ‚struttura') zu verorten wären. Dies verdeutlicht Gramscis Konzept der **„ideologischen Struktur"** (‚struttura ideologica' = ‚ideologische Basis'). Zu ihr zählt Gramsci die gesellschaftlichen Institutionen und Organisationen, welche „die öffentliche Meinung direkt oder indirekt beeinflu[ssen] oder beeinflussen [können] […]: die Bibliotheken, die Schulen, die Zirkel und Clubs unterschiedlicher Art, bis hin zur Architektur, zur Anlage der Straßen und zu den Namen derselben" (Gramsci [1975] 1991–2002: Bd. 2, H. 3, § 49, 374). Diese, so Gramsci, vermitteln Akteur*innen Ankerpunkte für gesellschaftliches Handeln und erlauben es ihnen somit, sich mit ihren Werten und Einstellungen im sozialen Raum zu positionieren.

Basis und Überbau
Das auf Karl Marx und Friedrich Engels zurückgehende Begriffspaar ‚Basis' und ‚Überbau' ist Teil der marxistischen Sozialtheorie, der zufolge eine Gesellschaft unterteilt werden kann in eine ökonomische Struktur bzw. Basis (in der die materiellen Produktionskräfte walten) und einen ideologisch-geistigen Überbau (in der der Staat, die Kultur, die Politik, Religion, Philosophie und andere ‚nicht-materielle' Kräfte verortet werden). Materielle und geistige Kräfte werden somit in zwei ‚dialektisch' in Beziehung stehende Sphären getrennt. Die Basis dominiert hierbei nach klassisch-marxistischer

> Theorie den Überbau, d. h. die materiellen Kräfte sind in einer Gesellschaft entscheidend und bestimmen deren geistige und kulturelle Leistungen (sog. ‚Materialismus').

Ganz ähnlich argumentiert ein dritter wichtiger postmarxistischer Theoretiker, der Franzose Louis Althusser (1918–1990). Er postuliert, dass Ideologien eng an soziale Praktiken gekoppelt sind, welche einerseits Ideologien produzieren bzw. verfestigen, anderseits aber auch selbst in institutionalisierte ideologische Strukturen (**„ideologische Apparate"**) eingebettet sind:

> „In Bezug auf ein Subjekt (ein beliebiges Individuum) werden wir also sagen, daß die Existenz der Ideen seines Glaubens materiell ist, *insofern seine Ideen seine materiellen Handlungen sind, die in materielle Praxen eingegliedert und durch materielle Rituale geregelt sind, die ihrerseits durch den materiellen ideologischen Apparat definiert werden, dem die Ideen dieses Subjekts entstammen.*" (Althusser [1970] 1977: 139; Herv. im Orig.)

Das **Subjekt** ist dabei kein individuell souveränes Wesen, sondern es wird zum Subjekt erst dadurch, dass der ideologische Apparat es in einer bestimmten Art und Weise adressiert (‚anruft'):

> „Wir behaupten [...], daß die Ideologie in einer Weise ‚handelt' oder ‚funktioniert', daß sie durch einen ganz bestimmten Vorgang, den wir *Anrufung* (interpellation) nennen, aus der Masse der Individuen Subjekte ‚rekrutiert' (sie rekrutiert sie alle) oder diese Individuen in Subjekte ‚transformiert' (sie transformiert sie alle). Man kann sich diese Anrufung nach dem Muster der einfachen und alltäglichen Anrufung durch einen Polizisten vorstellen: ‚He, Sie da!' Wenn wir einmal annehmen, daß die vorgestellte theoretische Szene sich auf der Straße abspielt, so wendet sich das angerufene Individuum um. Durch diese einfache physische Wendung um 180 Grad wird es zum Subjekt. Warum? Weil es damit anerkennt, daß der Anruf ‚genau' ihm galt und daß es ‚gerade es war, das angerufen wurde' (und niemand anderes)." (Althusser [1970] 1977: 142–143; Herv. im Orig.)

Ideologien machen demzufolge aus Individuen Subjekte, indem sie diesen im sozialen Raum bestimmte Rollen zuweisen und es mithin ermöglichen, sie in einer bestimmten Art zu ‚erkennen', ‚anzuerkennen' und ‚wiederzuerkennen' (Althusser [1970] 1977: 141). Darin liegt nach Althusser auch die zentrale Leistung von Ideologie: dass wir jemanden oder etwas *als* jemand oder etwas erkennen und **fraglos akzeptieren**. Das heißt, wie Althusser es formuliert, wir haben „die unvermeidliche und natürliche Reaktion (laut oder in der ‚Stille des Bewußtseins') auszurufen: ‚Das ist evident! Genau so ist es! Das ist wahr!'" (Althusser [1970] 1977: 141).

Der letzte wichtige Theoretiker, der hier kurz angeführt werden soll, wurde in Abschn. 2.1.3 bereits diskutiert: der argentinische Politikwissenschaftler Ernesto Laclau (1935–2014). Er verbindet Ideologie mit **Diskurs** und mit der poststrukturalischen Idee der sozialen Konstruiertheit der Wirklichkeit (s. Abschn. 7.2.3).

Laclau versteht Ideologie nicht nur als unumgängliches Phänomen in Gesellschaften, sondern als **Voraussetzung für die Existenz von Gesellschaften**. Die

Welt, so Laclau, sei insgesamt so komplex und vieldeutig, dass es eines Filters bedürfe, der den sozialen Akteuren aus der Unendlichkeit von Deutungsmöglichkeiten bestimmte Deutungsmöglichkeiten herausgreife, die ‚wahrer' sind als die anderen. Gäbe es diesen Filter nicht, wäre Erkenntnis und Austausch nicht möglich, Menschen wären nicht handlungsfähig: „A discourse in which meaning cannot possibly be fixed is nothing else but the discourse of the psychotic" (Laclau 1990: 90).

Genau diese **Filterfunktion** böten Ideologien. Durch die von ihnen selektierten Annahmen, Normen, Erwartungen werde eine Gesellschaft zusammengehalten, durch sie einige sie sich auf bestimmte Deutungen der Welt, wodurch die Welt feste, greifbare Konturen bekomme:

> „The ideological would consist of those discursive forms through which a society tries to institute itself as such on the basis of closure, of the fixation of meaning, of the non-recognition of the infinite play of differences." (Laclau 1990: 92)

Dieses Verständnis von Ideologie ist für die kritische und metapragmatische Soziolinguistik deshalb wichtig, weil Ideologie in den hier vorgestellten Theorien – und besonders zugespitzt bei Laclau – zu einer fundamentalen und **produktiven Kraft** wird: Wir brauchen Ideologien, um in der Welt und in Gesellschaften existieren und miteinander interagieren zu können. Ideologien bieten uns Halt und Orientierung, und sie machen uns die Welt und uns selbst les- und interpretierbar. Dies gilt, wie wir weiter unten sehen werden (s. Abschn. 7.3.2 und 7.5.4), nach metapragmatischem Verständnis auch für Sprachideologien: Ohne sie wäre Sprache gesellschaftlich nicht ‚brauchbar'.

7.2.3 Poststrukturalismus

Neben den Theorien des Postmarxismus ist die kritische Soziolinguistik auch von Arbeiten aus dem sogenannten Poststrukturalismus geprägt, dessen einflussreichster Vertreter (neben anderen französischen Intellektuellen wie Jacques Derrida und Jacques Lacan, die in der Soziolinguistik weniger stark rezipiert wurden; vgl. Angermüller 2007) der französische Philosoph Michel Foucault (1926–1984) ist, auf den sich die folgenden Ausführungen beschränken. Foucaults Werk ist so vielschichtig und komplex wie seine Rezeption. An dieser Stelle kann daher nur ein sehr kleiner und äußerst selektiver Einblick gewährt werden (vgl. für Details Spitzmüller/Warnke 2011: 65–78; Parr/Schneider/Kammler 2008).

Das am stärksten mit Foucault assoziierte und in der Linguistik am intensivsten rezipierte Konzept ist **Diskurs**. Foucault bestimmt diesen etwas kryptisch als „eine Menge von Aussagen, die einem gleichen Formationssystem zugehören" (Foucault [1969] 1981: 156). Ein ‚Formationssystem' ist dabei charakterisiert als

> „ein komplexes Bündel von Beziehungen [...], die als Regel funktionieren: Es schreibt das vor, was in einer diskursiven Praxis in Beziehung gesetzt werden mußte, damit diese sich auf dieses oder jenes Objekt bezieht, damit sie diese oder jene Äußerung zum Zuge

bringt, damit sie diesen oder jenen Begriff benutzt, damit sie diese oder jene Strategie organisiert." (Foucault [1969] 1981: 108)

Was gesagt wir und *wie* etwas gesagt wird, ist demzufolge nicht zufällig. Es ist geprägt von den **Regeln des Diskurses,** der eine „stets endliche und zeitlich begrenzte Menge allein der linguistischen Sequenzen [umfasst], die *formuliert* worden sind; sie können durchaus zahllos sein, sie können durch ihre Masse jede Kapazität der Aufnahme-, Gedächtnis- oder der Lesekapazität überschreiten: Sie bilden dennoch eine endliche Menge" (Foucault [1968] 2001: 899; Herv. J. S.).

Sprechen im Kontext von Gesellschaften, heißt das, ist **Begrenzungen** unterworfen. Diese Begrenzungen legen fest, was in einer bestimmten Gesellschaft gesagt werden kann, wie es gesagt werden muss (um gehört zu werden) und wer es sagen darf. Sie sind nicht unbedingt als Zwangsmechanismus im Sinne einer Zensur zu verstehen. Sie erscheinen Gesellschaftsmitgliedern vielfach ‚natürlich' und ‚richtig', vielleicht sogar ‚alternativ-' und ‚fraglos'. Und ähnlich wie Laclau, welcher stark von Foucault geprägt ist, spricht Foucault diesen Begrenzungen auch eine wichtige produktive Funktion zu, da ohne sie Handeln gar nicht sinnvoll möglich wäre (der Diskurs schränkt Akteure nicht nur ein, er ‚führt' sie auch; vgl. Foucault [1982] 1994a: 255; s. auch Abschn. 7.5.1).

In dezidierter Opposition zur Generativen Grammatik, die postuliert, dass die Sprachkompetenz eine Produktion beliebiger Aussagen mit begrenzten Mitteln ermögliche, geht es Foucault also gerade darum zu zeigen, dass Aussagemöglichkeiten gesellschaftlich begrenzt sind:

„Die von der [generativen; Anm. J. S.] Sprachanalyse in Bezug auf eine beliebige diskursive Tatsache gestellte Frage lautet stets: gemäß welcher Regeln wurde eine bestimmte Aussage gebildet und gemäß welcher Regeln könnten folglich andere ähnliche Aussagen gebildet werden. Die Beschreibung des Diskurses stellt eine ganz andere Frage: Wie kommt es, dass eine bestimmte Aussage und keine andere an ihrer Stelle aufgetreten ist?" (Foucault [1968] 2001: 899)

Foucault geht es dabei auch darum zu zeigen, was in einer bestimmten Gesellschaft bzw. von bestimmten Gesellschaftsmitgliedern als ‚wahr' oder ‚gewiss' angesehen wird. Foucault nennt dies **‚Wissen':**

„Das Wort *Wissen* wird also gebraucht, um alle Erkenntnisverfahren und -wirkungen zu bezeichnen, die in einem bestimmten Moment und in einem bestimmten Gebiet akzeptabel sind." (Foucault [1990] 1992: 32; Herv. im Orig.)

Dieses Wissen bestimmt, wie Menschen die Welt wahrnehmen und wie sie in der Welt handeln. Wissen bestimmt aber auch, wer in einer Gesellschaft ‚das Sagen' hat, also **Macht** besitzt, denn Wissen ist mit Geltungsansprüchen verbunden (s. Abschn. 7.5.1).

Weiterhin bestimmt das diskursive Wissen auch, wie Menschen sich selbst und andere als **Subjekte** wahrnehmen. Ähnlich wie Althusser (dessen Schüler er war) versteht Foucault Subjekte dabei nicht als souveräne Individuen, sondern als Produkte des Diskurses, welcher Akteur*innen Subjektpositionen zuweist (vgl. Albert 2008).

Foucaults Diskurskonzept, aber auch sein Wissens-, Macht- und Kritikbegriff (s. Abschn. 7.5.1 und 7.5.2) sowie sein Konzept der Subjektivierung (die diskursive Konstruktion des Subjekts) haben die kritische Soziolinguistik nachhaltig geprägt.

7.2.4 Post- und Dekoloniale Theorie

Unter der Bezeichnung ‚postkoloniale' bzw. neuerdings ‚dekoloniale Theorie' (vgl. zur wissenschaftspolitisch brisanten Differenzierung Boatcă 2016; Castro/Dhawan 2020: 330–338) versammelt man mitunter sehr unterschiedliche Zugänge, die sich kritisch mit dem **Kolonialismus** und seinen Folgen auseinandersetzen (vgl. zur Vertiefung Castro/Dhawan 2020).

Die Wurzeln der postkolonialen Theorie liegen in der **Literaturwissenschaft,** aus der das weithin rezipierte Buch *Orientalism* des pakistanisch-amerikanischen Autors Edward Said ([1978] 2012) kommt, welches häufig als erstes Werk der postkolonialen Theorie verstanden wird (ungeachtet wichtiger Vorläufer wie etwa Frantz Fanon [1952] 2020). Andere wichtige Theoretiker*innen sind etwa Gayatri Chakravorty Spivak ([1988] 2020), Homi Bhabha ([1994] 2000) und Achille Mbembe ([2013] 2014). Viele Theoretiker*innen des Post- und Dekolonialismus sind in ehemals kolonialisierten Ländern sozialisiert oder haben aufgrund ihrer eigenen Migrationsgeschichte oder der ihrer Familien Diskriminierung erfahren.

Gemeinsam ist den Arbeiten zum einen, dass sie, wie bereits erwähnt, die gravierenden **Folgen des Kolonialismus** für die kolonialisierten Personen und Gemeinschaften kritisch diskutieren. Der Postkolonialismus ist insofern auch eine „Widerstandsform gegen die koloniale Herrschaft und ihre Konsequenzen" (Ismail 2015: 59). Zum andern ist ihnen gemeinsam, dass sie **eurozentrische Perspektiven** – auch in der Wissenschaft – kritisch in den Blick nehmen. Das schließt etwa Konzepte von ‚Modernisierung' ein, die die Entwicklung der Welt als eine Entwicklung hin zu Gesellschaften nach westlichem Vorbild betrachten (zu deren Charakteristika beispielsweise auch standardisierte Nationalsprachen zählen; vgl. Kößler 2016), aus der europäischen Frühmoderne stammende Konzepte von Sprache (vgl. Gal 2006; Makoni 2011; s. Abschn. 7.3.2) oder Kultur (vgl. Trouillot 2003; Spitzmüller 2017) sowie in der europäischen Tradition verwurzelte wissenschaftliche Theorien und Verständnisse von Wissenschaft. Besonders kritisch betrachtet die postkoloniale Theorie von Beginn an, wenig überraschend, den in europäischer Tradition (unter nicht unerheblicher Beteiligung der Sprachwissenschaft; vgl. Römer 1985) entstandenen Rassismus (vgl. Hill 2008; Reyes/Lo 2008; Alim/Rickford/Ball 2016).

Soziale Ungleichheit spielt in der postkolonialen Theorie somit von Anfang an eine zentrale Rolle:

> „The postcolonial has always been concerned with interrogating the interrelated histories of violence, domination, inequality, and injustice, with addressing the fact that, and the

reasons why, millions of people in this world still live without things that most of those in the West take for granted. Clean water, for example." (Young 2012: 20)

Häufig wurden dabei anfangs einzelne Ungleichheitsfaktoren (wie Ethnie) hervorgehoben. Dies hat zu einer kritischen Debatte geführt, inwieweit die Fokussierung auf einzelne Diskriminierungsfaktoren andere ausblende. Unter dem Stichwort **Intersektionalität** wird versucht, dem entgegenzuwirken und die Komplexität sozialer Ungleichheit zu verdeutlichen.

▶ Als ‚**Intersektionalität**' wird das Zusammenwirken (‚sich Überkreuzen') mehrerer Faktoren sozialer Ungleichheit (bspw. Ethnie, Geschlecht, soziale Herkunft, körperliche Beeinträchtigung) bezeichnet. Zentral ist dabei der Gedanke, dass sich solche Ungleichheitsfaktoren nicht einfach nur addieren, sondern im Sinne einer Ganzheit, die mehr ist als die Summe ihrer Teile (sog. ‚Übersummativität'), zu eigenständigen Diskriminierungserfahrungen führen. Zur Vertiefung vgl. Castro/Dhawan (2020: 311–320).

Für die kritische Soziolinguistik sind Post- und Dekolonialismus aus verschiedenen Gründen erkenntnistheoretisch wichtig:

1. Hier werden Faktoren (auch sprachlich bedingter) **sozialer Ungleichheit** zentral diskutiert, die gerade in modernen (mobilen) Gesellschaften (und keineswegs nur in den ehemals kolonialisierten Ländern) von großer Bedeutung sind (s. Abschn. 7.3.4).
2. Die post- und dekoloniale Theorie bietet der kritischen Soziolinguistik, die wie die Soziolinguistik generell stark auf europäischen und nordamerikanischen Theorien und Konzepten gründet, wichtige **alternative Perspektiven** und die Möglichkeit, die (Allgemein-)Gültigkeit jener Theorien kritisch zu hinterfragen (vgl. Pennycook 2001: 67–68).
3. Ein postkolonialer Blick ist auch deshalb wichtig, weil die Soziolinguistik selbst (wie die Sprachwissenschaft als Ganzes) sehr stark in einer mit dem Kolonialismus verbundenen Tradition steht (s. Abschn. 4.2.2). Und diese nimmt die kritische Soziolinguistik als eine Disziplin, die auch die eigene Positioniertheit (‚**Positionalität**') kritisch reflektieren will, (selbst-)kritisch in den Blick (vgl. bspw. Errington 2008; Heller/McElhinny 2017; s. Abschn. 7.3.3).

▶ Als ‚**Positionalität**' (eng. *positionality*) bezeichnet man den (zu reflektierenden und darzulegenden) Standpunkt der forschenden Person in Relation zum Forschungsobjekt, dem Thema und der in der Forschung involvierten Personen und Organisationen. Unterschieden werden dabei verschiedene Faktoren der Positioniertheit, etwa inwieweit Forschende ‚Insider' oder ‚Outsider' einer beforschten Gruppe sind oder wie die Machtverhältnisse zwischen Forschenden und in Forschung Involvierten verlaufen. Zur Vertiefung vgl. Rowe (2014).

7.2.5 Kritische Diskursforschung

Die kritische Diskursforschung (*Critical Discourse Studies,* kurz CDS) hat sich ab den 1970er Jahren in England – zunächst als **Critical Linguistics** (CL; bspw. Fowler u. a. 1979), ab Mitte der 1980er Jahre als **Critical Discourse Analysis** (CDA; Fairclough 1985) – entwickelt (vgl. Wodak 2006). Ab Mitte der 1980er Jahre sind weitere Zentren dieser Schule in den Niederlanden (vgl. van Dijk 1993) sowie in Deutschland (vgl. Jäger 1992, 1999) und Österreich (Wodak u. a. 1990, 1998) entstanden, die bald eng zusammengearbeitet haben (zur Forschungsgeschichte vgl. Wodak/Meyer 2016a). Seit einigen Jahren hat sich die neue Bezeichnung *kritische Diskursforschung,* die neben der Analyse auch die Theorie einschließt, weitgehend durchgesetzt.

All diese Schulen sind in Reaktion auf **gesellschaftliche und politische Entwicklungen** entstanden, zu denen die Vertreter der CDS kritisch Stellung beziehen wollten (in England etwa die Politik der damaligen Premierministerin Margret Thatcher, in Österreich die Affäre um den Präsidentschaftskandidaten und späteren Bundespräsidenten Kurt Waldheim). Aus einer unverkennbar linken politischen Perspektive heraus hat man deutlich Position bezogen und hierbei insbesondere herausgearbeitet, wie sich als problematisch erachtete Entwicklungen (bspw. Alltagsrassismus, Diskriminierung von Minderheiten, Relativierung des Nationalsozialismus, Neoliberalismus, Globalisierung) sprachlich niederschlagen bzw. wie Sprachgebrauch sie vorantreibt.

In deutlicher Opposition zur damals sich weithin als ‚objektiv' und ‚deskriptiv' verstehenden Sprachwissenschaft, die politische Stellungnahmen weitgehend zu vermeiden versuchte, positionierten sich die kritischen Diskursforscher*innen explizit als **überzeugt politisch**: „CDA is biased – and proud of it" (van Dijk 2001: 96).

In den methodisch und theoretisch sehr unterschiedlichen, aber eng kooperierenden ‚Schulen' der CDS, die durch internationale Tagungen, Publikationen und eigene Fachzeitschriften wie *Discourse & Society* und *Discourse Studies* (beide seit 1990) schnell in der Sprachwissenschaft eine bedeutende Stellung erarbeiten konnten, wurde ein reiches Set an **Methoden** zur Analyse von Diskursen (s. Abschn. 7.4.4) entwickelt, mit denen unter anderem Wortgebräuche (etwa sog. *Stigmawörter,* mit deren Hilfe Personen oder Gruppen abgewertet werden sollen), Metaphern, Argumentationen, Benennungen von Personen und Gruppen sowie auch sog. multimodale Darstellungen (Verwendung von Bildern, Layout, Typographie usw.) systematisch analysiert werden können (einen guten Überblick geben Wodak/Meyer 2016b).

Da die kritische Diskursforschung Sprachgebrauch in Gesellschaften und die Auswirkungen von Sprachgebräuchen auf Gesellschaften kritisch in den Blick nimmt, kann sie als eine **eigene soziolinguistische Variante** bezeichnet werden (und viele kritische Diskursforscher*innen verstehen die CDS auch als Teil der Soziolinguistik). Die kritische Soziolinguistik, um die es in diesem Kapitel geht, hat vielfach Ideen und Konzepte aus der CDS übernommen (vgl. Mesthrie/Deumert 2009: 315–325; Heller/Pietikäinen/Pujolar 2018: 198). Sie formuliert aber auch deutlich Kritik an der zu wenig reflektierten Position, die viele kritische Diskursforscher*innen nach Ansicht mancher kritischer Soziolinguist*innen einnehmen, und den zu starken Vorannahmen, mit denen sie an Diskurse herantreten (vgl. etwa Pennycook 2001: 36–41/78–100; Blommaert 2005: 21–38).

7.3 Forschungsinteressen und Grundannahmen der kritischen und metapragmatischen Soziolinguistik

Im Folgenden werden nun die wichtigsten Annahmen und Interessen der kritischen und metapragmatischen Soziolinguistik vorgestellt. Wie zu sehen sein wird, schließen sie vielfach an die der skizzierten Vorläuferdisziplinen an. Die in Abschn. 7.1 identifizierten Unterschiede zu anderen Varianten der Soziolinguistik werden im Verlauf der Ausführungen ebenfalls noch deutlicher sichtbar werden. Diese betreffen insbesondere die Rolle von Sprache (s. Abschn. 7.3.1) und Sprachbewertungen (s. Abschn. 7.3.2), die soziale Einbettung sprachwissenschaftlichen Arbeitens (s. Abschn. 7.3.3) sowie die Bedeutung, die neueren Prozessen der (globalisierungsbedingten) Mobilität für Sprachwandel und Sprachgebrauch zugeschrieben wird (s. Abschn. 7.3.4).

7.3.1 Sprache macht den Unterschied

Die erste Grundannahme der kritischen und metapragmatischen Soziolinguistik wurde in Abschn. 7.1 bereits eingeführt. Da sie insbesondere für die kritische Soziolinguistik jedoch so zentral ist, wird sie hier noch einmal aufgegriffen und rekapituliert. Die Rede ist von der Annahme, dass Sprache Menschen nicht nur verbindet, sondern auch trennt. **Sprache schafft Unterschiede** bzw., soziologisch gesprochen, soziale Ungleichheit (s. Abschn. 7.5.1). Wie Heller, Pietikäinen und Pujolar in ihrer Einführung in Methoden der kritischen Soziolinguistik ausführen:

> „It is [...] puzzles around language, power, and society that we are interested in. We see [...] evidence that language matters. It is connected to how we construct social differences and how social and political life is organized around them. These differences (whether understood as national, ethnolinguistic, racialized, gendered, sexualized or anything else) are bound up with the processes through which we make and rationalize inequality. We conceptualize and make sense of the world around us through language, and we negotiate our relationships with others through language. Who we are considered to be, and who we can become, are language matters. And who we can become is all about our access to things that matter: political power, economic resources like jobs, education, social status or cultural resources like stories, songs and art." (Heller/Pietikäinen/Pujolar 2018: 1)

Wie bereits angesprochen schließt dies teilweise an Konzepte der frühen Soziolinguistik an und setzt sich von späteren Entwicklungen ab, in denen gegen eine unterstellte ‚**Defizithypothese**' dieser frühen Formen eine ‚**Differenzkonzeption**' in Stellung gebracht wird, die die funktionale Gleichwertigkeit von Sprachen bei sozialer bzw. kultureller Differenz betont (s. Abschn. 4.4).

7.3 Forschungsinteressen und Grundannahmen der kritischen ...

Diesem (wie wir gesehen haben: von den Vertreter*innen der ‚Differenzkonzeption' konstruierten) Oppositionspaar stellt die kritische Soziolinguistik zuweilen ein drittes Konzept an die Seite: die **Dominanzhypothese** (vgl. Uchida 1992; Pennycook 2001: 151–155; Kachru 2007; Heller/McElhinny 2017: 214–219), der zufolge Sprachen (oder auch Sprachgebrauchsformen) in spezifischen Kontexten unterschiedliches Prestige haben und damit in bestimmten sozialen Settings Dominanz erzeugen können. Damit richtet man sich gegen die auch von der interaktionalen Soziolinguistik geteilte Annahme, dass sprachliche bzw. Sprachgebrauchsunterschiede zwischen sozialen Gruppen schlicht auf kulturelle Differenzen bzw. divergierendes kommunikatives Wissen zurückzuführen seien. Uchida (1992) etwa diskutiert dies am Beispiel des Sprachgebrauchs und Sprachverhaltens von Männern und Frauen und der interaktionalsoziolinguistischen Hypothese von Tannen ([1990] 2001), der zufolge Männer und Frauen aufgrund unterschiedlicher kultureller Hintergründe bzw. differierender kommunikativer Erwartungen in Kommunikationskonflikte kämen. Eine solche Ansicht überdecke, dass Differenz nicht einfach unabhängig vom sozialen Verhalten gegeben sei (‚Frauen/Männer sind halt so'), sondern in kommunikativer Praxis gemacht werde. Ähnlich argumentiert Morgan (1994) mit Blick auf Labovs (bspw. 1972) Darstellung der (seiner Meinung nach [sub-]kulturell bedingten) Differenz zwischen (Sprecher*innen von) *African American Vernacular English* und *Standard American English*.

Differenz spielt dabei weiterhin eine wichtige Rolle – allerdings weniger, wie im Fall der ‚Differenzkonzeption', im Sinne eines schlichten Sich-voneinander-Unterscheidens funktional prinzipiell gleichwertiger Varietäten, sondern im Sinne einer wertenden und folgenreichen Differenzierung im sozialen Gefüge. Diese Wertungen verlaufen, wie die metapragmatische Soziolinguistik betont, anhand von semiotischen ‚Differenzierungsachsen' (Gal/Irvine 2019: 9, s. Abschn. 7.5.3), entlang derer Kommunikationsakteur*innen aufgrund ihres Sprachgebrauchs (oder allgemeiner: Zeichengebrauchs) sozialen Kategorien zugeordnet werden:

> „[C]onceptions of language and linguistic practices – indeed of communication more broadly – depend on *differentiations*: the differentiations among signs, among people's social positions and historical moments, and among the projects people undertake." (Gal/Irvine 2019: 1; Herv. im Orig.)

Entsprechend interessiert man sich dafür, wie es zu solchen wertenden Differenzierungen von Sprache, Sprachgebrauch und Kommunikationsakteur*innen kommt, wie sie sich verändern und nicht zuletzt, welche Folgen sie für Gesellschaftsmitglieder haben:

> „How is difference made, in language and social life – and to what ends? How and why is it unmade? What difference does difference make? This book asks how we should understand differentiation in language and communication within a world of human social relations and action. We attend to processes of fission and fusion that create and organize difference; how people conceive of it and work with it; and how they relate it to their activities, relations of power, and institutions. Differentiation is a process, not a matter of units. In addressing how people conceive of difference – in linguistic and social practices – we look to the ideological processes that both pervade and inform social action, not to ideologies as doctrines." (Gal/Irvine 2019: 1)

Ein Konzept, das in diesem Zusammenhang zentral wird, ist – wie das Zitat auch zeigt – ‚Ideologie'.

7.3.2 Sprache als ideologisches Konstrukt

„It may seem odd to say so, but ‚language' was invented in Europe", postuliert die eben schon zitierte Sprachanthropologin Susan Gal (2006: 14). Und sie führt aus:

> „Speaking is a universal feature of our species, but ‚language' as first used in Europe and now throughout the world is not equivalent to the capacity to speak, but presumes a very particular set of features. Languages in this limited sense are assumed to be nameable (English, Hungarian, Greek), countable property (one can ‚have' several), bounded and differing from each other, but roughly inter-translatable, each with its charming idiosyncracies that are typical of the group that speaks it. The roots of this language ideology go back to the European Enlightenment and the Romantic reaction that followed." (Gal 2006: 14)

Die auf den ersten Blick erstaunliche Behauptung, dass **‚Sprache' eine Erfindung** sei, wird verständlich, wenn man bedenkt, dass Gal dabei vor allem eine bestimmte (allerdings sehr wirkmächtige) Vorstellung von ‚Sprache' meint: das Konzept von ‚Sprache' als einer klar abgrenzbaren (Deutsch vs. Englisch vs. Spanisch), zählbaren Einheit (‚es gibt' oder ‚man spricht X Sprachen'), die in der Regel an Nationen (oder jedenfalls an bestimmte Sprecher*innengruppen) gekoppelt wird (Deutsch als Sprache Deutschlands). Dieses Konzept von Sprache – und das, was man im Alltag heute meist ‚Sprache' nennt – ist, wie Gal zu Recht anmerkt, tatsächlich das Ergebnis eines historischen Prozesses. Die Idee von Sprachen als abgrenzbaren Einzelsprachen ist im Zusammenhang mit den Bemühungen, Staaten als soziale Gebilde zu begründen und zu begrenzen, entstanden (vgl. auch Blommaert 2006: 512). Sprachen wurde dabei eine hoch politische Funktion (als ‚verbindendes Element' innerhalb und ‚trennendes' zwischen den entstehenden Nationen) zugeschrieben (vgl. Gardt 2000).

Aus soziolinguistischer Sicht sind solche Vorstellungen von Sprachen als klar abgrenzbaren Entitäten (man nennt Vorstellungen dieser Art auch **‚essentialistisch'**) problematisch, denn Sprachen haben aus sprachwissenschaftlicher Sicht weitaus unschärfere Konturen als es essentialistische Sprachkonzepte postulieren (vgl. Spitzmüller 2005: 312–318). So sind Sprachen nach soziolinguistischer Vorstellung nicht nur genuin heterogene (intern variable) Phänomene (s. Kap. 3), auch die Grenzen zwischen Einzelsprachen verlaufen vielfach sehr viel gradueller als es das Konzept abgrenzbarer Sprachen nahelegt (vgl. Raible 1999; Riehl 1999, 2014). Auch die Frage, wie und ob man Sprachen zählen kann, ist aus soziolinguistischer Sicht schwierig, da sie davon abhängt, was man als (eigenständige) Sprache zählt, und dies ist (wie etwa das Beispiel Serbisch vs. Bosnisch vs. Kroatisch vs. Montenegrinisch zeigt) vielfach eher eine politische als eine linguistische Frage, und sie ist davon abhängig, wo man die Grenze zwischen (Standard-)Sprachen und Varietäten (etwa Dialekten) zieht, eine Entscheidung, die zu Teilen ebenfalls stark politisch geprägt ist (vgl. Busch/Kelly-Holmes 2004; Kamusella 2012; Busch 2015; s. auch Abschn. 7.6.1).

Oft wird als ‚Sprache' in dem Zusammenhang nur eine Sprache mit (wenigstens) einer **Standardvarietät** bzw. sogar nur diese Standardvarietät (s. Abschn. 3.1.2) verstanden, eine Varietät, wie es Max Weinreich (1945: 13) formuliert hat, mit einer Armee und einer Flotte („a shprakh iz a dialekt mit an armey un flot"). Vor diesem Hintergrund wurden beispielsweise afrikanische Sprachen ohne Standardvarietät aus der Kolonialperspektive lange nicht als **‚echte' oder ‚richtige' Sprachen** betrachtet (vgl. Irvine/Gal 2000), und es war das Ziel der westlichen ‚Modernisierungspolitik', solche ‚entwicklungsbedürftigen' Staaten mit ‚echten' (standardisierten) Sprachen auszustatten (s. Abschn. 4.2.2).

Wenn die kritische und metapragmatische Soziolinguistik darauf hinweisen, dass ‚Sprachen' ideologische Konstrukte sind, will man damit nicht sagen, dass Sprachen (in dem beschriebenen Sinne) nicht existieren. Im Sinne des Thomas-Theorems, dem zufolge **interpretative Konstrukte soziale Wirkung** haben (s. Abschn. 2.1.3), geht man vielmehr davon aus, dass ideologische Konstrukte von Sprache für den Gebrauch von und Umgang mit Sprache sowie auch gesellschaftlich und politisch hochgradig bedeutsam sind. Deshalb bilden Sprachreflexion und Sprachideologien (s. Abschn. 7.5.4) für die kritische und metapragmatische Soziolinguistik einen zentralen Forschungsgegenstand.

Michael Silverstein (1985: 220–221) geht sogar so weit zu konstatieren, dass ohne die Erforschung solcher ideologischen Konstrukte (und ihrer Wirkung) ein vollständiges Verständnis von Sprache gar nicht möglich ist. Der vollständige Gegenstand, mit dem sich Sprachwissenschaft zu beschäftigen habe (**„the total linguistic fact"**) umfasse das Sprachsystem („the structural"), den Sprachgebrauch („the pragmatic") und Sprachreflexion („the ideological"), und es sei die Aufgabe der Sprachwissenschaft zu beschreiben, wie diese drei Ebenen ‚dialektisch' aufeinander einwirken, wie also das Sprachsystem und der Sprachgebrauch von Sprachreflexion beeinflusst werden, umgekehrt sich aber bestimmte sprachsystematische Gegebenheiten oder Sprachgebräuche in Sprachreflexion bzw. Sprachbewertungen niederschlagen (für eine Visualisierung dieser „triple intersection" s. Abb. 7.1).

7.3.3 Die Sprachwissenschaft als soziale Akteurin

Da die kritische Soziolinguistik jedes Handeln und vor allem kommunikatives und sprachbezogenes Handeln als gesellschaftlich und kulturell (mit Foucault: ‚diskursiv') verwoben sowie durch bestimmte Perspektiven und Interessen (d. h., ideologisch) geprägt ansieht (übrigens in Einklang mit soziokulturellen Strömungen der Wissenschaftstheorie, vgl. Longino 2019), ist auch **wissenschaftliche Forschung** für die Disziplin **kein ‚neutrales' Unterfangen:**

> „[R]esearch is not socially and politically neutral, and neither are the methods and theories that we draw upon nor the knowledge we produce. This is the part of the critical aspect of research. It is not the place here to discuss in full how social science is inscribed

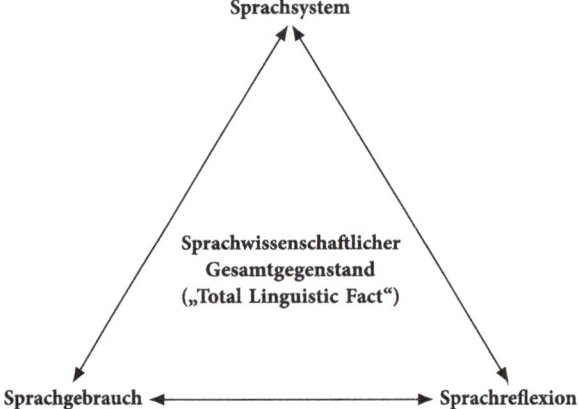

Abb. 7.1 „The total linguistic fact". (Nach Silverstein 1985: 220)

in the political and the economic, but we do believe that it is essential for us as scholars to accept what this implies: that our work is the product of specific socio-historical conditions that affect what we study, why, how and how it is received by others." (Heller/Pietikäinen/Pujolar 2018: 9)

Sprachwissenschaftliches Arbeiten ist demzufolge keine unschuldige Tätigkeit, die nach ‚objektiver Wahrheit' sucht, sondern eine Praxis von (gesellschaftlich relativ privilegierten) sozialen Akteur*innen, die einerseits durch persönliche Interessen, vielfach aber auch durch zufällige biographische Wendungen sowie durch ökonomische und wissenschaftspolitische Vorgaben und Möglichkeiten geleitet ist (akademischer Stellenmarkt, Beziehungen im Wissenschaftsfeld, Präferenzen der Drittmittelvergabe; vgl. dazu bereits Weber [1919] 1994; Fleck [1935] 1999: 90). Daher erfolgt Forschung immer aus spezifischen sozialen, biographisch und fachgeschichtlich geprägten Positionen heraus – Fleck ([1935] 1999) spricht von ‚Denkstilen' (vgl. Andersen u. a. 2018) –, nicht aus einem sozialen Vakuum (dem viel zitierten ‚Elfenbeinturm'). Auch sprachwissenschaftliche Aussagen zu Sprache sind nach metapragmatischen Verständnis perspektivisch (vgl. Silverstein 1979: 193), zumal dann, wenn Sprachwissenschaftler*innen als „ideology brokers" (Blommaert 1999a: 9; s. Abschn. 7.5.1) in sprachideologischen Debatten Stellung beziehen.

▶ Als ‚**sprachideologische Debatten**' bezeichnet man gesellschaftliche Auseinandersetzungen zu Fragen, die mit Sprache, Sprachen, Sprachgebräuchen oder Sprecher*innengruppen zu tun haben. Rezente Beispiele sind die Debatte um die Rechtschreibreform im Deutschen (vgl. Johnson 2005), zu Anglizismen (vgl. Spitzmüller 2005) oder zum gendersensitiven Sprachgebrauch. Zur Vertiefung vgl. Blommaert (1999b); s. auch Abschn. 7.5.1.

Weiterhin verweist man darauf, dass auch die **Wissenschaft selbst und einzelne Disziplinen** Ergebnis und Objekt gesellschaftspolitischer Prozesse sind. Das hat unter anderem damit zu tun, dass Wissenschaft finanziert werden muss. Dies geschieht einerseits aus der sog. ‚öffentlichen Hand' (staatliche Finanzierung von Hochschulen), andererseits durch öffentliche (‚gemeinnützige'), private und wirtschaftliche Stiftungen (sog. ‚Drittmittel'). Teildisziplinen wie die Angewandte Sprachwissenschaft (vgl. Berns/Matsuda 2010), die Psycholinguistik (vgl. Levelt 2013) und auch die Soziolinguistik (s. Abschn. 4.2.2) verdanken schon ihre Existenz im Wesentlichen einem politischen Verwertungsinteresse. Viele Themenbereiche des Fachs haben sich infolge weiterer politischer, gesellschaftlicher oder wirtschaftlicher Verwertungsinteressen (bspw. Fragen im Zusammenhang moderner Migrationsprozesse, s. Abschn. 7.3.4) herausgebildet bzw. zu zentralen und ‚förderungswürdigen' Themen entwickelt. Entsprechend ist auch das wissenschaftliche Handeln umgekehrt nicht folgenlos für die Gesellschaft – wissenschaftliches Arbeiten hat soziale Konsequenzen.

Für die kritische Soziolinguistik ist dies ein nicht zu vernachlässigender Aspekt des eigenen Arbeitens. Daher sieht sie es als eine wichtige Aufgabe, die eigene Fachgeschichte **kritisch zu reflektieren** (vgl. hierfür insbesondere Heller/McElhinny 2017), soziolinguistische Praktiken, Präferenzen und Positionierungen zum Gegenstand soziolinguistischer Untersuchungen zu machen (vgl. Mey 1985: 343; Cameron 1995; Spitzmüller 2019b, 2021, 2022) und die eigene Forschungstätigkeit sowie deren mögliche soziale Konsequenzen einer permanent kritischen Reflexion zu unterziehen (s. Abschn. 7.5.2). Dies ist auch methodisch bedeutsam (s. Abschn. 7.4.2).

7.3.4 Die Welt in Bewegung

Ganz im Sinne der in Abschn. 7.3.3 beschriebenen soziopolitischen Prägung wissenschaftlicher Forschung ist die kritische Soziolinguistik stark von den gesellschaftlichen Veränderungen der letzten Jahrzehnte geprägt, die häufig unter dem Namen ‚**Globalisierung**' zusammengefasst werden (vgl. Krossa 2018: 85–102): die zunehmende mediale und wirtschaftliche Vernetzung und Abhängigkeit vieler Teile der Welt sowie die gestiegene **Mobilität** (vgl. Krossa 2018: 150–155) vieler Menschen, die einerseits eine Mobilität von Privilegierten in Form von wirtschaftlich und tourimusbedingten Reisen ist (vgl. Jaworski/Thurlow 2010), andererseits (und dies auch als Spätfolge des Kolonialismus) eine Mobilität von Prekarisierten in Form armuts- und kriegsbedingter Flucht (vgl. Cölfen/Januschek 2016).

All dies hat der kritischen Soziolinguistik zufolge **gesellschaftlich** wie **sprachlich erhebliche Konsequenzen,** mit denen sich die Disziplin intensiv auseinanderzusetzen habe:

> „[C]ontemporary social changes are linguistically inflected in profound and complex ways. We argue that we are living in times in which the role of language is both extended

and intensified, as we try to manage globalized networks, develop niche products and niche markets, and engage increasingly in communication-centred service and knowledge work. Late capitalism and its emphasis on flexibility and mobility has also disrupted communities and created wealth disparities; reactions to these problems often focus on the contesting, making or maintaining of social differences linked to inequality through and about language. This is why it is especially crucial to study language critically now." (Heller/Pietikäinen/Pujolar 2018: 6)

Entsprechend untersucht die kritische Soziolinguistik die **sozialen Folgen,** die Globalisierungsprozesse und Mobilität für soziale Akteur*innen haben, sei es, dass ihre sprachlichen Ressourcen im Verlauf dieser Prozesse und Bewegungen ihren Wert einbüßen (vgl. Blommaert 2005: 78–83; s. Abschn. 7.5.1), sei es, dass sie sich bestimmte Ressourcen aneignen müssen, um ökonomischen oder politischen Erfordernissen gerecht zu werden (vgl. Flubacher/Duchêne/Coray 2018).

Weiterhin wird untersucht, welche Folgen die Mobilitätsbewegungen auf das soziolinguistische **Variationsspektrum** haben, inwieweit also Mehrsprachigkeit neue gesellschaftliche Relevanz bekommt, aber auch Druck ausgesetzt ist (vgl. Dorostkar 2013; Busch [2013] 2021), oder inwiefern sich im Zuge von Globalisierung und Mobilität neue Formen der sprachlichen Diversität – in digitalen Medien oder auch in bestimmten (v. a. urbanen) Lebensräumen – entwickeln. In dem Zusammenhang wurden Konzepte geprägt, die zu verdeutlichen versuchen, dass die gesellschaftspolitischen Veränderungen zu Formen sozialer und sprachlicher Diversität geführt haben, die eine neue Qualität darstellen, beispielsweise ‚**Superdiversität'**, ‚**Polylanguaging'**, ‚**Metrolingualismus'** und ‚**Translanguaging'** (s. Vertiefungskasten). All diese Termini sollen verdeutlichen, dass das Konzept homogen abgrenzbarer Sprachen, Gesellschaften und Kulturen (s. Abschn. 7.3.2) in der Lebenswelt von vielen Menschen, die globalen Mobilitätsprozessen unterworfen sind, brüchig geworden ist und infrage gestellt werden muss.

Superdiversität, Polylanguaging, Metrolingualismus und Translanguaging
Die vier Konzepte entstammen einem ähnlichen Argumentationszusammenhang, der Beobachtung, dass Sprachgebräuche im Zuge von Mobilitätsprozessen hybrider und homogene Sprachkonzepte dadurch infrage gestellt werden. Sie werden daher zuweilen auch mehr oder weniger in eins gesetzt. Allerdings betonen sie Unterschiedliches:

- **Superdiversität** ist ein Konzept aus der britischen Soziologie (geprägt von Vertovec 2006), das zum Ausdruck bringen möchte, dass traditionelle Konzepte von Diversität, die Gesellschaften in klar abgrenzbare, zumeist ethnisch geprägte Gruppen unterteilt, die soziale Situation in Großstädten im Zeitalter gestiegener Mobilität nicht mehr hinreichend beschreiben.

Vielfach seien diese Gruppen nun selbst intern diversifiziert (‚Diversität innerhalb der Diversität'), wobei die Trennlinien in komplexer Art und Weise verlaufen. Soziolinguistische Arbeiten (bspw. Blackledge/Creese 2010; Blommaert/Rampton 2016; Arnaut u. a. 2016) haben das Konzept aufgegriffen und versucht zu zeigen, welche sprachlichen Praktiken mit dieser sozialen ‚Superdiversität' einhergehen. Vgl. kritisch hierzu Reyes (2014); Flores/Lewis (2016); Pavlenko (2019).
- **Polylanguaging** ist ein von Jørgensen (2008) geprägtes Konzept, das Formen des Sprachgebrauchs (v. a. Jugendlicher in Migrationskontexten) bezeichnet, bei denen Ressourcen aus verschiedenen Sprachen so kombiniert werden, dass das Ergebnis nicht mehr einzelnen Sprachen zugeordnet oder als Code-Switching gefasst werden kann. Jørgensen zufolge wird mit dieser kreativen Praxis strategisch die Abgrenzbarkeit von Sprachen infrage gestellt.
- **Metrolingualismus** ist ein von Pennycook/Otsuji (2015) vorgeschlagenes Konzept, das ähnlich wie Polylanguaging beschreibt, wie Sprecher*innen, um ihre kommunikativen Ziele zu erreichen, auf verschiedenartige Ressourcen (was gerade verfügbar ist) zurückgreifen. Dabei liegt der Fokus mehr auf Großstädten (Metropolen) und weniger auf dem spielerischen Aspekt, der Polylanguaging prägt, als auf der in mehrsprachigen Gesellschaften zunehmenden Notwendigkeit, sich sprachlich irgendwie durchzuschlagen.
- **Translanguaging** stammt aus dem didaktischen Kontext und bezeichnet dort das gezielte Zurückgreifen auf und Kombinieren von mehrsprachigen Ressourcen, wodurch das sprachliche Repertoire, dass die Schüler*innen mitbringen, aufgewertet werden und die Dominanz bestimmter Einzelsprachen reduziert werden soll. Vgl. zur Vertiefung García/Wei (2014), kritisch hierzu Jaspers (2018).

Als wie bedeutsam diese Prozesse von der kritischen Soziolinguistik angesehen werden, zeigt sich auch darin, dass die Einrichtung einer spezifischen ‚**Soziolinguistik der Globalisierung**' vorgeschlagen (vgl. Blommaert 2010) und weithin, etwa im Rahmen großer spezifischer Fachtagungen, auch vorangetrieben wurde (s. Abschn. 4.2.5; vgl. auch Barrett/Dovchin 2019). Diese solle sich spezifisch den skizzierten Prozessen widmen und dabei auch ihre eigenen, an eher statischen und vergleichsweise homogenen Gesellschaften entwickelten Konzepte radikal überdenken:

"The world has not become a village, but rather a tremendously complex web of villages, towns, neighbourhoods, settlements connected by material and symbolic ties in often unpredictable ways. That complexity needs to be examined and understood. […] In other words, globalization forces sociolinguistics to unthink its classic distinctions and biases and to rethink itself as a sociolinguistics of mobile resources, framed in terms of trans-contextual networks, flows and movements. This unthinking and rethinking is long overdue […], and sociolinguistics still bears many marks of its own peculiar history, as it has focused on static variation, on local distribution of varieties, on stratified language contact, and so on. […]. What is needed is a new vocabulary to describe events, phenomena and processes, new metaphors for representing them, new arguments to explain them – those elements of scientific imagination we call theory." (Blommaert 2010: 1–2)

Neuorientierungen, wie sie hier gefordert werden, erfordern immer auch ein methodisches Neudenken. Entsprechend sind die Methoden der kritischen und metapragmatischen Soziolinguistik, so sehr sie auch an Methoden anderer (insbesondere interaktionaler) Varianten anknüpfen, von Überlegungen, wie sie in diesem Abschnitt skizziert wurden, geprägt. Das wird der folgende Abschnitt zeigen.

7.4 Methoden der Datenerhebung und -auswertung

Die Beschreibung der Grundannahmen hat verdeutlicht, dass und wie die kritische und metapragmatische Soziolinguistik an ein konstrukttheoretisches Sozialkonzept (s. Abschn. 2.1.3) anschließen. Diesem zufolge ist das Soziale (zum dem auch Sprache gehört) im Wesentlichen ein Konstrukt, das aus menschlichem Handeln erwächst und sich unter diesem Einfluss auch verändert. Dieses Konstrukt – etwa die ideologische Vorstellung von Sprache als homogenem, abgrenzbarem Objekt (s. Abschn. 7.3.2) – prägt und beeinflusst aber umgekehrt dann auch wieder, wie soziale Akteur*innen interagieren und miteinander umgehen. Ganz im Sinne konstrukttheoretischer Sozialkonzepte gehen kritische und metapragmatische Soziolinguistik somit davon aus, dass **Strukturen und Handlungen** sich **gegenseitig bedingen.** Dabei gibt es kein Handeln, welches nicht soziales Handeln ist (und auf das Soziale einwirkt), und kein Handeln, welches nicht von sozialen Strukturen geprägt ist. Auch (sprach-)wissenschaftliches Forschungshandeln ist davon nicht ausgeschlossen.

Wie bei den anderen Varianten der Soziolinguistik schlagen sich die Grundannahmen der kritischen und metapragmatischen Soziolinguistik in ihrer Methodik nieder. Präferiert werden Zugänge, die einen Blick auf Sprache und Gesellschaft aus einer **konstrukttheoretischen Perspektive** erlauben. Diese werden im Folgenden beschrieben. Bevor wir zu den eigentlichen Methoden kommen, werden aber noch drei methodische Prinzipien diskutiert, die sich aus den Grundannahmen ergeben und die Methoden prägen: Reziprozität, Skalarität und Reflexivität.

7.4.1 Reziprozität und die Skalierungen des Sozialen

Aus den beschriebenen Grundannahmen ergibt sich, dass Sprache und Gesellschaft sich gegenseitig bedingen und **reziprok** aufeinander einwirken. Damit nimmt die kritische und metapragmatische Soziolinguistik eine Zwischenposition ein zwischen der Vorstellung, dass gesellschaftliche Strukturen einseitig soziale

7.4 Methoden der Datenerhebung und -auswertung

Handlungsmöglichkeiten und Sprachgebrauch bedingen und der entgegengesetzten Vorstellung, der zufolge Akteur*innen den sozialen Raum durch ihr (auch sprachliches) Handeln frei gestalten. Wie Cameron es ausdrückt: „Social agents are not *free* agents, but this does not mean we have to go back to the notion that they are sociolinguistic automata" (Cameron 1990: 88; Herv. im Orig.).

Das heißt, man geht davon aus, dass gesellschaftliche Akteur*innen in ihrem sprachlichen Handeln von sozialen Spielräumen und Zuschreibungen eingeschränkt sind, die die sprachlichen Ressourcen betreffen, über die sie verfügen. Gleichzeitig aber können sie mit ihrem kommunikativen Handeln – im Rahmen dieser Möglichkeiten – Gesellschaft mitgestalten:

> „[A] lot of what we observe in human communication is not a matter of freedom, choice, or creativity, but that it is constrained by normativities, *determined* by the general patterns of inequality […]. This, I shall argue, does not eliminate creativity, choice, or freedom from an analysis of discourse […]. People do indeed creatively select forms of discourse, but *there is a limit to choice and freedom*. It is the interplay between creativity and determination that accounts for the social, the cultural, the political, the historical in communicative events – the connection between agency and structure, or micro-events and macro-relations and patterns in society." (Blommaert 2005: 99; Herv. im Orig.)

Methodisch bedeutet das, dass die kritische und metapragmatische Soziolinguistik weder einfach nur Strukturen und Muster beschreiben können, wie es Variationslinguistik tut, noch einfach nur sprachliche Praktiken im Detail analysieren, wie es interaktionale Soziolinguistik macht. Vielmehr müssen sie gerade die Reziprozität dieser beiden Ebenen zu beschreiben versuchen. Sie müssen zeigen, inwiefern gesellschaftliche Akteur*innen in ihrem sprachlichen Handeln eingeschränkt sind, aber auch, wie diese Einschränkungen durch sprachliches Handeln entstehen, unterlaufen oder verändert werden. Dies erfordert sowohl qualitative als auch quantitative Analysen.

Das Ziel ist es dabei aber nicht einfach nur, Mikro- und Makroanalysen zu kombinieren. Im Gegenteil lehnen viele Vertreter*innen kritischer und metapragmatischer Ansätze die klassische Trennung in eine Mikro- und Makroebene ab. Man plädiert dafür, das Soziale stattdessen als einen skalaren Raum zu verstehen, in dem es zwischen lokalen Praktiken und sozialen Strukturen keine klare Trennung, sondern viele graduelle Übergänge gibt: **Skalierungen des Sozialen** (vgl. Heller 2001; Blommaert 2007; Carr/Lempert 2016b; Gal/Irvine 2019: 217–241; Wortham/Reyes 2020: 223–226; Busch/Spitzmüller/Flubacher 2021).

Die Idee dahinter ist, dass im sozialen Leben vielfach **graduelle Stufen der Abstraktion** eine Rolle spielen, beispielsweise die Typizität von Handlungen betreffend: von als einmalig empfundenen Handlungen über solche, die als bekannt und wiederkehrend (‚typisch') empfunden werden, über Normvorstellungen und kulturelle Konventionen (‚das tut man bei uns so/das ist bei uns nicht üblich!') bis hin zu als ‚Universalien' (absolut und unveränderlich gültig) wahrgenommenen Handlungsweisen (‚das muss man so tun/das kann man so nicht tun!'). Etwas, das auf dieser Skala ‚abstrakter' (mehr ‚makro') ist als etwas anderes, ist dabei gleichzeitig ‚konkreter' (mehr ‚mikro') als etwas Drittes.

Abstraktion und Konkretion sind also relativ. Außerdem sind sie perspektivenabhängig, denn die Abstrakt- oder Konkretheit eines Phänomens hängt vom Kontext ab, in dem man es betrachtet.

Hinzu kommt, dass Abstufungen und Skalen nicht einfach ‚da' sind – sie werden **(unter anderem durch Kommunikation) gemacht**. Sie werden gemacht, um die Welt zu ordnen, und sind daher genuin ideologisch:

> „[P]eople use language to scale the world around them [...]. Although things can be made big th[r]ough analogy, scale-making always also entails drawing distinctions, between the bigness of a whale's rib and the smallness of a marble, for instance. [...] Similarly, scaled hierarchies are the effects of efforts to sort, group, and categorize many things, people, and qualities in terms of relative degrees of elevation or centrality. [...] The fact that scaling involves vantage points and the positioning of actors with respect to such vantage points means that there are no ideologically neutral scales [...]." (Carr/Lempert 2016a: 3)

Skalierungen des Sozialen (und das gilt auch für wissenschaftliche Kategorisierungen und Taxonomien) sind somit nicht einfach Rahmen, sondern Produkte gesellschaftlichen Handelns, deren Funktion unter anderem ist, die soziale Welt begreifbar zu machen. Dabei spielt auch **Macht** eine Rolle, denn nicht jedes Gesellschaftsmitglied hat die gleiche Möglichkeit, Skalierungen zu etablieren (vielfach werden diese von Institutionen oder mächtigen Akteur*innen vorgegeben), und die Deutungshoheit über Skalierungen der sozialen Welt ist Gegenstand von Aushandlungskämpfen.

Daraus ergibt sich die Forderung, **auf feste Abstraktionsebenen wie ‚die Mikro-' und ‚die Makroebene' zu verzichten** und stattdessen die Skalierungen selbst – auch die eigenen – zum Gegenstand der Analyse zu machen: „The task of the analyst [...] is to leave behind a priori scalar distinctions and instead empirically track how social actors carve and cleave – or *scale* – their worlds" (Carr/Lempert 2016a: 4; Herv. im Orig.).

7.4.2 Reflexivität der Forschung und der Forschenden

Ein weiteres wichtiges methodisches Prinzip betrifft nicht, wie die Skalarität des Sozialen, das Forschungsfeld, sondern die forschende Person und den Forschungsprozess bzw. deren Relation zum Feld. Wie nun schon mehrfach erwähnt, sieht die kritische Soziolinguistik die forschende Person als gesellschaftliche*n Akteur*in und den Forschungsprozess als soziale Praxis. Daraus ergibt sich die Notwendigkeit, dass der Forschungsprozess und die eigene ‚Positionalität' (s. Abschn. 7.2.4) permanent reflektiert werden muss, da diese Positionalität und die soziale Kontextualisierung des Forschungsprozesses auf die Forschungsergebnisse und nicht selten auch auf das soziale Leben der in die Forschung involvierten Personen zurückwirkt. Man spricht in diesem Zusammenhang von ‚**Reflexivität**' (der **Forschung bzw. Forschenden**):

> „[R]eflexivity [...] has to do with the question of who the researcher is, and why the researcher is entitled to produce an authoritative account of the social practice that is

being analyzed. After all, the researcher is a just another person with personal views and perceptions, just like the people who are investigated. There is also a certain circularity in the notion that research is aimed at understanding social practice, but that this is done through a research process that is, after all, social practice too. Indeed, when we posit that social life is constituted in social interaction, what we mean is that it happens as people talk to each other or engage in some form of coordinated activity." (Heller/Pietikäinen/Pujolar 2018: 10; Herv. im Orig.)

Das unter anderem von Bourdieu geprägte Konzept (vgl. Bourdieu/Wacquant [1992] 2004) rückt die **Person der*des Forschenden** in eine neue Rolle: Sie ist nicht mehr nur (‚teilnehmende*r') Beobachter*in, sondern muss sich selbst einer stetigen (Selbst-)Beobachtung unterziehen.

„Als ‚reflexiv' wird der Forschungsprozess also dann verstanden, wenn er eine (sozialwissenschaftliche) Auseinandersetzung der Sozialwissenschaften mit sich selbst und ihren Akteur*innen beinhaltet und diese in Bezug zu den gewonnenen Erkenntnissen setzt […]." (Hassemer/Flubacher 2020: 162)

Dies schlägt sich methodisch insbesondere in der Art und Weise nieder, wie die kritische Soziolinguistik Ethnographie (im Gegensatz etwa zur interaktionalen Soziolinguistik) versteht und betreibt.

7.4.3 Reflexive Ethnographie

Was Ethnographie grundsätzlich ist und auszeichnet, wurde bereits in Abschn. 6.4.4 beschrieben. Hier soll es in Ergänzung dessen vor allem darum gehen, was die ethnographische Forschung der kritischen und metapragmatischen Soziolinguistik von der Ethnographie der interaktionalen Soziolinguistik unterscheidet. Dies ist vor allem die stärker **reflexive Rahmung** (vgl. dazu Hassemer/Flubacher 2020). In Orientierung am methodischen Prinzip der Reflexivität (s. Abschn. 7.4.2) rückt der Forschungsprozess und die forschende Person systematisch in den Fokus der Analyse und wird bei der Diskussion der Ergebnisse mit einbezogen. Damit soll die Positioniert- und Perspektiviertheit des Forschungshandelns transparent gemacht und berücksichtigt werden.

Eine spezifische Form einer solchen reflexiven Ethnographie stellt die **Autoethnographie** dar, in der die forschende Person vollends ins Zentrum der Analyse rückt, die im Wesentlichen eine Selbstanalyse ist – bzw., wie man aus Sicht der Autoethnographie präziser sagen sollte: eine Analyse der verschiedenen Facetten des Selbst (vgl. Ellis/Adams 2014). Diese Variante der reflexiven Ethnographie ist allerdings nicht unkontrovers. Unter anderem wird kritisiert, dass der exklusive Fokus auf die Forscher*in eine Verengung und möglicherweise auch eine problematische Einschränkung möglicher Forschungsfelder darstellt und die forschende Person zu große Wichtigkeit zugesprochen bekommt (vgl. etwa Delamont 2009). Aus ethischer Perspektive wäre zu ergänzen, dass autoethnographisches Vorgehen die forschende Person und ihre Emotionen ohne den Schutz der Anonymisierung, den man in Forschungen involvierten Personen sonst gewährt, sichtbar und sie mithin verletzbar (‚vulnerabel') macht. Mithin setzt Autoethnographie auch Vertrauen in die Leser*innen sowie eine gründliche Auseinandersetzung seitens der Forschenden über die Konsequenzen ihrer Öffnung voraus.

Andere Formen der reflexiven Ethnographie, wie sie in der kritischen Soziolinguistik üblich sind, verbinden (kontinuierliche) **Phasen der Selbstreflexion** mit der ethnographischen Erkundung spezifischer sozialer Felder und der Beobachtung von (anderen) Akteur*innen im Feld. Typische **Bestandteile solcher Ethnographien** sind, wie in der interaktionalen Soziolinguistik auch,

- Phasen des ‚**Mitlebens' im Feld** (die in Forschungstagebüchern reflektiert werden),
- das Anfertigen von **Audio- und Videoaufzeichnungen von Interaktionen** (die dann transkribiert und interaktionsanalytisch interpretiert werden; s. Abschn. 6.4.3),
- ebenfalls häufig aufgezeichnete und später transkribierte **Gespräche** und (vergleichsweise unstrukturierte) **Interviews** mit Akteur*innen
- sowie die Sammlung und Analyse von **Artefakten** (Texten, Bildern, Gegenständen).

Detaillierte Beschreibungen und eine reflexive Rahmung der Möglichkeiten ethnographischer Erhebung im Kontext kritischer Soziolinguistik bieten Heller/Pietikäinen/Pujolar (2018).

7.4.4 Diskursanalyse

Diskursanalyse ist ein stark von der poststrukturalistischen Theorie Michel Foucaults (s. Abschn. 7.2.3) geprägter Zugang zu in bestimmten Kollektiven weithin gültigen Annahmen und Gewissheiten (kollektivem ‚Wissen') bzw. zu sog. **diskursiver Bedeutung** (für Details vgl. Spitzmüller/Warnke 2011).

Im Gegensatz zur Ethnographie, die ein möglichst tiefes ‚Eintauchen' in lokale Bedeutungskonstruktionen anstrebt, zielt Diskursanalyse dabei eher auf **diskursive Muster**, das heißt auf über das Lokale hinausgehende (‚translokale' bzw. ‚transtextuelle'), für eine soziale Formation typische Konstruktionen von Bedeutung. Üblicherweise analysiert man hierfür größere Mengen von Texten, sog. Korpora (s. Abschn. 5.2.6), die um ein bestimmtes Themenfeld kreisen, um eben solche musterhaften Konstruktionen zu finden. Die Diskursanalyse ist also tendenziell quantifizierend (und eher typisierend als spezifizierend), wenn auch nicht zwingend im strengen Sinne quantitativ (für eine strikt quantitative Variante vgl. etwa Bubenhofer 2009). Zuweilen fokussieren die Analysen aber (eher qualitativ) auch lokale Bedeutungskonstruktion innerhalb einzelner Texte (im Sinne von Textanalysen). Diskursanalyse kann also auf verschiedenen Skalen und auch skalierend betrieben werden (für Letzteres s. Abschn. 7.4.5).

▶ Als ‚**Muster**' bezeichnet man in der Sprachwissenschaft wiederkehrende Formen des Sprachgebrauchs bzw. der sprachlichen Handlung. In der Diskursanalyse spielen neben Sprachgebrauchsmustern (bspw. wiederkehrende Lexeme, morphologische oder syntaktische Strukturen) auch Argumentationsmuster (sog. ‚Topoi') eine wichtige Rolle. Zur Vertiefung vgl. Bubenhofer (2009: 18–30).

Analysiert wird dabei alles, woraus sich potenziell erkennen lässt, wie bestimmte Sachverhalte, Prozesse oder Personen(gruppen) wahrgenommen, beurteilt, bezeichnet oder kategorisiert werden, beispielsweise Argumentationen, Benennungen, Metaphern, Selbst- und Fremdverortungen (für eine umfassendere Darstellung vgl. Spitzmüller/Warnke 2011). Durch die Analyse größerer Textmengen glaubt man so zeigen zu können, wie ein bestimmtes Kollektiv ein spezifisches **Phänomen typischerweise sieht und bewertet**.

- Die **metapragmatische Soziolinguistik** verwendet solche Analysen häufig, um typische Bewertungen von Sprachen, Sprachgebräuchen oder Kommunikationsakteur*innen zu rekonstruieren (für ein Beispiel vgl. die Analyse von Spitzmüller 2005 zur Bewertung von Anglizismen). So lässt sich etwa durch die Analyse frequenter Metaphern für Sprachwandel (wie *lebendige* Sprache, Sprach*vermischung* oder Sprach*verfall*) zeigen, wie Sprache in einer bestimmten Gemeinschaft gesehen wird (etwa als ein sich selbst entwickelndes Wesen).
- Auch die **kritische Soziolinguistik** verwendet, inspiriert von der kritischen Diskursforschung (s. Abschn. 7.2.5), Diskursanalysen, um etwa gesellschaftlich verbreitete Formen der Diskriminierung bzw. sprachlich bedingter sozialer Differenzierung herauszuarbeiten, die sich beispielsweise in wiederkehrenden Benennungen oder Bewertungen von Personengruppen oder deren (sprachlichem) Verhalten niederschlagen (vgl. Blommaert 2005; Duchêne/Heller 2007).

7.4.5 Analytische Integration von Diskurs, Interaktion und Positionierung

Eine Möglichkeit, um die **Reziprozität des Lokalen und Sozialen** (s. Abschn. 7.4.1) methodisch fassen zu können, ist es, die auf eher größere Skalierungen des Sozialen abzielenden Diskursanalysen mit anderen Methoden zu **triangulieren**, welche eher auf das Lokale und mithin die niedrigeren Skalen abzielen, etwa mit ethnographischen Methoden. Eine andere ist es, die **Skalarität der Methode** selbst zu verbessern. Einige neuere Varianten der Diskursanalyse versuchen dies.

▶ Unter ‚**Triangulation**' versteht man in den Sozialwissenschaften die systematische Kombination verschiedener Datenformen, Methoden, Theorien oder Disziplinen, wobei durch die Kombination ein vollständigeres Bild entstehen soll. Zur Vertiefung vgl. Flick (2011: 18–30).

So schlägt Roth (2015) ein Methodendesign vor, mit dem systematisch nachgezeichnet werden kann, ob und wie sich diskursives Wissen (höherer Skalierung) in konkreter Interaktion niederschlägt und dort spezifisch kontextualisiert wird, ob und wie also beispielsweise Vorstellungen, die in Medien typischerweise zu finden sind, in Alltagsgesprächen aufgegriffen werden (Roth nennt dies „Diskursrealisationen"). Dafür werden diskursanalytische mit interaktionalen Zugänge methodisch in eine **Diskurspragmatik** integriert.

Gewissermaßen den umgekehrten Weg schlagen (aus einer metapragmatischen Perspektive) Wortham/Reyes (2020) ein. Sie entwerfen – ausgehend von einem eher auf lokale Interaktionen ausgerichteten Verständnis von Diskursanalyse, wie es in der Sprachanthropologie verbreitet ist – eine Methode, mit der es gelingen soll zu zeigen, wie bestimmte lokale Formen des kommunikativen Handelns bzw. der Bedeutungszuschreibung (bspw. die Einschätzung einer bestimmten Person oder Sache innerhalb einer Gruppe) sich diskursiv verfestigen, wie also Handlungen **diskursiv musterhaft werden**. Die Autor*innen greifen hierfür vor allem auf das metapragmatische Konzept der sozialen Registrierung (s. Abschn. 7.5.3) zurück. Sie verfolgen dabei, wie sich translokale Bedeutungen über diskursive Pfade („pathways of linked events"; Wortham/Reyes 2020: 219–221), die aus verknüpften Interaktionsereignissen („speech chains"; Agha 2007: 64–77) bestehen, durch Wiederholung, Wiederaufgreifen bzw. Rekontextualisierung verfestigen bzw. verändern.

Auf lokale Bedeutungskonstruktionen wirken solche translokalen indexikalischen Bedeutungen Wortham und Reyes zufolge vor allem dadurch zurück, dass sie Orientierungspunkte bieten, auf die Interaktand*innen ihre Interpretationen indexikalisch ausrichten. Zur Herausarbeitung dieses Aspekts schlagen Wortham und Reyes **Positionierungsanalysen** vor, mit denen man nachzeichnen kann, wie Interaktand*innen sich selbst und andere zueinander, zu ihren Erzählungen (bzw. zu Personen und Sachverhalten darin) und zu translokalen Konzepten (bspw. Ideologien) in Beziehung setzen. Sie übernehmen damit eine Methode aus der Diskurspsychologie und Narrationsanalyse (vgl. Deppermann 2015; Spitzmüller/Bendl/Flubacher 2017), die in der Metapragmatik und Soziolinguistik in den letzten Jahren generell an Bedeutung gewonnen hat (wir kommen in Abschn. 7.5.5 und 7.5.6 ausführlicher darauf zurück).

Generell ist zu konstatieren, dass in der kritischen und metapragmatischen Soziolinguistik, um den Kriterien Reziprozität, Skalarität und Reflexivität gerecht zu werden, **methodisch noch viel experimentiert** wird, sowohl mit Triangulationen als auch mit methodischen Erweiterungen wie den hier beschriebenen. Entsprechend unabgeschlossen ist ihre Methodik.

7.5 Zentrale Konzepte

Nach der Beschreibung der theoretischen Grundannahmen und der sich daraus ergebenden Methoden rückt dieser Abschnitt nun, wie bereits in den vorherigen Kapiteln praktiziert, die wichtigsten, zum Teil bereits eingeführten Konzepte der kritischen und metapragmatischen Soziolinguistik in den Mittelpunkt und stellt sie genauer vor.

7.5.1 Macht, Hegemonie und soziale Ungleichheit

„Power is not a bad thing", leitet Jan Blommaert (1961–2021) seine kritische Einführung in die soziolinguistische Diskursanalyse ein, um aber gleich zu präzisieren:

> „– those who are in power will confirm it. They will argue convincingly that power is necessary in every system, for it is often that which allows the system to function in particular ways, without which the system would disintegrate or cease to operate effectively. Yet, power is a *concern* to many people [...]." (Blommaert 2005: 1; Herv. im Orig.)

Damit ist ein zentrales Thema der kritischen Soziolinguistik angesprochen: die Frage, welche **Machtbeziehungen** und **sozialen Hierarchien** eine Gesellschaft durchziehen und prägen. Als sprachwissenschaftliche Teildisziplin fragt sich die kritische Soziolinguistik dabei insbesondere, wie solche Machtbeziehungen mit Hilfe von Sprache organisiert werden oder wie sie mit Sprache und Sprachgebräuchen zusammenhängen.

Wie Blommaert zu Recht betont, hängt die Wahrnehmung von Machtbeziehungen von den **sozialen Positionen** ab, aus denen sie wahrgenommen werden.

- Machtbeziehungen sind **komplex** (die meisten Menschen sind nicht einfach entweder Macht unterworfen oder üben Macht aus, sondern in der Regel ist beides gleichzeitig der Fall).
- Sie sind nicht immer **offensichtlich,**
- und man muss sie auch nicht unbedingt als **Unterdrückungsmechanismus** von ‚oben' nach ‚unten' verstehen; das wäre zu einfach, wie moderne Machtkonzepte betonen.

Besonders einschlägig ist in dem Zusammenhang das **Machtkonzept Michel Foucaults** (s. Abschn. 7.2.3), auf das sich viele Vertreter*innen der kritischen Soziolinguistik beziehen und mit dem sie sich von dem eher repressiven Machtbegriff der kritischen Diskursforschung und auch der frühen Arbeiten der kritischen Soziolinguistik wie etwa Mey (1985; s. Abschn. 7.1) absetzen (vgl. Blommaert 2005: 21–38). Foucault versteht unter ‚Macht' **kein Repressionsverhältnis,** das die Gesellschaft in ein ‚Oben' und ein ‚Unten' unterteilt (vgl. Seier 2001). Macht, hält er fest, sei

> „nicht so sehr etwas, was jemand besitzt, sondern vielmehr etwas, was sich entfaltet; nicht so sehr das erworbene oder bewahrte ‚Privileg' der herrschenden Klasse, sondern vielmehr die Gesamtwirkung ihrer strategischen Positionen – eine Wirkung, welche durch die Position der Beherrschten offenbart und gelegentlich erneuert wird." (Foucault [1975] 1994b: 38)

Macht werde also nicht einfach von ‚Mächtigen' ausgeübt, sondern sie entstehe in einer **komplexen Wechselwirkung,** an der alle Gesellschaftsmitglieder beteiligt seien. Macht ist somit nach Foucault eine Art Beziehungsgefüge, das eine Gesellschaft durchzieht:

> „[D]ie Macht ist nicht eine Institution, ist nicht eine Struktur, ist nicht eine Mächtigkeit einiger Mächtiger. Die Macht ist der Name, den man einer komplexen strategischen Situation in einer Gesellschaft gibt." (Foucault [1976] 2010: 114)

Aus soziologischer Perspektive kann man Macht demzufolge als Prozess verstehen, mit dem **Gesellschaft organisiert** wird: In Machtbeziehungen erhalten bestimmte Gesellschaftsmitglieder in bestimmten gesellschaftlichen Feldern mehr oder weniger Handlungspotenz (engl. ‚agency') gegenüber anderen Gesellschaftsmitgliedern. Mithin wird durch Machtbeziehungen soziale Ungleichheit (vgl. Blommaert 2005: 2) organisiert, das heißt unterschiedlicher Zugang zu Ressourcen und zu gesellschaftlicher Teilhabe (wir kommen auf dieses Konzept gleich zurück).

Besonders wichtig für die kritische Soziolinguistik ist auch Foucaults Gedanke, dass Macht immer auch **Macht über Diskurse** bedeutet, also über gesellschaftlich akzeptierte Formen des sprachlichen Verhaltens (s. Abschn. 7.2.3), über Deutungshoheiten und über Wissen, das heißt in Foucault'scher Lesart über „alle Erkenntnisverfahren und -wirkungen [...], die in einem bestimmten Moment und in einem bestimmten Gebiet akzeptabel sind" (Foucault [1990] 1992: 32). Denn Macht und Wissen sind für Foucault – gemäß dem auf Francis Bacon (1561–1626) zurückgehenden Sprichwort *scientia potestas est* (‚Wissen ist Macht') – untrennbar miteinander verbunden:

> „[Es] ist wohl anzunehmen, daß die Macht Wissen hervorbringt (und nicht bloß fördert, anwendet, ausnutzt); daß Macht und Wissen einander unmittelbar einschließen; daß es keine Machtbeziehung gibt, ohne daß sich ein entsprechendes Wissensfeld konstituiert, und kein Wissen, das nicht gleichzeitig Machtbeziehungen voraussetzt und konstituiert." (Foucault [1975] 1994b: 39)

Demzufolge drückt sich in Sprachgebrauch nicht nur Macht aus, sondern **Macht** wird **mittels Sprachgebrauch** umgekehrt auch konstituiert, eingefordert, behauptet, gestärkt oder auch infrage gestellt.

Solche Machtbehauptungen werden etwa in **sprachideologischen Debatten** sichtbar, Debatten über ‚richtige' oder ‚angemessene' Sprach(gebräuch)e bzw. über den sozialen Wert von Sprachen und Sprachgebräuchen. Wie Blommaert festhält, treten in solchen Debatten Vertreter*innen bestimmter Wertewelten (**"ideology brokers"**) gegeneinander an, um ihre jeweils eigene Position mit Blick auf bestimmte Lesarten und Bewertungen („authoritative entextualization") durchzusetzen und mithin Deutungshoheit zu gewinnen:

> „The struggle for authoritative entextualization involves ideology brokers: categories of actors who, for reasons we set out to investigate, can claim authority in the field of debate (politicians and policy-makers, interest groups, academicians, policy implementers, the organized polity, individual citizens). The struggle develops usually over *definitions* of social realities: various representations of reality which are pitted against each other – discursively – with the aim of gaining authority for one particular representation." (Blommaert 1999b: 9; Herv. im Orig.)

7.5 Zentrale Konzepte

Die gesellschaftliche Dominanz bestimmter Deutungen (und der sozialen Akteur*innen bzw. Institutionen, die von diesen Deutungen profitieren) wird unter Verweis auf ein Konzept von Antonio Gramsci (s. Abschn. 7.2.2) auch als ‚**Hegemonie**' (nach griech. $\dot{\eta}\gamma\varepsilon\mu o\nu\acute{\iota}\alpha$ ‚Heerführung, Oberbefehl') bezeichnet (vgl. Langemeyer 2009). Hegemonie bezeichnet solche Positionen und Ideologien, die in bestimmten Gesellschaften weithin akzeptiert sind (auch von denen, für die die Positionen negative Konsequenzen haben). Hegemoniale Positionen sind entsprechend schwer angreifbar, und sie werden aufgrund ihrer sozialen Akzeptanz selten infrage gestellt – entsprechend groß ist aber auch ihre soziale Wirkung.

Dem Hegemoniekonzept zugrunde liegt ein (auch bei Foucault wichtiges; vgl. Foucault [1982] 1994a) Verständnis von Macht als eine Form des ‚**Führens**', dem zufolge Macht nicht nur darin besteht, dass Subjekte ‚beherrscht' werden (das nennt Gramsci ‚Herrschaft'), sondern auch darin, dass sie ‚geführt' werden (und sich gerne führen lassen):

> „Das historisch-politische Kriterium, das den eigentlichen Untersuchungen zugrunde gelegt werden muss, ist folgendes: dass eine Klasse auf zweierlei Weise herrschend ist, nämlich ‚führend' und ‚herrschend'. Sie ist führend gegenüber den verbündeten Klassen und herrschend gegenüber den gegnerischen Klassen. Deswegen kann eine Klasse bereits bevor sie an die Macht kommt ‚führend' sein (und muss es sein): wenn sie an der Macht ist, wird sie herrschend, bleibt aber weiterhin ‚führend'. [...] Es kann und es muss eine ‚politische Hegemonie' auch vor dem Regierungsantritt geben, und man darf nicht nur auf die durch ihn verliehene Macht und die materielle Stärke zählen, um die politische Führung oder Hegemonie auszuüben." (Gramsci [1975] 1991–2002: H. 1, § 44, 101–102)

Eine wichtige Rolle bei der Hegemonie spielt Gramsci zufolge auch der Bereich der **Kultur** und die dort kulturell hegemonialen Intellektuellen, die bestimmte kulturelle Deutungsansprüche als ‚führend' etablieren und verteidigen und dafür sorgen, dass dafür in der Gesellschaft weithin ein „‚spontane[r]' Konsens" (Gramsci [1975] 1991–2002: H. 12, § 1, 1502) zustande kommt. Dadurch bindet Hegemonie Gesellschaftsmitglieder an bestimmte ideologische Positionen, denen sie dann (im Sinne der Regierenden) gerne folgen.

In seinem in eine ähnliche Richtung gehenden Konzept der ‚**Gouvernementalität**' (‚Führungs-Mentalität') verweist Foucault darauf, dass diese Form der Macht dann besonders gut funktioniert, wenn sich die Subjekte auch selbst (im hegemonialen Sinne) führen wollen (Selbstdisziplinierung), etwa dadurch, dass sie ihre Körper ertüchtigen oder sich an einer Moral orientieren (vgl. Foucault [1978] 2003).

Die kritische Soziolinguistik weist darauf hin, dass **Sprachverwendung** und der **Umgang mit Sprachen und Sprachgebräuchen** vielfach von hegemonialen Vorstellungen geleitet werden, etwa der Vorstellung, dass in einem Staatenraum eine dominante Sprache (die ‚Staatssprache') für alle in diesem Staatenraum Ansässigen verbindlich sei, weshalb Aufenthaltsrechte etwa an den Nachweis der Beherrschung dieser Sprache gekoppelt werden und die Ansässigkeitswilligen in diesem Zusammenhang idealerweise nicht nur zeigen sollen, dass sie diese Sprache bis zu einem bestimmten Grad verwenden können, sondern auch, dass sie

sie erlernen *wollen* (vgl. Dorostkar 2013; Flubacher 2014; ähnliches gilt in vielen Teilen der Wirtschaft oder etwa auch im Wissenschaftsbereich für das Englische; vgl. Park/Wee 2012).

Macht und Hegemonie organisieren, wie wir bereits festgestellt haben, **soziale Ungleichheit**. Darunter versteht man mit der Ungleichheitssoziologie „jede Art verschiedener Möglichkeiten der Teilhabe an Gesellschaft bzw. der Verfügung über gesellschaftlich relevante Ressourcen" (Krause 2007: 686). Das schlägt sich einerseits in ungleicher **Güterverteilung** nieder:

> „,Soziale Ungleichheit' liegt dann vor, wenn Menschen aufgrund ihrer Stellung in sozialen Beziehungsgefügen von den ‚wertvollen Gütern' einer Gesellschaft regelmäßig mehr als andere erhalten." (Hradil 2001: 30)

Andererseits zeigt sich soziale Ungleichheit aber auch in ungleichen **Möglichkeiten zur gesellschaftlichen Partizipation**, also ungleicher gesellschaftlicher Handlungsmacht, und das heißt auch sprachlich-kommunikativer Handlungsmacht:

> „Soziale Ungleichheit im weiteren Sinne liegt überall dort vor, wo die Möglichkeit des Zugangs zu allgemein verfügbaren und erstrebenswerten sozialen Gütern und/oder zu sozialen Positionen, die mit ungleichen Macht- und/oder Interaktionsmöglichkeiten ausgestattet sind, dauerhafte Einschränkungen erfahren und dadurch die Lebenschancen der betroffenen Individuen, Gruppen oder Gesellschaften beeinträchtigt bzw. begünstigt werden." (Kreckel 2004: 17)

Soziale Ungleichheit kann man ‚**vertikal**' (im Sinne einer gesellschaftlichen Hierarchie), aber auch ‚**horizontal**' (im Sinne unterschiedlicher Lebenslagen bedingt durch Alter, Geschlecht, Herkunft usw.) verstehen. Sie ist für Gesellschaften wohl konstitutiv und daher auch nicht *per se* problematisch (vgl. ausführlich dazu Burzan 2011).

Problematisch wird sie (aus Sicht der kritischen Soziolinguistik) dann, wenn bestimmten gesellschaftlichen Akteur*innen systematisch **Zugang zu gesellschaftlichen Bereichen** verwehrt wird, wenn etwa (wie Bernstein zu zeigen versucht hat; s. Abschn. 4.4) Kindern aus bestimmten sozialen Lagen Bildung und soziale Aufstiegsmöglichkeiten vorenthalten werden, und insbesondere dann, wenn dies aufgrund hegemonialer Bewertungen ihres sprachlichen Repertoires geschieht.

So argumentiert etwa Blommaert, dass Menschen in Migration (insbesondere aus weniger privilegierten Teilen der Welt) vielfach aufgrund der Art und Weise, wie ihr Sprachgebrauch bewertet wird, im neuen gesellschaftlichen Umfeld gesellschaftliche Handlungsfähigkeit verloren geht – Blommaert (2005: 77) spricht metaphorisch davon, dass diese Menschen ihre ‚**Stimme**' verlieren („"speakers lose voice""). Unter ‚Stimme' versteht er dabei die Fähigkeit, sich in einer bestimmten Situation Gehör zu verschaffen, das heißt eigene Handlungsziele zu erreichen:

> „[…] inequality would be my central concern. […] issues of voice would be identified as crucial in explaining inequality. I […] defined voice […] in general as the ways in which people manage to make themselves understood or fail to do so. This capacity

to make oneself understood [...] is a capacity to generate an uptake of one's words as close as possible to one's desired contextualisation. It is, in other words, the capacity to accomplish desired *functions* through language. More accurately, it is the capacity to create favourable conditions for a desired uptake: if I want to formulate a polite request, I shall attempt to make my words come across as a polite request and not as a rude command; if I want to declare my love to someone, I shall try to make sure that the object of my love understands it that way. In each case I shall mobilise what I believe are the most (denotationally) adequate, contextually appropriate, semiotic means to do so, hoping that the interlocutor will follow my directions of contextualisation." (Blommaert 2005: 68; Herv. im Orig.)

Wenn nun etwa (wie in einem von Blommaerts Fallbeispielen) Migrant*innen aus Tansania nach Belgien kommen und dort ein Englisch sprechen, das sie in ihrer früheren Heimat als Angehörige der Mittelschicht (und mithin als privilegiert) ausgewiesen hat, kann es passieren, dass sie genau dieses Englisch in Belgien als ‚ungebildet' markiert. Oder es kann sein, dass Argumentationsformen, die ostafrikanische Migrant*innen als Mittel zur Glaubhaftmachung kennen, von mitteleuropäischen Gerichten als Zeichen ihrer Unglaubwürdigkeit bewertet werden. Diese Sprecher*innen erfahren somit soziale Ungleichheit aufgrund der divergierenden Bewertung ihrer sprachlichen Ressourcen in verschiedenen Kontexten (vgl. Blommaert 2005: 78–83, 2010: 28–62).

7.5.2 Kritik

Die kritische Soziolinguistik nimmt – wie der Name der Disziplin ja auch ausdrückt – zu den genannten Formen sprachlich bedingter sozialer Ungleichheit eine kritische Position ein. Kritik bedeutet dabei aber nicht einfach nur im alltagssprachlichen Sinn das Bemängeln oder Bekritteln gesellschaftlicher Zustände, mit denen die kritische Soziolinguistik nicht einverstanden ist, die „kleinen polemisch-professionellen Aktivitäten, die den Namen Kritik tragen", wie Foucault ([1990] 1992: 8) diesen verbreiteten Begriff von Kritik zugespitzt charakterisiert hat. Die kritische Soziolinguistik beruft sich hier auf ein anderes, **differenzierteres Verständnis von Kritik**.

Um dieses zu verstehen, hilft zunächst einmal ein Blick auf die **Begriffsgeschichte von ‚Kritik'** (vgl. dazu immer noch grundlegend Röttgers 1975). Das Wort, das im Englischen und Französischen zu Beginn des 17. Jahrhunderts, im Deutschen gut ein Jahrhundert später erstmals nachgewiesen ist, leitet sich, wie übrigens auch ‚Krise', von griechisch κρίνειν (*krínein*, ‚scheiden, trennen, entscheiden') ab. ‚Kritik' ist somit zunächst einmal die ‚Kunst der Unterscheidung' (griech. κριτική τέχνη) und damit semantisch verwandt mit ‚Analyse' (nach griech. ἀνάλυσις, ‚Auflösung'; vgl. Ritsert 2019: 46). In frühen Verwendungen des Begriffs geht es spezifisch darum, zum ‚Wesentlichen' (vielfach hieß das zunächst: zum ‚Ursprünglichen') durchzudringen und dieses vom ‚Unwesentlichen' (später Hinzugefügten) zu unterscheiden (diese Lesart prägt etwa den Ausdruck ‚Bibelkritik' oder auch die Bezeichnung ‚historisch-kritische Edition').

,Kritik' kann also als **Praxis der Differenzierung** oder Wesensbestimmung verstanden werden. In einem solchen Sinne wird Kritik etwa bei Immanuel Kant (1724–1804) verwendet (zu Kants sehr komplexem und sich auch verändernden Kritikbegriff vgl. Röttgers 1975). Wenn Kant über die „Kritik der reinen Vernunft" oder die „Kritik der Urteilskraft" schreibt, dann geht es ihm nicht darum, diese zu kritisieren, sondern sich differenziert damit auseinanderzusetzen, was ‚reine Vernunft' oder ‚Urteilskraft' sind und wo deren erkenntnistheoretische Grenzen liegen.

Die kritische Soziolinguistik schließt zwar nicht unmittelbar an Kants Kritikbegriff an, aber unter anderem an den **Kritikbegriff von Foucault**, den dieser in einer gründlichen Auseinandersetzung mit Kant entwickelt hat (vgl. Foucault [1990] 1992). Foucault begreift Kritik als eine Art Metareflexion, die gesellschaftliche (und damit auch wissenschaftliche) Bewertungsmaßstäbe – nicht zuletzt auch die eigenen – einer stetigen und eben differenzierenden Prüfung unterzieht. Dabei sollen sie einer Diskussion zugänglich gemacht werden.

Das Ziel von Kritik ist hierbei durchaus die **Bewertung,** nicht aber unbedingt die Abwertung dieser Bewertungsmaßstäbe. Foucault selbst steht einer primär urteilenden Kritik, wie er in einem Zeitungsinterview betont, ausgesprochen skeptisch gegenüber, da sie sich ihrer eigenen Position zu sicher sei:

> „Ich kann mir nicht helfen, aber ich stelle mir eine Kritik vor, die nicht zu urteilen versucht, sondern einem Werk, einem Buch, einem Satz, einer Idee zum Dasein verhilft […]. Sie vermehrte nicht Urteile, sondern Zeichen des Daseins […]. Die auf Urteilssprüche fixierte Kritik langweilt mich. Ich wünschte mir eine vor Fantasie sprühende Kritik. Sie wäre nicht souverän und kleidete sich nicht in rote Roben. Sie trüge den Blitz möglicher Gewitterstürme." (Foucault [1980] 2005: 132)

Erstes **Ziel von Kritik** (und ein unbedingter Schritt vor jeder Bewertung) ist, wie Foucault betont, die Herausbildung eines Verständnisses für die Bedingungen und Annahmen gesellschaftlich etablierter Bewertungsmaßstäbe. Mit Judith Butler ausgedrückt (die sich hier ebenfalls auf Foucaults Kritik-Begriff bezieht):

> „[…] die Hauptaufgabe der Kritik [besteht] nicht darin zu bewerten, ob ihre Gegenstände – gesellschaftliche Bedingungen, Praktiken, Wissensformen, Macht und Diskurs – gut oder schlecht, hoch oder niedrig geschätzt sind; vielmehr soll die Kritik das System der Bewertung selbst herausarbeiten." (Butler 2001: o. S.)

Die **Herausarbeitung solcher Bewertungssysteme** versteht Foucault dabei auch als Akt der ‚Befreiung' aus dem Geführtwerden durch diese Systeme mittels kritischer Reflexion der von diesen Systemen bereitgestellten hegemonialen Wahrheiten:

> „Wenn es sich bei der Regierungsintensivierung darum handelt, in einer sozialen Praxis die Individuen zu unterwerfen – und zwar durch Machtmechanismen, die sich auf Wahrheit berufen, dann würde ich sagen, ist die Kritik die Bewegung, in welcher sich das Subjekt das Recht herausnimmt, die Wahrheit auf ihre Machteffekte hin zu befragen und die Macht auf ihre Wahrheitsdiskurse hin. Dann ist die Kritik die Kunst der freiwilligen Unknechtschaft, der reflektierten Unfügsamkeit. In dem Spiel, das man die Politik der Wahrheit nennen könnte, hätte die Kritik die Funktion der Entunterwerfung." (Foucault [1990] 1992: 15)

7.5 Zentrale Konzepte

Nicht unwesentlicher Bestandteil dieses Prozesses ist damit auch der **reflexive Blick** auf die eigenen Bewertungsmaßstäbe, denn:

> „Es gibt im Leben Augenblicke, da die Frage, ob man anders denken kann, als man denkt, und anders wahrnehmen kann, als man sieht, zum Weiterschauen oder Weiterdenken unentbehrlich ist." (Foucault [1984] 1995: 15)

Umgekehrt bedeutet das nun aber auch, dass es aus einer kritischen Position unentbehrlich ist, die **eigenen Bewertungsmaßstäbe**, Interessen und Wertvorstellungen – auf deren Grundlage dann andere bewertet werden – **offenzulegen**. Das wiederum setzt die Einsicht voraus, dass die eigene Analyse Bewertungsmaßstäben, Interessen und Wertvorstellungen folgt. Diese Einsicht ist für die kritische Soziolinguistik wesentlich. Das heißt, sie sieht sich selbst von bestimmten Interessen und Wertvorstellungen geleitet, und diese trägt sie auch deutlich vernehmbar vor (das ist Teil des Prinzips der Reflexivität; s. Abschn. 7.4.2). Dabei beruft sie sich auf die Annahme, dass **Wissenschaft als soziale Akteurin** (s. Abschn. 7.3.3) immer auch Interessen hat und sich an Werten orientiert. ‚Objektive Wissenschaft' hält die kritische Soziolinguistik für ein ideologisches Konstrukt, das diese Interessen und Wertorientierungen nicht ausschaltet, sondern sie nur verschleiert und verunklart (vgl. Cameron 2004).

Diese Annahme ist stark geprägt von einer zweiten Traditionslinie, zu der der Kritik-Begriff der kritischen Soziolinguistik in Beziehung steht, auch wenn explizite Bezüge hierauf eher selten sind (im Gegensatz zu bestimmten Varianten der kritischen Diskursforschung, die sich sehr eng darauf beziehen; vgl. Forchtner 2011): der **Kritischen Theorie** insbesondere der Frankfurter Schule (vgl. dazu Ritsert 2019).

In seinem Entwurf einer solchen Kritischen Theorie hat Max Horkheimer (1895–1973) in scharfer Abgrenzung zu damals vorherrschenden wissenschaftstheoretischen Vorstellungen (etwa des Logischen Empirismus des Wiener Kreises), denen zufolge Wissenschaft ‚objektiv' zu sein habe, darauf hingewiesen, dass diese Vorstellungen ideologisch seien, da Erkenntnis immer in historische Zusammenhänge eingebunden sei:

> „Soweit der Begriff der Theorie […] verselbständigt wird, als ob er etwa aus dem inneren Wesen der Erkenntnis oder sonstwie unhistorisch zu begründen sei, verwandelt er sich in eine verdinglichte, ideologische Kategorie." (Horkheimer [1937] 1988: 168)

Als soziale Wesen haben Wissenschaftler*innen Interessen, und das Ziel einer Kritischen Theorie sei es, diese Interessen zu reflektieren und sie nicht einfach als gegeben hinzunehmen. Kritik, so Horkheimer, sei

> „menschliches Verhalten, das die Gesellschaft selbst zu seinem Gegenstand hat. Es ist nicht nur darauf gerichtet, irgendwelche Mißstände abzustellen, diese erscheinen ihm vielmehr als notwendig mit der ganzen Einrichtung des Gesellschaftsbaus verknüpft. Wenngleich es aus der gesellschaftlichen Struktur hervorgeht, so ist es doch weder seiner bewußten Absicht noch seiner objektiven Bedeutung nach darauf bezogen, daß irgend etwas in dieser Struktur besser funktioniere. Die Kategorien des Besseren, Nützlichen, Zweckmäßigen, Produktiven, Wertvollen, wie sie in dieser Ordnung gelten, sind ihm

vielmehr selbst verdächtig und keineswegs außerwissenschaftliche Voraussetzungen, mit denen es nichts zu schaffen hat. Während es zum Individuum in der Regel hinzugehört, daß es die Grundbestimmungen seiner Existenz als vorgegeben hinnimmt und zu erfüllen strebt, […] ermangelt jenes kritische Verhalten durchaus des Vertrauens in die Richtschnur, die das gesellschaftliche Leben, wie es sich nun einmal vollzieht, jedem an die Hand gibt." (Horkheimer [1937] 1988: 180–181)

Ganz ähnlich wie bei Foucault – von dem sich die Kritische Theorie aber vor allem hinsichtlich des Machtkonzepts und Wahrheitsanspruchs deutlich unterscheidet (sie vertritt ein vertikales Machtkonzept und hat einen objektiven Wahrheitsanspruch; vgl. Sohre 2017: 151–158) – geht es hier also darum, gerade das Selbstverständliche (und Hegemoniale) infrage zu stellen, **Skepsis** zu entwickeln gegenüber dem, was uns als ‚natürlich' und ‚normal' präsentiert wird. Und dies schließt die Art und Weise, wissenschaftliche Erkenntnis zu gewinnen, mit ein.

Das **Attribut** *kritisch* in ‚kritische Soziolinguistik' ist also vieldeutig. Es verdeutlicht einerseits den Anspruch, bestimmte gesellschaftliche Prozesse und Wertmaßstäbe – hier besonders solche, die mit sprachlich bedingter Macht, Hegemonie und sozialer Ungleichheit zu tun haben – differenziert herauszuarbeiten und dabei Selbstverständlichkeiten infrage zu stellen. Andererseits verdeutlicht es auch den Anspruch, eigene Maßstäbe und eigenes Vorgehen einer permanenten (kritischen) Reflexion zu unterziehen. In diesem Sinne halten Heller, Pietikäinen und Pujolar fest (vgl. ähnlich auch Pennycook 2001: 4–10):

„By **critical** we mean that we put questions of power and inequality in the centre of our inquiry. We ask what resources are important to whom, and how the social processes we examine have consequences. (Here the focus is mainly on consequences for people, but many scholars are also interested in consequences for organizations or communities, specific social practices, animals or the environment.) Second, a critical stance also applies to ourselves: we use our understandings about the role of language in social processes of power and inequality reflexively, that is, by applying them to how we undertake the social activity of doing research (as socially constructed and traversed by relations of power), and to how we make sense of the data we generate as a result of the research process." (Heller/Pietikäinen/Pujolar 2018: 2; Herv. im Orig.)

Freilich ist auch zu konstatieren, dass die **Praxis kritischer Soziolinguistik** diesem differenzierten Kritikbegriff, vor allem was die kritische Reflexion eigener Wertmaßstäbe angeht, nicht immer gerecht wird, und die Gefahr nicht unerheblich ist, dass kritische Soziolinguist*innen von einer Position aus zu sprechen versuchen, die sie nun gerade nicht immer wieder kritisch zu prüfen bereit sind. Die kritische Soziolinguistik steht also permanent vor der Aufgabe zu verhindern, dass kritische Analysen keine „polemisch-professionellen Aktivitäten, die den Namen Kritik tragen" (Foucault [1990] 1992: 8), werden.

7.5.3 Mehrdimensionale Indexikalität, Register und soziale Registrierung

Das Konzept ‚**Indexikalität**', das im Kapitel zur interaktionalen Soziolinguistik bereits besprochen wurde (s. Abschn. 6.5.1), ist auch für die kritische und

7.5 Zentrale Konzepte

metapragmatische Soziolinguistik zentral. Wie wir gesehen haben, bezeichnet ‚Indexikalität' in der interaktionalen Soziolinguistik die Fähigkeit von Zeichen, Hinweise auf den Kontext, in dem das Zeichen verwendet wird oder produziert wurde, sowie die beteiligten Personen zu geben. Indexikalische Bedeutung haben Zeichen also insofern, als sie Hinweise darauf geben, wie sie interpretiert werden sollen.

Im Rahmen seiner **metapragmatischen Theorie** hat Michael Silverstein (erstmals 1976) das Konzept der Indexikalität weiter ausdifferenziert und seine Mehrdimensionalität hervorgehoben. Zunächst einmal, so Silverstein (2003: 196), wirke Indexikalität im Zeitverlauf der Kommunikation in zwei Richtungen (vgl. dazu auch Silverstein 1976: 33–36):

- in Richtung **Vergangenheit** insofern, als Zeichen indexikalisch als ‚kontextpassend' gelesen werden („appropriateness-to-context" bzw. „indexical presupposition"); so wird etwa bei mehrdeutigen Ausdrücken aufgrund der indexikalischen Kontextpassung eine bestimmte Lesart nahegelegt oder eine Aussage kann aufgrund des Kontexts, in der sie getätigt wird, beispielsweise als ironisch interpretiert werden,
- in Richtung **Zukunft** insofern, als Zeichen indexikalisch den Kontext prägen und verändern können („effectiveness-in-context" bzw. „indexical entailment"); hierzu gehört unter anderem Kontextualisierung im Sinne Gumperz' (s. Abschn. 6.5.2).

Zweitens sei Indexikalität, wie Silverstein (2003) ausführt, ‚vertikal' mehrschichtig (Silverstein spricht von **„indexical orders"**). Damit ist gemeint, dass Indexikalität rekursiv ist: Sie kann selbst auf Indexikalisches verweisen (ein „indexical signaling of something about indexical signaling"; Silverstein 1993: 47), dieses indexikalische Referenzobjekt kann dann seinerseits auf etwas Indexikalisches verweisen und so weiter (Silverstein spricht in solchen Fällen von ‚Indexikalität höherer Ordnung', *n-th order indexicality*).

Etwas weniger abstrakt heißt das, dass Zeichen nicht nur auf Kontexte verweisen, sondern auf einer höheren indexikalischen Ordnung – man könnte auch sagen: Skalierung (s. Abschn. 7.4.1) – auch auf **Kontextwissen,** welches seinerseits indexikalisch mit dem Kontext verbunden wird (vgl. zum Folgenden auch Spitzmüller 2013).

- Wenn etwa eine bestimmte Sprachgebrauchsweise in einem bestimmten **Kontext** beobachtet und auf diesen Kontext bezogen wird, ist das nach Silverstein einfache Indexikalität (**‚first-order indexicality'**).
- Wenn die Sprachgebrauchsweise wiederholt in diesem Kontext beobachtet und infolge dessen als ‚typisch' für den Kontext angesehen wird, bildet sich nach Silverstein höherrangige Indexikalität (**‚second-order indexicality'**) aus.
- Die Zeichen verweisen nun nicht mehr einfach auf den Kontext, in dem sie gerade gebraucht werden, sondern auf einer höheren Ebene auch (kontextualisierend bzw. kontexteffektiv) auf **Kontextwissen** (Vorstellungen davon, wie Kontexte,

in denen die Zeichen verwendet werden, typischerweise sind). Dieses Kontextwissen prägt dann seinerseits (indexikalisch) die Interpretation des aktuellen Kontexts. Das erlaubt es beispielsweise, dass Sprecher*innen durch spezifischen Sprachgebrauch Kontexte mitgestalten oder Gruppenzugehörigkeit ausdrücken (indem sie versuchen, das Kontextwissen des Gegenübers zu aktivieren).
- Noch komplexer sind Stilisierungen, beispielsweise Parodien, solcher Sprachgebrauchsweisen. In diesem Fall verweist der stilisierende Gebrauch auf ein **Wissen über Kontextwissen** (‚Ich zeige dir hiermit, dass ich weiß, dass du weißt, dass in diesem Kontext typischerweise so-und-so gesprochen wird'). In solchen Fällen (**‚third-order indexicality'**) geht es in der Regel gar nicht mehr um tatsächliche Kontexte, sondern primär um stereotype Vorstellungen von bestimmten Arten des Kommunizierens (und den damit assoziierten, gleichermaßen stereotypisierten Akteur*innen).

Silverstein nimmt an, dass höhere indexikalische Ordnungen niedrigere voraussetzen (**‚präsupponieren'**). Das heißt, eine Stilisierung setzt voraus, dass der Sprachgebrauch, der stilisierend verwendet wird, typisch für den stilisierten Kontext und die stilisierten Akteur*innen ist, und dies wiederum setzt voraus, dass in solchen Kontexten und von solchen Akteur*innen überhaupt die in der Stilisierung verwendeten Mittel verwendet werden. Ob das tatsächlich so ist, ist dabei irrelevant. Wichtig ist nur die durch die Stilisierung präsupponierte Annahme, dass es so ist.

Im Folgenden soll diese komplexe Theorie anhand eines **Beispielsatzes** erläutert werden:

> „Mit unseren Human-Capital-Resources sind wir in der Lage, neue Marktsegmente zu penetrieren." (Ehmann 2014: 63)

Viele, die diesen Satz lesen, haben eine bestimmte Vorstellung, was für ein ‚Typ' der Sprecher sein könnte und in welchem Kontext der Satz gesprochen worden sein könnte. Das liegt an der indexikalischen Bedeutung von Ausdrücken wie ‚Marktsegment' oder ‚Human-Capital-Resources'. Solche Ausdrücke gelten vielen nämlich als **typisch** für ‚Manager' und die Kontexte, in denen (angeblich) ‚Managerslang' gesprochen wird. Wenn jemand sich also solcher Ausdrücke bedient, gehen wir (wenn wir diese indexikalische Bedeutung teilen) davon aus, dass diese Person in irgendeiner Beziehung zu dieser Gruppe steht, also entweder.

1. zu dieser Gruppe **gehört** (‚ein*e Manager*in'),
2. zu dieser Gruppe **gehören will** (‚ein*e Möchtegern-Manager*in'), oder aber
3. zu dieser Gruppe **eine Bewertung abgibt** (bspw. im Fall ironischen oder persiflierenden Sprachgebrauchs: ‚eine*r, die*der sich über Manager*innen lustig macht').

Ausdrücke wie ‚Marktsegment' oder ‚Human-Capital-Resources' deuten also wie ein Wegweiser (oder eben ein Index in einem Buch) auf die **Personengruppe** der

‚Manager', von der wir typisierte und häufig auch stereotype (überzeichnete, verzerrte und pauschalisierte) Vorstellungen haben. Daher spricht man davon, dass sie ‚indexikalisch' sind bzw. ‚indexikalische Bedeutung' haben.

Wenn wir diese Interpretation vollziehen, dann ist **Indexikalität höherer Ordnung** im Spiel, denn die Ausdrucksweise verweist nicht einfach nur auf einen spezifischen Kontext, in dem ein Manager spricht, sondern auf Wissen (bzw. Annahmen) über solche Kontexte generell (‚Wenn so gesprochen wird, muss ein*e Manager*in in der Nähe sein, oder zumindest geht es um eine*n!').

Im genannten Beispiel ist die Relation übrigens eine bewertende, und hier wirkt **Indexikalität dritter Ordnung:** Das Beispiel stammt aus einem Buch, das sogenannten ‚Managerslang' bzw. ‚Bürofloskeln' parodiert, sich also über diesen Sprachgebrauch lustig macht, „Ich bin da ganz bei Ihnen! Das Wörterbuch der unverzichtbaren Bürofloskeln" (Ehmann 2014). In diesem Buch wird nicht etwa Sprachgebrauch dokumentiert, sondern es wird, wie wir im Vorgriff auf den nächsten Abschnitt formulieren können, eine **Sprachideologie** zum Ausdruck gebracht, mit der bestimmte Bewertungen von sozialen Akteur*innen verbunden sind:

- Die Art und Weise, wie ‚Bürosprache' in diesem Buch dargestellt wird, ist hochgradig **überzeichnet** und **stereotyp**,
- sie hat mit **tatsächlicher Kommunikation** an solchen Orten wohl recht wenig zu tun.
- Dennoch **präsupponiert** die Parodie im oben genannten Sinn, dass ‚Büromenschen', insbesondere Leitungspersonal – eben ‚Manager' –, (typischerweise) so sprechen wie dargestellt.
- **Indexikalität dritter Ordnung** liegt hier deshalb vor, weil die Parodie ein Wissen über Kontextwissen der Leser*innen zum Ausdruck bringt: Ich (der Autor) weiß, dass Sie (die Leser*innen) wissen (i. S. v. ‚die Gewissheit haben'), dass ‚Büromenschen' in einer spezifischen Art und Weise sprechen (über die wir uns gemeinsam lustig machen können).

Nun sind Ausdrücke wie ‚Marktsegment' und ‚Human-Capital-Resources' aber nicht generell und von sich aus indexikalisch. Sie sind dies nur für bestimmte, in besonderer Weise sozialisierte Rezipient*innen: Solche, die gelernt haben, diesen Ausdrücken eine spezifische soziale Bedeutung zuzuschreiben. Das heißt: **Indexikalität entsteht durch Erfahrung** (vgl. Ochs 1996). Wir lernen, dass bestimmte Wörter (typischerweise) von bestimmten Personen in bestimmten Zusammenhängen gebraucht werden – und wenn wir die Wörter wieder hören, erinnern wir uns daran. Wie Bachtin treffend formuliert hat:

> „Jedem Wort sind der Kontext und die Kontexte abzulesen, in denen es sein sozial gespanntes Leben geführt hat, alle Wörter und Formen sind mit Intentionen besetzt. Im Wort sind die kontextuellen (gattungsspezifischen, tendenziösen, individuellen) Obertöne unvermeidlich." (Bachtin [1975] 2005: 185)

Entsprechend ist, wie Maas (1989: 168) ergänzt, „jeder sprachliche Ausdruck in unserer Sprachbiographie durch den Kontext indiziert […], in dem wir ihn kennengelernt haben".

Wenn nicht nur einzelne Zeichen, also beispielsweise Wörter, sondern ganze Verhaltens- und Sprachgebrauchsweisen (etwa Stile oder Dialekte) mit bestimmten Personen-, Rollen- und Verhaltensvorstellungen verbunden werden, spricht man in der Metapragmatik von ‚**Registern**'. Im Rahmen einer weit rezipierten Ausarbeitung des Konzepts definiert Agha (2007: 81) ‚Register' als

> „a cultural model of action
> (a) which links speech repertoires to stereotypic indexical values
> (b) is performable through utterances (yields enactable personae/relationships)
> (c) is recognized by a sociohistorical population"

Register sind somit Sprachgebrauchsweisen, die für bestimmte Akteur*innen indexikalisch mit bestimmten Personen- und Verhaltenserwartungen verbunden sind („culture-internal models of personhood linked to speech forms"; Agha 2007: 135) – mit Erwartungen, die durch kommunikatives Handeln (‚Ziehen' des Registers) geweckt werden können. Was wir ‚**Managerslang**' nennen, eine bestimmte Art und Weise, in der ‚Manager' (angeblich) sprechen, wäre ein solches Register: eine Sprachgebrauchsweise, die indexikalisch mit bestimmten Personen, Situationen und Verhaltensweisen assoziiert wird.

Vereinfacht kann man dies als **Dreieck** modellieren (s. Abb. 7.2). Ein Register ist demnach ein Sprachgebrauch (oder Stil), der für bestimmte Personen.

- einerseits einen **Personentypus,** andererseits einen **Verhaltenstypus indiziert** – Vorstellungen darüber, wer ‚so' spricht (‚ein Manager!') und wie diese typischen Sprecher*innen sich typischerweise verhalten (‚machen sich meist wichtig!').

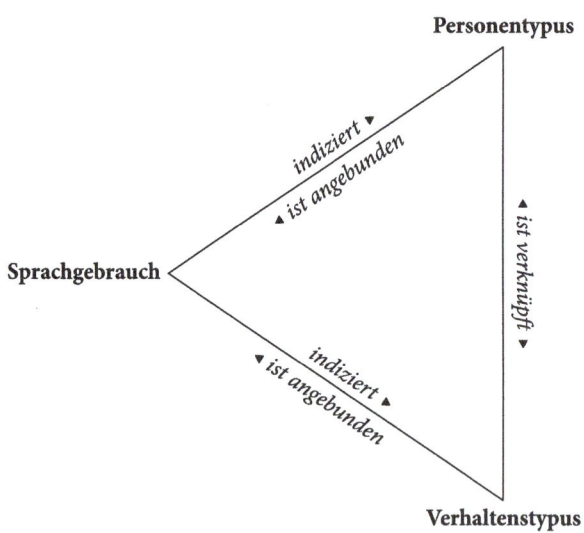

Abb. 7.2 Modellierung eines Registers. (Nach Spitzmüller 2013: 272)

7.5 Zentrale Konzepte

- Dadurch werden diese Personen- und Verhaltenstypen an den **Sprachgebrauch** sozusagen ‚angebunden' (wenn ich jemanden ‚so' sprechen höre, denke ich an die Personentypen und das Verhalten, das ich diesen unterstelle). Der Sprachgebrauch bekommt so, wie es in der englischen Übersetzung des obigen Bachtin-Zitats treffend heißt, seinen ‚sozialen Geschmack' („Each word tastes of the context and contexts in which it has lived it socially charged life"; Bakhtin [1975] 1981: 293).
- Damit werden auch **Personen-** und **Verhaltenstypen** miteinander **verknüpft**. Das heißt, die Vorstellung, dass ‚typische Manager' ‚typischerweise so-und-so handeln' wird auch durch den Sprachgebrauch, durch den sie für uns ‚identifizierbar' werden, geprägt (bspw. ‚Wer so aufgeblasen spricht, muss auch ein aufgeblasener Mensch sein!').

Wenn nun einzelne Zeichen Bestandteil solcher Register werden, wenn sich also Sprachgebräuche mit einer bestimmten indexikalischen Bedeutung herausbilden, dann spricht man in der metapragmatischen Soziolinguistik von **(sozialer) ‚Registrierung'** (‚enregisterment'; vgl. Agha 2007: 81). Damit bezeichnet man also den Prozess, in dem sich Register als weit verbreitete Vorstellungen des Zusammenhangs eines Sprachgebrauchs mit Personen- und Verhaltenstypen verfestigen: „‚Enregistered' just means ‚widely recognized,' and there are degrees of it" (Agha 2007: 235).

Im Prozess der Registrierung, wenn Sprachgebrauchsweisen, Personentypen und Verhaltenstypen miteinander verbunden werden, werden bestimmte Vorstellungen von den registrierten Personen- und Verhaltenstypen zentral gesetzt, andere werden in den Hintergrund gerückt. Gal/Irvine (2019: 19–21) sprechen in diesem Zusammenhang von ‚Prozessen der **soziolinguistischen Differenzierung**' (s. Abschn. 7.3.1), von denen drei herausgehoben werden:

1. **Rhematisierung** (oder **Ikonisierung**): In diesem Prozess werden Formen des Sprachgebrauchs als bildhafter Ausdruck von Personentypen und des ihnen unterstellten Verhaltens registriert (siehe das Beispiel oben: ‚Wer so aufgeblasen spricht, muss auch ein aufgeblasener Mensch sein!').
2. **Löschung:** Hier werden bestimmte Charaktereigenschaften oder auch Eigenschaften des Sprachgebrauchs, die nicht ins Bild passen, ausgeblendet (zum Beispiel, dass bestimmte fachsprachliche Ausdrücke nur in bestimmten Kontexten verwendet werden oder das Personen in Leitungspositionen wie alle Sprecher*innen ein sehr heterogenes sprachliches Repertoire haben).
3. **Fraktale Rekursivität:** In diesem Prozess werden soziale Unterscheidungen, die in den anderen beiden Prozessen hergestellt werden, auf kleinere oder größere soziale Skalierungsstufen projiziert, beispielsweise die Unterscheidung von ‚Menschen, die sprechen, um etwas mitzuteilen' und ‚Menschen, die bloß sprechen, um sich wichtigzumachen', die das Stereotyp der ‚Manager' von ‚Nicht-Managern' unterscheidet, auf allgemeinere soziale Ebenen (generell: ‚Wichtigtuer' vs. ‚die, die etwas zu sagen haben') oder spezifischere (‚Wichtigtuer unter den Managern' – ‚typische' Manager vs. ‚Manager, die etwas zu sagen haben' – ‚untypische' Manager).

Durch diese Prozesse entstehen Gal und Irvine zufolge die bereits zu Beginn des Kapitels erwähnten **semiotischen Differenzierungsachsen** („axes of differentiation"), entlang derer Akteur*innen aufgrund von registriertem Sprachgebrauch eingeordnet und bewertet werden.

Wie indexikalische Bedeutung selbst sind aber auch Register **interpretative und erfahrungsgeleitete Phänomene,** das heißt, sie existieren nur für spezifische soziale Gruppen, die die jeweiligen Zuschreibungen vornehmen (bzw. vorzunehmen gelernt haben). Nicht jeder kennt ‚Managerslang' als spezifische Form des Sprechens, assoziiert also mit irgendeiner Form des Sprechens ‚Manager', und nicht jeder hat dieselbe Vorstellung davon, wie ‚typische Manager' sprechen.

Auch können indexikalische Zuordnungen, je nach Erfahrung, **unterschiedlich differenziert** sein. Das sehen wir etwa daran, dass regionale Zuordnungen aufgrund lokaler oder dialektaler Varianten häufig mit zunehmender ‚Nähe' (d. h. Vertrautheit) zunehmend differenzierter werden:

> „English hearers, exposed to a New York accent, hear it primarily as being American, and only secondary, if at all, as being associated specifically with New York. They are quite deaf to the sociolinguistic information contained, say, in the prevalence of [beəd] over [bæ:d] for *bad* or vice versa. A Philadelphian, though, will perceive the same accent primarily as being a New York accent; its Americanness he takes for granted. A New Yorker is very alive to the sociolinguistic information it entails. Similarly, a Liverpool working-class accent will strike a Chicagoan primarily as being British, a Glaswegian as being English, an English southerner as being northern, an English northerner as being Liverpudlian, and a Liverpudlian as being working-class. The closer we get to home, the more refined are our perceptions." (Wells 1982: 33)

Registerwissen und Registerzuschreibungen sind also **skalierbar.** Der Cartoon in Abb. 7.3 verdeutlicht das sehr schön am Beispiel der Grußformel *Moinsen!,* die zunächst spezifisch im norddeutschen Raum indexikalisch mit Jugendlichen und mit informell-vertrauten Situationen assoziiert wurde (s. Abb. 7.4a; der Cartoon ergänzt eine Assoziation zu den Friesischen Inseln). Dass diese Zuschreibung, wie im Cartoon dargestellt, mit zunehmender Distanz unschärfer wird bzw. höher skaliert, ist aus metapragmatischer Sicht wahrscheinlich.

Das Beispiel illustriert aber auch, wie sich **Registrierungen verändern** können. Es gibt Anzeichen dafür, dass die Grußformel weitere Registrierungsprozesse durchlaufen hat und im deutschen Sprachraum inzwischen weithin mit ‚Norddeutschen' oder ‚Hamburgern' assoziiert wird – dies

- infolge von **Kommodifizierung,** durch Druck auf und Verbreitung von Textilien, Tassen, Stickern usw. (s. Abb. 7.4b–d), auf denen *Moinsen!* zum Index dritter Ordnung für ‚Norddeutsch(e)' wird (vgl. zu solchen Prozessen Johnstone/Andrus/Danielson 2006),
- und infolge **medialer Rekontextualisierung.** Zu nennen ist hier insbesondere die regelmäßige Verwendung dieser Grußformel (seit 2002) durch einen der Erzählung zufolge aus Hamburg stammenden (nicht jugendlichen) Ermittler eines beliebten Tatort-Teams (den Münsteraner Hauptkommissar Frank Thiel).

Trotz dieser Dynamik sind bestimmte Vorstellungen besonders weit verbreitet (besonders stark ‚registriert'). Das gilt auch für einzelne sprachliche Elemente

7.5 Zentrale Konzepte

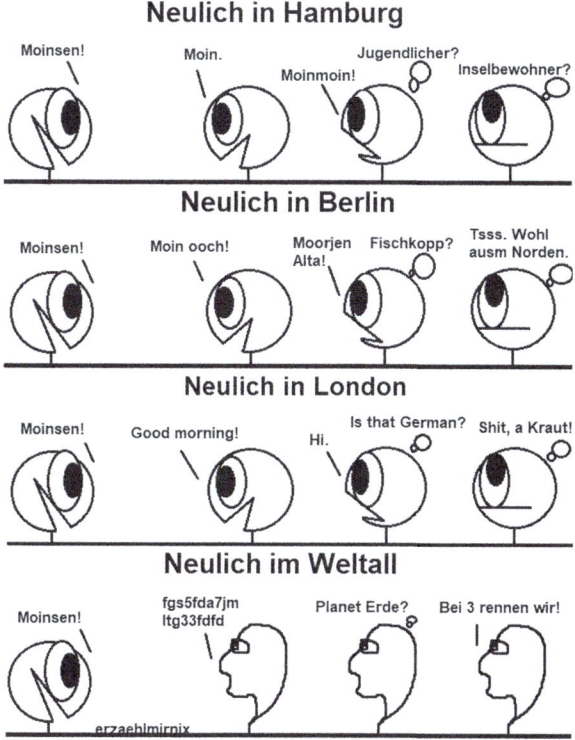

Abb. 7.3 Skalierung von Registerwissen. (© 2021 Katrin Neuhaus/RUEG und erzaehlmirnix)

(Wörter, syntaktische Formen usw.). Manche dieser Elemente sind so stark mit bestimmten Registern verbunden, dass sie fast in jedem Kontext entsprechende Assoziationen hervorrufen (denken Sie etwa an sog. ‚jugendsprachliche' Ausdrücke wie *Ey Alter!* oder Fachsprachliches wie *Cash Flow*). Diese nennt man auch **‚metapragmatische Stereotype'** (vgl. Agha 2007: 148). Viele dieser Stereotype sind Fremdzuschreibungen und bilden weniger eine sprachliche Realität ab als dass sie diese wertend überzeichnen (etwa als Karikatur oder Persiflage). Entsprechend spielen metapragmatische Stereotype in Indexikalität höherer Ordnung eine besondere Rolle.

7.5.4 Sprachliche Reflexivität, Sprachideologien und Sprachregime

Indexikalische Interpretationen wie die, die im vorherigen Abschnitt skizziert wurden, beruhen auf Bewertungen von Sprachgebrauchsformen und mit diesen

Abb. 7.4 Soziale Registrierung von *Moinsen*. **a** https://ahoihamburg.de/moinsen-bedeutung-herkunft-und-definition/<22.09.2021>. **b** https://www.emp.at/p/Moinsen/487341M.html<22.09.2021>. **c** https://shop.spreadshirt.de/moinsen-typisch-norddeutsch/<22.09.2021>. **d** https://meinspuckschutz.de/papier-mundschutz/hamburg/moinsendigga.html<22.09.2021>

assoziierten sozialen Akteur*innen, Handlungsformen und Kontexten. Die kritische und metapragmatische Soziolinguistik nennen solche Bewertungen ‚**Sprachideologien**' (‚language ideologies'). Das ist nicht abwertend gemeint. ‚Ideologie' meint in diesem Kontext nur (in einem durchaus traditionellen Sinn des Worts; s. dazu unten): Menge von ‚Ideen' (= Ansichten, Meinungen, Bewertungen). Das heißt: Jede Ansicht über Sprache, Sprachgebrauch und Sprecher*innen ist Teil einer Sprachideologie (das gilt auch für sprachwissenschaftliche Ansichten!). Insbesondere zählt man dazu, wie Irvine und Gal verdeutlichen, sämtliche Annahmen und Bewertungen, die indexikalische Relationen (und Registerhaftigkeit) betreffen:

> „It has become a commonplace in sociolinguistics that linguistic forms, including whole languages, can index social groups. As part of everyday behavior, the use of a linguistic

form can become a pointer to (index of) the social identities and the typical activities of speakers. But speakers (and hearers) often notice, rationalize, and justify such linguistic indices, thereby creating linguistic ideologies that purport to explain the source and meaning of the linguistic differences. To put this another way, linguistic features are seen as reflecting and expressing broader cultural images of people and activities. Participants' ideologies about language locate linguistic phenomena as part of, and evidence for, what they believe to be systematic behavioral, aesthetic, affective, and moral contrasts among the social groups indexed." (Irvine/Gal 2000: 37)

Sprachideologien sind Teil von **Sprachreflexion** – dem Nachdenken und Reden über Sprache. Das Reden über Sprache nennt man auch ‚metasprachliche Kommunikation' (*Metasprache* = ‚Sprache über Sprache', von griech. μετά u. a. ‚hinter, über') oder kürzer ‚Metakommunikation' (= ‚Kommunikation über Kommunikation').

Metasprache und Objektsprache

‚Metasprache' ist ursprünglich ein Begriff aus der Sprachphilosophie, mit dem man die Sprache, die man zur Beschreibung einer Sprache verwendet (‚Metasprache') unterscheidet von der Sprache, die beschrieben wird (‚Objektsprache').

Einfaches Beispiel: Im Satz „*Baum* is a German noun" wäre Englisch die Metasprache, Deutsch die Objektsprache. In der Linguistik wird Objektsprachliches meistens durch *Kursivschreibung* markiert. Häufig sind Meta- und Objektsprache identisch, etwa in *Dies ist ein deutscher Satz* oder „*Baum* ist ein Nomen". Die Sprachphilosophie legt Wert darauf, auch in diesen Fällen die metasprachliche und die objektsprachliche Ebene strikt zu trennen. Nur so lassen sich sog. semantische Paradoxa wie *Dieser Satz ist eine Lüge!* (die sich selbst zu widersprechen scheinen) auflösen. Vgl. zur Vertiefung Spitzmüller 2019a.

Der Ausdruck ‚**Metapragmatik**' leitet sich hiervon ab, nimmt aber eine weitere Perspektive ein, die über Sprache hinaus (kommunikatives) Handeln generell und deren Reflexivität in den Blick nimmt (vgl. Verschueren 2004). Damit wird der Tatsache Rechnung getragen, dass

1. häufig **nicht nur Sprache allein,** sondern kommunikative Handlungsformen generell (etwa auch Nonverbales wie Mimik, Paraverbales wie der Akzent, Körperhaltung) einer Bewertung unterzogen werden, und dass
2. jede Bewertung von Kommunikation selbst eine **kommunikative Handlung** ist (die verbal, aber auch para- oder nonverbal sein kann).

Metapragmatik fokussiert also kommunikative Handlungen, die sich reflexiv auf kommunikative Handlungen beziehen, dies entweder explizit oder implizit (vgl. Verschueren 2004; Wortham/Reyes 2020: 57–59).

Bemerkenswert ist im Fall von Sprachreflexion – wie wir weiter unten sehen werden –, dass hier **Objekt-** und **Metaebene** häufig **zusammenfallen**: Sprache wird mit Hilfe von Sprache bewertet – häufig mit Hilfe derselben Sprache, die auch Gegenstand der Bewertung ist. Das ist deswegen bemerkenswert, weil sich daraus Möglichkeiten von sehr subtiler Bewertung von Sprache mit Sprache ergeben (auch dies wird später genauer ausgeführt, s. Abschn. 7.5.6).

> **Reflexivität als „design feature" von Sprache**
> Auf einer grundsätzlichen sprachtheoretischen Ebene gilt **Reflexivität** – die Fähigkeit, sich auf sich selbst zu beziehen – als Eigenschaft, die nur menschliche Sprache hat, die menschliche Sprache also von allen anderen Formen der Kommunikation unterscheidet (ein „design feature" von Sprache). Nach dieser Auffassung können (andere) Tiere nicht metapragmatisch handeln (vgl. hierzu grundsätzlich Tomasello 2014). Wie der Sprachphilosoph Charles Hocket (1963: 10) es schön formuliert hat: „Bees dance about sites, but they cannot dance about dancing." Vgl. zur Vertiefung Lucy 1993; Spitzmüller 2019a

Das Konzept ‚**Sprachideologie**' wurde ebenfalls wesentlich von Michael Silverstein geprägt, der sich ab Mitte der 1970er Jahre mit dem Thema Sprachreflexivität befasst hat. Silverstein war nicht der erste, der dieses Thema bearbeitet hat, aber sein Zugang und seine Terminologie wurden in der Soziolinguistik sehr einflussreich.

- Bereits seit den **1960er Jahren** befassen sich sozialpsychologische Soziolinguist*innen wie Wallace Lambert mit Bewertungen von Sprache, Sprachgebrauch und Sprecher*innen (s. Abschn. 4.2.3.2), sie sprechen aber von ‚**Spracheinstellungen**' (‚language attitudes') und gehen sowohl von anderen (stärker kognitionsbedingten) Voraussetzungen aus als auch methodisch anders vor als der Anthropologe Silverstein (vgl. Garrett 2010; Soukup 2019).
- Auch der Ausdruck ‚Sprachideologie' findet sich **vor Silverstein** (vgl. Jung 1974), dies aber außerhalb des soziolinguistischen Kontexts und in klar abwertender Verwendung.
- Ein sehr **frühes und bemerkenswertes Beispiel** für die Thematisierung in der deutschsprachigen Soziolinguistik ist allerdings die Soziolinguistik-Einführung von Schlieben-Lange (1973), in der die Autorin nicht nur detailliert auf die Spracheinstellungsforschung eingeht (Schlieben-Lange 1973: 93–97), sondern auch einen engen Zusammenhang von Sprache und Ideologie herstellt und feststellt:

> „[R]ichten wir unseren Blick darauf, daß eine historische Einzelsprache oder eine Sprachform (Dialekt; Soziolekt) in ihrer Gesamtheit Wertungen ausgesetzt ist, daß also bestimmte Sprachformen höher eingeschätzt werden, daß der Sprecher

einer bestimmten Sprache bzw. Sprachform sich disqualifiziert. In dieser Hinsicht ist also Sprache nicht mehr eine Vermittlungsinstanz, sondern kann zu einem Instrument von Herrschaft werden.

Die Soziolinguistik müßte die zuletzt skizzierten Zusammenhänge von Sprache und Wertungssystem viel deutlicher berücksichtigen." (Schlieben-Lange 1973: 24)

- Allerdings ist zu konstatieren, dass dieses Plädoyer gerade in der deutschsprachigen Soziolinguistik lange Zeit kaum auf Resonanz gestoßen ist.

Silverstein spricht von ‚Sprachideologie' erstmals in einem bis heute viel zitierten Aufsatz aus dem Jahr 1979. Bereits hier hält er fest, dass es ihm dabei **nicht nur um ‚falsche' oder ‚problematische' Bewertungen** von Sprache und Sprachgebrauch gehe:

„I do not address myself only to articulated beliefs that are incorrect or contemptible. I should clarify that ideologies about language, or linguistic ideologies, are *any* sets of beliefs about language articulated by the users as a rationalization or justification of perceived language structure and use. [...] We need have no conceit one way or the other [...] that automatically privileges so-called ‚scientific' description, or automatically condemns native ideological rationalization." (Silverstein 1979: 193; Herv. im Orig.)

Der zugrundeliegende **Ideologiebegriff** ist, wie bereits am Anfang dieses Abschnitts angedeutet, sehr weit: Silverstein rechnet diesem Mengen- oder „Totalitätsbegriff" (Hermanns 1999) – eine Ideologie ist immer ‚eine *Menge*' bzw. ‚*Gesamtheit* von Ideen, Bewertungen, Einstellungen' – sämtliche Annahmen über Sprache („language structure") und Sprachgebrauch („language use") bzw. das, was man dafür hält („perceived language structure and use"), zu. Dies schließt, wie Silverstein in dem Zitat klar herausstellt, sprachwissenschaftliche Theorien über Sprache und Sprachgebrauch mit ein.

‚Ideologie' wird hier also nicht, wie häufig im Alltagsgebrauch, abwertend nur für bestimmte (‚verzerrte' oder als falsch eingeschätzte) Weltansichten verwendet, sondern man versteht darunter jede Form der (sämtliche Ideen und Vorstellungen einer Person oder Gruppe zu etwas umfassenden) Weltansicht. Dieser **totale Ideologiebegriff** (s. Abschn. 7.2.2) geht davon aus, dass ein ideologiefreier Standpunkt ein Widerspruch in sich wäre, weil jeder Blick auf die Welt perspektivisch und standortgebunden – und damit nach dieser Definition ‚ideologisch' – ist.

Aufstieg und Fall des Ideologiebegriffs
Der Begriff ‚Ideologie' wurde im 18. Jahrhundert durch den französischen Philosophen Antoine Louis Claude Destutt de Tracy (1754–1836) geprägt (vgl. Destutt de Tracy [1801–1815] 1977). Destutt de Tracy bezeichnet damit die von ihm begründete ‚Lehre von den Ideen, den Vorstellungen', insbesondere jenen Vorstellungen allerdings, die denen, die sie vertreten, als ‚natürlich richtig' erscheinen (das nimmt zum Teil das Konzept des ‚Alltags-'

oder ‚Allerweltswissens' der Wissenssoziologie vorweg; s. Abschn. 2.1.3). Diese aufklärerische Lehre aber – die ‚Ideologie' – wurde bald von den Gegnern Destutts de Tracy (allen voran Napoleon Bonaparte, der in dieser Lehre wohl eine politische Gefahr erkannte) als falsch und lächerlich bezeichnet. So wurde Destutts ‚Ideologie' selbst zunächst als ‚falsche Lehre' gebrandmarkt, im Lauf der Zeit wurde *ideologisch* im Sinne eines Pars-pro-Toto zur Bezeichnung für jede falsche Lehre. Insbesondere seit Karl Marx und Friedrich Engels (Marx/Engels [1845/1846] 1990) wurde der Begriff dann im Sinne eines ‚verzerrten, falschen Bewusstseins' gebraucht. So erhielt der Ausdruck seine heute weithin geläufige pejorative (d. h. abwertende) Bedeutung.

In Teilen der Philosophie und Soziologie, insbesondere in der postmarxistischen Theorie (etwa bei Vološinov, Gramsci und Althusser; s. Abschn. 7.2.2), wurde der neutrale, umfassende und nicht abwertende Ideologiebegriff, den Destutt de Tracy im Sinn hatte, aber weiterverwendet, wenn auch nicht zur Bezeichnung einer Lehre, sondern eher einer Menge bzw. eines Systems von Ideen – eine Begriffsverschiebung, die ähnlich auch ‚Mythologie' und im Englischen ‚methodology' (= ‚set/system of methods', im Deutschen: ‚Methodik') vollzogen haben. An diese Tradition, und vielfach auch direkt an Theoretiker wie Vološinov, knüpft die Sprachideologieforschung an. Zur Vertiefung vgl. Silverstein 1998.

Sprachideologien sind demzufolge die gesammelten Werte und Einstellungen einer Person oder Gruppe zu bzw. deren Perspektiven auf Sprache, Sprachgebrauch und Sprecher*innen. Die **kritische und metapragmatische Soziolinguistik** gehen davon aus,

- dass Sprachen, Sprachgebräuche und Sprecher*innen grundsätzlich und permanent bewertet werden (Sprachideologien sind **zentraler Teil des sozialen Lebens**),
- dass diese Wertungen sozial und kulturell verwurzelt sind (Sprachideologien sind **sozial registriert** und mithin erfahrungsabhängig),
- dass sie sozialer Aushandlung und sozialen Kontroversen unterliegen (Sprachideologien sind **diskursiv umkämpft** und mithin auch veränderbar),
- und dass sie **Konsequenzen** haben, einerseits für die bewerteten Sprecher*innen (indem sie etwa zu sozialer Ungleichheit führen können),
- aber auch für den **Sprachgebrauch** und das **Sprachsystem** (so wie auch umgekehrt diese beiden Dimensionen auf die Ideologien zurückwirken; Silverstein 1985: 220, s. Abschn. 7.3.2),
- weshalb die Untersuchung von Sprachideologien als **Kernaufgabe der Sprachwissenschaft** verstanden wird.

Eine Konsequenz von Sprachideologien kann sein, dass Sprachen und Sprachgebrauchsformen innerhalb einer sozialen Gemeinschaft **rangiert** werden: Sie gelten (vielleicht auch nur in bestimmten Situationen) als unterschiedlich ‚wertvoll', ‚angemessen' oder ‚brauchbar'. Blommaert spricht in dem Zusammenhang von **‚Ordnungen der Indexikalität'** (*orders of indexicality* – nicht zu verwechseln mit, wenn auch inspiriert von, Silversteins *indexical orders*, s. Abschn. 7.5.3):

> „While performing language use, speakers […] display orientations towards orders of indexicality – systematically reproduced, stratified meanings often called ‚norms' or ‚rules' of language and always typically associated with particular shapes of language (i. e. the ‚standard', the prestige variety, the usual way of having conversation with my friends etc.). […] Stratification is crucial here: we are dealing with systems that organise inequality via the attribution of different indexical meanings to language forms (e. g. by allocating ‚inferior' value to the use of dialect varieties and ‚superior' value to standard varieties in public speech)." (Blommaert 2005: 73)

Generell spricht man in der Soziolinguistik in diesem Kontext von **Sprachregimen** (vgl. Kroskrity 2000; Coulmas 2005; Busch [2013] 2021: 143–144). Darunter versteht man die Tatsache, dass Sprachen und Sprachgebräuche in eine Rangordnung gebracht werden und dass der Gebrauch spezifischer Sprachen oder Sprachgebräuche in Folge dieser Rangierung reglementiert, eingeschränkt oder sogar verunmöglicht wird. Coulmas (2005: 7) definiert „language regime" entsprechend als „a set of constraints on individual language choices".

Solche Beschränkungen können unterschiedliche **Verankerungen und Reichweiten** haben:

- Sie können **politisch vorgegeben** sein (rechtliche Bedingungen zum Sprachgebrauch oder Sprachverbote),
- sie können aber aufgrund von Sprachideologien bzw. sprachenbiographischen Erfahrungen auch **selbst auferlegt** oder **gruppendynamisch forciert** sein.
- Außerdem können sie **unterschiedliche Skalierungen des Sozialen** betreffen, von lokalen Situationen über institutionelle Kontexte bis hin zu ganzen Staaten- oder gar transnationalen Gebilden (wie der EU),
- und sie können **kontextspezifisch** sein (so kann etwa standardnahes Sprechen in einem sozialen Setting höher rangiert sein als Dialekt, während es in einem anderen – vielleicht sogar mit denselben Personen – genau umgekehrt ist).

Nach kritisch-soziolinguistischer Auffassung sind Sprachregime ein wichtiger Faktor von **Macht, Hegemonie und sozialer Ungleichheit** (s. Abschn. 7.5.1).

7.5.5 Soziale Positionierung und Stancetaking

Auf der **Skala des Sozialen** liegen Sprachideologien und Sprachregime eher weiter oben: Es handelt sich um translokale, abstrakte Phänomene. Nun interessieren die kritische und metapragmatische Soziolinguistik aber auch die lokaleren Ebenen und die Wechselwirkung zwischen diesen und dem Translokalen, also die Frage, wie Sprachideologien konkret in Interaktionen wirksam werden und wie diese Interaktionen umgekehrt auf Sprachideologien zurückwirken. Letzteres versuchen die Konzepte der mehrdimensionalen Indexikalität und der sozialen Registrierung (s. Abschn. 7.5.3) und die darauf aufbauende Methode der transinteraktionalen Diskursanalyse (Wortham/Reyes 2020; s. Abschn. 7.4.5) zu fassen. Für Ersteres, die Beschreibung der Einwirkung des Translokalen auf das Lokale und der lokalen Kontextualisierung von Werten und Einstellungen, werden zwei miteinander verwandte Konzepte fruchtbar gemacht: das aus der Diskurspsychologie stammende Konzept der ‚sozialen Positionierung' und das in der Soziolinguistik selbst entwickelte Konzept des ‚Stancetaking'.

Dem Konzept der **sozialen Positionierung** (vgl. Deppermann 2015; Spitzmüller/Bendl/Flubacher 2017) liegt die Annahme zugrunde, dass gesellschaftliche Akteur*innen ihre (multiplen und dynamischen) sozialen Identitäten nicht einfach in Interaktionen ‚hineintragen', sondern dass sie sie dort in Form kommunikativer Handlungen aushandeln und gestalten. Dies geschieht der Positionierungstheorie zufolge dadurch, dass sie sich selbst oder andere in der Interaktion permanent durch das, was sie sagen, verorten. Damit positionieren sie sich oder andere, wie man es metaphorisch ausdrückt, im ‚sozialen Raum' und machen sich oder andere somit – im Sinne von Althusser (s. Abschn. 7.2.2) – zu ‚erkenn-', ‚wiedererkenn-' und ‚anerkennbaren' Subjekten:

> „Positioning, as we will use it[,] is the discursive process whereby selves are located in conversations as observably and subjectively coherent participants in jointly produced story lines. There can be interactive positioning in which what one person says positions another. And there can be reflexive positioning in which one positions oneself." (Davies/Harré 1990: 48)

Das Konzept ist stark von Foucaults Begriffen der **Subjektivierung** und der **Subjektpositionen** geprägt (s. Abschn. 7.2.3), denen zufolge Subjekte Diskurse nicht autonom steuern, sondern umgekehrt von Diskursen positioniert und permanent verändert – und damit als Subjekt überhaupt erst ‚gemacht' – werden. Im Anschluss daran geht die diskurspsychologische Positionierungstheorie davon aus, dass das, was man ‚Aushandlung von Identität' nennt, ein permanenter und nie abgeschlossener Prozess der Selbst- und Fremdverortung ist.

Aus der Diskurspsychologie wurde das Positionierungskonzept in die soziolinguistische Narrationsanalyse adaptiert, der es vor allem darum geht zu zeigen, wie sich Erzähler*innen in ihren Erzählungen positionieren. Eine wichtige Neuerung ist dabei die Unterscheidung zwischen verschiedenen **Positionierungsebenen.** Diese trägt der Beobachtung Rechnung, dass eine Positionierung sowohl zur erzählten Geschichte (innerhalb der Erzählung) als auch zum Publikum (innerhalb der Erzählsituation) und zu translokalen Phänomenen (innerhalb diskursiver bzw. ideologischer Rahmen) vorgenommen werden kann. Daraus resultieren die folgenden drei Positionierungsebenen (vgl. Bamberg 1997; Bamberg/Georgakopoulou 2008; ähnlich auch Wortham/Reyes 2020: 3, die zwischen Positionierung im *narrating event* und *narrated event* unterscheiden):

7.5 Zentrale Konzepte

- **Positionierungsebene 1** bezeichnet Positionierungen gegenüber Personen, Objekten und Ideen innerhalb der erzählten Geschichte
- **Positionierungsebene 2** bezeichnet Positionierungen gegenüber dem Publikum, dem die Geschichte erzählt wird
- **Positionierungsebene 3** bezeichnet Positionierungen gegenüber situationsübergreifenden Themen und Diskursen im Zuge der Erzählung

In eine ganz ähnliche Richtung geht das von Elinor Ochs (1996) geprägte Konzept des ‚**Stancetaking**' (vgl. dazu Jaffe 2009, 2016). ‚Stances' sind Standpunkte in einer Interaktion, die durch Akte des ‚Stancetaking' (der ‚Standpunkteinnahme') kommunikativ okkupiert werden. Standpunkte sind relativ: Es handelt sich um Positionen in Relation zu anderen Positionen. In erster Linie sind dies der Stancetheorie zufolge Positionen gegenüber einem sog. ‚Bewertungsobjekt' (einem Sachverhalt, einer Sache, einer Person). Zu diesem Objekt lässt sich laut Ochs (1996: 410) in zweierlei Hinsicht ein Standpunkt einnehmen:

1. Man kann gegenüber dem Objekt ein **Wissen** bzw. einen **Wissensgrad** markieren („knowledge or belief vis-à-vis some focus of concern, including degrees of certainty of knowledge, degrees of commitment to truth of propositions, and sources of knowledge, among other epistemic qualities"), bspw. *Das mag so sein* (= ich weiß es aber nicht sicher).
Dies nennt Ochs *epistemic stance*.
2. Man kann gegenüber dem Objekt eine **emotionale Haltung** oder **Einstellung** markieren („a mood, attitude, feeling, and disposition, as well as degrees of emotional intensity vis-à-vis some focus of concern"), bspw. *Schön, dass es so ist* (= ich finde das gut).
Dies nennt Ochs *affective stance*.

Stevanovic (2013: 25) unterscheidet davon noch den bei Ochs in der zweiten Kategorie enthaltenen.

3. *deontic stance*, den Ausdruck eines **Wollens** oder **Sollens** des Bewertungsobjekts („speakers' self-positioning with regard to notions of necessity, obligation, and responsibility"; Shoaps 2017: 24), bspw. *Das soll so sein* (= ich will das).

Zu beachten ist, dass diese **Unterscheidung** nur **analytischen Charakter** hat: In der Praxis sind diese Ebenen nicht immer klar zu unterscheiden, da in einer Positionierungshandlung gleichzeitig Wissens-, affektive und Sollensaussagen getätigt werden können (und sich diese bis zu einem gewissen Grad auch gegenseitig bedingen). *Wäre super, wenn es so wäre!* etwa drückt gleichzeitig ein Sollen (‚Ich will, das es so ist'), eine Emotion (‚Ich finde das gut') und ein Wissen (‚Ich weiß nicht, ob es so ist') aus, die dadurch eingenommene Position setzt sich aus all diesen drei Dimensionen zusammen. Das heißt, dass die verschiedenen Modi des Stancetakings multimodal zusammenwirken können.

Eine viel beachtete Weiterentwicklung des Stancekonzepts stammt von John Du Bois (2007). Wie auch Ochs sieht Du Bois Stancetaking als eine Handlung an, mit der sich ein*e Akteur*in in einer bestimmten Art und Weise (affektiv oder epistemisch) zu einem Bewertungsobjekt positioniert, indem sie*er zu diesem eine Bewertung kommuniziert. Allerdings betont Du Bois (2007: 140), dass solche Stancetaking-Akte nicht isoliert betrachtet werden dürfen. Stancetaking müsse als **dialogischer Prozess** verstanden werden (zum zugrundeliegenden Konzept der Dialogizität vgl. Du Bois 2014), in dem Interaktand*innen mit ihren Standpunktmarkierungen einerseits auf Standpunktmarkierungen anderer reagieren, andererseits solche auch einfordern. Dadurch ergibt sich eine Art ‚interaktionaler Eislauf', durch den sich Interagierende im sozialen Raum permanent zueinander ausrichten, das heißt aufeinander zu oder voneinander weg bewegen.

In der Folge schlägt Du Bois daher vor, Stancetaking als **triadischen Prozess** zu verstehen, der aus drei ineinander verschachtelten Teilprozessen besteht:

1. Prozess der **Bewertung** (‚evaluation') eines ‚Objekts' (‚Gegenstands', ‚Sachverhalts', einer ‚Idee', ‚Tätigkeit' oder auch einer anderen Person usw.) durch ein ‚Subjekt'.
Dieser Schritt erfolgt explizit durch Kommunikation (z. B. *Ich liebe Sushi!*).
2. Prozess der **Positionierung** (‚positioning') dieses ‚Subjekts' in Relation zum ‚Objekt' (durch die Bewertung).
Dieser Schritt ist die Folge und das Ziel der kommunikativen Bewertung (im Beispielfall handelt es sich um eine affektive Positionierung: ‚Die Sushi und ich, wir stehen uns nahe!').
3. Prozess der **Ausrichtung** (‚alignment'), bei dem die Standpunkte verschiedener ‚Subjekte' abgeglichen werden, also die Positionierung verschiedener Subjekte zueinander aufgrund ihrer jeweiligen Bewertungen eines spezifischen Objekts.
Dies ist die soziale Folge der Positionierung (bspw., wenn die Aussage in Reaktion auf eine vorheriges Stancetaking erfolgt, wie: *Ich esse gerne Würstel!* oder auch *Sushi mag ich gar nicht!*, aber auch, wenn sie solche erst provoziert: *Was, echt? Ich finde Sushi fürchterlich!* oder auch *Ja, Sushi sind wirklich lecker!* oder *Am Besten sind die am Schwedenplatz!*).

Du Bois (2007: 163) bringt dies auf die folgende Formel: „I evaluate something, and thereby position myself, and thereby align with you". Weithin bekannt geworden ist vor allem seine Visualisierung in Form eines Dreiecksmodell, das ‚**stance triangle**' (s. Abb. 7.5).

Das Stancekonzept ist deswegen **in der kritischen und metapragmatischen Soziolinguistik wichtig** geworden, weil es hilft zu zeigen, wie Bewertungen konkret in Interaktionen (reaktiv und proaktiv) vorgenommen werden und mit welchen kommunikativen Mitteln und Modalitäten (Wissensaussagen, emotionalen Aussagen, Sollensaussagen) solche Bewertungen vollzogen werden (wohingegen das Positionierungskonzept hilft, verschiedene Ebenen der Bewertung im narrativen Kontext zu differenzieren). Außerdem zielt das Konzept genau auf den Zusammenhang zwischen Bewertung (also Ideologie), sozialer Positionierung und

7.5 Zentrale Konzepte

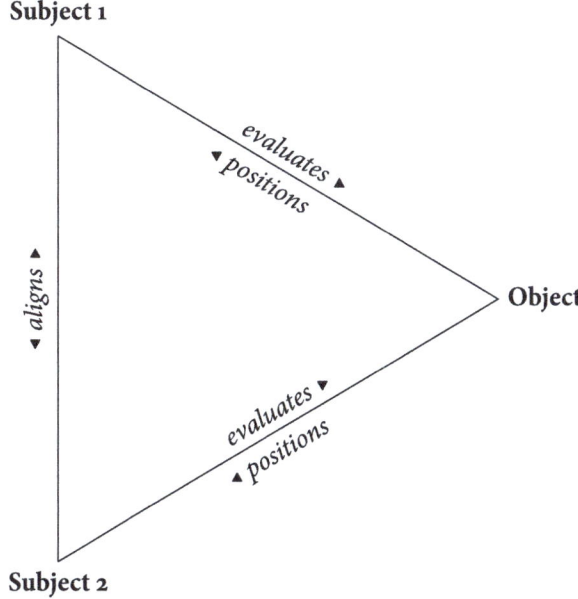

Abb. 7.5 Das Stance-Dreieck. (Nach Du Bois 2007: 163)

Vergemeinschaftung (sozialer Ausrichtung), um den es der kritischen und metapragmatischen Soziolinguistik im Kern geht.

Ein weiterer Grund für die breite Rezeption der Stancetheorie ist wohl ihre **(bewusste) Abstraktheit**. Das Stancemodell hat den Anspruch, alle möglichen Bewertungs- und Positionierungshandlungen zu erfassen, unabhängig vom Bewertungsobjekt und der interaktionalen Konstellation (vgl. Du Bois 2007: 141). Positionieren kann man sich gegenüber allem Möglichen, zum Beispiel gegenüber Ideen, Dingen, Personen oder auch gegenüber anderen Positionen *(Ich hasse diesen Sushi-Hype!)*, und all dies soll das Modell gleichermaßen erfassen.

Für die kritische und metapragmatische Soziolinguistik ist nun aber vor allem ein Positionierungsbereich interessant: Positionierung gegenüber Sprache(n), Sprachgebrauch, Kommunikationsakteur*innen oder auch (anderen) sprachideologischen Positionen (und die damit verbundenen Prozesse der Bewertung und Ausrichtung), also **metapragmatische Positionierung**. Wenn man sich damit genauer befasst, zeigt sich, dass ein einfaches triadisches Modell wie das Stance-Dreieck, das vor allem auf das Lokale zielt, zu kurz greift.

7.5.6 Zwischen Interaktion und Ideologie: Metapragmatische Positionierung

Was passiert, wenn das Objekt, zu dem sich jemand positioniert, **Sprache oder Sprachgebrauch** ist, wenn also jemand Sprache oder Sprachgebrauch bewertet?

Wie in diesem Abschnitt gezeigt werden soll, lässt sich diese Frage mithilfe der Konzepte, die bis hierhin vorgestellt wurden, recht präzise beantworten. Allerdings zeigt sich auch, dass keines der Konzepte alleine in der Lage ist, die Komplexität einer solchen Bewertung zu erfassen. Wir müssen die Konzepte zueinander in Beziehung setzen. Der Grund ist, dass die Konzepte jeweils nur einen Bereich sozialer Skalen erfassen, Bewertung von und Positionierung zu Sprache oder Sprachgebrauch – metapragmatische Positionierung – aber auf mehreren Skalierungsebenen gleichzeitig spielt (zum Folgenden vgl. Spitzmüller 2013).

Beginnen wir auf der Ebene der lokalen Interaktion. Wenn jemand einen **metapragmatischen Bewertungsakt** vornimmt, lässt sich dies mithilfe der Stancetheorie als triadischer Prozess verstehen, in dem diese Person (als ‚Subjekt' oder Akteur*in) zum Bewertungsobjekt Sprache oder Sprachgebrauch eine Bewertung vornimmt, sich dadurch zu einer Form oder einem Gebrauch von Sprache in einer bestimmten Art und Weise positioniert, und sich dadurch gegenüber anderen Subjekten oder Akteur*innen ausrichtet, die das ebenfalls tun. Man muss also zunächst einmal nur im Stance-Dreieck an die Stelle des Bewertungsobjekts *Sprachform* oder *Sprachgebrauch* einsetzen.

Allerdings ist bei metapragmatischer Bewertung folgendes **Spezifikum** zu berücksichtigen:

- Wie in Abschn. 7.5.4 diskutiert, hat Sprache die besondere Eigenschaft, dass sie sich **reflexiv auf sich selbst beziehen** kann.
- Dies kann sie nicht nur durch eine **explizit metapragmatische Aussage**, also eine Aussage, die explizit Sprache oder Sprachgebrauch bewertet (bspw. affektiv: *Sie redet so klug!* – deontisch: *So redet man nicht unter Erwachsenen!* – epistemisch: *Ich weiß nicht, ob ich das jetzt politisch korrekt ausdrücke: …*).
- Denn es gibt auch **implizite Reflexivität** (bzw. implizite Metapragmatik):
  - Wenn beispielsweise jemand jemand Anderen **nachäfft** (s. etwa das Beispiel in Abschn. 6.4.3, Transkript 1), bewertet diese Person (durch das ‚Nachäffen') deren*dessen Sprachgebrauch.
  - Bezogen auf das Beispiel aus Abschn. 7.5.3: Wenn ich **ironisch** oder **persiflierend** ‚wie ein Manager' spreche, mache ich mich damit gleichzeitig über diesen Sprachgebrauch lustig, bewerte diesen also negativ (im Sinne eines ‚double-voicings'; s. Abschn. 6.5.4).

Wie **subtil** implizite Reflexivität sein kann, zeigt Kiesling (2004) am Beispiel des Gebrauchs der Anredeform *dude* (vergleichbar etwa mit *Alter* im Deutschen bzw. *Digga* in Norddeutschland und *Oida* in Österreich) als Stance-Marker in der Interaktion vor allem junger männlicher Amerikaner, bei dem durch unterschiedliche Satzstellung und Betonung dieses Diskursmarkers sehr unterschiedliche Positionierungen angezeigt werden können.

Doch nicht nur überzeichnende Stilisierungen wie Parodie oder Persiflage bewerten implizit: Auch der Versuch, möglichst ‚**authentisch**' zu sprechen, impliziert eine

7.5 Zentrale Konzepte

Bewertung des ‚authentischen Sprachgebrauchs'. Wenn ich versuche, möglichst wie ein ‚echter' Manager zu klingen – also ‚authentisch' –, dann versuche ich mich gleichzeitig nah (positiv) zu diesem Sprachgebrauch zu positionieren. Wie Alexandra Jaffe betont:

> „Although some forms of speech and writing are more stance-saturated than others, there is no such thing as a completely neutral position vis-à-vis one's linguistic productions, because neutrality is itself a stance. To take a simple example, when we choose a verb of saying to introduce speech represented as another's, our choices entail stances toward that speech, from neutrality (‚said') to doubt (‚alleged'); every choice is defined in contrast to other semantic options. By the same token, speech cannot be affectively neutral; we can indeed convey a stance of affective neutrality, but it will of necessity be read in relation to other possible emotional orientations we could have displayed." (Jaffe 2009: 3)

Akteur*innen können eine Sprachform bzw. einen Sprachgebrauch also einerseits explizit bewerten, durch eine **explizit** metapragmatische Aussage. Sie können Sprachform bzw. -gebrauch aber andererseits auch **(implizit)** schon alleine dadurch bewerten, *wie* sie sie verwenden (‚praktizieren') – und das ist vermutlich der häufigere Fall (vgl. Ochs 1996: 409).

Solche impliziten Formen der Bewertung, wie sie beim Bewertungsobjekt Sprache bzw. Sprachgebrauch möglich sind, bildet das Stance-Dreieck, das vor allem auf explizite Bewertungsaussagen abzielt, schlecht ab. Sie lassen sich aber leicht hinzufügen, wenn man ergänzt, dass sich Akteur*innen auch zu einer Sprachform bzw. einem Sprachgebrauch positionieren können, indem sie ihn (in einer bestimmten Art und Weise) **praktizieren** (und damit implizit bewerten).

Etwas modifiziert mit Blick auf das Bewertungsobjekt Sprachform/Sprachgebrauch lässt sich mithilfe des **Stance-Dreiecks** also argumentieren, dass Akteur*innen, die eine Sprachform oder einen Sprachgebrauch bewerten – egal, ob explizit (durch eine explizit metapragmatische Aussage) oder implizit (durch die Art der ‚Praktizierung') –, hierdurch eine Position beziehen: Sie positionieren sich in einer bestimmten Art und Weise (bspw. positiv, negativ, kritisch, zustimmend, wissend, emotional nah oder distanziert) zu diesem Sprachgebrauch bzw. der bewerteten Sprachform. Dadurch richten sich Akteur*innen nun aber auch gegenüber anderen Akteur*innen aus, die den Sprachgebrauch bzw. die Sprachform ebenfalls in einer bestimmten Art und Weise (explizit oder implizit) bewertet haben – und zu solchen, die diese(n) zukünftig bewerten werden.

Bewertungen sind im Fall von Sprache aber – wie uns auch die Positionierungstheorie lehrt – **niemals nur lokal:**

- Da Sprachformen und -gebräuche sozial registriert sind (s. Abschn. 7.5.3), **indiziert** ein bewerteter Sprachgebrauch bzw. eine bewertete Sprachform über das Lokale hinaus soziale Personentypen und typisierte Verhaltensformen, die über das Register damit assoziiert sind.
- Diese Personentypen und Verhaltensformen werden aufgrund dieser Indexikalität durch den Gebrauch ‚**evoziert**' (im Sinne eines *indexical entailment*,

s. Abschn. 7.5.3), das heißt: Sie werden durch die Verwendung und Indexikalität höherer Ordnung zum Teil des Kontexts, innerhalb dessen bewertet wird.
- Deshalb bewerten Akteur*innen, wenn sie einen registrierten Sprachgebrauch bzw. eine registrierte Sprachform bewerten und/oder praktizieren, immer auch solche **typisierten, damit indexikalisch verkoppelten Personen und Verhaltensformen** – also nicht nur die Form bzw. den Gebrauch selbst, sondern Personenkategorien und Verhaltensformen, die diese Akteur*innen in Bezug darauf für typisch halten.
- Das heißt: Wenn Akteur*innen einen registrierten Sprachgebrauch bzw. eine registrierte Sprachform bewerten oder in einer bestimmten Art und Weise praktizieren, richten sie sich auch zu solchen typisierten Personen aus, und sie positionieren sich zu typisierten, registrierten Verhaltensformen.

Denken Sie noch einmal an das **Managerbeispiel** aus Abschn. 7.5.3: Indem Ehmann (2014) ‚Managerslang' parodiert, richtet er sich kritisch gegenüber stereotypen ‚Managern' (so wie der Autor sich diese Gruppe vorstellt) und dem, was er als ihr ‚typisches Verhalten' ansieht, aus – und nicht nur gegenüber konkreten Personen, denen gegenüber er die Parodie ‚praktiziert' (seinen Leser*innen). Wie vermutlich auch ein Großteil seiner Leser*innen positioniert sich Ehmann in seinem *Wörterbuch der Bürofloskeln* also nur auf den ersten Blick vor allem zum ‚Managerslang' als solchem (also einfach zum Sprachgebrauch). Tatsächlich geht es wohl mehr um eine Positionierung zu ‚Managern' und ‚Managerhandeln' – bzw. zu den stereotypen Vorstellungen, die der Autor und vermutlich auch viele seiner Leser*innen davon haben. Die Persiflage ist hier letztlich also eine Sozialkritik an der ökonomisch mächtigen ‚Wirtschaftswelt' und den dort (angeblich) verbreiteten ‚Wichtigtuern' – eine Sozialkritik, die den Kritiker*innen als Ankerpunkt ihrer Vergemeinschaftung dient.

Abb. 7.6 bildet die komplexen Relationen, die in einer metapragmatischen Positionierung entstehen, modellhaft ab. Dieses **Modell metapragmatischer Positionierung** (modifiziert nach einem Vorschlag von Spitzmüller 2013: 273) kombiniert dabei das modifizierte Stance-Dreieck (auf der linken Seite) mit dem Register-Dreieck aus Abb. 7.2 (auf der rechten Seite) und verbindet diese beiden Dreiecke durch Vektoren, die die soeben diskutierten Bezüge abbilden. Das Modell verdeutlicht dabei auch, dass Sprachbewertung und reflexive Sprachpraxis auf der Schnittstelle verschiedener Skalierungen des Sozialen liegen: genau dort, wo das lokale Handeln der Interaktion und die translokalen Ordnungen der Ideologie zusammenlaufen – und es sind die metapragmatischen Positionierungen, die unseren kommunikativen Alltag durchziehen, welche zwischen Interaktion und Ideologie bilateral vermitteln.

Dieser Abschnitt hat verdeutlicht, wie **komplex** – aber auch: wie **mächtig** – Sprachreflexion und Sprachbewertung als Form sozialer Positionierung sind. Durch die Art und Weise, wie wir sprechen (und wie wir über Kommunikation und Sprache sprechen) beziehen wir auf mehreren Ebenen Stellung: zur konkreten Situation und unseren Interaktionspartnern (lokal; die linke Seite des Modells),

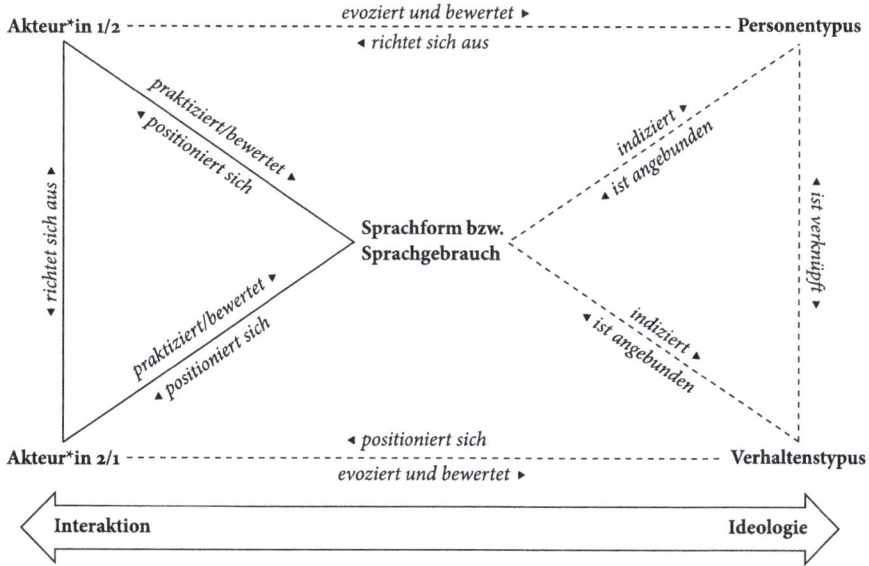

Abb. 7.6 Metapragmatische Positionierung. (Nach Spitzmüller 2013: 273)

aber auch zu diskursiv verfestigten (sozial registrierten) Bewertungsmustern und Kategorien (die rechte Seite des Modells), welche unsere lokalen Handlungen nicht nur kontextualisieren, sondern ihrerseits durch solche lokalen Bewertungshandlungen weiter verfestigt (oder aber verändert) werden (vgl. hierzu die in Abschn. 7.4.5 vorgestellte Methodik von Wortham/Reyes 2020). Gesellschaftliche Strukturen und lokale Handlungen **bedingen sich demzufolge gegenseitig.** Hier wird die konstrukttheoretische Ausrichtung der kritischen und metapragmatischen Soziolinguistik (im Sinne von Abschn. 2.3.3) noch einmal augenscheinlich.

7.6 Beispielstudien

Auch in diesem Kapitel sollen zwei Beispielstudien die vorgestellten Varianten der Soziolinguistik illustrieren. Ausgewählt wurden zwei Arbeiten aus der Sprachanthropologie, die die kritische und metapragmatische Soziolinguistik nicht nur gut repräsentieren, sondern dort auch breit rezipiert wurden und die Disziplin entsprechend geprägt haben: eine Monographie von Alexandra M. Jaffe (1960–2018) zu Sprachideologien auf Korsika (Jaffe 1999) sowie eine Reihe von Aufsätzen von Jane H. Hill (1939–2018) zur Diskriminierung spanischsprachiger Amerikaner*innen durch verballhorntes Spanisch (Hill 1998, 2005, 2008: 119–157, [2001] 2014).

7.6.1 *Ideologies in Action:* **Sprachideologien auf Korsika**

Jaffe (1999) präsentiert die Ergebnisse einer **ethnographischen Studie auf der Mittelmeerinsel Korsika**. Bestandteil der Studie sind teilnehmende Beobachtungen (über 14 Monate) Ende der 1980er Jahre in einem korsischen Dorf, in einem Korsisch-Sprachkurs sowie in akademisch-sprachenpolitischen Zirkeln, weitere Beobachtungen während mehrerer kürzerer Folgebesuche in den 1990er Jahren, eine Fragebogenerhebung zum selbst eingeschätzten Sprachgebrauch, Interviews, Gesprächsaufzeichnungen im Alltag und in einem lokalen Radiosender, Diskursanalysen von sprachenpolitischen und Mediendokumenten sowie eine ausführliche Selbstreflexion.

Die seit 1876 zu Frankreich gehörende Insel **Korsika** hatte zur Zeit von Jaffes Forschung etwa 300.000 Einwohner*innen und war stark von wirtschafts- und tourismusbedingter Mobilität geprägt: Viele Kors*innen müssen die Insel verlassen, um sich eine wirtschaftliche Existenz aufzubauen, kommen vielfach aber zurück, so oft sie können (vgl. Jaffe 1999: 52–66). Vor allem im Sommer ist die Insel zudem ein beliebtes Ziel für Tourist*innen.

Das **Verhältnis zu Frankreich** ist ambivalent: Zwar leben viele Kors*innen auf dem französischen Festland (zur Zeit der Untersuchungen 150.000 allein in der Region um Paris; vgl. Jaffe 1999: 52) und es besteht eine große wirtschaftliche Abhängigkeit. Doch fühlen sich die Kors*innen in Frankreich nicht sehr hoch geschätzt (vgl. Jaffe 1999: 70). Das Gefühl der Eigenständigkeit, aber auch des Dominiertwerdens durch Paris, ist groß, und es gibt gesellschaftlich sehr sichtbare nationalistische (separatistische) Bewegungen, die vor allem von Akademiker*innen vorangetrieben werden (vgl. Jaffe 1999: 66–69).

Besonders wichtig ist in dem Zusammenhang – und dem gilt Jaffes Hauptinteresse – **Sprachenpolitik**. Die dominierende Sprache auf Korsika ist Französisch, das mit dem Italienischen verwandte Korsisch, das von etwa einem Drittel der Inselbevölkerung neben Französisch und anderen Sprachen noch gesprochen wird (zu dieser Zahl s. aber die Einschränkungen unten), wird als bedroht wahrgenommen. Entsprechend ist der Versuch, Korsisch zu stärken, ein zentraler, aber auch sehr kontroverser Teil korsischer Identitätspolitik. Drei wichtige Positionen sind dabei:

1. Korsisch muss gepflegt und als Sprache der Korsen Französisch mindestens gleichgestellt, wenn nicht übergeordnet werden (**‚puristische' Position**).
2. Sowohl Korsisch als auch Französisch sind Teil der hybriden sprachlichen Alltagswelt, eine klare Trennung gibt es nicht. Sprachplanerische Eingriffe gefährden die Diversität des Sprachenrepertoires der Insel (**‚soziolinguistische' Position**).
3. Das Korsische ist eine natürliche und vielfältige Sprache, die Sprache der Familie und der Dörfer. Versuche, sie zu einer offiziellen Sprache zu machen, zerstören ihre Natürlichkeit und Authentizität (**‚authentifizierende' Position**).

7.6 Beispielstudien

Eine bedeutende Rolle spielt dabei die Frage, ob Korsisch eine **eigenständige Sprache** oder eine **Varietät des Italienischen** ist. Wie Jaffe (1999: 71–77) zeigt, sind die Unterschiede zum Standarditalienischen nicht größer als bei vielen italienischen Dialekten. Dennoch gilt Korsisch den meisten Kors*innen als eigenständige Sprache. Hierbei spielt einerseits – gegenüber Italienisch – das Bestreben einer Abgrenzung zu Italien eine wesentliche Rolle (insbesondere nachdem Mussolini 1936 versucht hatte, die Insel Italien zuzuschreiben; vgl. Jaffe 1999: 134), andererseits und sehr viel stärker – gegenüber Französisch und Frankreich – die Positionierung als eigenständiges Volk mit einer ‚echten' eigenen Sprache.

Jaffe interessieren vor allem die **sprachideologischen Hintergründe** der unterschiedlichen sprachenpolitischen Aktivitäten für eine Stärkung des Korsischen und der Widerstände gegen solche Aktivitäten, aber auch, wie sich die Sprachideologien im Alltag der Menschen auf Korsika niederschlagen: „It is an ethnography of the concrete ways in which ambient ideological structures shape language attitudes and language practices, with a particular emphasis on enactments of linguistic and social identity" (Jaffe 1999: 1). Die Arbeit propagiert dabei einen konstrukttheoretischen Zugang, bei dem translokale Strukturen (Diskurse) und lokale Handlungen in ihrer Reziprozität (s. Abschn. 7.4.1) betrachtet werden sollen: „just as metadiscourse is social action, linguistic practice is also always metadiscursive at some level" (Jaffe 1999: 14).

Ein wesentlicher sprachideologischer Rahmen der Sprachenpolitik und Sprachpraxis auf Korsika bildet ein **Sprachregime,** dem zufolge Französisch – insbesondere Hochfranzösisch, *le bon usage* (‚der gute Gebrauch') – dem Korsischen klar übergeordnet wird:

> „Corsicans did not just learn to speak French in the schools, they learned a language hierarchy in which their own language was dismissed as a worthless patois. They learned that French was the zenith of formal elegance, and that linguistic form embodied all the virtues of reason, civilization and citizenship. They learned the link between language unity and national identity." (Jaffe 1999: 17)

Da *le bon usage* stark mit bestimmten sozialen Schichten (und Paris) assoziiert ist (vgl. Jaffe 1999: 77–85), erwächst daraus bei vielen Kors*innen ein **Gefühl sprachlicher Unterlegenheit** (vgl. Jaffe 1999: 86–87): Selbst wer von Geburt an Französisch spricht, spricht dennoch ein gegenüber dem Pariser Bürgertum defizitäres Französisch. Diese Hochwertung des Französischen bei gleichzeitiger Abwertung des Korsischen hat zu einem weitgehenden Sprachenwechsel innerhalb vieler korsischer Familien geführt:

> „Corsican parents saw the choice between the dominant and minority language in either/ or terms. French was the *langue du pain*, ‚language of bread' – that is, of economic value. Those parents whose first introduction to French was in school had experienced their knowledge of Corsican as a handicap; moreover, their teachers had told them that this was so. The school had further instructed them that their home language had no value. French was also the language of power and prestige. The choice was simple." (Jaffe 1999: 87; Herv. im Orig.)

Entsprechend hat der Gebrauch von Korsisch zugunsten von Französisch stark abgenommen. Auch die Kors*innen, die noch Korsisch sprechen, sprechen es nur noch in **bestimmten Bereichen des gesellschaftlichen Lebens** (weshalb generelle Statistiken zum Gebrauch von Korsisch wie die oben genannte auch problematisch sind):

> „Ethnographic observations and self-reports of contemporary practice all paint the same picture of language shift. For example, in my many visits to primary schools, I never once heard a child utter a spontaneous Corsican word; on the playground, the air was filled with high-pitched little French voices. In class, scuffles, arguments, claims for attention from the children (‚Teacher, teacher, he's hitting me') and most efforts on the part of the teachers to keep discipline took place in French, even during Corsican language classes. Spontaneous speech in Corsican from children was so extraordinary as to draw comment from other Corsicans." (Jaffe 1999: 90)

Zwar hat sich, wie Jaffe beschreibt, die Situation in den 1990er Jahren aufgrund sprachenpolitischer Aktivitäten zugunsten des Korsischen geändert, aber dennoch ist Korsisch vor allem auf bestimmte **Generationen und Domänen** (insbesondere die Familie und das Dorf) beschränkt. Vor allem im öffentlichen und politischen Umfeld wird es allenfalls symbolisch – zum Ausdruck einer ‚korsischen Identität' oder von Vertrautheit – verwendet (vgl. Jaffe 1999: 92–103).

Generell hat sich Jaffe zufolge eine Situation der **Diglossie** etabliert, in der dem Französischen die Rolle des Offiziellen, aber auch Formellen (Urbanen), dem Korsischen die Rolle des Intim-Vertrauten (Ruralen) zugeschrieben wird – eine Rollenzuweisung, die aus der monolingualen Norm französischer Sprachenpolitik resultiere, paradoxerweise aber dem Korsischen wohl gerade durch diese klare Rollenzuweisung das Überleben gesichert habe:

> „French language policy both reflected French language ideology and ensured the dominance of French in economic and educational domains. [...] The pervasive influence of French language ideology and policy did not, however, mean that all Corsicans uncritically submitted to language domination. In fact, the diglossic relationship between Corsican and French heightened the values of intimacy and solidarity associated with Corsican and thus in an indirect way, contributed to Corsican's survival." (Jaffe 1999: 117)

Allerdings ist diese scheinbar so klare Aufteilung, wie Jaffe in Beobachtungen des Sprachgebrauchs feststellt, zu Teilen auch **ideologisch konstruiert**, denn im Alltag (wie auch im korsischen Radio; vgl. Jaffe 1999: 247–270) findet sich vielfach Code-Switching und eine gleichzeitige Verwendung des Französischen und Korsischen. Das heißt, „the boundaries of language use in actual practice are fuzzier than they are in the metalinguistic discourse about that practice" (Jaffe 1999: 108).

Aktivitäten von Bewegungen zur Förderung des Korsischen, die in den 1960er Jahren eingesetzt haben, bewegen sich, wie Jaffe darlegt, in diesem **ideologischen Spannungsfeld**:

- Einerseits basieren sie ausgerechnet auf der **französischen Sprachideologie**, die das (in der europäischen Nationalstaatenbildung entstandene) Konstrukt einer homogenen Sprache als Verbindungsglied eines Volkes und Trennzeichen zu anderen propagiert (s. Abschn. 7.3.2).

- Andererseits opponieren sie gerade gegen die **Hegemonie** dieser französischen Sprachideologie, die ja die Ausnahmestellung des Französischen auch auf Korsika begründet.
- Außerdem sind sie mit einer **lebensweltlichen Diversität** konfrontiert, die der ideologischen Essentialisierung und Separierung von Sprachen widerspricht.

Die mit der französischen Sprachenpolitik nach Korsika gekommene Sprachideologie einer ‚homogenen Volkssprache' spiegelt die Auffassung vieler Sprachaktivist*innen wider, dass das Korsische, um erhalten werden zu können, als **Sprache ‚aller Korsen'** (re)etabliert werden müsse. Das setze voraus, dass es eine homogene, klar abgrenzbare und ‚echte' Sprache sei (vgl. Jaffe 1999: 119–135):

„If Corsican was devalued because it was ‚not a language,' then proving that it *was* a language was an important act of validation in their effort to change language attitudes and through them, language practices." (Jaffe 1999: 23; Herv. im Orig.)

Entsprechend sind viele (aber nicht alle) **Aktivitäten geprägt von**:

- **Sprachpurismus** (Versuch der Abwehr von Sprachkontakt etwa mit dem Französischen) und **Konservatismus** (generelle Skepsis gegenüber Sprachwandel und Verherrlichung eines ‚ursprünglichen' oder ‚authentischen' Korsisch) (vgl. Jaffe 1999: 146–152),
- Forderungen nach einer **Standardisierung** des Korsischen (denn der Sprachideologie ‚moderner' Staaten zufolge ist nur eine standardisierte Sprache eine ‚echte' Sprache),
- der Überbetonung von **Unterschieden** nach ‚außen' (etwa zum Italienischen) und dem Versuch der Löschung solcher Unterschiede nach ‚innen' (zwischen verschiedenen Varietäten des Korsischen) (vgl. Jaffe 1999: 144–146).

Dem stellen sich **soziolinguistisch ausgebildete Aktivist*innen** entgegen, die für mehr Diversität und gegen Purismus und Konservatismus plädieren und die auf die alltagsweltliche Fluidität zwischen Korsisch und anderen Sprachen hinweisen (vgl. Jaffe 1999: 152–156) – eine Position, die Jaffe zufolge nicht weniger ideologisch ist: „both prescriptive and descriptive linguistics have their own orthodoxies; they are linked with different visions of the foundations of social order" (Jaffe 1999: 155). Was beide aber verbindet, ist, dass sie im oben beschriebenen sprachideologischen Spannungsfeld stehen.

Ähnliches gilt auch für Positionen, die sich strikt **gegen eine Offizialisierung des Korsischen** (und etwa die Einführung eines Pflichtfachs Korsisch in Schulen) wenden, weil sie befürchten, dass gerade dadurch die Diversität, Lebendigkeit und Authentizität, mit der Korsisch als Sprache der Nähe und des Privaten assoziiert ist, verloren geht (vgl. Jaffe 1999: 170–190). Und dies ist Jaffe zufolge die dominante Position: „Most Corsican speakers do not view ‚homogenized' Corsican as ‚authentic'. ‚Authentic' speech is local speech" (Jaffe 1999: 244).

Auch diese ist aber eingebunden in die verwickelte sprachideologische Ordnung, in die Französisch und Korsisch gestellt werden.

Dass diese Ordnung in vielerlei Hinsicht auch **paradox** ist – mit französisch geprägter Sprachideologie gegen französisch geprägte Sprachideologie, Stärkung einer Sprache, deren wahrgenommene Qualität durch die Stärkung gerade geschwächt wird –, das macht Sprachenpolitik auf Korsika aus Jaffes Sicht so schwierig.

Jaffe zeigt in ihrer Studie, wie komplex das **Verhältnis von Sprachideologien und sprachlicher Praxis** ist, spezifisch im Kontext von Minderheitensprachenpolitik. Sie zeigt auch, wie vielschichtig die Standpunkte sein können, die soziale Akteur*innen zu Sprachideologien einnehmen können.

Aufschlussreich ist die Studie auch hinsichtlich der Frage der **Reflexivität der Forschenden und der Forschung** (s. Abschn. 7.4.2). Im Verlauf des Forschungsprozesses wird Jaffe mit der eigenen Rolle bzw. den Konsequenzen ihres Forschungshandelns regelmäßig konfrontiert, und sie reflektiert dies auch gründlich. Das betrifft einerseits ihre eigene sprachideologische Positioniertheit, die auch wesentlich für die Entscheidung war, das Forschungsprojekt überhaupt zu beginnen:

> „[...] [T]here is an ideological dimension built into my decision to study Corsican, in that I came to Corsica with a bias in favor of cultural and linguistic diversity. This meant that I was (and am) a proponent of the Corsican language; I would like to see it survive even though I believe that Corsican cultural particularity does not depend on its survival. Given the political nature of the issue of language, my proponency had social consequences. [...] I do not mean to say that I abandoned all efforts to be neutral [...]. But, in many cases, conversation itself was predicated on some demonstration of sympathy on my part. [...] I was not a passive collector of opinions; I had them, shared them, argued them. The intellectuals I studied were not exotic creatures, they were who I would be if I were Corsican." (Jaffe 1999: 5)

Andererseits sieht sie sich auch aufgrund ihres eigenen Interesses am Korsischen vielfach sprachideologisch positioniert, etwa wenn ihre Bemühungen, Korsisch zu lernen, von allen Seiten kritisch beäugt und kommentiert werden (vgl. Jaffe 1999: 191–201), und auch sprachenpolitisch instrumentalisiert, etwa wenn sie als „American who speaks Corsican" im sprachenpolitischen Kontext vorgeführt wird:

> „I understood my value as a public symbol. For activists who had been battling the attitude that Corsican cannot be learned except in the home, I was a highly visible, exploitable example to the contrary: ,Corsican *can* be learned – see, a foreigner has learned it.' The interest of an outsider, since it had been so rare up to that point, was also an occasion to express cultural pride – to claim broad and universal value for Corsican and Corsica. [...] It was clear that sometimes, my language acquisition was made into a moral issue by language promoters: they wanted to make others feel guilty by using me as an example." (Jaffe 1999: 197; Herv. im Orig.)

Forschung, so zeigt sich hier noch einmal deutlich, ist keine von der Gesellschaft abgekoppelte Form der Suche nach objektiver Wahrheit. Sie ist interessengeleitet und trifft auch auf Interesse. Somit wirkt sie unmittelbar zurück ins soziale Leben und das ‚Feld', in das sie sich begibt – ein Aspekt, der nicht leicht ignoriert werden kann.

7.6.2 *Language, Race, and White Public Space:* **Spanisch als Stigma**

Dass soziolinguistische Forschung auf das soziale Leben einwirkt, ja einwirken muss, ist eine Annahme, die das Werk von Jane Hill durchzieht. Dieses Werk ist zu einem großen Teil der Frage gewidmet, inwieweit **mit Sprache diskriminiert** wird und was die Soziolinguistik tun kann, um dem entgegenzuwirken. Einen Schwerpunkt bilden dabei offene und verdeckte rassistische Diskriminierungspraktiken in den USA, vor allem solche, die Spanisch sprechende Menschen in Nord- und Mittelamerika betreffen (vgl. Hill 2008). Im Folgenden werden Arbeiten zu einer spezifischen sprachlichen Praxis herausgegriffen, die Hill dem ‚verdeckten Rassismus' zurechnet: *Mock Spanish.*

Unter ‚**Mock Spanish**' versteht Hill verschiedene Formen der Verwendung ins Englische integrierter spanischer Formen durch Euro-Amerikaner*innen, die in einem humoristischen Kontext erscheinen, wobei aber problematische Assoziationen und Stereotype zu ‚Hispanics' (Amerikaner*innen mit Spanisch als Erstsprache, insbesondere Latinas und Latinos) aktiviert werden (vgl. Hill 1998: 682–683, [2001] 2014: 93–98). Diese sind:

- Verwendung von aus dem Spanischen entlehnten **Lexemen**, bei denen in der Entlehnung eine semantische Pejorisierung (Abwertung) stattgefunden hat (bspw. *macho,* was im Spanischen neutral ‚männlich' heißt, im Englischen wie im Deutschen aber Männer bezeichnet, die ihre Männlichkeit in problematischer Form inszenieren; *mañana* ‚morgen', um humoristisch anzuzeigen, dass etwas wohl nie passieren wird; *nada* ‚nichts', um auszudrücken: ‚wirklich absolut gar nichts'; *amigo* ‚Freund', um jemanden anzusprechen, den man damit gar nicht als Freund charakterisiert, im Sinne von ‚So nicht, Amigo!').
- Verwendung spanischer **Routineformeln** wie *Hasta la vista* oder *adiós* (im Spanischen ein normaler Abschiedsgruß, im ersten Fall sogar ein sehr förmlicher, im Englischen eine Formel, um jemanden – vielleicht auch nur ironisch – den Laufpass zu geben oder sogar ins Jenseits zu befördern. Hill erinnert hier an die in den Alltagsgebrauch übergegangene Formel *Hasta la vista, baby!* aus dem Film *Terminator 2,* die die von Arnold Schwarzenegger gespielte Figur einem Gegner entgegenschleudert, bevor sie diesen pulverisiert).
- Verwendung spanischer Entlehnungen für **Euphemismen** (semantisch entschärfende Ausdrücke) im Bereich des Obszönen oder Vulgären (bspw. *cojones* ‚Hoden' auch im metaphorischen Sinne von ‚Männlichkeit → Mut': jemand hat [keine] *cojones*).
- Verwendung spanischer **Flexionssuffixe** wie *-o* zur Schaffung humoristischer Wortbildungen *(el cheap-o, mucho trouble-o).*

Diese seit dem 17. Jahrhundert nachweisbare, aber erst ab den 1950er Jahren weit gebräuchliche Praxis (vgl. Hill 2008: 119) bewertet Hill deswegen als problematisch, weil sie auf eine subtile Art und Weise **rassistische Stereotype** perpetuiert:

- Einerseits beteuern Akteur*innen, die solche Formen verwenden, zwar immer wieder, dass sie sie **nicht abwertend verwenden**, sondern damit nur ihren Humor, vielleicht sogar ihre Affinität zum Spanischen und ihre Solidarität mit den amerikanischen Hispanics zum Ausdruck bringen möchten (vgl. Hill 1998: 683).
- Andererseits jedoch werden solche Praktiken von vielen Hispanics **als diskriminierend empfunden** (vgl. Hill 2008: 155–156), und sie seien ohne diskriminierende Implikationen auch gar nicht zu verstehen.

Hill spricht in dem Zusammenhang, in Anlehnung an ein Konzept von Ochs (1990), **von ‚indirekter Indexikalität'** – Indexikalität, die von den Sprecher*innen, die sie konstruieren, niemals als intendiert angesehen wird:

„In my experience, Whites almost always deny that Mock Spanish could be in any way racist. Yet in order to ‚make sense of' Mock Spanish, interlocutors require access to very negative racializing representations of Chicanos and Latinos as stupid, politically corrupt, sexually loose, lazy, dirty, and disorderly. [...] It is only possible to ‚get' ‚Hasta la vista, baby' if one has access to a representation of Spanish speakers as treacherous. ‚Mañana' works as a humorous substitute for ‚later' only in conjunction with an image of Spanish speakers as lazy and procrastinating. [...]

I have labeled Mock Spanish a ‚covert racist discourse' because it accomplishes racialization of its subordinate-group targets through indirect indexicality, messages that must be available for comprehension but are never acknowledged by speakers." (Hill 1998: 683)

Ein weiterer Punkt, der für Hill in diesem Zusammenhang zentral ist (und der generell bei der Diskussion von sensitivem Sprachgebrauch berücksichtigt werden muss), ist der Aspekt der **ungleichen Machtverteilung:** Amerikaner*innen mit einer anderen Erstsprache als Englisch stünden in der Öffentlichkeit unter großem normativem Druck, da Fehler in ihrem Sprachgebrauch, Code-Switching und sogar die Verwendung ihrer Sprachen (also etwa Spanisch) kritisch beäugt und bisweilen auch sanktioniert würden (vgl. auch Urciuoli 1996, auf deren Forschungen sich Hill hier bezieht). Diese Sprecher*innen fühlten sich daher in der „outer sphere" – so bezeichnet Urciuoli (1996: 77) die Sphäre jenseits des Privaten, von Familie und Nachbarschaft, der „inner sphere" – permanent markiert:

„Even people who always speak English ‚in public' worry about their ‚accents.' While ‚accent' is a cultural dimension of speech and therefore lives largely in the realm of the imaginary, this construct is to some degree anchored in a core of objective phonetic practices that are difficult to monitor, especially when people are nervous and frightened. Furthermore, it is well-known that Whites will hear ‚accent' even when, objectively, none is present, if they can detect any other signs of a racialized identity. Speakers are anxious about far more than ‚accent,' however: they worry about cursing, using vocabulary items that might seem uncultivated, and even about using too many tokens of ‚you know.' Mediated by cultural notions of ‚correctness' and ‚good English,' failures of linguistic order, real and imagined, become in the outer sphere signs of race [...]." (Hill 1998: 681–682)

▶ **Sensitiver Sprachgebrauch** ist Sprachgebrauch, der versucht, potenzielle Diskriminierungen zu vermeiden (bspw. *gendersensitiv, ethnisch sensitiv*). Im Alltag wird dies häufig als ‚politisch korrekter Sprachgebrauch' bezeichnet, was deshalb problematisch ist, weil ‚Political Correctness' ein Kampfbegriff der Gegner*innen dieser Anliegen ist, der negativ konnotiert und indexikalisch mit karikaturesken Überzeichnungen verkoppelt ist und daher primär zur Abwertung sensitiver Anliegen eingesetzt wird. Zur Vertiefung vgl. Wierlemann 2002.

Euro-Amerikaner*innen hingegen, so Hill weiter, können mit viel größerer **sprachlicher Sicherheit** auftreten, sie können mit Sprache spielen und insbesondere durch das Spiel mit der Sprache der diskriminierten Gruppen ihre eigene Gewandtheit und Souveränität unter Beweis stellen. ‚Mock Spanish' ist gewissermaßen ‚cool', ‚lässig' und ‚authentisch', und es verspricht auch denen, die es verwenden, ‚cool', ‚lässig' und ‚authentisch' zu erscheinen (so wie es in *Terminator 2* dem Cyborg T-800 ‚Menschlichkeit' und maschinenuntypische ‚Lässigkeit' verleiht; vgl. Hill 2008: 144–147):

> „To use Mock Spanish is to make a claim to possess what I have called a ‚positive colloquial persona,' which includes dimensions such as an easygoing and relaxed attitude, a sense of humor, cosmopolitanism, and regional authenticity. This I claim is the ‚direct indexicality' […] of Mock Spanish. Speakers are fully aware of this direct indexicality and in fact can easily characterize it with the same, or almost the same, metapragmatic expressions that I have used in the preceding paragraphs. In fact, Mock Spanish is probably fully ‚enregistered' […] in this function, in that Mock Spanish words are not only heard as expressive of a certain kind of persona, who possesses an easygoing approach to life, but also invariably heard as ‚light,' as jokes, or as humorous insults. Indeed, the weight of Mock Spanish for English speakers makes it very difficult to use Spanish loans to key any other effect." (Hill 2005: 114)

Die Personengruppen, auf die ‚Mock Spanish' über Indexikalität dritter Ordnung verweist (s. Abschn. 7.5.3; vgl. dazu auch Hill 2005: 118), werden dabei aber, so Hill, gerade nicht als ‚cool', ‚lässig' und ‚authentisch' porträtiert, da die Ausdrücke selbst, wie oben beschrieben, äußerst abwertend konnotiert sind. Und hier kommt die zweite indexikalische Dimension dieser Praxis ins Spiel, die indirekte Indexikalität. Die Aufwertung von ‚Mock-Spanish'-Sprecher*innen, die niemals Hispanics seien, erfolge zum Preis einer Abwertung von Hispanics. So schafften sich ‚Mock-Spanish'-Sprecher*innen auf Kosten von Hispanics einen **„White Public Space"**:

> „I […] believe that Mock Spanish accomplishes the ‚elevation of whiteness' in two ways: first, through directly indexing valuable and congenial personal qualities of speakers, but, importantly, also by the same type of indirect indexicality that is the source of its negative and racializing messages. It is through indirect indexicality that using Mock

Spanish constructs ‚White public space,' an arena in which linguistic disorder on the part of Whites is rendered invisible and normative, while the linguistic behavior of members of historically Spanish-speaking populations is highly visible and the object of constant monitoring." (Hill 1998: 684)

Mithilfe der Konzepte, die in Abschn. 7.5.6 vorgestellt wurden, könnte man auch sagen,

- Kommunikationsakteur*innen **positionieren** sich mittels der Praxis des ‚Mock Spanish' in einer bestimmten Art und Weise (ironisch und überlegen) zum (angeblichen) **Sprachgebrauch** der Hispanics.
- Dadurch positionieren sie sich auch zu den damit indexikalisch registrierten **Personentypen** und **Handlungserwartungen,**
- und sie **richten sich gegenüber anderen Akteur*innen aus,** die solche Positionierungen teilen (indem sie etwa über eine entsprechende Performanz lachen).

Nun kann man sich fragen – und Hill (1998: 685–686) tut das auch – inwieweit die so diskriminierten Personen die Möglichkeit haben, dem entgegenzuwirken. Eine Möglichkeit, die Chun (2008) mit Blick auf ein vergleichbares Phänomen, ‚Mock Asian', diskutiert, liegt gewissermaßen im **Weiterschrauben der indexikalischen Spirale:**

- Wenn ‚Mock Spanish' und ‚Mock Asian' auf **Indexikalität dritter Ordnung** basieren, dem Verweis auf stereotypes Wissen (Wissen über Wissen) über Sprachgebrauchsformen, dann wäre eine Möglichkeit für die mit solchen indexikalischen Schleifen kategorisierten Personen, um die Definitionsmacht zurückzuerlangen, dass sie diese Formen der Parodie nun wieder selbst parodieren.
- Das Ergebnis wäre ‚Mock Mock Spanish', eine Praxis, die ‚Mock Spanish' parodiert und die damit das Lächerlichmachen lächerlich macht – **Indexikalität vierter Ordnung.**
- Das **Ziel der metapragmatischen Bewertung** würde sich damit verschieben: Es wäre nicht mehr (stereotypisiertes) ‚Spanisch', das durch die Praxis bewertet wird, sondern die (stereotypisierte) Spanisch-Parodie.

Im Fall von ‚Mock Mock Asian' zeigt Chun am Beispiel der koreanisch-amerikanischen Comedy-Künstlerin Margaret Cho, die in ihren Shows regelmäßig ‚Mock Asian' parodistisch praktiziert, auf, wie ambivalent eine solche Praxis ist (und auch aufgenommen wird):

- Für manche stellt Chos Stilisierung nur eine Weiterverbreitung und **Verfestigung rassistischer Praktiken** dar,
- die diese vielleicht sogar dadurch noch **zusätzlich legitimiert,** dass sie von einer ‚Betroffenen' im komödiantischen Kontext eingesetzt wird.

- Man kann sie aber auch, wie die Künstlerin selbst, als **subversive Unterwanderung und Kritik** an der rassistischen Praxis des ‚Mock Asian' interpretieren, als „decentering of whiteness" (Chun 2008: 282) insofern, als ein ‚white public space' von den Ausgeschlossenen eingenommen wird.

Auch hier spielen wohl **Macht, Indexikalität und Kontext** wieder eine entscheidende Rolle: der Kontext, in dem die Praxis praktiziert wird, die dort etablierte (Ordnung der) Indexikalität und die Frage, wer dort die Macht über die ‚angemessene' (hegemoniale) Interpretation besitzt.

Hills Arbeiten zum ‚Mock Spanish', so lässt sich abschließend festhalten, zeigen aus kritisch-soziolinguistischer Sicht und mithilfe metapragmatischer Theorie einmal mehr, wie komplex und vielschichtig Prozesse sozialer Positionierung sind, und dass unsere kommunikativen Handlungen in sozial (mehrdimensional) registrierte Deutungsrahmen eingebettet sind, die sprachliche Handlungen – vielfach über das, was wir mit ihnen zu intendieren glauben – folgenreich machen, folgenreich für uns und für andere Ko-Akteur*innen in ‚unserer' Gesellschaft.

7.7 Zusammenfassung

Dieses Kapitel hat die kritische und die metapragmatische Soziolinguistik vorgestellt, zwei neuere, aktuell sehr starke soziolinguistische Varianten, die sich mit **Bewertungen von Sprache, Sprachgebrauch und Kommunikationsakteur*innen** befassen.

- Die **kritische Soziolinguistik** fokussiert dabei auch die Konsequenzen solcher Bewertungen für soziale Akteur*innen, insbesondere sprachlich bedingte bzw. erzeugte soziale Ungleichheit. Ähnlich wie einige frühe Varianten der Soziolinguistik und Sprachsoziologie problematisiert sie dabei die Vorstellung, dass Sprache und Sprachgebrauch unabhängig von **Machtverhältnissen,** in die sie eingebunden sind und die durch sie mit erzeugt werden, beschrieben werden können.
- Für die **metapragmatische Soziolinguistik** ist dieser kritische Anspruch weniger zwingend. In ihrem Fokus steht nicht so sehr sprachlich bedingte soziale Ungleichheit. Ihr primäres Interesse gilt **Sprachreflexivität,** den daraus resultierenden Möglichkeiten der Sprachbewertung und deren sozialen Funktionen (zu denen auch soziale Differenzierung gehört).

Die gemeinsame **theoretische Grundlage** der beiden Varianten bildet das von der Metapragmatik ausgearbeitete Konzept von Indexikalität, der Assoziation von Sprachgebrauchsformen mit Kontexten und Personenkategorien. Indexikalität wird als Voraussetzung dafür angesehen, dass Sprachgebrauch und Sprachreflexion aktiv zu Vergemeinschaftsprozessen beitragen, denn erst die Bezugsetzung von sprachlichen Varianten zu bestimmten sozialen Werten und Sprechergruppen ermöglicht (und erfordert sogar) die soziale (Selbst- oder Fremd-)Bewertung von Sprecher*innen *aufgrund* der verwendeten Sprache. Indexikalität wird durch soziale Akteur*innen reflektiert und bildet so – in Form von Sprachideologien – einen Orientierungs- und Deutungsrahmen für soziales Handeln. Eine wichtige Form sozialen Handelns ist dabei die Einnahme von Standpunkten *(stances)* und die soziale Selbst- und Fremdpositionierung. Nochmals rekapituliert:

- Sprachliche Formen sind mit sozialen Werten assoziiert, welche sie somit kommunizieren. Dies schließt Gebrauchswerte ein (typische Sprecher*innengruppen, Handlungsformen und Situationen) (**Indexikalität**).
- Diese Assoziationen werden von den Kommunikationsakteur*innen wahrgenommen, reflektiert, artikuliert und diskutiert. Sie beeinflussen damit das sprachliche Handeln sozialer Akteur*innen und wie sie die soziale Welt wahrnehmen und deuten (**Sprachideologien**).
- Aufgrund der Indexikalität der Zeichen und der Bewertung der Zeichen durch Kommunikationsakteure (der Sprachideologien) werden Kommunikationsakteur*innen, wenn sie bestimmte sprachliche Formen gebrauchen, daher in einer bestimmten Art und Weise bewertet und kategorisiert (**soziale Positionierung**).

Die indexikalische und **ideologische Dimension** von Zeichen sind nach Meinung sowohl der kritischen als auch der metapragmatischen Soziolinguistik **für Kommunikation grundlegend**. Der Grund ist:

- Wenn Kommunikation, wie es diese Varianten der Soziolinguistik annehmen, primär der Vergemeinschaftung und sozialen Positionierung dient, sind Indexikalität und sprachideologische Bewertung wie oben ausgeführt Voraussetzung dafür, dass Sprache und Sprachgebrauch in äußerst mächtiger und gleichzeitig effektiver Weise in diesem Sinne **kommunikativ und sozial funktional** wird (nämlich reflexiv, ohne dass dies expliziert werden müsste).
- Umgekehrt heißt das: Wenn Kommunikation immer auch soziale Positionierung ist (immer, wenn man kommuniziert, verortet man sich zugleich auch sozial und wird sozial verortet), und wenn soziale Verortung vor allem geschieht, weil sprachlichen Varianten bestimmte Bewertungen und Einstellungen entgegengebracht werden, ist **Kommunikation immer auch ideologisch** (in diesem weiten Sinn des Begriffs ‚Ideologie').

Da verschiedene gesellschaftliche Akteur*innen und Gruppen **divergierende Sprachideologien** haben können und Sprachideologien überdies häufig Vorstellungen zu Sprachgebrauchskontexten inkludieren, werden kommunikative Handlungen in verschiedenen sozialen Kontexten und von verschiedenen Akteur*innen vielfach unterschiedlich bewertet. Das ist der Grund dafür, dass Kommunikationsakteur*innen mit bestimmten Sprachgebräuchen in verschiedenen Situationen unterschiedlich erfolgreich sind. Demzufolge gibt es auch aus Sicht der kritischen und metapragmatischen Soziolinguistik keine grundsätzlich ‚besseren' oder ‚prestigeträchtigeren' bzw. ‚schlechteren' oder ‚weniger prestigeträchtigen' Sprachen und Sprachgebrauchsformen. Vielmehr hängt es vom jeweiligen sozialen Setting, von den beteiligten Akteur*innen und ihren Einstellungen ab, wie ein Sprachgebrauch bewertet wird und damit, wie erfolgversprechend er ist.

Da wir aber immer in sozialen Kontexten kommunizieren, bedeutet das in der Konsequenz nach Ansicht der kritischen und metapragmatischen Soziolinguistik dennoch, dass wir immer vor dem Hintergrund sprachideologischer Rangierung (von **Sprachregimen**) kommunikativ handeln. Das ist, wie Vertreter*innen der kritischen Soziolinguistik betonen, eine wesentliche Ursache von sozialer Ungleichheit, aber auch – und hier kommen wir noch einmal zurück auf die Ambivalenz von Sprachideologien – eine zuverlässige Basis unserer eigenen Verortung in der Welt, die uns umgibt.

7.8 Empfohlene Literatur zur Vertiefung

Da die kritische und die metapragmatische Soziolinguistik in der deutschsprachigen Soziolinguistik noch nicht stark verankert sind, ist die weiterführende Literatur, die empfohlen wird, durchgängig englischsprachig. Aufgrund der (momentan noch) fast durchgängig englischen Terminologie und Grundlagentexte ist eine Auseinandersetzung mit englischer Literatur in diesem Bereich aber ohnehin unentbehrlich.

Eine sehr gute und gut lesbare metapragmatisch geprägte Einführung in die kritische Soziolinguistik bietet Blommaert (2005). Dort werden komplexe Sachverhalte eingängig dargestellt, aber auch einige Konzepte, die in der Forschung inzwischen weit verbreitet sind, neu eingeführt. Inhaltlich zum Teil sehr ähnlich, aber mit explizitem Fokus auf Prozesse der Globalisierung, ist Blommaert (2010).

Deutlich schwerer zu lesen, aber ausgesprochen instruktiv, ist Agha (2007), der fortgeschritteneren Leser*innen sehr empfohlen wird, da dort Konzepte eingeführt werden, die in der metapragmatischen Soziolinguistik inzwischen einschlägig geworden sind (insbesondere ‚soziale Registrierung').

Gal/Irvine (2019) elaborieren und ergänzen eine Reihe von theoretischen Konzepten und empirischen Befunden der Sprachideologieforschung, deren Grundzüge bereits in früheren Arbeiten der beiden Autorinnen, welche zu den renommiertesten Vertreter*innen der sprachanthropologischen Soziolinguistik zählen, eingeführt bzw. vorgestellt wurden. Die Autorinnen führen dabei auch verständlich in die Grundannahmen der Sprachideologieforschung ein.

Eine Einführung in die Methoden der kritischen Soziolinguistik mit Fokus auf Ethnographie bieten Heller/Pietikäinen/Pujolar (2018). Auch die Grundannahmen und Interessen der kritischen Soziolinguistik werden dort bündig vorgestellt. Eine andere, eher metapragmatisch orientierte methodische Einführung geben Wortham/Reyes (2020). Ihr Fokus liegt auf Interaktions- und Diskursanalysen.

Literatur

Agha, Asif (2007): *Language and Social Relations*. Cambridge: Cambridge University Press (Studies in the Social and Cultural Foundations of Language 24).

Albert, Georg (2008): Die Konstruktion des Subjekts in Philosophie und Diskurslinguistik. In: Ingo H. Warnke/Jürgen Spitzmüller (Hg.): *Methoden der Diskurslinguistik. Sprachwissenschaftliche Zugänge zur transtextuellen Ebene*. Berlin/New York: de Gruyter (Linguistik – Impulse & Tendenzen 31), S. 151–182.

Alim, H. Samy/Rickford, John R./Ball, Arnetha (Hg.) (2016): *Raciolinguistics. How Language Shapes Our Ideas about Race*. Oxford: Oxford University Press.

Althusser, Louis (1977): Ideologie und ideologische Staatsapparate (Anmerkungen für eine Untersuchung). In: Louis Althusser: *Ideologie und ideologische Staatsapparate. Aufsätze zur marxistischen Theorie*. Übers. v. Rolf Löper, Peter Schöttler und Klaus Riepe. Hamburg/Berlin: VSA, S. 108–153 [zuerst frz.: Idéologie et appareils idéologiques d'état (Notes pour une recherche). In: *La Pensée* 151 (1970), S. 3–38].

Andersen, Christiane u. a. (2018): Erkenntnis als soziale Praxis. Ludwik Flecks Wissenschaftstheorie aus sprachwissenschaftlicher Sicht. In: Christiane Andersen/Ulla Fix/Jürgen Schiewe (Hg.): *Denkstile in der deutschen Sprachwissenschaft. Bausteine einer Fachgeschichte aus dem Blickwinkel der Wissenschaftstheorie Ludwik Flecks*. Berlin: Erich Schmidt (Philologische Studien und Quellen 265), S. 11–65.

Angermüller, Johannes (2007): *Nach dem Strukturalismus. Theoriediskurs und intellektuelles Feld in Frankreich*. Bielefeld: transcript.

Antos, Gerd/Niehr, Thomas/Spitzmüller, Jürgen (Hg.) (2019): *Handbuch Sprache im Urteil der Öffentlichkeit*. Berlin/Boston: De Gruyter (Handbücher Sprachwissen 10).

Arnaut, Karel u. a. (Hg.) (2016): *Language and Superdiversity*. New York: Routledge.

Auer, Peter (2013): *Sprachliche Interaktion. Eine Einführung anhand von 22 Klassikern*. 2., überarb. Aufl. Berlin/Boston: De Gruyter (De Gruyter Studium).

Auer, Peter (2015): Die Geschichte der germanistischen Soziolinguistik in Deutschland. Eine Skizze. In: Ludwig M. Eichinger (Hg.): *Sprachwissenschaft im Fokus. Positionsbestimmungen und Perspektiven*. Berlin/Boston: De Gruyter (Jahrbuch des Instituts für Deutsche Sprache 2014), S. 379–405.

Bachtin, Michail M. (2005): Das Wort im Roman. In: Michail M. Bachtin: *Die Ästhetik des Wortes*. Hg. u. mit einer Einl. vers. v. Rainer Grübel. Übers. v. Rainer Grübel und Sabine Reese. 7. Aufl. Frankfurt a. M.: Suhrkamp (edition suhrkamp 967), S. 154–300 [zuerst russ.: Slovo v romane. In: Michail M. Bachtin: *Voprosy literatury i ėstetiki. Issledovanija raznych let*. Moskau: Chudožestvennaja literatura 1975, S. 72–233; geschrieben 1934/35].

Bakhtin, Mikhail M. (1981): Discourse in the novel. In: Mikhail M. Bakhtin: *The Dialogic Imagination. Four Essays*. Hg. v. Michael Holquist. Übers. v. Caryl Emerson und Michael Holquist. Austin, TX: University of Texas Press (University of Texas Press Slavic Series 1), S. 269–422 [zuerst russ.: Slovo v romane. In: Michail M. Bachtin: *Voprosy literatury i ėstetiki. Issledovanija raznych let*. Moskau: Chudožestvennaja literatura 1975, S. 72–233].

Bamberg, Michael (1997): Positioning between structure and performance. In: *Journal of Narrative and Life History* 7/1–4, S. 335–342.

Bamberg, Michael/Georgakopoulou, Alexandra (2008): Small stories as a new perspective in narrative and identity analysis. In: *Text and Talk* 28/3, S. 377–396.

Barrett, Tyler Andrew/Dovchin, Sender (Hg.) (2019): *Critical Inquiries in the Sociolinguistics of Globalization*. Bristol/Blue Ridge Summit: Multilingual Matters (Encounters 14).

Becker, Susanne (2018): *Sprechgebote. Wie das Sprechen über Sprache soziale Ungleichheiten reproduziert*. Wiesbaden: Springer VS.

Berns, Maggie/Matsuda, Paul Kei (2010): Applied linguistics. In: Maggie Berns (Hg.): *Concise Encyclopedia of Applied Linguistics*. Amsterdam u. a.: Elsevier, S. 3–13.

Bhabha, Homi K. (2000): *Die Verortung der Kultur*. Übers. v. Michael Schiffmann und Jürgen Freudl. Tübingen: Stauffenburg [zuerst engl.: *The Location of Culture*. London/New York: Routledge 1994].

Blackledge, Adrian/Creese, Angela (2010): Towards a sociolinguistics of superdiversity. In: *Zeitschrift für Erziehungswissenschaft* 13, S. 549–572.
Blommaert, Jan (Hg.) (1999a): *Language Ideological Debates*. Berlin/New York: Mouton de Gruyter (Language, Power and Social Process 2).
Blommaert, Jan (1999b): The debate is open. In: Blommaert (1999a), S. 1–38.
Blommaert, Jan (2005): *Discourse. A Critical Introduction*. Cambridge: Cambridge University Press (Key Topics in Sociolinguistics).
Blommaert, Jan (2006): Language ideology. In: Keith Brown (Hg.): *Encyclopedia of Language & Linguistics*. Bd. 6. 2. Aufl. Oxford: Elsevier, S. 510–522.
Blommaert, Jan (2007): Sociolinguistic scales. In: *Intercultural Pragmatics* 4/1, S. 1–19.
Blommaert, Jan (2010): *The Sociolinguistics of Globalization*. New York: Cambridge University Press (Cambridge Approaches to Language Contact).
Blommaert, Jan (2018): Pierre Bourdieu and language in society. In: Jan Blommaert: *Dialogues with Ethnography. Notes on Classics, and How I Read Them*. Bristol/Blue Ridge Summit: Multilingual Matters, S. 87–98.
Blommaert, Jan/Rampton, Ben (2016): Language and superdiversity. In: Arnaut u. a. (2016), S. 21–48.
Boatcă, Manuela (2016): Postkolonialismus und Dekolonialität. In: Fischer/Hauck/Boatcă (2016), S. 113–123.
Bourdieu, Pierre (1983): Ökonomisches Kapital, kulturelles Kapital, soziales Kapital. In: Reinhard Kreckel (Hg.): *Soziale Ungleichheiten*. Göttingen: Schwartz (Soziale Welt Sonderband 2), S. 183–198.
Bourdieu, Pierre (1993): Der sprachliche Markt. In: *Soziologische Fragen*. Frankfurt a. M.: Suhrkamp (edition suhrkamp 1872), S. 115–130 [zuerst: Le marché linguistique. In: *Questions de sociologie*. Paris: Les Éditions de Minuit 1980, S. 121–137].
Bourdieu, Pierre (2012): *Die feinen Unterschiede. Kritik der gesellschaftlichen Urteilskraft*. Übers. v. Bernd Schwibs und Achim Russer. 12. Aufl. Frankfurt a. M.: Suhrkamp (stw 658) [zuerst frz.: *La distinction. Critique sociale de jugement*. Paris: Les Éditions de Minuit 1979].
Bourdieu, Pierre (2020): *Meditationen. Zur Kritik der scholastischen Vernunft*. Übers. v. Achim Russer. 5. Aufl. Frankfurt a. M.: Suhrkamp (stw 1695) [zuerst frz.: *Méditations pascaliennes*. Paris: Seuil 1997].
Bourdieu, Pierre/Wacquant, Loïc J. D. (2004): *Reflexive Anthropologie*. Frankfurt a. M.: Suhrkamp (stw 1793) [zuerst frz.: *Réponses pour une anthropologie réflexive*. Paris: Édition du Seuil 1992].
Bubenhofer, Noah (2009): *Sprachgebrauchsmuster. Korpuslinguistik als Methode der Diskurs- und Kulturanalyse*. Berlin/New York: de Gruyter (Sprache und Wissen 4).
Bucholtz, Mary/Hall, Kira (2016): Embodied sociolinguistics. In: Coupland (2016), S. 173–199.
Burzan, Nicole (2011): *Soziale Ungleichheit. Eine Einführung in die zentralen Theorien*. 4. Aufl. Wiesbaden: VS Verlag für Sozialwissenschaften (Studientexte zur Soziologie).
Busch, Brigitta (2015): Über das Kategorisieren von Sprachen und Sprecher_innen. Zur Dekonstruktion von Sprachstatistiken. In: Nadja Thoma/Magdalena Knappik (Hg.): *Sprache und Bildung in Migrationsgesellschaften. Machtkritische Perspektiven auf ein prekarisiertes Verhältnis*. Bielefeld: transcript, S. 45–67.
Busch, Brigitta (2019): Sprachreflexion und Diskurs. Theorien und Methoden der Sprachideologieforschung. In: Antos/Niehr/Spitzmüller (2019), S. 107–139.
Busch, Brigitta (2020): Discourse, emotions, and embodiment. In: Anna De Fina/Alexandra Georgakopoulou (Hg.): *Handbook of Discourse Studies*. Cambridge: Cambridge University Press, S. 327–349.
Busch, Brigitta (2021): *Mehrsprachigkeit*. 3., vollst. überarb. u. erg. Aufl. Wien: Facultas (UTB 3774) [zuerst: 2013].
Busch, Brigitta/Kelly-Holmes, Helen (2004): Language boundaries as social, political, and discursive constructs. In: Brigitta Busch/Helen Kelly-Holmes (Hg.): *Language, Discourse, and Borders in the Yugoslav Successor States*. Clevedon/Buffalo/Toronto: Multilingual Matters (Current Issues in Language and Society Monographs), S. 1–12.

Busch, Brigitta/Spitzmüller, Jürgen/Flubacher, Mi-Cha (Hg.) (2021): *Language Ideologies and Social Positioning. Structures, Scales, and Practices.* (= *International Journal of the Sociology of Language* 272).

Butler, Judith (2001): Was ist Kritik? Ein Essay über Foucaults Tugend. In: *Transversal Texts* 5. URL: https://transversal.at/transversal/0806/butler/de <10.05.2021>.

Cameron, Deborah (1990): Demythologizing sociolinguistics. Why language does not reflect society. In: John E. Joseph/Talbot J. Taylor (Hg.): *Ideologies of Language*. London/New York: Routledge (Routledge Politics of Language Series), S. 79–93.

Cameron, Deborah (1995): *Verbal Hygiene*. London: Routledge (Language and Politics).

Cameron, Deborah (2004): Out of the bottle. The social life of metalanguage. In: Jaworski/Coupland/Galasiński (2004), S. 311–321.

Cameron, Deborah (2012): The commodification of language. English as a global commodity. In: Terttu Nevalainen/Elizabeth Closs Traugott (Hg.): *The Oxford Handbook of the History of English*. Oxford/New York: Oxford University Press, S. 352–361.

Carr, E. Summerson/Lempert, Michael (2016a): Introduction. Pragmatics of scale. In: Carr/Lempert (2016b), S. 1–21.

Carr, E. Summerson/Lempert, Michael (Hg.) (2016b): *Scale. Discourse and Dimensions of Social Life*. Oakland: University of California Press.

Castro, María do Mar/Dhawan, Nikita (2020): *Postkoloniale Theorie. Eine kritische Einführung.* Bielefeld: transcript (UTB 5362).

Chun, Elaine W. (2008): Ideologies of legitimate mockery. Margaret Cho's revoicings of mock Asian. In: Reyes/Lo (2008), S. 261–287.

Cölfen, Hermann/Januschek, Franz (Hg.) (2016): *Flucht Punkt Sprache. Hybridität, Variation, Identität.* Osnabrück: Universitätsverlag Rhein-Ruhr (Osnabrücker Beiträge zur Sprachtheorie 89).

Coulmas, Florian (2005): Changing language regimes in globalizing environments. In: *International Journal of the Sociology of Language* 175/176, S. 3–15.

Coupland, Nikolas (Hg.) (2016): *Sociolinguistics. Theoretical Debates.* Cambridge: Cambridge University Press.

Davies, Bronwyn/Harré, Rom (1990): Positioning. The discursive production of selves. In: *Journal for the Theory of Social Behaviour* 20/1, S. 43–63.

Delamont, Sara (2009): The only honest thing. Autoethnography, reflexivity and small crises in fieldwork. In: *Ethnography and Education* 4/1, S. 51–63.

Deppermann, Arnulf (2015): Positioning. In: Anna de Fina/Alexandra Georgakopoulou (Hg.): *The Handbook of Narrative Analysis*. Oxford: Wiley-Blackwell, S. 369–387.

Destutt de Tracy, Antoine Louis Claude (1977): *Eléments d'Idéologie*. 4 Bde. Frommann-Holzboog: Stuttgart [zuerst: Paris: Courcier 1801–1815].

van Dijk, Teun A. (1993): Principles of critical discourse analysis. In: *Discourse & Society* 4/2, S. 249–283.

van Dijk, Teun A. (2001): Critical discourse analysis. In: Deborah Schiffrin/Deborah Tannen/Heidi E. Hamilton (Hg.): *The Handbook of Discourse Analysis*. Malden, MA: Blackwell (Blackwell Handbooks in Linguistics).

Dorostkar, Niku (2013): *(Mehr-)Sprachigkeit und Lingualismus. Die diskursive Konstruktion von Sprache im Kontext nationaler und supranationaler Sprachenpolitik am Beispiel Österreichs.* Göttingen: V & R unipress/Vienna University Press (Kommunikation im Fokus – Arbeiten zur Angewandten Linguistik 3).

Du Bois, John W. (2007): The stance triangle. In: Robert Englebretson (Hg.): *Stancetaking in Discourse. Subjectivity, Evaluation, Interaction.* Amsterdam/Philadelphia: Benjamins (Pragmatics & Beyond, N. S. 164), S. 139–182.

Du Bois, John W. (2014): Towards a dialogic syntax. In: *Cognitive Linguistics* 25/3, S. 359–410.

Duchêne, Alexandre/Heller, Monica (Hg.) (2007): *Discourses of Endangerment. Ideology and Interest in the Defence of Languages.* London/New York: Continuum Press (Advances in Sociolinguistics).

Ehmann, Hermann (2014): *Ich bin da ganz bei Ihnen! Das Wörterbuch der unverzichtbaren Bürofloskeln*. München: Beck.
Ellis, Carolyn/Adams, Tony E. (2014): The purposes, principles and practices of autoethnographic research. In: Patricia Leavy (Hg.): *The Oxford Handbook of Qualitative Research*. New York: Oxford University Press (Oxford Library of Psychology), S. 254–256.
Errington, James J. (2008): *Linguistics in a Colonial World. A Story of Language, Meaning, and Power*. Malden/Oxford: Blackwell.
Fairclough, Norman (1985): Critical and descriptive goals in discourse analysis. In: *Journal of Pragmatics* 9, S. 739–763.
Fanon, Frantz (2020): *Schwarze Haut, weiße Masken*. Übers. v. Eva Moldenhauer. Wien: Turia + Kant [zuerst frz.: *Peau noire, masques blancs*. Paris: Éditions du Seuil 1952].
Fischer, Karin/Hauck, Gerhard/Boatcă, Manuela (Hg.) (2016): *Handbuch Entwicklungsforschung*. Wiesbaden: Springer VS.
Fleck, Ludwik (1999): *Entstehung und Entwicklung einer wissenschaftlichen Tatsache. Einführung in die Lehre vom Denkstil und Denkkollektiv*. Mit einer Einl. v. Lothar Schäfer/Thomas Schnelle. 4. Aufl. Frankfurt a. M.: Suhrkamp (stw 312) [zuerst: Basel: Benno Schwabe 1935].
Flick, Uwe (2011): *Triangulation. Eine Einführung*. 3., aktual. Aufl. Wiesbaden: Springer VS (Qualitative Sozialforschung 8).
Flores, Nelson/Lewis, Mark (2016): From truncated to sociopolitical emergence. A critique of super-diversity in sociolinguistics. In: *International Journal of the Sociology of Language* 241, S. 97–124.
Flubacher, Mi-Cha (2014): *Integration durch Sprache – die Sprache der Integration. Eine kritische Diskursanalyse zur Rolle der Sprache in der Schweizer und Basler Integrationspolitik 1998–2008*. Wien: V & R unipress/Vienna University Press (Kommunikation im Fokus – Arbeiten zur Angewandten Linguistik 5).
Flubacher, Mi-Cha/Duchêne, Alexandre/Coray, Renata (2018): *Language Investment and Employability. The Uneven Distribution of Resources in the Public Employment Service*. Cham: Palgrave Macmillan.
Fludernik, Monika/Gehrke, Hans-Joachim (Hg.) (1999): *Grenzgänger zwischen Kulturen*. Würzburg: Ergon (Identitäten und Alteritäten 1).
Forchtner, Bernhard (2011): Critique, the discourse-historical approach, and the Frankfurt School. In: *Critical Discourse Studies* 8/1, S. 1–14.
Foucault, Michel (1981): *Archäologie des Wissens*. Übers. v. Ulrich Köppen. Frankfurt a. M.: Suhrkamp (stw 356) [zuerst frz.: *L'archéologie du savoir*. Paris: Gallimard 1969].
Foucault, Michel (1992): *Was ist Kritik?* Übers. v. Walter Seitter. Berlin: Merve (Internationaler Merve Diskurs 167) [zuerst frz.: Qu'est-ce que la critique? (Critique et *Aufklärung*). In: *Bulletin de la Société française de Philosophie* 84/2 (1990), S. 35–63].
Foucault, Michel (1994a): Das Subjekt und die Macht. In: Hubert L. Dreyfus/Paul Rabinow: *Michel Foucault. Jenseits von Strukturalismus und Hermeneutik*. Mit einem Nachwort von und einem Interview mit Michel Foucault. Übers. v. Claus Rath und Ulrich Raulff. 2. Aufl. Weinheim: Beltz, S. 243–261 [zuerst in: *Critical Inquiry* 8/4 (1982), S. 777–795].
Foucault, Michel (1994b): *Überwachen und Strafen. Die Geburt des Gefängnisses*. Frankfurt a. M. (suhrkamp taschenbuch 2271) [zuerst frz.: *Surveiller et punir. Naissance de la prison*. Paris: Gallimard 1975].
Foucault, Michel (1995): *Der Gebrauch der Lüste*. Sexualität und Wahrheit 2. Übers. v. Ulrich Raulff und Walter Seitter. 4. Aufl. Frankfurt a. M.: Suhrkamp (stw 717) [zuerst frz.: *Histoire de la sexualité, 2: L'usage des plaisirs*. Paris: Gallimard 1984].
Foucault, Michel (2001): Über die Archäologie der Wissenschaften. Antwort auf den Cercle d'épistémologie. In: Michel Foucault: *Dits et Ecrits. Schriften*. Bd. 1: *1954–1969*. Hg. v. Daniel Defert und François Ewald. Übers. v. Michael Bischoff, Hans-Dieter Gondek und Hermann Kocyba. Frankfurt a. M.: Suhrkamp, S. 887–931 [zuerst frz.: Sur l'archéologie du sciences. In: *Cahiers pur l'analyse* 9: Généalogie de sciences (1968), S. 9–40].

Foucault, Michel (2003): Die „Gouvernementalität". In: Michel Foucault: *Dits et Ecrits. Schriften.* Bd. 3. Hg. v. Daniel Defert und François Ewald. Übers. v. Michael Bischoff, Hans-Dieter Gondek und Hermann Kocyba. Frankfurt a. M.: Suhrkamp, S. 796–822 [zuerst ital.: La ‚governamentalità'. In: *Aut-Aut* 167/168 (1978), S. 12–29].

Foucault, Michel (2005): Der maskierte Philosoph. In: Michel Foucault: *Dits et Ecrits.* Hg. v. Daniel Defert und François Ewald. Übers. v. Michael Bischoff. Bd. 4: 1980–1988. Frankfurt a. M.: Suhrkamp, S. 128–137 [zuerst frz.: Le philosophe masqué. In: *Le Monde* (6. Apr. 1980), S. 1–7].

Foucault, Michel (2010): *Der Wille zum Wissen.* Sexualität und Wahrheit 1. Übers. v. Ulrich Raulff und Walter Seitter. 11. Aufl. Frankfurt a. M.: Suhrkamp (stw 716) [zuerst frz.: *Histoire de la sexualité, 1: La volonté de savoir*. Paris: Gallimard 1976].

Fowler, Roger u. a. (1979): *Language and Control.* London: Routledge & Kegan Paul.

Fröhlich, Gerhard (2014): Einverleibung (incorporation). In: Fröhlich/Rehbein (2014), S. 81–90.

Fröhlich, Gerhard/Rehbein, Boike (Hg.) (2014): *Bourdieu-Handbuch. Leben – Werk – Wirkung.* Stuttgart: J. B. Metzler.

Gal, Susan (2006): Migration, minorities and multilingualism. Language ideologies in Europe. In: Clare Mar-Molinero/Patrick Stevenson (Hg.): *Language Ideologies, Policies and Practices. Language and the Future of Europe.* Houndsmill: Palgrave Macmillan (Language and Globalization), S. 13–27.

Gal, Susan/Irvine, Judith T. (2019): *Signs of Difference. Language and Ideology in Social Life.* Cambridge: Cambridge University Press.

García, Ofelia/Wei, Li (2014): *Translanguaging. Language, Bilingualism and Education.* Basingstoke/New York: Palgrave Macmillan.

Gardt, Andreas (Hg.) (2000): *Nation und Sprache. Die Diskussion ihres Verhältnisses in Geschichte und Gegenwart.* Berlin/New York: de Gruyter.

Garrett, Peter (2010): *Attitudes to Language.* Cambridge: Cambridge University Press (Key Topics in Sociolinguistics).

Georg, Werner (2014): Lebensstil (style de vie). In: Fröhlich/Rehbein (2014), S. 165–168.

Gramsci, Antonio (1991–2002): *Gefängnishefte.* Kritische Gesamtausgabe in 10 Bänden. Hg. v. Klaus Bochmann und Wolfgang Fritz Haug. Übers. v. Klaus Bochmann. Berlin: Argument [zuerst ital.: Valentino Gerratana (Hg.): *Quaderni del carcere. Edizione critica.* Turin: Giulio Einaudi 1975; geschrieben 1925–35].

Grillo, Sheila Vieira de Camargo/Américo, Ekaterina Vólkova (2017): Valentin Nikolaievitch Voloshinov. Documented details of his life and works. In: *Alfa: Revista de Linguística* 61/2, S. 339–366.

Hassemer, Jonas/Flubacher, Mi-Cha (2020): Prekäre Ethnographie. Zur Rolle von Prekaritätserfahrungen im ethnographischen Erkenntnisprozess. In: *Wiener Linguistische Gazette* 85 (Themenheft „Prekaritätserfahrungen. Soziolinguistische Perspektiven", hg. v. Mi-Cha Flubacher). URL: http://wlg.univie.ac.at/fileadmin/user_upload/p_wlg/852020/Hassemer-Flubacher-prekaere-ethnographie.pdf <12.10.2020>.

Heller, Monica (2001): Undoing the micro/macro dichotomy. Ideology and categorisation in a linguistic minority school. In: Nikolas Coupland/Srikant Sarangi/Christopher N. Candlin (Hg.): *Sociolinguistics and Social Theory.* London/New York: Routledge (Language in Social Life Series), S. 212–234.

Heller, Monica/Duchêne, Alexandre (2016): Treating language as an economic resource. Discourse, data, debates. In: Coupland (2016), S. 139–156.

Heller, Monica/McElhinny, Bonnie (Hg.) (2017): *Language, Capitalism, Colonialism. Toward a Critical History.* Toronto: University of Toronto Press.

Heller, Monica/Pietikäinen, Sari/Pujolar, Joan (2018): *Critical Sociolinguistic Research Methods. Studying Language Issues That Matter.* New York/London: Routledge.

Hermanns, Fritz (1999): Sprache, Kultur und Identität. Reflexionen über drei Totalitätsbegriffe. In: Andreas Gardt/Ulrike Haß-Zumkehr/Thorsten Roelcke (Hg.): *Sprachgeschichte als Kulturgeschichte.* Berlin/New York: de Gruyter (Studia Linguistica Germanica 54), S. 351–391.

Hill, Jane H. (1998): Language, race, and white public space. In: *American Anthropologist* 100/3, S. 680–689.
Hill, Jane H. (2005): Intertextuality as source and evidence for indirect indexical meanings. In: *Journal of Linguistic Anthropology* 15/1, S. 113–124.
Hill, Jane H. (2008): *The Everyday Language of White Racism*. Maldon, MA/Oxford: Wiley-Blackwell.
Hill, Jane H. (2014): Mock Spanish, covert racism and the (leaky) boundary between public and private spheres. In: Susan Gal/Kathryn A. Woolard (Hg.): *Languages and Publics. The Making of Authority*. London/New York: Routledge (Encounters 2), S. 83–102 [zuerst: Manchester/Northampton: St. Jerome Publishing 2001].
Hocket, Charles F. (1963): The problem of universals in language. In: Joseph H. Greenberg (Hg.): *Universals in Language*. Cambridge, MA: MIT Press, S. 1–29.
Holder, Patricia (2014): Markt (marché). In: Fröhlich/Rehbein (2014), S. 179–185.
Horkheimer, Max (1988): Traditionelle und kritische Theorie. In: Max Horkheimer: *Gesammelte Schriften*. 19 Bde. Bd. 4: *Schriften 1936–1941*. Hg. v. Alfred Schmidt. Frankfurt a. M.: Fischer, S. 162–216 [zuerst in: *Zeitschrift für Sozialforschung* 6/2 (1937), S. 245–294].
Hradil, Stefan (2001): *Soziale Ungleichheit in Deutschland*. 8. Aufl. Wiesbaden: VS Verlag für Sozialwissenschaften.
Irvine, Judith T./Gal, Susan (2000): Language ideology and linguistic differentiation. In: Kroskrity (2000), S. 35–84.
Ismail, Nermin (2015): *Ungehörte Stimmen. Repräsentation und Wissensproduktion aus postkolonial-feministischer Perspektive*. Wien: Löcker.
Ives, Peter/Lacorte, Rocco (Hg.) (2010): *Gramsci, Language, and Translation*. Lanham: Lexington Books (Cultural Studies/Pedagogy/Activism).
Jaffe, Alexandra (1999): *Ideologies in Action. Language Politics on Corsica*. Berlin/New York: de Gruyter (Language, Power and Social Process 3).
Jaffe, Alexandra (2009): Introduction. The sociolinguistics of stance. In: Alexandra Jaffe (Hg.): *Stance. Sociolinguistic Perspectives*. New York: Oxford University Press (Oxford Studies in Sociolinguistics), S. 3–28.
Jaffe, Alexandra (2016): Indexicality, stance and fields in sociolinguistics. In: Coupland (2016), S. 86–112.
Jäger, Siegfried (1992): *BrandSätze. Rassismus im Alltag*. Duisburg: DISS (DISS-Studien).
Jäger, Siegfried (1999): *Kritische Diskursanalyse. Eine Einführung*. 2., überarb. u. erw. Aufl. Duisburg: DISS (DISS-STUDIEN).
Jaspers, Jürgen (2018): The transformative limits of translanguaging. In: *Language & Communication* 58, S. 1–10.
Jaworski, Adam/Coupland, Nikolas/Galasiński, Dariusz (Hg.) (2004): *Metalanguage. Social and Ideological Perspectives*. Berlin/New York: de Gruyter (Language, Power and Social Process 11).
Jaworski, Adam/Thurlow, Crispin (2010): *Tourism Discourse. Language and Global Mobility*. Basingstoke/London: Palgrave Macmillan.
Johnson, Sally (2005): *Spelling Trouble. Language, Ideology and the Reform of German Orthography*. Clevedon: Multilingual Matters.
Johnstone, Barbara/Andrus, Jennifer/Danielson, Andrew E. (2006): Mobility, indexicality, and the enregisterment of „Pittsburghese". In: *Journal of English Linguistics* 34/2, S. 77–104.
Jørgensen, Jens Normann (2008): Polylingual languaging around and among children. In: *International Journal of Multilingualism* 5/3, S. 161–176.
Jung, Paul (1974): *Sprachgebrauch, Sprachautorität, Sprachideologie*. Heidelberg: Quelle & Meyer (Q & M aktuell).
Jurt, Joseph (2014): Leben und Zeit. In: Fröhlich/Rehbein (2014), S. 1–9.
Kachru, Braj B. (2007): Englishization and contact linguistics. In: *World Englishes* 13/2, S. 135–154.
Kamusella, Tomasz (2012): The global regime of language recognition. In: *International Journal of the Sociology of Language* 218, S. 59–86.

Kiesling, Scott F. (2004): Dude. In: *American Speech* 79/3, S. 281–305
Kornmesser, Stephan/Büttemeyer, Wilhelm (2020): *Wissenschaftstheorie. Eine Einführung.* Stuttgart: J. B. Metzler.
Kößler, Reinhart (2016): Modernisierungstheorien. In: Fischer/Hauck/Boatcă (2016), S. 27–39.
Krause, Detlef (2007): *Soziale Ungleichheit.* In: Werner Fuchs-Heinritz u. a. (Hg.): *Lexikon zur Soziologie.* 4. Aufl. Wiesbaden: VS Verlag für Sozialwissenschaften, S. 686.
Kreckel, Reinhard (2004): *Politische Soziologie der sozialen Ungleichheit.* 3. Aufl. Frankfurt a. M.: Campus.
Kroskrity, Paul V. (Hg.) (2000): *Regimes of Language. Ideologies, Polities, and Identities.* Oxford: Currey (School of American Research Advanced Seminar Series).
Krossa, Anne Sophie (2018): *Gesellschaft. Betrachtungen eines Kernbegriffs der Soziologie.* Wiesbaden: Springer VS.
Labov, William (1972): *Language in the Inner City. Studies in the Black English Vernacular.* Philadelphia: University of Pennsylvania Press (Conduct and Communication 3).
Laclau, Ernesto (1990): *New Reflections on the Revolution of Our Time.* London: Verso.
Langemeyer, Ines (2009): Antonio Gramsci: Hegemonie, Politik des Kulturellen, geschichtlicher Block. In: Andreas Hepp/Friedrich Krotz/Tanja Thomas (Hg.): *Schlüsselwerke der Cultural Studies.* Wiesbaden: VS Verlag für Sozialwissenschaften (Medien – Kultur – Kommunikation), S. 72–82.
Levelt, Willem (2013): *A History of Psycholinguistics. The Pre-Chomskyan Era.* Oxford: Oxford University Press.
Lippi-Green, Rosina (1997): *English with an Accent. Language, Ideology, and Discrimination in the United States.* London/New York: Routledge.
Longino, Helen (2019): The social dimensions of scientific knowledge. In: Edward N. Zalta (Hg.): *The Stanford Encyclopedia of Philosophy.* Summer 2019 edition. Stanford: Stanford University. URL: https://plato.stanford.edu/archives/sum2019/entries/scientific-knowledge-social <11.09.2020>.
Lucy, John A. (Hg.) (1993): *Reflexive Language. Reported Speech and Metapragmatics.* Cambridge: Cambridge University Press.
Maas, Utz (1989): Sprache im Nationalsozialismus. Analyse einer Rede eines Studentenfunktionärs. In: Konrad Ehlich (Hg.): *Sprache im Faschismus.* Frankfurt a. M.: Suhrkamp, S. 162–197.
Makoni, Sinfree B. (2011): Sociolinguistics, colonial and postcolonial. An integrationist perspective. In: *Language Sciences* 33, S. 680–688.
Mannheim, Karl (1995): *Ideologie und Utopie.* 3., erw. Aufl. Frankfurt a. M.: Schulte-Bulmke [zuerst: Bonn: Cohen 1929].
Marx, Karl (1990): Das Kapital. Kritik der politischen Ökonomie. Bd. 1, Buch I: Der Produktionsprozeß des Kapitals. In: Karl Marx/Friedrich Engels: *Werke in 43 Bänden.* Bd. 23. Hg. v. Rosa-Luxemburg-Stiftung. 9. Aufl. Berlin: Dietz [zuerst: Hamburg: Otto Meissner 1867].
Marx, Karl/Engels, Friedrich (1990): Die deutsche Ideologie. In: Karl Marx/Friedrich Engels: *Werke in 43 Bänden.* Bd. 3: *1845 bis 1846.* Hg. v. Rosa-Luxemburg-Stiftung. 9. Aufl. Berlin: Dietz, S. 5–530 [zuerst: 1845/1846].
Mbembe, Achille (2014): *Kritik der schwarzen Vernunft.* Frankfurt a. M.: Suhrkamp [zuerst frz.: *Critique de la raison nègre.* Paris: Éditions La Découverte 2013].
Mesthrie, Rajend/Deumert, Ana (2009): Critical sociolinguistics. Approaches to language and power. In: Rajend Mesthrie u. a.: *Introducing Sociolinguistics.* 2. Aufl. Edinburgh: Edinburgh University Press, S. 309–343.
Mey, Jacob L. (1985): *Whose Language? A Study in Linguistic Pragmatics.* Amsterdam/Philadelphia: Benjamins (Pragmatics & Beyond Companion Series 3).
Milroy, James (1999): The consequences of standardisation in descriptive linguistics. In: Tony Bex/Richard J. Watts (Hg.): *Standard English. The Widening Debate.* London: Routledge, S. 16–39.

Morgan, Marcyliena (1994): Theories and politics in African American English. In: *Annual Review of Anthropology* 23/1, S. 325–345.
Muth, Sebastian/Del Percio, Alfonso (2018): Policing for commodification. Turning communicative resources into commodities. In: *Language Policy* 17/2, S. 129–135.
Ochs, Elinor (1990): Indexicality and socialization. In: James W. Stigler/Richard A. Shweder/Gilbert Herdt (Hg.): *Cultural Psychology. Essays on Comparative Human Development.* Cambridge: Cambridge University Press, S. 287–308.
Ochs, Elinor (1996): Linguistic resources for socializing humanity. In: John J. Gumperz/Stephen Levinson (Hg.): *Rethinking Linguistic Relativity.* New York: Cambridge University Press, S. 407–437.
Park, Joseph Sung-Yul/Wee, Lionel (2012): *Markets of English. Linguistic Capital and Language Policy in a Globalizing World.* New York: Routledge.
Parr, Rolf/Schneider, Ulrich Johannes/Kammler, Clemens (Hg.) (2008): *Foucault-Handbuch. Leben – Werk – Wirkung.* Stuttgart: J. B. Metzler.
Pavlenko, Aneta (2019): Superdiversity and why it isn't. Reflections on terminological innovation and academic branding. In: Stephan Breidbach/Lutz Küster/Barbara Schmenk (Hg.): *Sloganizations in Language Education Discourse. Conceptual Thinking in the Age of Academic Marketization.* Bristol: Multilingual Matters, S. 142–168.
Pennycook, Alastair (2001): *Critical Applied Linguistics. A Critical Introduction.* Mahwah, NJ: Lawrence Erlbaum.
Pennycook, Alastair/Otsuji, Emi (2015): *Metrolingualism. Language in the City.* London/New York: Routledge.
Raible, Wolfgang (1999): Sprachliche Grenzgänger. In: Fludernik/Gehrke (1999), S. 461–470.
Rehbein, Boike (2014): Sprache. In: Fröhlich/Rehbein (2014), S. 355–358.
Rehbein, Boike/Saalmann, Gernot (2014a): Feld (champ). In: Fröhlich/Rehbein (2014), S. 99–103.
Rehbein, Boike/Saalmann, Gernot (2014b): Kapital (capital). In: Fröhlich/Rehbein (2014), S. 134–140.
Reyes, Angela (2014): Linguistic anthropology in 2013. Super-new-big. In: *American Anthropologist* 116/2, S. 366–378.
Reyes, Angela/Lo, Adrienne (Hg.) (2008): *Beyond Yellow English. Toward a Linguistic Anthropology of Asian Pacific America.* Oxford/New York: Oxford University Press.
Riehl, Claudia Maria (1999): Grenzen und Sprachgrenzen. In: Fludernik/Gehrke (1999), S. 41–56.
Riehl, Claudia Maria (2014): *Sprachkontaktforschung. Eine Einführung.* 3., überarb. Aufl. Tübingen: Narr.
Ritsert, Jürgen (2019): Grundbegriff: Kritik. In: Uwe H. Bittlingmayer/Alex Demirović/Tatjana Freytag (Hg.): *Handbuch Kritische Theorie.* Wiesbaden: Springer VS, S. 45–87.
Römer, Ruth (1985): *Sprachwissenschaft und Rassenideologie in Deutschland.* München: Fink.
Roth, Kersten Sven (2015): *Diskursrealisationen. Begründung und Umriss einer pragmatisch-interaktionalen Diskurssemantik.* Berlin: Erich Schmidt (Philologische Studien und Quellen 247).
Röttgers, Kurt (1975): *Kritik und Praxis. Zur Geschichte des Kritikbegriffs von Kant bis Marx.* Berlin/New York: de Gruyter (Quellen und Studien zur Philosophie 8).
Rowe, Wendy E. (2014): Positionality. In: David Coghlan/Mary Brydon-Miller (Hg.): *The SAGE Encyclopedia of Action Research.* London: SAGE, S. 627–628.
Said, Edward W. (2012): *Orientalismus.* Übers. v. Hans Günther Holl. 3. Aufl. Frankfurt a. M.: Fischer [zuerst engl.: *Orientalism.* New York: Pantheon Books 1978].
Schlieben-Lange, Brigitte (1973): *Soziolinguistik. Eine Einführung.* Stuttgart u. a.: Kohlhammer (Urban-Taschenbücher 176).
Schmidt, Robert (2014): Symbolische Gewalt (violence symbolique). In: Fröhlich/Rehbein (2014), S. 231–235.
Seier, Andrea (2001): Macht. In: Marcus S. Kleiner (Hg.): *Michel Foucault. Eine Einführung in sein Denken.* Frankfurt a. M./New York: Campus, S. 90–107.

Shoaps, Robin Ann (2017): Directives, moral authority, and deontic stance-taking in Sakapultek Maya. In: *Anthropological Linguistics* 59/1, S. 24–70.

Silverstein, Michael (1976): Shifters, linguistic categories, and cultural description. In: Keith H. Basso/Henry A. Selby (Hg.): *Meaning in Anthropology*. Albuquerque: University of New Mexico Press (School of American Research Advanced Seminar Series), S. 11–55.

Silverstein, Michael (1979): Language structure and linguistic ideology. In: Paul R. Cline/William Hanks/Carol Hofbauer (Hg.): *The Elements. A Parasession on Linguistic Units and Levels*. Chicago: Chicago Linguistic Society, S. 193–247.

Silverstein, Michael (1985): Language and the culture of gender. At the intersection of structure, usage, and ideology. In: Elizabeth Mertz/Richard J. Parmentier (Hg.): *Semiotic Mediation. Sociocultural and Psychologic Perspectives*. Orlando: Academic Press (Language, Thought, and Culture), S. 219–259.

Silverstein, Michael (1993): Metapragmatic discourse and metapragmatic function. In: Lucy (1993), S. 33–58.

Silverstein, Michael (1998): The uses and utility of ideology. A commentary. In: Paul V. Kroskrity/Bambi B. Schieffelin/Kathryn A. Woolard (Hg.): *Language Ideologies. Practice and Theory*. New York: Oxford University Press (Oxford Studies in Anthropological Linguistics 16), S. 123–145.

Silverstein, Michael (2003): Indexical order and the dialectics of sociolinguistic life. In: *Language & Communication* 23/3–4, S. 193–229.

Sohre, Simon (2017): *Die Macht der Kritik. Diskurs um Kritik nach Foucault in Sozialpädagogik und Erziehungswissenschaft*. Baden-Baden: Ergon (Erziehung Schule Gesellschaft 81).

Soukup, Barbara (2019): Sprachreflexion und Kognition. Theorien und Methoden der Spracheinstellungsforschung. In: Antos/Niehr/Spitzmüller (2019), S. 83–106.

Spitzmüller, Jürgen (2005): *Metasprachdiskurse. Einstellungen zu Anglizismen und ihre wissenschaftliche Rezeption*. Berlin/New York: de Gruyter (Linguistik – Impulse & Tendenzen 11).

Spitzmüller, Jürgen (2013): Metapragmatik, Indexikalität, soziale Registrierung. Zur diskursiven Konstruktion sprachideologischer Positionen. In: *Zeitschrift für Diskursforschung* 1/3, S. 263–287.

Spitzmüller, Jürgen (2017): ‚Kultur' und ‚das Kulturelle'. Zur Reflexivität eines begehrten Begriffs. In: *Zeitschrift für Angewandte Linguistik* 67/1, S. 3–23.

Spitzmüller, Jürgen (2019a): ‚Sprache' – ‚Metasprache' – ‚Metapragmatik'. Sprache und sprachliches Handeln als Gegenstand sozialer Reflexion. In: Antos/Niehr/Spitzmüller (2019), S. 11–30.

Spitzmüller, Jürgen (2019b): Sociolinguistics going ‚wild'. The construction of auratic fields. In: *Journal of Sociolinguistics* 23/5 (Themenheft „The Sociolinguistics of Late Modern Publics", hg. v. Theresa Heyd und Britta Schneider), S. 505–520. DOI: https://doi.org/10.1111/josl.12383.

Spitzmüller, Jürgen (2021): His Master's Voice. Die soziale Konstruktion des ‚Laien' durch den ‚Experten'. In: Toke Hoffmeister/Markus Hundt/Saskia Naths (Hg.): *Laien, Wissen, Sprache. Theoretische, methodische und domänenspezifische Perspektiven*. Berlin/Boston: De Gruyter (Sprache und Wissen 50), S. 1–23.

Spitzmüller, Jürgen (2022): „Ye shall know the truth, and the truth shall make you free". Positionierungsstrategien der Sprachwissenschaft im Kampf um sprachideologische Deutungshoheit. In: Heidrun Kämper/Albrecht Plewnia (Hg.): *Sprache in Politik und Gesellschaft. Perspektiven und Zugänge*. Berlin/Boston: De Gruyter (Jahrbuch des Instituts für Deutsche Sprache 2021), S. 17–33.

Spitzmüller, Jürgen (im Ersch.): Ideologies of communication. The social link between actors, signs, and practices. Erscheint in: Judith Purkarthofer/Mi-Cha Flubacher (Hg.): *Speaking Subjects in Multilingualism Research. Biographical and Speaker-Centred Approaches*. Clevedon: Multilingual Matters (Researching Multilingually), S. 248–269

Spitzmüller, Jürgen/Bendl, Christian/Flubacher, Mi-Cha (2017): Soziale Positionierung. Praxis und Praktik. Einführung in das Themenheft. In: *Wiener Linguistische Gazette* 81 (Themenheft „Soziale Positionierung als Praxis und Praktik. Theoretische Konzepte und methodische Zugänge", hg. v. Jürgen Spitzmüller, Christian Bendl und Mi-Cha Flubacher), S. 1–18. URL: http://wlg.univie.ac.at/fileadmin/user_upload/p_wlg/812017/spitzmueller-flubacher-bendl-einf.pdf <17.10.2017>.

Spitzmüller, Jürgen/Warnke, Ingo H. (2011): *Diskurslinguistik. Eine Einführung in Theorien und Methoden der transtextuellen Sprachanalyse.* Berlin/Boston: De Gruyter (De Gruyter Studium).

Spivak, Gayatri Chakravorty (2020): *Can the Subaltern Speak? Postkolonialität und subalterne Artikulation.* Übers. v. Alexander Joskowicz und Stefan Nowotny. Wien: Turia + Kant [zuerst in: Cary Nelson/Lawrence Grossberg (Hg.): *Marxism and the Interpretation of Culture.* Urbana: University of Illinois Press 1988, S. 271–313].

Stalin, Josef W. (1952): *Der Marxismus und die Fragen der Sprachwissenschaft.* Berlin: Dietz [zuerst russ.: *Marksizm i voprosy iazykoznaniia.* Moskau: Glavpoligrafizdat 1950].

Stevanovic, Melisa (2013): Deontic Rights in Interaction. A Conversation Analytic Study on Authority and Cooperation. Diss. Helsinki.

Tannen, Deborah (2001): *Du kannst mich einfach nicht verstehen. Warum Männer und Frauen aneinander vorbeireden.* 6. Aufl. München: Goldmann [zuerst engl.: *You Just Don't Understand. Women and Men in Conversation.* New York: William Morrow 1990].

Tomasello, Michael (2014): *A Natural History of Human Thinking.* Cambridge, MA/London: Harvard University Press.

Trouillot, Michel-Rolph (2003): Adieu, culture. A new duty arises. In: Michel-Rolph Trouillot: *Global Transformations. Anthropology and the Modern World.* New York: Palgrave Macmillan, S. 97–116.

Uchida, Aki (1992): When „difference" is „dominance". A critique of the „anti-power-based" cultural approach to sex differences. In: *Language in Society* 21, S. 547–568.

Urciuoli, Bonnie (1996): *Exposing Prejudice. Puerto Rican Experiences of Language, Race, and Class.* Boulder, CO: Westview Press.

Verschueren, Jef (2004): Notes on the role of metapragmatic awareness in language use. In: Jaworski/Coupland/Galasiński (2004), S. 53–73.

Vertovec, Steven (2006): *The Emergence of Super-Diversity in Britain.* Oxford (Centre on Migration, Policy and Society, Working Paper 25). URL: https://www.compas.ox.ac.uk/fileadmin/files/Publications/working_papers/WP_2006/WP0625_Vertovec.pdf <20.10.2015>.

Vogel, Friedemann (2014): Linguistik als Kampfsport. Ein Plädoyer für die Suche nach Paradigmen demokratischen Sprechens in Alltag, Medien und Recht. In: *Linguistik online* 69/7, S. 91–108. URL: https://doi.org/10.13092/lo.69.1658.

Vološinov, Valentin N. (1975): *Marxismus und Sprachphilosophie. Grundlegende Probleme der soziologischen Methode in der Sprachwissenschaft.* Hg. u. mit einer Einl. vers. v. Samuel Weber. Übers. v. Renate Horlemann. Frankfurt a. M.: Ullstein (Ullstein-Buch 3121) [zuerst russ.: *Marksizm i filosofija jazyka.* Leningrad: Priboj 1929].

Weber, Max (1994): Wissenschaft als Beruf. In: Max Weber: *Wissenschaft als Beruf 1917/1919/ Politik als Beruf 1919.* Hg. v. Wolfgang J. Mommsen und Wolfgang Schluchter. Tübingen: J. C. B. Mohr (Studienausgabe der Max-Weber-Gesamtausgabe I/17), S. 71–113 [zuerst: 1919].

Weinreich, Max (1945): Der yivo un di problemen fun undzer tsayt. In: *YIVO Bleter* 25/1, S. 3–18.

Wells, J. C. (1982): *Accents of English.* Bd. 1. Cambridge: Cambridge University Press.

Wierlemann, Sabine (2002): *Political Correctness in den USA und in Deutschland.* Berlin: Erich Schmidt (Philologische Studien und Quellen 175).

Wodak, Ruth (2006): Critical linguistics and critical discourse analysis. In: Jan-Ola Östman/ Jef Verschueren (Hg.): *Handbook of Pragmatics.* Unter Mitarb. v. Eline Versluys. Bd. 10. Amsterdam: Benjamins, S. 1–24.

Wodak, Ruth/Meyer, Michael (2016a): Critical discourse studies. History, agenda, theory, and methodology. In: Wodak/Meyer (2016b), S. 1–22.

Wodak, Ruth/Meyer, Michael (Hg.) (2016b): *Methods of Critical Discourse Studies*. 3. Aufl. Los Angeles: Sage.

Wodak, Ruth u. a. (1990): *Wir sind alle unschuldige Täter. Diskurshistorische Studien zum Nachkriegsantisemitismus*. Frankfurt a. M.: Suhrkamp (stw 881).

Wodak, Ruth u. a. (1998): *Zur diskursiven Konstruktion nationaler Identitäten*. Frankfurt a. M.: Suhrkamp (stw 1349).

Wortham, Stanton/Reyes, Angela (2020): *Discourse Analysis beyond the Speech Event*. 2. Aufl. London/New York: Routledge.

Young, Robert JC (2012): Postcolonial remains. In: *New Literary History* 43/1, S. 19–42.

Was ist nun ‚Soziolinguistik'? Fazit und Ausblick

8

Inhaltsverzeichnis

8.1 Soziolinguistik ist lebendig. 304
8.2 Soziolinguistik ist multiperspektivisch 305
8.3 Soziolinguistik ist so breit und divers wie ihre Gegenstände 306
8.4 Soziolinguistik ist das, was wir daraus machen 306
Literatur 307

Wir haben dieses Buch mit der Bemerkung eingeleitet, dass Soziolinguistik ein polyphones Feld („a broad church") ist. Die Lektüre des Buchs sollte dies idealerweise bestärkt haben: Soziolinguistik ist **keine klar eingrenzbare Disziplin** und schon gar keine mit einem einheitlichen Forschungsprogramm und einer einheitlichen Methodik. Je nach Variante interessiert sie sich mehr für die gesellschaftliche Distribution und den Wandel innersprachlicher Variation, mehr dafür, wie soziale Akteur*innen in Interaktion Sinn aushandeln oder mehr dafür, wie und mit welchen sozialen Konsequenzen Sprache, Sprachgebrauch und Sprecher*innen bewertet werden. Mal geht es ihr vor allem darum zu zeigen, wie sich gesellschaftliche Strukturen in Sprachgebräuchen niederschlagen (*sprachliche Variation als sozialer Index*), mal darum, wie Sprachgebräuche gesellschaftliche Formationen mitgestalten (*sprachliche Variation als soziale Praxis*), mal darum, wie Sprachgebräuche mit Wert belegt, rangiert und kommodifiziert werden (*Sprachliche Variation als soziales Kapital*). All das – und noch einiges mehr – kann Soziolinguistik also sein!

Die Ausführungen haben hoffentlich deutlich gemacht, dass keine dieser Perspektiven und keine dieser Fragestellungen *per se* vorzuziehen ist. Sie alle haben ihre Stärken und ihre Defizite. Und auch wenn sich aus jeder dieser Perspektiven genug Kritikpunkte an den jeweils anderen finden lassen (und einige davon haben Sie kennen gelernt), so besteht die Stärke der Soziolinguistik zweifellos gerade darin, dass sie all diese Perspektiven auf Sprache und bzw. in Gesellschaft zulässt. Soziolinguistik ist im besten Fall nämlich keine (noch so breite) Kirche, in der eine wahre Lehre von der Kanzel verkündet wird, sondern ein **lebendiger Marktplatz,** auf dem Ideen und Erkenntnisse zum Verhältnis von Sprache und Gesellschaft ausgetauscht und von verschiedenen Seiten kritisch geprüft werden, ein Marktplatz, dem der Nachschub an Neuem nie ausgeht und auf dem Antworten mit neuen Fragen vergolten werden.

Deshalb kann es in diesem abschließenden Kapitel auf die Frage „Was ist nun ‚Soziolinguistik'?" nur **offene Antworten** geben: Antworten, die diese Frage nicht ein für alle Mal klären, sondern die zum Weiterfragen anregen. In der Einleitung wurde angekündigt, dass Sie in diesem Buch keine Antworten im Stil von ‚Soziolinguistik ist …' und ‚Soziolinguistik muss …' finden werden. Das stimmt nicht ganz: Vier Antworten, die so beginnen, möchte ich Ihnen abschließend anbieten. Wie Sie hoffentlich sehen werden, dienen sie aber nicht – wie es Sollensaussagen (sog. ‚deontische' Aussagen) üblicherweise tun – dazu, das Subjekt (hier: die Disziplin) einzuengen und abzuschließen, sondern im Gegenteil dazu, es offen zu halten.

8.1 Soziolinguistik ist lebendig

Wie dieses Buch gezeigt hat, ist die Soziolinguistik – allen Abgesängen vor allem im deutschsprachigen Raum zum Trotz (s. Abschn. 4.3.5) – auch über sechs Jahrzehnte nach ihrer Gründung eine ausgesprochen **lebendige Teildisziplin** der Sprachwissenschaft. Die Fragen, die die Soziolinguistik in den Mittelpunkt ihrer Arbeit stellt, haben nichts von ihrer Dringlichkeit und Relevanz verloren. Im Gegenteil:

- **Sprache und Sprachgebrauch** sind heute genauso wie in den 1960er Jahren ein wesentlicher **Bestandteil gesellschaftlichen Lebens** und sozialer Entwicklungen.
- Viele Fragen, die bereits die **Generation der Gründer*innen** gestellt hat, sind nach wie vor aktuell.
- Viele **neue Fragen** sind hinzugekommen, bedingt unter anderem durch die zunehmende Mediatisierung vieler Gesellschaften, durch neue Formen der Mobilität (und, wie nicht nur die Pandemie zeigt, unter dessen Eindruck dieses Kapitel geschrieben wird, auch Mobilitätsbeschränkungen) sowie durch Prozesse zunehmender sozialer Diversifizierung innerhalb einzelner Gesellschaften und im globalen Rahmen (s. Abschn. 7.3.4).

All dies zeigt, wie wichtig es nach wie vor – ja: mehr denn je – ist, dass die Sprachwissenschaft den Blick auf den gesellschaftlichen Kontext, auf soziale Strukturen und Prozesse richtet, in denen Sprache, Sprachgebrauch und Sprachideologien relevant sind, und dass sie zeigt, *dass* und *in welcher Form* Sprache, Sprachgebrauch und Sprachideologien in diesem Zusammenhang relevant sind. Die Fragen, Probleme und Forschungsfelder gehen nicht aus. **Soziolinguistik ist also lebendig – und sie muss dies auch bleiben**.

8.2 Soziolinguistik ist multiperspektivisch

Wie dieses Buch gezeigt hat, und wie in diesem Schlusskapitel bereits betont wurde, ist Soziolinguistik eine ausgesprochen **multiperspektivische Disziplin**. Teilweise liegt dies sicher auch an dem glücklichen Umstand, dass sie ein genuin interdisziplinäres Unternehmen ist – auch wenn der interdisziplinäre Schwung der Anfangstage sichtlich nachgelassen hat und es diesbezüglich neuer Impulse bedarf (s. Abschn. 4.2.3).

Diese Multiperspektivität führt zweifellos zu weniger Übersichtlichkeit und möglicherweise auch dazu, dass manche mangels klar erkennbarer übergreifender Standpunkte und Zugänge die Soziolinguistik als Disziplin nicht mehr erkennen können (oder sie auf Teilbereiche einschränken wollen). Allerdings ist die Multiperspektivität gerade die **Stärke der Disziplin**. Sie resultiert daraus,

- dass sich die Soziolinguistik gegenüber den zahlreichen gesellschaftsbezogenen Fragen, die man sprachwissenschaftlich diskutieren kann, gesellschaftlichen Veränderungen und daraus resultierenden **neuen sozialen Fragen** stets offen und interessiert gezeigt hat und in der Lage war, sich selbst entsprechend neu auszurichten,
- dass die Soziolinguistik sich mit den Antworten, die sie gefunden hat, und mit den Theorien von Sprache und Gesellschaft, die sie entwickelt hat, **nicht zufriedengegeben** hat – im Gegenteil wurde *aus ihr heraus* immer wieder gefragt, ob man nicht auch alternative Antworten finden, Sprache und Gesellschaft anders erklären könne oder müsse,
- und dass man auf Sprache, Sprachgebrauch und Gesellschaft ja mit gutem Recht durchaus auch aus unterschiedlichen Perspektiven blicken kann, ja sogar muss, wenn man dem **komplexen Gegenstand gerecht** werden möchte.

Nicht zuletzt aus diesem letzten, erkenntnistheoretisch eminent wichtigen Grund (der uns zur nächsten Antwort führt) **ist Soziolinguistik multiperspektivisch – und muss dies auch bleiben**.

Daraus folgt übrigens nicht, dass in der Soziolinguistik alles geht. Multiperspektivität heißt nicht, dass die Perspektive beliebig ist. Im Gegenteil:

- Wie wir in diesem Buch immer wieder gesehen haben (erinnert sei an den Zusammenhang von Sozialtheorien und Methoden), sind **Perspektiven stark von Grundannahmen und Interessen abhängig**.
- Das heißt, die jeweilige **Perspektivenwahl** muss **wohl begründet sein**, und oftmals schließt sie andere Perspektiven aus.

Kurz gesagt: *Soziolinguist*innen* müssen sich in der Regel sehr wohl auf eine (oder eine Auswahl von) Perspektive(n) festlegen und sich begründet gegen andere entscheiden (und dass auch der Autor dieses Buchs diesbezüglich Präferenzen hat, wird Ihnen bei der Lektüre sicher nicht entgangen sein). Das bedeutet aber nicht, dass die *Soziolinguistik als Disziplin* dies muss.

8.3 Soziolinguistik ist so breit und divers wie ihre Gegenstände

Soziolinguistik ist also breit und divers. Aber genau dasselbe trifft auch auf ihre Gegenstände zu – wie in diesem Buch vielfach gezeigt wurde:

- Sowohl Sprache und Sprachgebrauch als auch Gesellschaft bzw. das Soziale sind ausgesprochen **komplexe, vielschichtige Phänomene**, und nicht weniger komplex ist ihre Verbindung.
- Und es sind keine Gegenstände, die **einfach ‚da'** sind und von der Wissenschaft nur ‚entdeckt' oder ‚freigelegt' werden müssen.
- Auf die Fragen, was ‚Sprache', ‚Sprachgebrauch', ‚Gesellschaft' und ‚das Soziale' sind, gibt es sehr **unterschiedliche** (und jeweils für sich genommen durchaus plausible und berechtigte) **Antworten**.
- Und das ist auch gut so, denn eine Wissenschaft, die sich mit diesen Phänomenen befasst, muss sich diese Fragen immer wieder neu stellen und mithin ihren **Gegenstand immer wieder neu bestimmen**.

Wenn sie gut ist (und das ist vielfach der Fall), tut die Soziolinguistik genau dies, und sie tut es immer wieder und immer wieder neu. Das sichert ihr neue Erkenntniswege, und es sichert ihr damit die disziplinäre Relevanz. **Soziolinguistik ist so breit und divers wie ihre Gegenstände – und sie muss dies auch sein.**

8.4 Soziolinguistik ist das, was wir daraus machen

All dies ist nur möglich, weil und wenn die Soziolinguistik **offen für neue Ideen und Ideengeber*innen** ist, wenn sie – was keinesfalls für alle wissenschaftlichen Disziplinen und vielleicht auch nicht für die Soziolinguistik im Ganzen zutrifft – tolerant und revisionsfähig bleibt. Und dafür braucht es in allererster Linie immer wieder neue oder jedenfalls erneuerungswillige *Soziolinguist*innen*. Damit komme ich, am Ende, zu Ihnen.

Es gibt verschiedene mögliche **Gründe,** warum Sie **dieses Buch** zur Hand genommen oder auf Ihrem digitalen Gerät geöffnet haben:

- Vielleicht, weil Sie nun endlich auch mal wissen wollten, was Soziolinguistik ist, aus purer **Neugierde** oder weil es in Ihrem Studienplan passenderweise ohnehin so vorgesehen ist.
- Vielleicht auch einfach *nur,* weil der **Studienplan** es vorsieht (wohingegen Ihnen aber ganz andere Fragen und Themen wichtig sind).

- Vielleicht haben Sie sich früher schon einmal mit Soziolinguistik befasst und wollten dieses Wissen, etwa für ein Examen oder eine Seminararbeit, **auffrischen und vertiefen**.
- Vielleicht aber auch **wissen** Sie **ohnehin schon sehr viel** über Soziolinguistik, möglicherweise mehr als der Autor dieses Buchs, und wollten einfach nur mal sehen, was dieser (‚der Kollege') dazu zu sagen hat.

Möglicherweise schließen Sie also, wenn Sie am Ende dieses Absatzes die Lektüre dieses Buchs beenden, für sich auch das Thema Soziolinguistik ab. Vielleicht aber auch nicht. Vielleicht markiert die Lektüre den Beginn einer langen Beschäftigung oder aber eine Teiletappe in einer langen Beschäftigung mit soziolinguistischen Fragen. Vielleicht sind die Ausführungen dieses Buchs dabei anregend, vielleicht auch provozieren sie – ganz im Sinne Poppers ([1935] 2005: 224; s. Abschn. 1.4) – Widerspruch. Mir bleibt am Ende nur die Hoffnung, dass sowohl das eine als auch das andere bei einigen von Ihnen eintreten möge. Denn Soziolinguistik braucht, um ein lebendiger Marktplatz zu bleiben, neue Ideen und neue Personen – schließlich **ist Soziolinguistik am Ende das, was wir aus ihr machen**, vielleicht – und warum auch nicht? – ja irgendwann etwas, das ganz anders ist als die Soziolinguistik, die hier dargestellt wurde.

Literatur

Popper, Karl R. (2005): *Logik der Forschung. Zur Erkenntnistheorie in der modernen Naturwissenschaft*. 11. Aufl. Tübingen: Mohr [zuerst: Wien: Springer 1935].

Anhang

Transkriptionskonventionen

Die in diesem Buch präsentierten Gesprächstranskripte folgen dem Transkriptionssystem GAT2 (vgl. Selting u. a. 2009). Im Folgenden werden nur die für die Transkripte des Buchs relevanten Notationen aufgeführt (für eine ausführliche Dokumentation vgl. Selting u. a. 2009, für eine Einführung in das Transkribieren von Gesprächen Deppermann 2008).

Sprecher*innen-Wechsel und Überlappungen

[]	Überlappungen und Simultansprechen (Ende ‚]' optional)
=	schneller, unmittelbarer Anschluss neuer Beiträge oder Einheiten (z. B.: DÄ::=dä=dä=dä=DÄ:)

Pausen

(.)	Mikropause, geschätzt, bis ca. 0.2 Sek. Dauer
(-) (--) (---)	kurze, mittlere, längere Pausen (ca. 0.25–0.5, 0.5–0.75, 0.75–1 Sek.)
(2.85)	gemessene Pause (Angabe mit zwei Stellen hinter dem Punkt)

Aussprachespezifika

und_äh	Verschleifungen innerhalb von Einheiten
äh öh äm	Verzögerungssignale, sog. ‚gefüllte Pausen'
: :: :::	Dehnung, Längung, je nach Dauer (z. B.: so: oder so::, un::d etc.)

Lachen und Weinen

haha hehe hihi	silbisches Lachen, je nach ungefährer Realisierung
((lacht))	Beschreibung des Lachens
<<lachend>>	Lachpartikeln in der Rede, mit Reichweite (bis zur schließenden spitzen Klammer)

Rezeptionssignale
hm ja nein nee   einsilbige Signale
hm_hm ja_a nei_ein nee_e   mehrsilbige Signale

Akzentuierung
akZENT   Primär- bzw. Hauptakzent
ak!ZENT!   extra starker Akzent

Tonhöhenbewegung am Einheitenende
?   hoch steigend
,   mittel steigend
-            gleich bleibend
;   mittel fallend
.   tief fallend

Tonhöhenbewegung innerhalb der Einheit
`SO   fallend
´SO   steigend
¯SO   gleichbleibend
^SO   steigend-fallend
ˇSO   fallend-steigend

Analysekommentare
((hustet))   para- und außersprachliche Handlungen u. Ereignisse
<<hustend>>   sprachbegleitende para- und außersprachliche Handlungen und Ereignisse (mit Angabe der Reichweite bis zur schließenden spitzen Klammer; Bsp.: das war <<hustend>gestern abend> heftig)
<<erstaunt>>   interpretierende Kommentare mit Reichweite
( )   unverständliche Passage, je nach Länge mit unterschiedlich viel Leerraum
(solche)   vermuteter Wortlaut
al(s)o   nicht sicher identifizierbare Laute/Silben
(solche/welche)   mögliche Alternativen, zwischen denen nicht sicher entschieden werden kann
((...))   Auslassung im Transkript
→   Verweis auf im Text behandelte Transkriptzeile
Übersetzung   Übersetzungen werden kursiv unter die entsprechende Zeile gesetzt

Auffällige Tonhöhensprünge
↑   nach oben
↓   nach unten

Anhang

Verändertes Tonhöhenregister

<<t>>   tiefes Tonhöhenregister mit Angabe der Reichweite (bis zur schließenden spitzen Klammer)
<<h>>   hohes Tonhöhenregister mit Angabe der Reichweite

Lautstärke- und Sprechgeschwindigkeitsveränderungen (jew. mit Angabe der Reichweite bis zur schließenden spitzen Klammer)

<<f>>   forte, laut
<<ff>>   fortissimo, sehr laut
<<p>>   piano, leise
<<pp>>   pianissimo, sehr leise
<<all>>   allegro, schnell
<<len>>   lento, langsam
<<cresc>>   crescendo, lauter werdend
<<dim>>   diminuendo, leiser werdend
<<acc>>   accelerando, schneller werdend
<<rall>>   rallentando, langsamer werdend

Phonetische Notation

Die phonetischen Notationen in diesem Buch folgen dem Internationalen Phonetischen Alphabet (IPA), Version 2020 (vgl. https://www.internationalphoneticasociation.org/content/ipa-chart, Stand: 7.5.2021). Im Folgenden werden nur die für im Buch erwähnte Beispiele relevanten Vokale, pulmonischen (= mit Hilfe von Lungenluft erzeugten) Konsonanten und suprasegmentalen Zeichen wiedergegeben. Vgl. für das vollständige Alphabet (mit Aussprachebeispielen) die oben genannte Seite der International Phonetic Association.

Vokale

[a]   Ungerundeter offener Vorderzungenvokal (frz. *avoir*), im Deutschen auch zur Notation des ungerundeten offenen Zentralvokals (wie in *Damm*)
[ɐ]   Fast offener Zentralvokal (a-Schwa), wie in *Lehrer* [ˈleːɐ]
[ɑ]   Ungerundeter offener Hinterzungenvokal, wie in engl. *calm*
[ɒ]   Gerundeter offener Hinterzungenvokal, wie in engl. *lot*
[æ]   Ungerundeter fast offener Vorderzungenvokal, wie in engl. *cat*
[ʌ]   Ungerundeter halboffener Hinterzungenvokal, wie in engl. *strut*
[e]   Ungerundeter halbgeschlossener Vorderzungenvokal, wie in *Beet*
[ə]   Mittlerer Zentralvokal (Schwa), wie in *alle* [ˈalə]
[ɛ]   Ungerundeter halboffener Vorderzungenvokal, wie in *fett*
[ɜ]   Ungerundeter halboffener Zentralvokal, wie in engl. *bird*
[i]   Ungerundeter geschlossener Vorderzungenvokal, wie in *Miete*
[ɪ]   Ungerundeter zentralisierter Vorderzungenvokal, wie in *Mitte*
[o]   Gerundeter halbgeschlossener Hinterzungenvokal, wie in *Boot*

[ø] Gerundeter halbgeschlossener Vorderzungenvokal, wie in *Höhle*
[œ] Gerundeter halboffener Vorderzungenvokal, wie in *Hölle*
[ɔ] Gerundeter halboffener Hinterzungenvokal, wie in *toll*
[u] Gerundeter geschlossener Hinterzungenvokal, wie in *gut*
[ʊ] Gerundeter zentralisierter Hinterzungenvokal, wie in engl. *book*

(Pulmonische) Konsonanten
[p] Stimmloser bilabialer Plosiv, wie in *Pass*
[b] Stimmhafter bilabialer Plosiv, wie in *Bass*
[t] Stimmloser alveolarer Plosiv, wie in *Tier*
[d] Stimmhafter alveolarer Plosiv, wie in *dir*
[k] Stimmloser velarer Plosiv, wie in *Sack*
[g] Stimmhafter velarer Plosiv, wie in *sag*
[ʔ] Glottaler Plosiv (Stimmritzenverschlusslaut), wie in *beackern* [bəˈʔakɐn]
[m] Stimmhafter bilabialer Nasal, wie in *Mut*
[ɱ] Stimmhafter labiodentaler Nasal, wie in *fünf*
[n] Stimmhafter alveolarer Nasal, wie in *nun*
[ɲ] Stimmhafter palataler Nasal, wie in ital. *gnocchi*
[ŋ] Stimmhafter velarer Nasal, wie in *Hang* [haŋ]
[r] Stimmhafter alveolarer Vibrant (Zungenspitzen-R)
[ʀ] Stimmhafter uvularer Vibrant (Gaumenzäpfchen-R)
[ɾ] Stimmhafter alveolarer Tap, wie in amerik. engl. *water* [ˈwɑɾɚ]
[ɺ] Stimmhafter lateraler alveolarer Flap (Allophon von [r] im Japanischen
[f] Stimmloser labiodentaler Frikativ, wie in *Fass*
[v] Stimmhafter labiodentaler Frikativ, wie in (dt.) *was*
[θ] Stimmloser dentaler Frikativ, wie in engl. *this*
[ð] Stimmhafter dentaler Frikativ, wie in engl. *there*
[s] Stimmloser alveolarer Frikativ, wie in *Bus*
[z] Stimmhafter alveolarer Frikativ, wie in *Hase*
[ʃ] Stimmloser postalveolarer Frikativ, wie in *Schule*
[ʒ] Stimmhafter postalveolarer Frikativ, wie in engl. *measure*
[ç] Stimmloser palataler Frikativ, wie in *ich*
[x] Stimmloser velarer Frikativ, wie in *ach*
[χ] Stimmloser uvularer Frikativ, wie in *hoch*
[ʁ] Stimmhafter uvularer Frikativ (Rachen-R)
[h] Stimmloser glottaler Frikativ, wie in *Hut*
[ɹ] Stimmloser alveolarer Approximant, wie in engl. *red*
[j] Stimmhafter palataler Approximant, wie in *jung*
[l] Stimmhafter alveo-lateraler Approximant, wie in *Lot*
[ɫ] Velarisierter lateraler alveolarer Approximant, wie in engl. *well*

Suprasegmentalia (Prosodie)
[ː] Längung des vorhergehenden Lautes
[ˈ] Nachfolgende Silbe trägt Hauptbetonung
[ˌ] Nachfolgende Silbe trägt Nebenbetonung

Literatur

Deppermann, Arnulf (2008): *Gespräche analysieren. Eine Einführung*. 4. Aufl. Wiesbaden: VS Verlag für Sozialwissenschaften (Qualitative Sozialforschung 3).

Selting, Margret u. a. (2009): Gesprächsanalytisches Transkriptionssystem 2 (GAT 2). In: *Gesprächsforschung – Online-Zeitschrift zur verbalen Interaktion* 10, S. 353–402. URL: http://www.gespraechsforschung-ozs.de/heft2009/px-gat2.pdf <10.10.2020>.

Personenverzeichnis

A
Althusser, Louis, 73, 230, 232, 270

B
Bachtin, Michail M., 73, 187, 200
Baudouin de Courtenay, Jan, 73
Berger, Peter L., 24
Bernstein, Basil, 7, 30, 78, 80, 88, 89, 95, 107, 121, 222, 224
Blumer, Herbert, 22
Boas, Franz, 70–72, 82
Bourdieu, Pierre, 27, 31, 80, 87, 107, 171, 224, 226, 227
Bright, William, 83
Bühler, Karl, 71, 88, 169

C
Chomsky, Noam, 58, 74, 96, 170, 226
Coseriu, Eugenio, 53, 90, 142

D
Destutt de Tracy, Antoine Louis Claude, 269
Durkheim, Émile, 17, 103

E
Engels, Friedrich, 73, 228, 229, 270
Ervin-Tripp, Susan, 78, 81

F
Fanon, Frantz, 233
Ferguson, Charles, 76–78, 83

Fishman, Joshua, 76, 78, 79, 98, 222
Fleck, Ludwik, 8, 240
Foucault, Michel, 100, 104, 105, 107, 231, 232, 239, 248, 251, 253, 256, 258

G
Garfinkel, Harold, 20, 22, 171
Geiger, Theodor, 30
Giddens, Anthony, 26
Goffman, Erving, 22, 174, 177, 182, 195, 226
Gottsched, Johann Christoph, 69
Gramsci, Antonio, 73, 229, 253, 270
Gumperz, John J., 37, 52, 78, 82, 92, 98, 106, 152, 164, 169, 174, 176, 178, 190, 191, 193, 195, 201, 207, 259

H
Haugen, Einar, 77, 78, 83
Hegel, Georg Wilhelm Friedrich, 71
Herder, Johann Gottfried, 71
Herzog, Marvin, 122, 156
Hobbes, Thomas, 18, 20
Horkheimer, Max, 257
Humboldt, Wilhelm von, 69, 71
Hume, David, 20
Hymes, Dell H., 78, 79, 82, 98, 106, 164, 169

J
Jakobson, Roman, 82, 169

K
Kant, Immanuel, 256
Kuhn, Thomas, 2, 8, 67, 95

L
Labov, William, 6, 30, 34, 57, 77, 78, 83, 84, 89, 97, 98, 105, 119, 122, 124, 144, 156, 222, 237
Laclau, Ernesto, 28, 39, 73, 230, 232
Lambert, Wallace, 78, 81, 222
Leibniz, Gottfried Wilhelm, 69
Lenin, Wladimir Iljitsch, 73
Luckmann, Thomas, 24, 93
Luhmann, Niklas, 14, 19

M
Malinowski, Bronisław, 70, 71, 194
Marr, Nikolai Jakowlewitsch, 73
Marx, Karl, 27, 30, 73, 224, 228, 229, 270
Mead, George Herbert, 22, 129

O
Oevermann, Ulrich, 88

P
Parsons, Talcott, 18, 21, 31, 34, 126, 171
Paul, Hermann, 71, 72
Peirce, Charles S., 192
Popper, Karl, 7, 307

R
Rousseau, Jean-Jacques, 18, 20

S
Sacks, Harvey, 173, 188
Said, Edward, 233
Sapir, Edward, 70–72, 82
Saussure, Ferdinand de, 18, 48, 58, 73, 155
Schleicher, August, 16, 17, 72
Schütz, Alfred, 24, 172
Silverstein, Michael, 39, 82, 193, 239, 259, 268, 269
Simmel, Georg, 17, 20
Skinner, Burrhus F., 96
Smith, Adam, 20, 23
Spencer, Herbert, 16
Stalin, Josef, 73, 229
Steinthal, Chajm Heymann, 71–73

V
Vološinov, Valentin N., 73, 228, 229, 270

W
Weber, Max, 17, 21, 23, 30
Weinreich, Uriel, 77, 78, 122, 124, 156
Weisgerber, Leo, 72
Whitney, William Dwight, 72
Whorf, Benjamin Lee, 70, 96
Wundt, Wilhelm, 71, 73

Stichwortverzeichnis

A
Agency, 206, 223
Akkomodationstheorie, 36, 81, 149, 152
Akteur, sozialer, 17, 19, 26, 167
Akteur-Netzwerk-Theorie, 33
Allophon, 49
Alltagswissen, 22, 25, 171, 178
Alter, 35, 143, 165, 197
Alterität, 168
American Anthropological Association, 82
Anrufung, 230
Anthropologie, 2, 70, 72, 78, 95, 188
Antwortverzerrung, 191
Apparent time hypothesis, 147
Audience Design, 152
Aushandlung, soziale, 20, 27, 62, 164, 185, 187, 193, 206, 229, 246, 270, 272
Authentizität, 128, 199, 276
Autoethnographie, 247
Axiom, 224

B
Basis/Überbau, 228, 229
Bedeutung
    Dynamik von, 180
    indexikalische, 180, 193
    Konstruktion von, 178
    Kontextgebundenheit von, 180
    referenzielle, 6, 127, 181
    soziale, 61, 180
Beobachterparadoxon, 129, 144
Beobachtung, teilnehmende, 188, 202
Bildungsnotstand, 89
Bilingualismus, 81, 83
Bindestrich-Linguistik, 1
Bottom-up-Perspektive, 182

C
Careful speech, 55, 128, 136, 144, 145, 152, 199
Casual speech, 55, 128, 135, 136, 144, 148, 151, 152
CDA s. Diskursforschung, kritische
Code, 104
    elaborated, 102, 105
    restricted, 97, 102, 105
Code-Alternation, 202, 204
Code-Mixing, 204
Code-Shifting, 204
Code-Switching, 179, 187, 204
    metaphorisches, 204
Code-Theorie, 99, 105, 106
Community of Practice, 33, 37, 86
Crossing, 201, 204, 207

D
Danger-of-Death-Frage, 136
Darwinismus, 16
Datenerhebung, rasche und anonyme, 137, 144, 148, 156
Debatte, sprachideologische, 240, 252
Defizithypothese, 40, 89, 96, 98, 121, 236
Dekolonialismus, 233
Deskriptivismus, 90, 99, 121, 235
Determinismus, 20
Dialekt, 56, 91, 124, 142, 143, 179, 187, 238
Dialektologie, 3, 70, 88, 90, 120, 124, 126, 140
Diamesik, 54
Diaphasik, 53, 54, 142
Diastratik, 53, 54, 142
Diasystematik, 91
Diatopik, 53, 54, 142
Differenzierung
    soziale, 16, 17, 223, 237

soziolinguistische, 263
Differenzkonzeption, 40, 87, 89, 97, 98, 121, 224, 236
Diglossie, 76, 83, 282
Diskriminierung, 87, 227, 285
Diskurs, 28, 38, 62, 230, 231, 248, 252
Diskursanalyse, 38, 248, 272
Diskursforschung, kritische, 95, 107, 235
Diskurslinguistik, 1, 2, 4, 95
Disposition, 15
Distribution, 187
Diversität
   soziale, 29, 32, 60, 62, 242
   sprachliche, 76, 83, 242, 280, 283
Domäne, 76, 282
Dominanzhypothese, 87, 101, 237
Double-voicing s. Polyphonie

E
Embodiment, 227
Emisch, 183
Enregisterment s. Registrierung, soziale
Entwicklungspolitik, 75, 76, 78, 79
Essentialisierung, 20, 24, 29, 42, 238
Ethnie, 6, 35, 127, 142, 143, 146, 150, 153, 165, 193, 197, 202, 234
Ethnographie, 37, 40, 86, 137, 169, 178, 183, 188, 190, 222, 247
   der Kommunikation, 82, 84, 168, 169, 171, 222
   reflexive, 247
Ethno-Kategorie, 183
Ethnolekt, 55, 93, 142, 143
Ethnologie, 70
Ethnomethodologie, 20, 22, 26, 36, 168, 171, 174, 192
Etisch, 183
Eurozentrik, 233, 234
Evolutionstheorie, 16

F
Face, 174
   work, 175
Feld, 188
   soziales, 27, 227
Feldforschung, 188
Feminismus, 87
Folk Linguistics, 92
Frame, 176, 195
Funktiolekt, 142
Funktion, 17

G
Gender, 143, 183, 193
Genderlekt, 142, 143
Generalisierbarkeit, 134
Genre, 53, 56, 120, 156, 170, 179, 198
Germanistik, 90
Geschlecht, 35, 127, 142, 143, 146, 165, 173, 234
Gesellschaft, 2, 4, 11, 13, 42, 165, 168, 244
Gesellschaftsbegriff, 12, 86, 165
Gesellschaftstheorie, 12, 107
Gesicht s. Face
Globalisierung, 87, 93, 94, 235, 241, 242
GoldVarb s. Variable Rule Program
Gouvernementalität, 253
Grounded Theory, 184

H
Habitualisierung, 24, 226
Habitus, 27, 226
Handeln
   soziales, 15, 16, 19–21, 25–27, 173, 227–229, 239, 244, 290
   sprachliches, 15, 51, 69, 132, 167, 168, 213, 227, 245
   wissenschaftliches, 241, 244
Handlungstheorie, 15, 165, 212, 222
Hegemonie, 222, 229, 253, 258, 283
Heterogenität, 123, 126
   strukturierte, 91, 123
Höflichkeitstheorie, 36, 51, 174, 175
Homogenität, 20, 39, 58, 122, 123, 177, 209, 242–244, 282
Hypostasierung, 20, 72

I
Identität, 79, 83, 166, 168, 206
   Dynamik von, 197
   Konstruktion von, 166, 199
   soziale, 197, 198
Identitätsakt, 197
Ideologie, 15, 28, 38, 173, 222, 228–231, 238, 250, 269
Ideology broker, 240, 252
Ikonisierung, 263
Index, 60
   sozialer, 127, 155
Indexical entailment, 102, 259
Indexical orders, 259–261, 278
Indexical presupposition, 102, 259

Indexikalität, 102, 107, 172, 192, 194, 212, 213, 222, 225, 258, 261, 265, 287, 289, 290
  indirekte, 286
  Ordnungen der, 271
Institution, 18, 41
Institutionalisierung, 17, 21, 25, 26
Interaktion, 13, 20
  fokussierte, 175
  soziale, 22, 168
Interaktionismus, symbolischer, 22, 129
Interaktionsanalyse, 185, 202
Interaktionsrolle, 175
Interdisziplinarität, 2, 77, 82, 84, 95, 305
International Journal of the Sociology of Language, 79, 85
Intersektionalität, 234
Interspeaker variation, 6, 60, 127, 128
Interview
  ethnographisches, 189
  soziolinguistisches, 135, 144, 149, 156
Intraspeaker variation, 6, 60, 127, 128, 151, 198
Invisible-Hand-Theorie, 20, 23

J
Journal
  of Language and Social Psychology, 81, 85
  of Sociolinguistics, 79, 86
Jugendsprachforschung, 91

K
Kapital, 27, 63, 224, 227
Kategorie, 14
  Emergenz einer, 184, 189
Kausalität, 130, 131
Klasse, soziale, 30, 165
Kolonialismus, 42, 75, 233, 241
Kommodifizierung, 225, 264
Kommunikationskonflikt, 52
Kompensationsprogramm, 98, 99
Kompetenz, 89, 170, 232
  kommunikative, 82, 169, 171, 176
  soziolinguistische, 81
Konstrukt
  ideologisches, 15, 39, 99, 239, 257
  soziales, 25
  Sprache als ideologisches, 238
Konstrukttheorie, 15, 222, 244
Kontext, 194

Kontextualisierung, 53, 56, 92, 106, 153, 186, 194, 196
Kontextualisierungshinweis, 179, 195, 199, 204
Kontextualismus, 194
Kontingenz, 16, 17, 19, 68
Konversationsanalyse, 36, 93, 173, 176, 177, 180, 185
Ko-Präsenz, 174
Korpus, 137, 248
Korrelation, 30, 59, 85, 120, 130, 133, 140, 145, 148, 151, 167, 177
Korrelationstrugschluss, 167
Krisenexperiment, 172
Kritik, 6, 75, 222, 233, 241, 255, 258
Kultur, 40, 41, 69, 70, 72, 82, 95, 169, 233, 253
Kulturanthropologie, 71
Kultursoziologie, 70
Kultur- und Sozialanthropologie, 70

L
Lage, soziale, 31
Language
  Crossing s. dort
  in Society, 79, 85
  Variation and Change, 85, 123
Lästern, 186
Lebensstil, 27, 31, 226
Lebenswelt, 25, 121, 178, 188, 191, 207
Lekt, 91, 142
Liminalität, 206
Linguistic Anthropology s. Sprachanthropologie
Linguistik
  angewandte, 4, 5, 95
  interaktionale, 93, 94
  kulturanalytische, 4, 40, 95
  moderne, 74, 79, 90, 99, 121
Löschung, 263

M
Macht, 63, 101, 105, 222, 232, 246, 251, 252, 255, 258, 286, 289
Macro Sociolinguistics, 80
Makroperspektive, 34, 36, 39, 245
Marker, 60
Markt, sprachlicher, 27, 224
Matched-Guise-Technik, 81
Meaning making, 178

Mediatisierung, 121
Medien, 91, 142, 191
Mediolekt, 142
Mehrsprachigkeit, 48, 76, 79, 93
　innere, 91
Metakommunikation, 267
Metapragmatik, 225, 267
　explizite, 276
　implizite, 276
Metasprache, 267
Methodentriangulation, 39
Metrolingualismus, 87, 243
Micro Sociolinguistics, 80
Migration, 93, 94, 202, 208, 255
Mikro-Makro-Kontroverse, 39
Mikroperspektive, 34, 37, 39, 173, 174, 177, 213, 245
Milieu, soziales, 31
Mobilität, 87, 121, 125, 241, 242
Mock Asian, 49, 288
Mock Spanish, 285
Modernisierungstheorie, 75, 76, 233
Muster, 36, 39, 51, 167, 249

N
Nationalismus, 72, 77
Nationalstaatenbildung, 29, 42, 69, 75
Netzwerk, soziales, 33
New Ways of Analyzing Variation, 84
Nonstandardvarietät, 92
Norm, 18, 29, 35, 37, 41, 93, 126, 128, 135, 146, 177

O
Observer paradox s. Beobachterparadoxon

P
Paradigma, 2, 16, 98, 121
Perzeptionslinguistik, 92, 141
Phonem, 49
Playback-Interview, 190, 191
Plurizentrik, 57, 91
Political Correctness, 287
Polylanguaging, 87, 243
Polyphonie, 187, 200, 204, 210
Positionalität, 234, 246
Positionierung, 250
　metapragmatische, 275, 279
　soziale, 36, 63, 167, 208, 272, 290
Positionierungsebene, 272

Postkolonialismus, 87, 202, 222, 233
Postmarxismus, 87, 228, 231
Poststrukturalismus, 28, 87, 100, 222, 230, 231, 233, 248
Praktik, 167
Praxis, 166
　kommunikative, 177
　soziale, 62, 166
Prestige, 148
Prosodie, 179
Psychologie s. Sozialpsychologie

Q
QDA-Programm, 184
Qualitativ, 37, 86, 155, 177, 182, 184, 190
Quantitativ, 36, 85, 86, 91, 120, 132, 155, 168, 182, 184, 189, 248

R
Rassismus, 17, 72, 77, 88, 233, 235, 285
Rational-Choice-Theorie, 23, 36
Reflexivität, 172, 222, 225, 246, 257, 268, 276, 284
Regiolekt, 142
Register, 262, 264
Registerwissen, 264
Registrierung, soziale, 225, 250, 263, 272
Rekontextualisierung, 264
Rekursivität, fraktale, 263
Relativitätstheorie, sprachliche, 71, 96
Repertoire, 209, 210
Repräsentativität, 134
Rhematisierung, 263

S
Sapir-Whorf-Hypothese s. Relativitätstheorie, sprachliche
Schibboleth, 49, 50
Schicht, soziale, 30, 35, 127, 173, 183
Schriftvariation, 52, 56, 83, 92
Sequenzialität, 173, 180, 185
Signifikanz, 132, 151
Situolekt, 91, 142
Skalierung des Sozialen, 245
Social Psychology of Language s. Sozialpsychologie
Social Sciences Research Council, 78
Sociolinguistica, 94
Sociolinguistics Symposium, 86, 87
Sociology of Language s. Sprachsoziologie

Sozialisation, 25, 226
Sozialpsychologie, 2, 78, 81, 85, 95
Sozialsemiotik, 106
Sozialtheorie, 12, 13, 59, 165, 229
Soziolekt, 30, 91, 142, 143
Soziolinguistik
   der Globalisierung, 87, 243
   der Schriftlichkeit, 83, 94, 138, 191
   historische, 91
   interaktionale, 22, 36, 40, 84, 92, 149, 152, 164, 214, 222, 237, 259
   interpretative, 164, 179
   kritische, 7, 27, 73, 87, 107, 165, 222, 291
   metapragmatische, 38, 93, 149, 165, 222, 291
   variationistische s. Variationslinguistik
Soziologie, 2, 12, 13, 17, 18, 21, 72, 78, 79, 85, 86, 93, 95, 223, 242
   interaktionale, 22, 168, 174, 176
SPEAKING, 169, 170
Sprachanthropologie, 70, 81, 82, 84, 86, 106, 168, 279
Sprachbarriere, 80, 88
Spracheinstellung, 81, 125, 268
Spracheinstellungsforschung, 222
Sprachenpolitik, 75, 76, 79, 83, 280
Spracherwerb, 81
Sprachforschung, 69
   völkische, 72, 77
Sprachgebrauch, sensitiver, 287
Sprachgemeinschaft, 29, 35, 37, 39
Sprachideologie, 101, 149, 191, 206, 222, 225, 239, 261, 266, 271, 282, 290
Sprachinhaltsforschung, 72
Sprachkompensationsprogramm, 89
Sprachkontakt, 48
Sprachphilosophie, 69
Sprachpsychologie, 69, 88, 222
Sprachpurismus, 283
Sprachreflexion, 69, 239, 267
Sprachregime, 101, 225, 271, 281, 291
Sprachsoziologie, 12, 40, 69, 70, 77, 79, 80, 83, 85, 88, 140, 222
Sprachwandel, 5, 53, 83, 91, 122, 123, 155
Stadtsprachenforschung, 3, 88, 91, 126
Stancetaking, 272–274
Standardsprache, 75, 76, 87, 91, 179, 187, 238
Standardvariation, 91
Standardvarietät, 57, 91, 239
Statistik, 85, 91, 132
Status, sozialer, 30
Stereotyp, 285

ethnisches, 6
metapragmatisches, 265
Stichprobe, 134
Stil, 213
   kommunikativer sozialer, 199
   sozialer, 38, 61, 86, 154, 198, 201
Stilbildung, 198, 201, 213
Stilisierung, 38, 86, 198, 201, 205, 210
Stilistik, 93
   kommunikative soziale, 92, 207
Störvariable, 130, 132, 133, 146
Stratifizierung, soziale, 30, 127
Strohmann-Argument, 24, 96
Struktur, 17, 18, 29, 166, 168
Strukturalismus, 74, 122, 143
Strukturfunktionalismus, 20, 21, 34, 121, 171
Strukturiertheit, 123
Strukturierungstheorie, 26
Strukturtheorie, 15, 165
Subjekt, 230, 232
Subjektivierung, 272
Subjektivität, 183, 240
Superdiversität, 87, 242
System, 19
Systemtheorie, 14, 16, 19
Szene, 34, 142

T
Theorie, kritische, 257
Thomas-Theorem, 25, 28, 239
Top-down-Perspektive, 182
Total linguistic fact, 239
Transkription, 185
Translanguaging, 243
Triangulation, 249
Turn, 173
Turn-Taking, 173

U
Ungleichheit
   soziale, 6, 29, 32, 38, 76, 80, 87, 101, 104, 106, 222, 223, 225, 226, 233, 234, 236, 254, 271
   sprachliche, 76
Urban dialectology s. Stadtsprachenforschung

V
Varbrul s. Variable Rule Program
Variabilität

interlinguale, 48
intralinguale, 48, 53, 57, 126
von Sprache, 6, 47, 69, 123
Variable, 130
　abhängige, 130, 132
　soziale, 132, 142, 155
　soziolinguistische, 59, 60, 132, 139, 177, 181
　unabhängige, 130, 132
Variablenregel, 85
Variable Rule Program, 84, 134, 153
Variante, 139
Variation, 5, 47
　soziale, 177
　sprachliche, 177
Variationslinguistik, 3, 5, 34, 40, 47, 59, 60, 83, 84, 86, 90, 92, 94, 105, 108, 119, 157, 165, 177, 181, 184, 189, 193, 198, 222, 224
Variationsparameter, 53, 127
Varietät, 90–92, 104, 120, 134, 140, 141, 155
　nationale, 29
Varietätenlinguistik, 3, 90, 92, 119, 120, 140, 141
Varietätenraum, 90, 120, 140

Vergemeinschaftung, 21, 28, 32, 38, 62, 79, 103
　posttraditionale, 33
Vergesellschaftung, 20, 21, 28, 36, 103
Voice, 254
Völkerpsychologie, 71
Volksgeist, 71

W

Wahrnehmungsdialektologie s. Perzeptionslinguistik
Waves of Variation Study, 40
Wissen, 232, 252
　kommunikatives, 176
Wissenschaftsbegriff, 84
Wissenschaftstheorie, 239
Wissenssoziologie, 22, 24, 26, 33, 93, 171

Z

Zeichen, indexikalisches, 193

The manufacturer's authorised representative in the EU is Springer Nature Customer Service Centre GmbH, Europaplatz 3, 69115 Heidelberg, Germany. If you have any concerns regarding our products, please contact ProductSafety@springernature.com

Printed and bound by CPI Group (UK) Ltd, Croydon, CR0 4YY

25/03/2026

02078229-0003